위험과
불확실성 및
이윤

위험과 불확실성 및 이윤

지은이 | 프랭크 하이너먼 나이트
옮긴이 | 이주명

1판 1쇄 펴낸날 | 2018년 5월 1일

펴낸이 | 이주명
편집 | 문나영
인쇄 | 한영문화사
제본 | 한영제책사

펴낸곳 | 필맥
출판등록 | 제 25100-2003-000063호
주소 | 서울시 서대문구 경기대로 58 경기빌딩 606호
홈페이지 | www.philmac.co.kr
전화 | 02-392-4491
팩스 | 02-392-4492

ISBN 979-11-6295-000-5 (93320)

* 잘못된 책은 바꿔드립니다.
* 값은 뒤표지에 있습니다.

이 도서의 국립중앙도서관 출판예정도서목록(CIP)은 서지정보유통지원시스템 홈페이지(http://seoji.nl.go.kr)와 국가자료공동목록시스템(http://www.nl.go.kr/kolisnet)에서 이용하실 수 있습니다. (CIP제어번호 : CIP2018012334)

# RISK, UNCERTAINTY AND PROFIT

위험과 불확실성 및 이윤

프랭크 하이너먼 나이트 지음
이주명 옮김

| 일러두기

1. 이 책에 나오는 사람 이름과 문헌 제목의 영어 등 원어 표기를 알고자 하는 독자는 맨 뒤의 '주석에서 언급된 인용출처와 참고문헌'과 '사람 이름 찾아보기'를 보라.
2. 인용된 학술지의 제호는 다음과 같이 우리말로 옮겼다. *American Economic Review*,《미국경제평론》; *Quarterly Journal of Economics*,《계간경제학지》; *Publications of the American Economic Association*,《미국경제학회 논문집》; *Journal of Political Economy*,《정치경제학지》; *Political Science Quarterly*,《계간정치학》; *The Economic Journal*,《경제학지》; *Annals of the American Academy*,《미국학술원 연보》; *Mind*,《마음》.
3. 번역의 저본은 Frank H. Knight, *Risk, Uncertainty and Profit*, Houghton Mifflin Company, Boston & New York, 1921이다. 저본에서 이탤릭체로 강조된 부분 가운데 라틴어, 독일어, 프랑스어 등 영어 이외의 언어임을 나타내기 위한 것을 제외하고 순전히 강조를 하기 위한 것은 이 책에서 굵은 글씨로 표시했다.

측정할 수 있는 불확실성, 즉 엄밀한 의미의 '위험'은
우리가 이 말을 사용하게 되는 방식대로라면 측정할 수 없는 것과 아주 달라서
사실상 그것은 불확실성이 전혀 아닌 것이 된다.
따라서 우리는 '불확실성'이라는 말을
양적인 것이 아닌 유형의 경우에만 한정해서 사용할 것이다.
이윤에 대한 타당한 이론의 토대가 되고
실제 경쟁과 이론상 경쟁의 괴리를 설명해주는 것은
이런 '진정한' 불확실성이지 위험이 아니다.

머리말

이 책에 근본적으로 새로운 것은 거의 없다. 이 책은 종래 경제학 이론의 기본 원리들을 보다 정확하게 서술하고 거기에 내포된 의미를 그동안 제시된 것보다 더 명확하게 제시하려는 하나의 시도에 해당한다. 다시 말해 이 책은 재구성이 아니라 정교화를 목적으로 한 것이고 '순수한 이론'에 대한 연구다. 이 책을 내는 데는 두 가지 동기가 있다. 첫째로 지은이는 특히 이 나라 미국의 사상에서 두드러지게 나타나는 현 시대의 실용적이고 속물적인 경향을 마주하면서, 사회문제 영역에서 신중하고 엄밀하게 사고하는 것이 어쨌든 인간의 행불행에 꽤 의미 있는 영향을 주리라는 기대를 품고 있다. 둘째로 지은이는 지금의 '실용주의'는 하나의 과도적 단계이며 어느 정도는 일시적인 태도일 뿐이라고 생각하면서, 느슨하고 피상적인 사고에 대한 불만족이 강력한 저류로 존재하는 동시에 순전한 지적 자존감에서 현재 대표적인 관념으로 통하는 용어와 이론들을 보다 명확하게 이해하고자 하는 진정한 욕구가 존재한다고 느낀다. 이런 두 가지 가정 가운데 앞엣것에 대해서는 이 책의 본문에 들어가기 전에 설명 또는 방어를 위한 몇 마디 말을 해두는 게 적절할 것 같다.

일반적인 경제학을 연구하는 데 대한 '실용적'인 정당화 논거는 욕구를 만족시키는 활동을 위한 조직의 형태를 변화시키는 것을 통해 인간의 삶의 질을 개선하게 될 가능성에 대한 믿음이다. 좀 더 구체적으로 말하면, 대부분의 사회개선 기획은 사유재산과 개인적 계약의 자유를 어떤 보다 의식적인 사회적 또는 정치적 통제로 대체하는 것과 관련된다. 이 논문과 같은 연구의 밑바닥에 깔린 가정은 수정하거나 바꿔야 한다는 제안의 대상이 된 체제의 성질과 경향을 명확하게 이해한 가운데 연구가 수행된다면 방금 말한 특성의 변화가 실질적인 개선을 가져올 것이라는 전망을 더욱 확고하게 해주리라는 것이다. 그러므로 이 논문에서는 사회집단 안에서 협력적인 노력을 확보하거나 유도하는 하나의 체제 또는 방법으로 본 자유기업의 기본적 특성들을 가려내고 정의해보려고 한다. 이 같은 시도에서 성공하기 위한 하나의 필요조건으로, 현상에 대한 묘사와 설명은 분석대상 체제에 대한 옹호나 비판과 관련이 있는 모든 문제에서 근본적으로 분리돼야 한다고 가정한다. 우선 그 체제가 어떤 것인지를 보인다면 그러한 체제가 무엇을 해낼 수 있고 무엇을 해낼 수 없는지를 알아내는 일로 나아갈 수 있으리라고 기대한다. 이와 밀접하게 연관된 또 하나의 목적은 경제조직 문제의 **기초자료**를 만들어내는 것, 즉 어떤 조직의 기제든 그것이 작동하는 데 필요한 불변의 재료와 그 작동을 구속하는 조건을 확인하는 것이다. 이런 기본요소들을 명확하게 파악하는 것은 특정한 조직의 방법에 대해 합리적으로 기대할 수 있는 것이 무엇이냐는 질문에 대답하는 데 토대가 된다고 여겨진다. 그러므로 그렇게 하는 것은 곧 이상적인 결과가 실현되지 못하는 이유가 체제 그 자체에 있다고 봐야 하는지, 그렇게 봐야 한다면 어떤 점에서 그런지, 그리고 실험해보기를 정당화하기에 충분한 정도로 개선의 기회를 제공하는 변화나 교체는 어떤 종류의 것인지

등의 질문에 대답하기 위한 토대가 될 것이다.

이 연구의 최종 결과는 결코 기존질서 옹호가 아니다. 그 결과는 오히려 자유기업에 내재된 결함을 강조하게 될 것이다. 하지만 신중하게 분석한다면 문제의 근본적인 난점들이 강조될 것이고, 단순한 사회기제 변화에서 과도하게 낙관적인 기대를 끌어내는 것의 어리석음도 강조될 것임을 인정해야 한다. 이와 같은 토대 놓기만이 이 연구의 범위에 들어있으며, 달리 말하면 경제이론의 영역에 포함된다. 사회정책과 관련된 문제에 대한 최종 판단은 다른 가능한 조직체계들에 대한 유사한 연구와 달성돼야 하는 과제의 관점에서 그 다른 조직체계들과 자유기업을 비교한 결과에 의존한다. 여기서 하나의 '결론'은 감히 내려볼 수 있겠는데, 그것은 모든 분야에 걸쳐 모든 목적에 적합하거나 용납될 수 있는 단일의 조직방식은 없다는 것이다. 궁극의 사회에서는 생각할 수 있는 모든 유형의 조직기제가 각각 제 자리를 찾을 것이 틀림없고, 풀어야 할 문제는 각각의 유형이 가장 잘 들어맞는 사회적 노력의 과제와 영역을 규정하는 형태가 될 것이다.

이 논문이 자유기업 이론에 특별히 학술적으로 기여하는 바가 있다면 그것은 그러한 체제의 '주역'으로 인정받는 **기업가** 또는 기업인의 역할과 그런 사람의 특수한 기능에 대한 보상을 결정하는 힘들에 대한 일종의 보다 완전하고 주의 깊은 점검을 제공한다는 것이다. 이윤이라는 문제는 1914년 봄에 당시 코넬대학 경제학 교수였던 앨빈 존슨 박사가 필자에게 박사논문을 쓰기에 적당한 주제로 추천해주었다. 그 연구는 존슨 박사가 코넬대학을 떠난 뒤에 주로 알린 A. 영 교수의 지도 아래 수행됐다. 두 선생님에게 진 빚에 대해 내가 할 수 있는 일은 오로지 감사를 드리는 것

뿐이다. 이 논문은 1916년 6월에 코넬대학에서 학위논문으로 수락되고 1917년에 '하트, 샤프너 앤드 마르크스 논문 공모전'에 제출됐으며, 그 뒤 시카고대학 J. M. 클라크 교수의 편집감독 아래 완전히 재작성됐다. 나는 같은 대학 동료였던 C. O. 하디 교수와 토론을 하고 그의 미발표 저작 《위험과 위험부담 강독》을 읽을 수 있었던 데서 큰 도움을 받았다. 시카고대학 제이컵 바이너 교수는 친절하게도 이 논문 전부를 읽고 교정해주었다. 수많은 경제학자의 출판된 저작을 통해 그들에게 진 빚은 내가 이 논문의 본문이나 주석에서 매우 부족하게만 표시했다. 그 빚은 워낙 넓은 범위에 걸쳐 한량이 없어서 일일이 다 표시하기가 어려웠다.

프랭크 H. 나이트
아이오와 주의 아이오와시티에서
1921년 1월

차례

머리말 · 6

1부 들어가기 · 17

I장 경제이론 내 이윤과 불확실성의 위치 · 18

연역적인 경제학의 성격과 필요성—자연과학과의 유사성—가설의 추상적 성격을 강조해야 할 필요성—사고는 분석과 분석적 추상을 의미한다—완전경쟁이라는 가정—이윤이 없는 경우—완전경쟁의 조건에는 특히 완전한 지식이 포함되며, 이윤은 불확실성에 의해 설명돼야 한다—이 책의 설계

II장 이윤의 이론들: 이윤과 관련된 변화와 위험 · 40

경제학 문헌에 나타나는 이윤에 대한 논의의 역사적 개괄—동적이론과 위험이론에 대한 특별한 고찰—동적이론은 변화의 결과를 변화와 관련된 불확실성의 결과와 혼동한다—위험이론은 측정할 수 있는 확률이라는 의미의 위험과 측정할 수 없는 불확실성을 구별하

지 못해 혼동에 빠진다―알려진 법칙에 따른 변화는 이윤을 발생시키지 않으며 위험도 측정할 수 있는 것이라면 역시 그러한데, 왜냐하면 그런 위험은 보험이나 보험과 동등한 어떤 수단에 의해 제거될 수 있기 때문이다

2부 완전경쟁 · 75

Ⅲ장 선택의 이론과 교환의 이론 · 76
욕구, 그리고 욕구를 만족시키는 활동을 조직하는 기제로서의 경제 질서―욕구들의 갈등―자원, 그리고 다수의 욕구를 만족시키기 위한 자원의 사용―효용과 체감하는 효용―단순한 선택, 소년과 산딸기, 크루소와 크루소 경제, 단순화된 사회적 조건들 아래에서 이루어지는 재화의 생산과 교환―대안들을 결합하는 문제―상대적인 즐거움과 고통―비용은 희생된 대안이다―자원과 자원비용의 진정한 의미―함수, 곡선, 균형에서 나타나는 관계들의 정식화

Ⅳ장 공동생산과 자본화 · 126
여러 가지 재화를 생산하는 데 여러 종류의 자원을 사용하는 것과 이로부터 초래되는 조직의 문제―체감하는 효용의 법칙과 유사한 체감하는 수확의 법칙―자원이나 비용재에 대한 생산물 가치의 귀속 및 그에 따른 자원이나 비용재의 배치를 통한 그 수익의 극대화―생산성이론에 대한 비판―수요와 공급의 측면에서 본 생산적 용역의 가치―생산적 요소들을 몇 가지 '생산요소'로 분류하는 타당한 방법

은 없다―생산에서 시간이 갖는 역할과 시간선호의 오류

V장 불확실성이 없는 경우의 변화와 진보 · 180

정적 상태의 의미와 진보의 형태―전통적인 3종분류에 따라 생산적 요소를 분류하는 문제―생산적 재화의 공급과 수요의 변화와 분배 몫의 변화―균형 수준을 향한 진보라는 문제―진보의 모든 양식은 미래 이득을 위해 현재 자원을 투자하는 대안의 방법을 나타낸다―불확실성이 없으면 수익률이 모든 분야에 걸쳐 같아질 것이다―현재의 사실들과의 대조―지대와 구별되는 한 가지 특이한 형태의 소득으로서 이자가 지닌 성질

VI장 완전경쟁의 부차적 전제조건들 · 217

완전경쟁에 필요한 불확실성 부재 이외의 조건들에 대한 간략한 검토―조정에서의 요소의 가분성―'생산성'이라는 용어에 없는 도덕적 함의―다양한 형태의 독점은 경제적 의미에서 생산적이다―독점과 일반적 정체로 가는 경쟁체제의 경향

3부 위험과 불확실성을 통한 불완전경쟁 · 243

VII장 위험과 불확실성의 의미 · 244

지식이론의 개요―행태에서 의식이 하는 역할―행동은 전망적이고 지식의 과제는 예측이다―미래에 대한 지식은 경험이 각사 동일성을 유지하는 객체들의 행태로 분석된다는 사실에 의존한다―그러나

이런 객체들은 우리의 지능이 다루기에는 너무 많이 있고, 그래서 우리는 하나의 행태양식을 또 하나의 다른 행태양식에서 추리하는 것에, 다시 말해 성질 간 연합의 항상성에 의존한다—일반적으로 말해 철저한 양적인 분석은 불가능하고, 그래서 우리는 '추정한다'—보통은 추리돼야 하는 행태양식으로서 있을 수 있는 것은 다양하고, 그래서 우리는 다양한 결과의 '확률'이라는 관점에서 추리한다—선험적 확률 대 통계적 확률—판단에서의 오류는 확률로서 추정된다고 하더라도 일반적으로는 어떤 근거 위에서도 쉽게 객관적으로 평가되지 않는다—이윤을 발생시키는 '위험'은 주로 판단에서 오류를 저지를 가능성이라는 성질을 가지며, 그렇기에 너무나 독특해서 종류들로 분류되지 않기 때문에 측정할 수 없다

Ⅷ장 불확실성 대응의 구조와 방법 · 286

불확실성에 대한 태도—가변적 요인들—자유기업—경제조직이 불확실성을 다루는 방식은 그것을 축소하거나 그것에 대응하는 기능을 전문화하는 것이다—정보를 완전하게 하고 미래를 직접 통제하기 위한 중요한 구조들이 있긴 하지만, 불확실성을 축소하는 주된 방법은 통합에 의거한다—보험은 통합의 주된 수단이다—투기는 위험을 전문화하지만, 통합의 수단으로서도 완전히 같은 정도로 중요하다—대규모 활동, 특히 법인기업—기업 설립

Ⅸ장 기업과 이윤 · 321

완전한 균형이 이루어진 정적인 사회에 불확실성이 도입되면—경영

과 위험인수 기능의 전문화―계약소득과 잔여소득―이윤몫의 크기를 통제하는 조건들, 특히 기업가가 자신의 힘을 추정하는 데서의 소심함 대 낙관주의―기업가 능력의 공급과 수요

X장 기업과 이윤(계속), 유급경영자 · 352

지식과 통제의 간접성―우리는 일반적으로 우리를 위해 판단을 해주는 다른 누군가의 능력을 판단하지 우리의 문제 그 자체를 판단하지 않는다―마찬가지로 우리는 다른 사람들로 하여금 일을 하게 함으로써 일이 이루어지게 한다―임원의 특성은 사람에 대한 판단이다―사업조직에서 최종적인 통제는 통제를 할 사람들을 선발하는 것이고, 이것은 책임과 분리될 수 없다―근현대 사업세계에서 이루어지는 권위와 책임의 배분

XI장 불확실성과 사회적 진보 · 377

불확실성의 주된 원천인 변화는 통제라는 문제의 원천이다―자원투자에서의 불확실성으로 인해 저축의 기능에서 투자의 기능이 분리되는 일이 일어난다―이자의 이론―다양한 형태의 진보적 변화와 관련된 불확실성 요소―이윤의 자본화에서 생겨나는 복잡한 문제들―이윤의 영구성: 마찰, 이동성

XII장 불확실성과 이윤의 사회적 측면 · 416

불확실성을 감축하거나 재배분하는 방법은 모두 비용을 수반한다 그런 방법이 어느 정도까지 실행돼야 하는지는 불확실성이 그 자체

로 얼마나 바람직하지 않은지에 달려 있다―자유기업은 통제와 책임을 재산소유자들의 수중에, 그리고 그들 가운데 어떤 소수계급의 수중에 집중시킨다―자유기업과 자유의 대조―율성만의 관점에서 보면 사람들은 확실한 보수를 위해서보다 불확실한 보수를 위해서 더 흥미를 가지고 더 능률적으로 일하는 것이 꽤 분명하다―이윤몫의 총량이라는 문제―모든 증거는 그것이 마이너스임을 시사한다―어떤 다른 체제를 선호해 자유기업을 폐지하는 문제―대체로는 경제활동을 통제하는 사람들로 하여금 독립적인 창조적 정신을 느끼도록 하는 문제―통제가 자신의 수명 너머에까지 미치게 하기의 큰 어려움, 사회적 연속성과 가족 문제

지은이 소개를 겸한 옮긴이 후기 · 451
주석에서 언급된 인용출처와 참고문헌 · 456
사람 이름 찾아보기 · 468

1부 | 들어가기

I장 경제이론 내 이윤과 불확실성의 위치

경제학은, 더 정확하게 말해 이론경제학은 사회과학 가운데 유일하게 정밀과학이라는 특이한 지위를 지향해온 학문이다. 경제학이 정밀과학이라면 그러한 범위 안에서 정밀과학이 갖고 있는 한계를 받아들이고 그 품위를 공유해야 하며, 그렇다면 필연적으로 어느 정도 추상적이고 비실제적일 수밖에 없으므로 물리학이나 수학과 비슷한 것이 된다. 사실 경제학은 물리학과 정도의 차이가 있을 뿐이다. 왜냐하면 경제학은 물리학과 같은 정도로 정밀하게 될 수는 없다고 하더라도 특별한 이유가 있다면 비실제적인 성격만을 훨씬 더 키우는 것을 대가로 하여 적당한 정도의 정밀성을 확보하기 때문이다. 정밀과학이라는 개념 자체가 추상을 내포한다. 그것이 지향하는 이상은 분석적 처리인데, 분석과 추상은 사실상 동의어다. 우리는 하나의 복합적 덩어리를 이루고 있는 서로 연관된 변화들에 질서를 부여한다는 과제, 다시 말해 그러한 변화들을 분석해서 법칙이라고 불리는 배열 또는 행태의 규칙성으로 파악하고 상이한 기본적 배열요소들을 각각 별도의 연구대상으로 분리한다는 과제를 스스로 설정했다.

때로는 우리의 복합적 현상을 이루는 다양한 기본적 구성요소가 자연적 현실 속에서 완전히 분리되거나 부분적으로 분리된 형태로 발견되고,

때로는 그런 구성요소를 단독으로 제시해주거나 통제조건과 함께 제시해주는 인위적 실험 방법이 고안될 수 있다. 뒤엣것은 물론 자연과학의 특징적인 절차다. 그러나 그것을 산업사회에 대한 연구에 적용하는 것은 일반적으로 실행하는 게 가능하지 않다. 이런 연구에서는 우리가 흔히 우리의 복합적 현상에 내재된 다양한 요인이 다양한 연관관계 아래에서 겉으로 드러난 것을 찾아야 하거나 일반적 원리에 대한 직관적 지식에 의거하여 논리적 절차를 통해 배열의 사슬 하나하나의 작동을 탐구해야 한다.

어떤 종류의 문제에 대해서든 분석적 방법의 적용은 언제나 매우 불완전하다. 우리가 현실의 삶에서 대처해야 하는 정상적인 실제 상황에 끼어드는 광범한 복잡성 가운데 수적으로 거의 대부분은 이런 식으로 다루는 게 결코 가능하지 않다. 그런 방법의 가치는 문제상황 집합들의 크기가 큰 경우에는 특정한 요소들이 거기에 공통으로 존재하고 각각의 개별 경우에만 존재하지 않으며 더 나아가 그런 요소들은 수가 적은 동시에 문제상황을 대체로 보아 충분히 좌우할 정도로 중요하다는 사실에 의존한다. 그러므로 이런 소수의 요소에 관한 법칙은 우리로 하여금 상황 전체에 관한 법칙에 가까이 다가갈 수 있게 해준다. 그리고 그런 법칙은 우리로 하여금 '이상적'인 조건 아래에서 어떤 것이 '들어맞는 경향이 있다'거나 '들어맞을 것이다'라고 진술할 수 있게 해준다. 여기서 '이상적'인 조건 아래에서란 수도 많고 다양하지만 덜 중요해서 우리의 법칙에서 고려되지 않는 '다른 것'은 전혀 존재하지 않는 상황 속에 있다는 의미일 뿐이다.

이처럼 정밀 자연과학의 모범이자 전형인 물리학에서는 상대적으로 적은 수의 유효한 법칙이나 원리가 단순화된 조건들이 가정되고 모든 교란 요인이 제거된다면 어떤 일이 일어날지를 우리에게 말해준다. 단순화된 조건에는 다루는 객체의 규모, 질량, 형태, 유연성, 강도, 탄력성이나 그 밖의 일반적인 성질에 대한 지정값이 포함되는데, 일반적으로 이런 지정값은 실제로 실현되기는 전적으로 불가능하지만 **그럼에도 불구하고 설정하는 것이 절대적으로 필요하다.** 그런가 하면 '교란요인'은 간단히 말해 지정값 설정의 대상에 포함되지 않은 것들 모두를 가리키는데, 이런 교란요인도 실제로 제거하기는 아마도 마찬가지로 불가능하겠지만 이 역시 **가정하는 것이 필요하다.** 오로지 이렇게 해서만 우리는 '법칙', 즉 현상의 개별적 기본요소들과 그것들의 개별적 행태에 대한 묘사를 얻을 수 있다. 그리고 그러한 법칙이 어떠한 특수한 경우에도 정확하게 들어맞는 것은 결코 아니며, 그 이유는 그것이 해당 경우의 모든 요소를 다 포함하지는 않으므로 불완전하다는 데 있다. 그럼에도 불구하고 그러한 법칙은 근사적으로 진실인 데다가 우리는 그 불완전성을 어떻게 에누리해야 하는지를 알기 때문에 우리로 하여금 실제 문제를 지능적으로 다룰 수 있게 해준다. 우리는 현상의 보다 중요하고 보다 보편적인 측면을 분석적으로 다루는 것을 통해 달성되는 그러한 근삿값을 가지고서만 운동 중인 물질의 질량이 보여주는 행태에 대해 조금이라도 지능적인 개념을 얻어내고 자연의 힘들에 대해 오늘날 우리가 갖게 된 놀라운 지배력을 확보할 수 있었다고 봐야 한다.

　이와 비슷한 방식으로, 그러나 다양한 이유에서 그렇게 완전하고 만족스럽지는 않지만, 우리는 '경향'을 다루는, 다시 말해 결코 실현되지는 않지만 실제로 언제나 어느 정도는 근접하게 되는 단순화된 조건들 아래에서 어떤 일이 '일어날지'를 다루는 이론경제학이라는 역사적으로 중요한 학문체계를 발달시켜왔다. 그러나 그러한 절차를 유용한 것으로 만드는 데서 그동안 이론경제학은 이론물리학에 비해 훨씬 덜 성공적이었는데, 그 이유는 대체로 보아 그 성질과 한계를 분명하고 확실하게 하지 못한 데 있다. 이론경제학은 경쟁이 완전하지 않은 측면을 때때로 주목하는 가운데 '완전경쟁' 아래에서 어떤 일이 일어날지를 연구한다. 하지만 완전경쟁을 위해 필요한 것이 무엇인지, 완전경쟁의 조건이 실제 삶의 조건에서 얼마나 멀리, 그리고 어떤 식으로 벗어나 있는지, 그러므로 연구의 결론을 실제 상황에 적용할 때 어떤 '수정'을 해야 하는지에 대한 체계적이고 일관성 있는 견해를 수립하려면 아직 가야 할 길이 멀다.[1]

 이 주제에 대한 생각들이 모호하고 불확실한 상태임은 이론적 방법의 의미와 사용에 대한 이견이 경제학자들 사이에 만연해 있다는 데서 분명히 드러난다. 한쪽 극단에는 수리경제학자와 순수이론가들이 있는데,[2] 그들이 보기에는 보편적인 법칙으로 가정된 아주 적은 수의 전제에서 출발하는 폐쇄적 연역체계의 바깥에는 과학적 경제학으로 간주할 만한 것 자체가 거의 없다. 다른 쪽 극단에는 추상과 연역을 전적으로 거부하고 순전히 객관적이고 묘사적인 과학을 고수하는 경향이 점점 더 강해지면서 세를 불리는 형세로 분명히 존재한다. 그리고 그 사이에 다종다양한 견해가 있다.

---

[1] 매켄지의 《사회철학 입문》 58쪽을 참조하라. 또한 배저트의 《경제학 연구》 1권에 실린 '영국 정치경제학의 전제들'도 참조하라.

[2] 수리경제이론에는 쿠르노, 제번스, 발라스라는 이름과 각각 연결된 세 가지 유형 또는 학파가 있다. 로잔대학의 빌프레도 파레토 박사(발라스의 후계자)가 현재 수학적 방법을 가장 앞장서서 주창하고 있다. '글로 이론을 전개하는' 순수이론가 중에서는 윅스티드, 슘페터, 판탈레오니가 특히 눈에 띈다.

필자의 견해로는 이런 양극단의 견해 사이에서 양쪽 모두를 공정하게 대하는 올바른 '중도'를 찾는 것이 어려운 일은 아니다. 추상적 연역 체계는 경제과학이라는 큰 영역의 한 작은 부문일 뿐이지만, 그 분야를 발전시킬 기회가 존재할 뿐더러 그래야 할 필요성이 매우 크다. 사실 우리의 비유에서 이론역학은 물리적 자연에 관한 과학에서 아주 작은 한 부문일 뿐이다. 하지만 그것은 매우 기본적인 부분이고, 어떤 의미에서는 모든 것의 '처음'으로서 그 뒤에 이어지는 것들의 토대이자 전제조건이다. 그리고 이는 경제학의 '순수이론' 대부분에도 아주 잘 들어맞는 관점일 수 있다. 다시 말해 사회체제에 대한 실제적인 이해를 향한 하나의 작은 걸음이되 **첫** 걸음이 되는 것은 사회체제에서 발견되는 비교적 적은 수의 기본적 경향을 따로 분리해내어 추리해서 그 논리적 결론에 이르는 일이다. 다른 과학에서와 마찬가지로 경제학에서도 연역과 귀납이라는 두 가지 방법이 정말로 이론적으로 분리될 수 있다면 그 두 가지 방법을 다 이용해야 할 필요성이 얼마든지 있다. 밀이 제대로 주장했듯이[3] 우리는 언제나 모든 단계에서 관찰된 사실에 우리의 결론을 대조하면서 가능한 한 연역으로 추리해야 한다. 다루어야 할 자료가 너무 복잡해서 이런 식으로 다루기가 어려운 경우에는 귀납을 적용해 경험적 법칙을 수립하고 연역을 통해 그것을 '비교행동학'의 일반적 원리(우리는 이것을 간단히 '인간행태'라고 부를 것이다)와 연결해야 한다. 두 경우 다에 단서가 있다. 연역을 사용할 때에는 관찰을 통해 결론을 사실에 끊임없이 대조하면서 점검하고 그 결과에 따라 전제를 수정해야 한다는 것이 그것이고, 귀납으로 얻은 경험적 법칙은 과

---

[3] 《논리학》 Ⅵ권 Ⅸ장과 Ⅹ장.

학의 일반적 원리에서 도출됨이 증명된 뒤에야 그 유의성과 신뢰성에 대한 평가를 높일 수 있다는 것이 그것이다. 두 경우 다에서 이런 단서가 강조된다는 점을 고려하면 우리는 두 가지 방법 사이에 남는 차이가 거의 없음을 알 수 있다.[4]

....

4 연역과 귀납의 관계는 밀접하며, 그래서 이 두 가지 방법을 엄격하게 구분하거나 대비하는 것은 오해를 불러일으킨다. 과학적 방법의 기본에 대한 보다 신중한 연구는 나중에(Ⅶ장에서) 시도될 것이다. 우리는 흔히 이해되는 대로의 연역은 궁극적으로는 존재하지 않음을 알게 될 것이다. 다시 말해 추리는 특수한 것들로부터 특수한 것으로 이행하고, 일반화는 언제나 잠정적인 것으로서 단지 노력절감 도구일 뿐이다. 그렇다고 해도 실제로는 우리가 가설에 비추어서만 사실을 지능적이고 효과적으로 연구할 수 있고, 이와 동시에 가설은 그 토대를 이루는 사실에 대한 구체적인 사전지식의 양에 어느 정도 비례해서만 가치를 갖는다. 과학의 실제 절차는 이처럼 가설을 세우고 검증하는 것으로 구성된다. 어느 분야에서든 최초의 가설은 대개 '상식'의 인상, 다시 말해 세계와의 직접적인 접촉을 통해 지능에 강요된 피상적 지식의 인상이다. 연구는 어떤 가설에 비추어서든 지배적 일반화를 수정하거나 기각하고 새로운 관점을 제시해서 같은 방식으로 비판과 검증을 받게 되며, 이런 식으로 해서 자료의 조직화가 진전된다. 일반화의 중요성은 우리의 사고방식이 형성된 상태를 보면 현상을 관찰할 때 답변돼야 하는 질문을 가지고 그것에 접근하지 않는 한 관찰하는 시도가 거의 무익하다는 사실에서 비롯된다. 이것이 바로 가설의 진정한 의의이므로 하나의 가설은 곧 하나의 질문이다. 표면적인 관찰이 질문을 제기하면 연구가 그것에 답변한다. 연구가 어떤 질문에 대해 긍정적인 답변을 내놓고 그 답변이 실제 적용에 의해서나 인과관계 관찰의 검증에 의해 반박되지 않는 경우에만 우리는 자연의 법칙을 얻게 되고, 그 법칙은 우리의 환경에 관한 진리로서 우리로 하여금 우리의 행동에서 환경에 지능적으로 반응할 수 있게 해준다.

그렇다면 사실들을 빠트림 없이 수집하고 대조한다는 베이컨주의적인 의미의 귀납은 어떤 경우에는 필요하고 유익할 수도 있지만 대체로 보면 거의 소용이 없다. 다른 한편으로 검증을 받는다는 조건 아래 가설을 제시하는 일을 넘어서는 역할이 부여된 연역도 마찬가지로 거의 소용이 없다. 그러나 우리의 상식을 일반화한 결과는 어떤 분야에서는 매우 높은 정도의 확실성을 가지므로 우리에게 외부세계와 관련해 예를 들면 수학의 '공리'와 같은 것을 제공해준다는 점에 주목해야 한다. 지금 우리가 진행하는 논의의 맥락에서 훨씬 더 중요한 것은 인간적 현상에 대한 연구에서 상식 또는 직관이 수행하는 역할이다. 사실 관찰과 직관은 인간행동 분야의 많은 부분에서 거의 구별할 수 없는 활동이다. 우리 자신에 대한 우리의 지식은 내향적 관찰에 근거하지만 워낙 직접적이어서 그 지식은 직관이라고 부를 수 있다. 우리의 지식이 동료 인간들에 대한 지식으로 확장되는 것도 행동에 대한 직접적인 관찰보다는 훨씬 더 말, 몸짓, 얼굴표정 등 의사소통 신호에 대한 해석에 근거하며, 이런 해석의 과정은 그 성격상 고도로 직관적이고 잠재의식적이다. 그래서 경제학의 기본법칙 가운데 다수는 당연

경제학의 방법은 분석이 어느 정도로든 적용될 수 있고 단순한 묘사 이상의 것이 가능한 그 어떠한 연구 분야에서도 사용되는 방법일 뿐이다. 그것은 과학적 방법, 즉 연속적 근사화라는 방법이다.[5] 연구는 주제의 가장 일반적인 측면만을 다루는 이론 분야에서 시작하고 그 다음에 점점 더 한정된 종류의 현상에 적용될 수 있는 일련의 원리로 순차적으로 하강해갈 것이다. 이런 과정을 어디까지 이행해야 하는지는 취향의 문제인 동시에 무슨 과제든 그것이 실제로 요구하는 바에 달린 문제다. 과학에서 세세한 것에 대해서까지 매우 높은 수준의 정확성을 갖는 정교한 법칙은 일반적으로 쓸모가 없다. 연역에서 고려되는 요인의 수가 많아지면 위와 같은 과정이 급속하게 다루기 어려운 것이 되면서 오류가 끼어드는 동시에 그 결과가 대부분의 적용에서 유의성이 떨어지게 되는데, 이런 유의성 하락의 정도는 주어진 경우의 사실에 가까이 근접함에 따른 유의성 상승의 정도보다 크다. 요소들을 분리하여 각각 별개로 다루는 일은 요소의 수가 지나

히 자료에 대한 관찰과 그 통계적 처리라는 통상적 의미의 귀납을 통해 언제나 수정할 수 있는 것이기는 하지만 애초부터 '직관적'인 것이 사실이다.

이상의 간략한 설명이 철학적 문제를 다룬 것이라고 생각해서는 안 된다. 필자는 밀과 마찬가지로 경험주의자이므로 일반적 진리나 공리는 모두 궁극적으로는 경험으로부터 귀납한 것이라고 생각한다. 하나의 방법으로서 귀납이 의미하는 것은 신중하게 숙고된 과학적 귀납, 즉 사례들에 대해 그 '법칙'을 알아낼 목적으로 계획적인 연구를 하는 것이다. 그리고 연역은 일반적 법칙을 특수한 경우에 적용함으로써 새로운 진리에 도달하는 것을 의미한다. 지금 우리가 취하고 있는 관점에서 보면 이 두 가지 과정은 개념적으로 제시한 것일 뿐이며, 철두철미한 귀납과 결정적인 연역은 똑같이 불가능하다.

[5] 콩트가 과학이 수립하는 원리의 일반성 순서로 과학을 배열했던 것을 독자는 기억할 것이다. 추상적인 공간과 수량의 성질을 다루는 수학은 모든 현상에 적용될 수 있는데, 그런 만큼 어떤 현상에 대해서든 우리에게 말해주는 것이 거의 없다. 이에 비해 물질의 법칙과 생명체의 법칙 등은 일반성이 낮고 구체적 현실성이 높다. 지식의 부문을 크게 구분한다면 어떤 개별 부문이든 그 안에서는 동일한 원리가 적용된다.

치게 많아지기 전에 중단하고 경험적으로 결정된 수정값의 적용으로 근사화의 마지막 단계를 다루는 것이 낫다.

그렇다면 순수한 형태의 이론적 방법은 특정한 연구단계에서 조사대상이 된 요인보다 일반성이 낮은 요인의 영향에 기인하는 변동과 수정, 그리고 모든 종류의 우발적 사건을 엄격하게 배제하는 가운데 일반적 원리들을 그 전체로, 그리고 분리하여 별개로 연구하는 것이 된다. 우리의 질문은 경제학에서 이런 방법을 상당한 정도의 엄격한 형태로 사용하는 것이 바람직한가와 관련된다. 이 질문에 대한 답변은 연구해야 할 현상에서 신중하게 분리해서 별도로 연구하는 것을 정당화할 정도로 충분한 항상성과 중요성을 가진 일반적 원리가 발견될 수 있을지에 달려있다. 필자는 이 질문에 긍정적으로 답변해야 한다는 의견을 강하게 가지고 있다. 경제학은 인간의 욕구를 만족시키는 활동을 위한 조직으로서 서구의 국가들에 보편화하고 대부분의 행동분야에 퍼진 한 특수한 조직 형태에 대한 연구다. 그것은 자유기업체제 또는 경쟁체제로 불린다. 그것이 완전히 경쟁적인 것이 아님은 분명하지만, 그것의 **일반적 원리**가 자유경쟁의 원리라는 것도 마찬가지로 논박의 여지가 없다. 이러한 상황에서 첫 번째 근사화로 추상에 의해 다양한 정도와 종류의 편차가 제거된 **완전하게** 경쟁적인 체제에 대한 연구가 권고된다. 이런 방법이 실제적인 맥락에서 특별히 권고되는 것은 사회정책에 관한 우리의 가장 중요한 질문들이 경쟁의 '자연적'인 결과가 갖는 성격이라는 문제에 전적으로 관련되고, 그 질문들이 경쟁의 경향을 촉진하고 보완해야 하는지, 아니면 그것을 저지하고 다른 것으로 교체해야 하는지를 묻는 형태를 취하기 때문이다.

그러한 이론적인 첫 번째 근사화가 이론적인 의미에서, 다시 말해 그것이 우리가 사고하는 과정의 작동에 부합하는 동시에 문제에 다가가는 자연스러운 논리적 방법이라는 점에서 권고된다는 것은 그러한 과학이나 그러한 사회체제가 연구의 대상으로 존재하게 된 이래 경제학자들이 언제나 실제로 그러한 방법을 실행해왔다는 사실에 의해 충분히 입증된다. 물론 경제학자들은 그렇게 한다는 이유로 비판을, 그것도 격심한 비판을 받아왔다. 그런데 필자의 판단으로는 과거와 현재의 이론가들이 비판받아 마땅한 점은 그와 같은 이론적 방법에 따라 경쟁적 조직의 단순화되고 이상화된 형태를 연구한다는 것이 아니라 그와 같은 이론적 방법을 충분히 스스로 의식하면서 비판적이고 명시적인 방식으로 따르지 않는다는 것이다. 역사적으로 중요한 경제학자들은 방법론에 대해 논의할 때에는 더할 나위 없이 바람직할 정도로 분명하고 명시적이었던 게 사실이지만,[6] 방법의 사용에서는 유감스럽게도 그들이 꼭 그랬다고 말할 수가 없다.

단순화된 전제들로부터 추리를 하는 과학적 방법을 사용하는 데서는 추리를 하는 사람이 실행하는 절차가 무엇이고 어떤 전제들이 개입돼 있는지가 추리를 하는 사람 본인에게 분명해야 하고, 그의 저작을 이용하는 사람들에게 오해의 소지가 없게 하는 것이 긴요함은 말할 필요도 없다. 방법에 관한 과거의 논쟁에는 두 가지의 매우 큰 난점이 깔려 있었다. 첫째는 '학자' 가운데 상당히 큰 비중을 차지하는 사람들까지 포함한 대중

---

[6] 밀의 《해결되지 않은 문제들에 관한 논문집》에 다섯 번째로 실린 논문을 참조하라. 이 논문은 이런 주제에 대해 더 이야기해야 할 것은 말 그대로 거의 남기지 않고 있다. 또한 케언스의 《정치경제학의 성격과 논리적 방법》과 전반적인 영국 경제학자들의 방법론 논의도 참조하라. '경제인'이라는 개념은 경제학이라는 과학의 전제들이 가지고 있는 추상적이고 단순화된 성격을 강조하는 한 가지 방식이다. 케인스의 《정치경제학의 범위와 논리적 방법》은 이런 주제 전부에 대한 탁월하게 분명하고 결정적인 논의다.

이 일반적인 언어를 이용하는 사고 전부에 대해 반감을 갖고 있다는 것이었다. 다른 한편으로 둘째 난점은, 앞에서도 언급한 사실인데, 경제학에서 근사화 방법을 채용하는 사람들이 자기가 얻은 결론의 근사적 성격을, 즉 그것이 단지 경향의 묘사라는 점을 스스로 충분히, 그리고 언제나 인정하려고 하지 않을 뿐만 아니라 자신의 독자들에게 그런 점을 분명히 밝히는 경우는 더욱 드물며, 오히려 매우 불완전한 자료를 토대로 하고 그 위에 사회정책과 사업정책의 원리를 서둘러 세우는 경우가 많다는 것이었다. 경제학적 추측의 이론적 성격을 강조하지 못하는 데서 초래된 잘못된 결과가 실제 경제학의 모든 분야에서 분명히 드러난다. 이론가가 '원리'를 탐구할 때 마음속에 확실한 가정들을 분명하게 갖고 있지 않다면 그 자신은 물론이고 그가 놓은 기초 위에서 실무적인 작업을 하는 사람들은 더욱더 가정들이 비현실적으로 설정됐음을 잊어버리게 되고, 그래서 그 원리를 그대로 다 받아들여 적용해 그것에서 지나치게 포괄적이고 전혀 정당화될 수 없는 결론을 도출하게 되리라는 것이 너무도 당연하다. 그러한 연역의 명백히 옹호될 수 없고 흔히 엉터리인 성격은 이론 그 자체를 신뢰할 수 없는 것이 되게 한다. 이는 물론 잘못된 것이다. 우리는 모든 단계에서 영구운동이 이루어진다는 가정 위에 세워진 이론역학이 영구운동 모형체계 때문에 신뢰할 수 없는 것이 된다고 생각하지 않는다. 그러나 경제학에서는 일반적 원리에 대한 불신이 분명한 사고를 하는 데 치명적임에도 불구하고 이론의 가정들이 그토록 모호하고 가변적인 한 불가피한 것이 된다. 이론의 가정들을 충분히 명백하게 만들기는 거의 불가능하다. 그러므로 단순화된 가정과 복잡한 삶의 사실 사이의 대조를 역학에서 그래왔던 만큼 부각시키고 친숙하게 만드는 것이 매우 중요하다.

이 논문은 위에서 권고한 방향의 한 가지 시도다. 우리는 이론경제학의 가정들에 내재된 비현실성을 찾아내어 적시하려고 노력하겠지만, 이는 기존 이론을 신뢰할 수 없는 것으로 만들려는 목적에서가 아니라 그 이론적 한계를 분명하게 하기 위해서다. 이론경제학 법칙이 근사적 성격을 갖고 있다는 점과 경험적 수정 없이는 그것을 현실 상황에 적용할 수 없다는 점을 예컨대 역학의 법칙과 비교해 특별히 강조해야 하는 이유가 몇 가지 있다. 첫째 이유는 역사적인 것인데 이미 지적한 바 있다. 결과의 한계가 언제나 명시되지도 않았고, 실용적 경제학과 국가정책 분야의 저술가들은 물론이고 이론가들 스스로도 결과를 구체적인 사실에 맞추기 위해 필요한 수정은 살펴보지도 않으면서 부주의하게 결과를 이용해왔다. **이론은 이론일 뿐임을 인정하지 않으면서** 영구운동 이론식 추리에 근거를 두는 정책은 실패로, 그것도 재앙적인 실패로 귀결될 수밖에 없다.

둘째로, 이론경제학의 경우에 필요한 오차허용과 수정은 역학의 경우에 비해 훨씬 더 크고, 따라서 그런 것들을 시야에서 놓치지 않는 것의 중요성도 그만큼 크다. 일반적 원리는 우리를 현실에 아주 가까이는 데려다 주지 않으며, 어떠한 경제상황에든 변화하거나 변동하는 종류의 요인들이 큰 비중으로 존재한다.

다시 강조하자면 물질과 운동의 역학에 관한 연구에 비해 경쟁의 역학에 관한 연구에서 이론과 실천이 더 뚜렷한 대조를 이룸에도 불구하고 그 대조가 덜 친숙하고 더 쉽게 간과된다. 우리 인류는 지구에 살게 된 이래 물질과 운동의 역학으로 묘사되는 형태의 현상을 미숙한 방식으로나마 관찰하며 다루어왔지만, 사람들 사이의 경쟁적 관계는 몇 세대 전에야 수립됐다. 그래도 그 결과로 가설을 사용하거나 기본적 원리를 특수한 사례에 해당하는 사건과 분리하는 등의 과학적 방법에 따라 생각을 분명하게 하는 습관이 적어도 인류 가운데 문명의 수준이 높은 집단의 마음속에는 어느 정도 구축됐다. 아마도 어떤 종족들에게는 그러한 습관이 다소간 본능적이기도 할 것이다.[7]

마지막으로 말해둘 것은 역학적 문제의 경우에 비해 인간관계 분야에서 우리가 정확한 관념을 사람들에게 전반적으로 퍼뜨리는지 여부가 훨씬 더 큰 차이를 실제로 만들어낸다는 점이다. 인간관계 분야의 경우에는 좋든 나쁘든 우리가 민주적 통제라는 정책에 몰두하고 있지만, 역학적 문제의 경우에는 우리가 그런 것에 의지할 것 같지 않다. 물질적 결과에 관해서만 말한다면 에너지가 제조될 수 있다거나 바다에 떨어진 포탄이 밑바닥까지 가라앉지 않고 물속 중간에 떠있게 된다거나 하는 관념, 또는 그 밖의 기본적으로 잘못된 관념을 사람들이 일반적으로 마음속으로 믿는지 여부가 상대적으로 덜 중요하다. 이 분야에서 우리는 적어도 지식과 훈련이 중시되는 전통은 수립했고, 무지한 사람들로 하여금 지식을 갖춘 사람

---

[7] 사실은 역학 분야에서도 인류 가운데 단지 한심스러울 정도로 적은 일부만이 조금이라도 특별한 이론적 감각을 갖고 있음을 인정할 필요가 있다. 글을 읽고 쓸 줄 아는 성인 가운데 기계에 관한 기초적인 경험을 갖고 있는 사람들도 대다수는 힘의 전환과 그 등가성에 관한 기본적 원리들의 대부분을 제대로 이해하지 못하고 있을 것이 분명하다. 그들 자신의 이해력에만 한정하고 보면 그들은 조악한 영구운동 기계모형에 쉽게 빠져들 수 있으며, 그와 같은 문제에 대해 과학계가 이견 없이 일치되게 내린 판정이라고 그들이 알고 있는 것에 대항해 그들 자신의 판단을 적극적으로 옹호한다. 우리의 의회에서 그러한 사업계획에 대한 논란이 거듭 일어나는 것을 우리는 익히 알고 있다. 아마도 일종의 기계적 '편리성'이 과학적인 정신을 가진 극소수를 제외한 거의 모든 사람의 정신에서 발견되는 것의 전부일 텐데, 이렇게 편리성만 추구하는 사람들은 터무니없는 것이 분명한 일에 인생과 재산을 낭비할 가능성이 매우 높은 사람들과 정확하게 일치한다. 심지어 유능한 기술자 가운데도 물리이론을 이해하지도 못하고 평가하지도 못하는 사람이 많다.

들의 판단을 존중하도록 설득해왔다. 자연과학 분야에서는 대중이 기계의 과학적 토대에 대해 무관심한 만큼이나 알지도 못하면서 기계를 기꺼이 받아들이고 사용하고 만들어낼 것이다. 그러한 것을 적당한 규모로 시연하는 것과 그렇게 해서 '결과'로써 사람들을 말 그대로 기절시키는 것이 일반적으로 가능하다. 그러나 사회과학 분야에서는 다행인지 불행인지 그렇지 않다. 우리의 수립된 전통 전체가 '장삼이사'도 '식자층'에 속하는 누구와 견줘도 같은 정도로 '안다'는 견해로 기울어져 있다. 그래서 무지한 사람들이 지식을 갖춘 사람들의 의견을 일반적으로 존중하지 않으려고 하고, 그들의 자발적인 존중이 없는 상태에서 지식을 갖춘 사람들이 객관적인 시연을 해 보인다는 것은 대체로 불가능하다. 우리의 사회과학이 인간의 삶의 질 개선이라는 형태로 과실을 낳게 하려면 대부분의 경우에 먼저 그것이 대중에게 '팔려야' 한다. 그러므로 그 저작물을 정확하고 설득력 있게만 만들 것이 아니라 가능한 한 거의 '아무나 알아먹을 수 있게'도 만들 필요성이 분명히 있다.

정밀과학의 방법을 사용하는 것이 필자가 믿는 만큼 사회적 현상이라는 분야에서 필요하든 그렇지 않든 간에 경제학이라는 근현대적 과학이 수립된 이래 관련 저작물의 대부분에서 그러한 방법이 채용**돼왔다**는 사실은 그래야 한다는 견해에 반대하는 사람들까지도 인정할 것이 틀림없다. 또한 우리의 경제학 교육이나 일반적 토론에 등장하는 용어, 개념, 사고방식이 대체로 기존 전통의 지배를 받고 있으며 앞으로도 오랫동안 그럴 것이라는 점도 인정될 것이다. 그리고 **만약** 가설적인 전제나 단순화된 전제로부터 추리를 하는 방법을 추구한다면 그 방법은 전제의 성격을 강조하는 동시에 도달한 결론이 조건에 비추어, 또는 근사화의 측면에서 어느 정도 타당한지도 강조하는 것을 통해 완벽하게 옹호될 것이 틀림없다. 마지막으로 덧붙이자면, 만약 지금까지 이런 것이 적절하게 이루어지지 않았다는 점이 인정되는 동시에 가정을 느슨하게 사용하고 결론은 더 느슨하게 적용하는 데서 말썽과 오해가 초래됐다는 점도 인정된다면 이 책과 같은 연구의 필요성이 확고해질 것이다.

경제학의 이론적인 부분을 경험적인 부분과 더욱 뚜렷하게 구분하고 전제를 더욱 분명하게 설정하는 방향으로 가는 경향은 이 학문분야의 문헌에서 추적되는데, 최근에 바로 그러한 방향으로 주목할 만한 진전이 이루어졌다. 수리경제학자와 비수리 순수이론가의 연구작업에 대해서는 이미 앞에서 언급했다. 의식적이며 엄격하게 '이론적'인(다시 말해 일반적이고 근사적인) 학설의 체계가 상당한 규모로, 그리고 꽤 만족스러운 수준으로 구축됐다. 필자가 보기에는 파레토와 웍스티드의 연구작업이 특별히 주목할 만한 가치가 있다. 우리는 두 사람의 연구작업이 당연히 인정을 받고 경제학이라는 과학의 일반적 교과과정 전체에서 기초적인 위치에 놓여야 한다고 생각하지만, 유감스럽게도 실제로는 그렇게 되지 못하고 있다. 특히 수리경제학은 밀교, 즉 극소수 '입교자' 외에는 아무도 알 수 없는 것과 별로 다르지 않은 상태로 남을 것처럼 보인다. 경제학 문헌의 대부분은 여전히 일반적 원리들을 포괄적으로 파악했다는 증거가 없는 상태인 것은 물론이고, 과학의 일반적 교과과정에서 일반적 원리가 갖는 의미와 중요성이라는 측면에서 보면 더욱더 그런 것이 분명하다. 이론적 가정을 실제 삶의 조건과, 그리고 이론적 결론을 구체적인 사실과 각각 철저하게 비교하고 대조해야 할 필요성이 여전히 있다. 이론에서 연역한 것은 말 그대로의 진리이기 때문에 필요한 것이 아니라-엄격한 의미에서는 말 그대로의 진리가 **아니기 때문**에 유용한 것임- 그것이 말 그대로의 진리와 모종의 관계를 갖고 있으며 그것을 가지고 연구작업을 하는 사람들 모두가 그 관계가 무엇인지를 항상 염두에 두고 있어야만 필요한 것이라는 사실을 경제학적 분석의 고안자와 사용자 대부분이 아직은 잘 알지 못하고 있다. 순수이론가들조차 일반적으로 자신의 연구작업이 지닌 실제적 의미와 그것이 경제과학 전체와 갖는 관계를 강조하기를 열심히 하지 않았음이 인정돼야 한다. 그들은 자신의 선험적 체계를 구축하는 데 지나치게 몰두해왔고, 아마도 약간은 그 체계를 경제과학의 불균형한 부분으로 간주하는 경향을 보여왔다고 말할 수 있다. 그러한 편향은 자연스러운 것이자 유용한 점이 있기도 하지만, 이론과 실천의 관계가 양쪽 이용자 모두의 마음에 직감적으로 인지되지 않는 분야에서는 해석 작업으로 이론을 보완하는 일이 불가결하다.

이 분야에서 진전의 조짐은 무엇보다 영국에서 마셜이 발표한 저작에 나오는 정상상태(正常狀態, normality)라는 개념과 특히 미국에서 J. B. 클라크가 옹호한 정적상태(靜的狀態, static state)라는 연관된 개념을 중심으로 전개된 논의에서 나타났다.[8] 필자의 견해로는 기본적 개념들의 의미와 취지는 저작이 두루 읽히는 저작자 가운데 다른 누구보다도 마셜이 탁월하게 설명했다. 그러나 마셜 자신은 기본적인 것들에 대해 조심스러워했고, 거의 반(反)이론적인 태도를 취했다. 다시 말해 그는 엄격하게 설정된 가설을 내세우고 따르기를 거부하고 오히려 구체적인 현실에 가능한

---

[8] 정적상태라는 개념은 오스트리아에서 슘페터 교수가 엄격한 이론의 방향으로 더욱 발전시켰다.

한 가까이 있으면서 제약을 가하는 경향에 비추어 '대표적'인 조건들을 논의하기를 고수했다. 우리의 의견으로는 그에 따른 구체성과 현실성의 이득보다는 기본적인 것들을 압도적으로 많은 제한조건과 세부사항 속에 묻어버린 탓에 불가피하게 초래된 결과인 논의의 애매모호함과 비체계적 성질이라는 문제가 훨씬 더 크다. 반면에 클라크 교수는 솔직하게 이론적이며 추상을 의도적으로 사용하기를 고수한다. 그러나 필자는 적어도 어떤 추상을 해야 하고 그 사용의 방식이 어떠해야 하느냐는 문제에 관해서는 그에게 동의할 수 없다. 자신이 제시한 이론적 상태의 설정에서 그가 마셜에 비해 더 분명하고 명시적이기는 하지만, 우리가 보기에 그는 그런 설정을 덜 정확하게 한 것으로 보인다.[9]

순수이론 전반에 대한 반대는 그것을 이해하지 못한 데 원인이 있으며, 특히 정적상태나 정상상태에 관한 가설의 의미에 대한 오해가 흔하다. 가설의 사용이 과학의 방법론에 내재하는 것이며 사실상 과학적 절차의 핵심적 본질이라는 점, 그리고 그것이 난해하거나 지능적인 내용을 담고자 하는 게 아니라 단지 실제적인 상식에 해당하는 것이라는 점이 인정되지 않고 있다. 과학의 목표는 우리의 행동을 지능적인 것으로 만들 목적으로 미래를 예측하는 것이다.[10] 지능은 앞에서 보인 바와 같이 어떤 상황에서 상이한 힘과 경향들을 분리해서 그 각각의 성질과 효과를 별도로 연구함으로써 분석을 통해 예측을 한다. 그러므로 정태적 방법과 추리는 같은 외

---

[9] 우리는 그것이 클라크 교수가 주장하듯이 고전경제학 이론에 내재된 가정들을 나타내는 것은 아님을 보이고자 할 것이다(II장을 보라).
[10] 듀이가 이성을 사회적 진단과 예측의 방법으로 정의한 것과 비교해보라.

연을 갖는다. **우리가 어떤 하나의 힘이나 변화를 논의하는 것은 주어진 조건들 아래에서 그것이 가져오는 효과나 결과를 묘사하는 것을 통해서만 가능하지 그 밖에는 다른 어떤 방법으로도 불가능하다.**

경제학에서 '정적' 방법은 단지 이런 일만 한다. 그것은 어떤 조건들이 존재하는지를 조사하고, 작동하는 힘으로 인식되는 것(또는 진행되는 변화. 우리는 힘에 대해서는 아는 게 없다. 힘은 유일한 **사실**인 변화의 '원인'으로 **가정**된다)이 그러한 조건들 아래에서 만들어내는 경향이 있는 결과를 연구한다. 그것은 문제를 단순화하는 데서만, 다시 말해 보다 더 두드러지는 힘들과 보다 더 중요한 조건들만 채택하고 그 밖의 다른 것들은 잠정적으로 무시하는 데서만 '비현실적'이다. 이것은 우리의 정신이 지닌 한계가 우리에게 강요하는 것이다. 우리는 **먼저** 어느 하나의 변화가 충분히 전개되어 그 최종 결과를 만들어내기까지는 그 밖의 다른 변화들은 다 중단된다고 가정하고 그 하나의 변화를 논의해야 하고, **그런 다음**에야 작동하는 경향들을 결합하고 그 경향들의 상대적 중요성을 추정해서 실제적인 예측을 해보려고 해야 한다. 이것이 우리의 정신이 움직이는 방식이며, 따라서 우리는 분할정복을 추구해야 한다. 복합적인 상황이 하나의 전체로서 다뤄질 수 있다면-실제로 그런 일이 일어난다면- '사고'가 끼어들 틈이 없다. 과학적 의미에서 **사고**는 **분석과 같은 것**이다.

최종 결과에 대한 언급은 또 하나의 용어를 요구한다. **균형**이라는 개념은 정적 방법이라는 개념과 밀접하게 연관된 것이다. 주어진 조건들이 무엇이든 그 아래에서 '최종' 결과를 낳는다는 것은 우주의 변화 가운데 과학에 알려신 모든 것의 성질이며, 변화에 내한 묘사가 이런 궁극적인 경향의 진술에 이르지 못하고 그 전에 멈춘다면 불완전한 것이다. 이 세상의 모든 운동은 균형을 향한 진행이며, 이는 분명히 증명될 수 있다. 물은 저절로 **수평**이 되고, 공기는 균일한 **기압**, 전기는 균일한 **전위**, 복사열은 균일한 **온도**를 향해 움직인다. 모든 변화는 바로 그 변화를 만들어내는 힘들의 균등화이고, 그 변화가 더 이상 일어나지 않는 상태를 만들어내는 경향을 지닌다. 물이 계속 흐르는 것과 바람이 계속 부는 것 등은 오로지 태양의 열—이것 자체도 비슷하게 에너지의 재분배이지만 그 과정이 길 뿐이다—이 그러한 운동 자체가 끊임없이 파괴하는 불균등을 끊임없이 복구하기 때문일 뿐이다.

경제현상에서도 마찬가지다. 재화는 수요나 **가격**이 낮은 곳에서 높은 곳으로 움직이고, 그러한 모든 움직임은 그 자신을 초래한 원인인 가격의 차이를 없앤다. 재화의 순환이 계속되는 것은 인간의 생활 활동(부의 생산)이 새로운 공급이 계속해서 이어지게 하기 때문이다. 생산적 에너지가 하나의 용도에서 다른 용도로 옮겨가는 것에 대해서도 같은 말을 할 수 있다. 연구해야 하는 변화의 수만큼, 즉 가정해야 하는 주어진 조건들의 집합의 수만큼 많은 정적상태가 존재한다. 소비재 공급과 수요(생산과 소비)의 주어진 조건들과 관련하여 그 정적상태를 이야기하는 것은 임의적이지만 편리하다. 우리는 사실 두 개의 또 다른 정적 문제가 존재함을 알게 된다. 첫째 문제는 소비재의 공급이 주어졌다고 가정하고, 둘째 문제는 생산재의 창출과 욕구의 변화가 일어나는 데 배경이 되는 일반적 조건들이 주어졌다고 가정한다. 첫째 문제는 시장 또는 시장가격의 문제이고, 둘째 문제는 경제동학이라고 흔히 일컬어지는 사회경제적 진보의 문제다.

이 논문의 논의는 경쟁적 사회경제 조직의 기본적 요소들 또는 일반적 원리들을 연구하기 위해 그것들을 가려내려는 하나의 시도로서의 정상상태라는 일반적 개념을 중심으로 해서 전개될 것이다. 그 목적은 고전경제학의 저작자들이 '자연가격'이론이라고 부른, 역사적으로 중요한 경제학적 사고체계의 가정들 또는 가설들의 내용을 끄집어내어 보이는 것이다. 이런 말로 가리키고자 하는 것은 고전경제학자들의 마음속에 분명하게 존재한 가정들이 아니라 고전경제학적 사고의 표적이 된, 그리고 실제의 경제적 과정들을 제약하는 경향을 형성한다는 점에서 의미가 있는 완전경쟁의 조건들을 규정하는 데 필요한 가정들이다.[11]

이 논문의 제목이 시사하듯이 우리의 과제는 분배이론상 이윤이라는 문제의 관점에서 직접적으로 상정될 것이다. 보편적으로 인식되고 한눈에 명백하게 보이는 경쟁의 일차적 속성은 이윤[12]이나 손실을 제거하는 '경향'인데 이는 경제적 재화의 가치를 그 비용과 같아지게 한다. 같은 원리를 달리 말하면, 비용이 대체로 이윤을 제외한 분배몫들의 합과 같다고 볼 때 생산에 기여한 요소들에 대한 잔여 없는 생산물 분배로 나아가는 경향이 존재한다고 표현할 수 있다. 그런데 실제 사회에는 비용과 가치가 같아지는 '경향'만 있을 뿐이다. 그러므로 그 둘이 실제로 정확하게 같아지는 것은 간혹 우발적으로만 일어나는 일일 뿐이며, 그 둘 사이에 보통은 영보

---

[11] 우리는 여기서 그 이론적 방법이 경쟁에만이 아니라 독점에도 적용될 수 있으며 실제로 둘 다를 다루었다는 명백한 사실을 언급하는 것 이상의 말을 할 필요가 없다. 물론 그 독점도 이론적으로 '이상적'인 독점이었고, 실제로 가정된 것은 일반적인 완전경쟁 체계에서 나타나는 완전독점이라는 예외적인 경우였다. 이론과 현실의 대조와 이론의 유의성은 두 경우에 사실상 동일하며, 따라서 우리는 적절히 연관시켜가면서 완전독점의 의미도 논의할 수 있을 것이다.

[12] 여기서 '이윤'이라는 단어는 토지, 노동, 자본의 생산적 기여에 대한 보수와 다른 분배몫인 '순수이윤'이라는 의미로 사용된 것임을 독자는 알게 될 것이다.

다 크든 작든 '이윤'만큼 차이가 생긴다. 따라서 이윤이라는 문제는 완전경쟁과 실제 경쟁의 대조라는 문제를 들여다보는 하나의 경로가 된다.

그런데 이윤이라는 문제에 대한 우리의 예비적 검토는 이 분야의 난점들이 우리의 사고를 떠받치는 토대의 깊숙한 저변에까지 내려가는 개념의 혼돈에서 생겨났음을 보여줄 것이다. 그러한 뒤얽힘의 전부를 풀어낼 열쇠는 위험 또는 불확실성이라는 개념과 그 안에 숨겨진 모호함 속에 있음을 알게 될 것이다. 그러므로 우리의 주된 논의는 다름 아닌 바로 이런 생각을 중심으로 전개될 것이다. 이윤에 대한 만족스러운 설명은 이를테면 20세기 미국의 실제 경쟁처럼 이론상의 완전경쟁에 다가가긴 했지만 아직 거기에서 먼 상태와 이론상의 완전경쟁 사이의 차이가 가진 성질을 부각시켜 보여줄 것이며, 이 이중적인 문제에 대한 해답은 불확실성이라는 개념과 경제적 과정들에 대한 그것의 영향을 철저하게 검토하고 비판하는 데서 찾아질 것이다.

불확실성은 위험이라는 우리에게 익숙한 개념과 적절하게 분리된 적이 전혀 없지만 이제는 그것과 근본적으로 구별되는 의미로 파악돼야 한다. 일상적 대화와 경제학적 논의에서 느슨하게 사용되는 '위험'이라는 말은 사실은 경제적 조직이라는 현상에 대한 인과관계상 적어도 기능적으로는 완전히 서로 다른 것 두 가지를 포괄한다. 이런 혼돈의 본질은 Ⅶ장에서 자세히 다룰 예정이지만, 그 핵심은 여기서 몇 마디 말로 진술할 수 있다. 기본적인 사실을 말한다면 '위험'은 어떤 경우에는 측정할 수 있는 양을 의미하는 반면에 다른 경우에는 분명히 이런 성격을 갖지 않는 어떤 것을 의미하며, 이 두 가지 가운데 어느 것이 실제로 존재하면서 작용하는가에 따라 그러한 현상이 미치는 영향에서 폭넓고도 중요한 차이가 생겨난다. '위험'이라는 말에는 또 다른 모호함이 들어있는데, 나중에 지적하겠지만 이것이 가장 중요한 점이다. **측정할 수 있는** 불확실성, 즉 엄밀한 의미의 '위험'은 우리가 이 말을 사용하게 되는 방식대로라면 **측정할 수 없는** 것과 아주 달라서 사실상 그것은 불확실성이 전혀 아닌 것이 된다. 따라서 우리는 '불확실성'이라는 말을 양적인 것이 아닌 유형의 경우에만 한정해서 사용할 것이다. 이윤에 대한 타당한 이론의 토대가 되고 실제 경쟁과 이론상 경쟁의 괴리를 설명해주는 것은 앞에서 논의한 대로 이런 '진정한' 불확실성이지 위험이 아니다.

불확실성의 의미와 그 인과관계를 논의하기 위한 준비로 우리는 먼저 그동안 제시된 이윤의 이론들을 간략하게 살펴보기로 한다. 이 주제를 다뤄온 역사를 최근까지 개괄한 다음에는 위험의 측면에서 이윤을 설명하는 것과 관련해 최근에 전개된 논쟁을 조금 더 자세히 살펴보는 일이 필요할 것이다. 측정할 수 있는 위험과 측정할 수 없는 불확실성의 차이가 지닌 핵심적으로 중요한 성질은 그 논의에서 분명하게 드러날 것이다.

2부(Ⅲ-Ⅵ장)는 이론상의 완전경쟁 사회에 대한 개괄적인 연구에 할애될 것이다. 실제의 경쟁은 가져오는 '경향'만 보여주는 결과들을 사실상 확보해주는 이론상의 완전경쟁에 주된 필수요건은 불확실성(진정한 의미, 즉 측정할 수 없다는 의미의)의 부재임이 논의를 하는 과정에서 점점 더 분명해질 것이다. 그 밖의 다른 전제조건들은 대부분 이에 포함되거나 종속된다. 그렇다면 사람들은 **스스로 무엇을 하는지를 알고 있으며**, 더 정확하게든 덜 정확하게든 추측만 하지 않는다. 완전경쟁으로 나아가는 '경향'은 곧바로 설명된다. 왜냐하면 인간은 배우는 능력을 다고난 존재인 데다 자기가 하는 행동의 결과를 알아내는 경향이 있으며, 무소부지의 능력이 얻을 수 없는 것으로 남아 있어서 목표에 도달하는 데 실패하는 경우에 그 원인도 마찬가지로 자명하기 때문이다. 그런데 위험이라는 말은 보통 사용되는 의미에서 완전한 계획을 배제하지 않으므로(쉽게 설명될 수 있는 이유로) 그러한 위험은 경쟁적인 힘들의 경향이 완전히 실현되는 것을 막지 못하고, 달리 말하면 이윤을 발생시키지 못한다.

이렇게 완전경쟁을 간략하게 다루고 그 결론 부분에서 짤막하게나마 지식의 불완전성 이외의 완전경쟁에 대한 제약들을 살펴보는 데 집중할 것이다. 이어 3부에서 위험과 불확실성이라는 두 개념을 신중하게 분석하는 일로 돌아올 것이며(Ⅶ장), 그 다음에(나머지 장들에서) 위험과 불확실성의 효과에 대한 다소 자세한 연구를 진행하되 특히 경제적 조직에 대한 진정한 불확실성, 즉 측정할 수 없는 불확실성의 효과와 경제이론에 대한 그것의 영향을 자세하게 다룰 것이다. 측정할 수 있는 확률이라는 보다 좁은 의미를 가진 위험의 경제적 관계들은 그런 주제에 관한 문헌에서 폭넓게 다뤄졌고, 따라서 여기에서는 그것을 자세하게 다룰 필요가 없다. 우리의 주된 관심은 알려진 가능성인 위험과 진정한 불확실성의 대조에 있으며, 위험을 다루는 것은 이런 목적에 부수되는 일이다.

II장 이윤의 이론들[13]: 이윤과 관련된 변화와 위험

이론경제학에 대한 이윤의 관계에 관해 앞의 첫 장에서 제시한 사실들에 비추어보고, 아울러 기본적인 전제에 대한 경제학 분야 저작자들의 마음속 애매모호함에도 비추어보건대 이윤의 이론이 경제학설 가운데 가장 불만족스럽고 논란이 많은 부문 가운데 하나로 남아 있는 것은 놀라운 일이 아니다. 그러나 경쟁이 이윤을 제거하는 '경향'이 보편적으로 인정되는 것을 고려하고 보면 한 가지 중요한 예외[14]를 제외하고는 이상적인 경쟁이 실제로는 완전히 실현되지 못하는 원인에 대한 연구인 이 논문에서 채용되는 직접적 관점에서 이윤 그 자체의 문제가 다뤄진 적이 없는 것은 아마도 다소 주목할 만한 일일 것이다. 실제로 구분된 몫으로 이윤이 존재한다

---

13 몇몇 이윤에 관한 논문의 서두 부분에서 이윤이론의 역사에 관한 탁월한 글을 찾을 수 있으므로 우리가 이 단계에서 그 주제를 자세히 파고드는 것은 불필요한 일이다. 특히 다음 논문들을 보라. H. v. 만골트, 《기업가이득의 이론》, 라이프치히, 1855; J. 피에르슈토르프, 《기업가이득의 이론》, 베를린, 1875; V. 마타야, 《기업가이득》, 빈, 1884; G. 그로스, 《기업가이득의 이론》, 라이프치히, 1884; M. 포르트, 《기업가와 산업이윤》, 파리, 1901.

14 그 예외는 클라크 교수가 완전경쟁을 '정적상태'와 같은 것으로 보고 전개한 완전경쟁이론과 그에 상응하는 것으로서 이윤을 진보의 결과로 보고 전개한 '동적이론'이다. 이 견해는 곧 거론되고 비판될 것이다.

는 관념과 그것에 대한 설명이라는 문제에 확실한 지위가 부여된 것은 비교적 최근의 일에 속하는 게 사실이다.

　인간의 활동을 주제로 한 과학들이 대부분 그렇듯이 경제이론도 관례의 영향을 많이 받아왔고, 특히 일상적인 일에서 용어들이 느슨하게 사용된 것이 용어 전반에 심각한 혼돈을 불러왔다. 이윤이라는 개념은 특정한 산업조직 유형과 밀접한 관련이 있는데, 그 유형은 상이한 장소에서 상이한 시간에 다양한 정도로 실현되면서 언제나 수정되고 발전하는 과정에 있다.

　영국의 고전학파 경제학자들이 글을 쓰던 시대―즉 18세기 후반부터 19세기 전반까지―에는 법인기업(corporation)이 사실상 몇 개 안 되는 은행과 무역회사에 한정된 것이어서 그다지 중요하지 않았다. 이자를 붙여 대부를 하는 행위가 일부 있었던 것은 물론이지만 지배적인 산업 형태에서는 사람들이 각자 자기 자본을 사용해 다른 사람들의 노동을 고용하고 토지를 임차했다. 경영기능은 자본가에게 집중됐다. 게다가 영국의 산업들이 새로운 것으로서 급속히 확대되고 있었고, 경쟁은 아직 고도로 발전되지 않았으며, 그러한 상황에서 자본소유가 지배적인 요소로 여겨졌고 실제로 그랬다. 보다 최근에 와서야 자본의 축적, 금융제도의 완성, 경쟁의 발전이 관심의 초점을 사업능력으로 이동시키고, 직접적인 소유를 통해 자본을 갖고 있지 않아도 사업능력이 자본을 확보하는 것을 쉬운 일로, 또는 적어도 일반적으로 가능한 일로 만들었고, 이에 따라 압도적으로 많은 차입재원을 가지고 기업을 운영하는 경우가 흔해졌다.

　이런 초기 상황에서는 사업경영자의 소득을 자본소유와 연결시키는 것이 당연했고, 그래서 우리가 모든 고전적 저작에서 '이윤'이라는 단어가 이런 의미로 사용되는 것을 보게 됐다. 혼돈의 또 다른 원천은 자연가격과 시장가격이라는 개념과 그 용도와 관련해 초기 저작자들의 마음속에 있었던 불명확함이다. 경제과학의 본질과 방법론에 관한 기본적 문제들의 핵심에 가 닿는 구분이 사유의 초기 단계에서는 불완전한 상태에 머물 수밖에 없었던 것이 당연하고도 불가피한 일이었다. 이 방면에서도 최근에야 장기 정상가격에 대한 마셜의 분석과 정적상태에 대한 클라크와 슘페터의 분석이 경제학자들에게 '자연적'인 상태 또는 정상적인 상태에 실제로 관여하는 것들에 대한 보다 분명한 관념을 제공하기 시작했다. 초기의 고전적 저작자들에게는 이런 모호함이 자본가인 경영자의 총소득과 계약이자 사이의 근본적인 차이를 보이지 않게 가렸다. 분배에 대한 설명에서 유일하게 필요하다고 간주된 구분은 사업경영자의 소득에 대한 이론을 계약이자와 상당부분 동일하다고 본 '정상이윤'에 대한 설명에 한정하는 것이었다. 이자와 이윤의 관계에 대한 명료한 진술의 형성에 또 하나의 장해요인이 된 것은 자본의 생산성에 대한 적절한 이해의 결여였는데, 예전에는 필자도 그런 이해를 하지 못했으며 최근에야 처음으로 그런 이해가 이루어졌다.

    그러나 고전적 저작들을 언급할 때 정상이윤과 이자를 동일시했다는 데 '거의' 또는 '상당히'라는 제한을 가하는 것이 필요하다. 애덤 스미스와 그의 직계 후학들도 이윤은 정상적인 경우에도 자본에 대한 이자가 아닌 요소를 포함한다는 점을 인정했다. 사업을 감독하는 일을 하고 그러기 위해 주의를 기울이는 것에 대한 보수는 언제나 식별됐다. 위험도 언급되긴 했지만 그것은 자본손실의 위험이라는 의미였는데, 그런 위험은 이윤을 이자와 분명하게 구별하게 해주는 것이 아니다.[15] 애덤 스미스는 이런 요소들에 대해 태도가 명쾌했고, 맬서스와 매컬럭은 더 그랬다. J. S. 밀은 더듬어 찾아보는 태도로 경영자의 임금은 그 밖의 다른 임금들과 다른 방식으로 결정된다고 지적했고, 경영자의 임금(과 이자)뿐만 아니라 위험을 보상하는 지급도 이윤이라고 불리는 것에 제3의 요소로 포함된다고 이야기했다. 이자를 이윤에 포함시키는 것에 대해 배저트가 반대하고 미국에서 워커도 반대했지만, 영국에서는 이윤이라는 용어가 마셜의 경우에서 볼 수 있듯이 여전히 다소 느슨하게 사용된다. 이 나라 미국에서도 법인기업 회계의 발달이 경영자의 임금을 이윤과 분리하는 가운데 이윤과 이자 사이에 새로운 혼동을 불러오는 경향이 있다.

초기의 프랑스 저작자들은 J. B. 세를 시작으로 이윤에 대해 다른 관점을 채택하거나 적어도 단어를 다르게 사용하며 이윤을 이자에서 분리하기를 주장하면서 명시적으로 이윤을 일종의 임금으로 정의했다. 이런 취급 방식의 차이는 만골트가 말하듯이[16] 전형적인 프랑스 산업의 특이한 성격과 그 안에서 자본 요인에 비해 경영자의 인격이 상대적으로 크게 갖는 중

---

[15] 영국 저작자들의 견해에 대해 인용도 해가면서 보다 완전한 논의를 전개한 글은 캐넌의 《생산과 분배의 이론》 Ⅵ장 2절에서 볼 수 있다. 또한 같은 저작자가 '이윤'에 대해 쓴 글이 《팰그레이브 정치경제학 사전》에 실렸으니 이것도 읽어보라. 고전경제학자들을 그들의 저작에 드러난 모습 그대로 바라보는 독일의 역사가나 비평가들과는 반대로 캐넌은 고전경제학자들이 그들의 프랑스 후학들과 마찬가지로 실제로는 이윤을 임금으로 보는 이론을 가지고 있었다고 장담한다. 두 가지 견해 중에서는 이것이 전반적으로 더 공정한 견해로 보이지만, 표현의 차이가 어떤 사고의 차이를 나타내는 게 아니라는 주장은 거의 지탱될 수 없다. 대조되는 것 가운데 다수는 용어 사용의 차이에 기인한다는 것은 의문의 여지가 없다. 오래된 말이 새로운 것을 표기하기 위해 사용되면 필연적으로 모호하게 되며, '이윤'이라는 말은 지금도 올바르게 사용되기는 하지만 여러 가지 다른 의미도 가지고 있다.

[16] 앞에서 든 책의 19쪽 주석.

요성 때문이었을지 모른다. 세가 자신의 저서《정치경제학 개론》의 4판에서 위험부담에 대한 보상을 이윤에 포함시킨 점은 주목할 만하다. 그는 그 전의 판본에서는 이런 소득을 엄밀한 의미의 자본가에게 발생하는 것으로 보았지만 4판에서는 그것을 기업가의 것으로 옮긴 것이다. 쿠르셀-스뇌유가 특별히 언급돼야 하는데, 그는 이윤은 임금이 아니라 위험을 짊어지기 때문에 생겨나는 것이라고 주장했다.[17]

보다 앞선 세대의 독일 경제학자들은 이윤을 다루는 데서 다양한 태도를 보였다. 섀플레를 가장 주목할 만한 예로 하는 일부는 이윤을 기본적으로 자본에 대한 보수로 분류하는 '영국식' 견해를 따른다. 그러나 로셔를 비롯한 다른 이들은 '프랑스식' 태도를 취하여 이윤을 임금의 한 형태로 다룬다.[18] 로셔는 '이윤'이라는 용어조차 사용하지 않고 그 대신 '**기업**

---

17 코클랭과 기요맹의《정치경제학 사전》(파리, 1852)에 수록된 '이윤'에 관한 글. 쿠르셀이 다른 한 저작(《정치경제학 개론》, 2판, 1867)에서는 그렇게 분명하게 말하지 않은 게 사실이고, 같은 글에서 이윤은 기업가의 지능과 그가 일하는 상황이 그에게 유리한지 불리한지에 의존한다고 말한 것도 사실이다. 이런 머뭇거림은 클라인베흐터가 그를 세의 후학 및 임금이론 옹호자들과 같은 집단으로 분류한 것(《수입과 그 분배》278쪽을 보라)을 설명해주는 것으로 볼 수도 있겠다. 그러나 책임 있는 결정을 하는 데 내재하는 판단상 오류의 '위험'을 인수하는 것은 보험과 관련된 의미에서 '위험'을 인수하는 것과 성격이 다른 현상임을 쿠르셀이 간파했다고(클라인베흐터는 그렇게 하지 못한 반면에) 보는 게 더 개연성이 있을 것 같다. 우리는 뒤에서 주로 이런 구분을 토대로 하여 논의를 전개할 것이다.

18 두 학파를 이렇게 나라별로 지명하는 것은 잘 들어맞는 구분이다. 유의해야 할 예외는 오로지(쿠르셀을 제외하고는) 로시와 새뮤얼 리드뿐이다. 프랑스인(이탈리아 국적 취득)인 저작자 로시는 자본주의식, 즉 영국식 견해를 강력히 옹호한 반면에 리드는 용어에서는 지금의 영국식에 동의하면서도 내용에서는 영국식과 결별하고 세와 그의 후학들의 견해에 동의했다. 리드는 '이윤'을 자본에 돌아가는 수익, 즉 이자로 파악하고 기업가 특유의 소득은 임금으로 다루기를 고수했다. 그는 또한 자신이 말하는 '이윤'(실제로는 이자) 속에 들어있는 '위험에 대한 보상'이라는 요소를 강조했지만, 그것을 발생시키는 원인이 뚜렷하게 존재하는 게 아니므로 그것은 '과학의 경계 바깥'에 있다고 생각했다. 방금 인용한 어구는 그러한 주장이 보험료의 관점에서 이루어진 것이 아닌 게 분명하므로 적어도 이런 종류의 위험이 가

가임금'을 사용한다. 헤르만 및 라우와 같은 다른 저작자들은 다소 중간적인 입장을 취했다.

우리의 목적에 비추어 더 크게 중요한 또 다른 저작자 집단은 이윤을 자본에 대한 보수나 노동에 대한 보수로 환원시킬 수 없는 독특한 소득의 형태로 인식해야 한다고 주장했다. 이런 입장을 후펠란트[19]는 다소 머뭇거리는 태도로 취하고 리델[20]은 보다 확실하게 취했지만, 그 주창자 가운데 가장 주목할 만한 이는 튀넨과 만골트다. 튀넨의 훌륭한 저작인 《고립국가》[21]는 이윤을 (a) 이자, (b) 보험료, (c) 경영자임금을 빼고 남는 것으로 정의한다. 이 잔여는 두 부분으로 구성된다. 그것은 (1) 보험에 들 수 없는 어떤 위험, 특히 가치의 변화와 기업 전체의 실패 가능성에 대한 지급과 (2) 경영자가 사업을 기획할 때의 '잠 못 드는 밤'을 포함해 그가 자신을 위해 일한다는 사실에 기인하는, 그의 노동이 지닌 추가적 생산성이다. 튀넨은 이 두 요소를 각각 **산업보수**와 **기업가이득**이라고, 그리고 그 합을 **영업이윤**이라고 불렀다.

이윤에 대한 매우 주의 깊고 철저한 분석이 앞에서 언급한 만골트의 논문에 들어있다. 이 저작자는 산업조직 형태에 대한 정교한 분류와 그중 기업가 형태의 경제적 이점에 대한 논의를 기반으로 연구를 진행해서 기업가의 소득에서 독특한 요소들의 복합체를 발견한다. 그는 그 복합체를 우

지고 있는 고유한 특성에 대한 통찰을 보여준다. 그의 저서 《정치경제학》(에든버러, 1829)의 263쪽과 269쪽 주석을 보라.

19 《국가과학의 새로운 기초》, 1권, 기센, 1807.

20 《국민경제》, 1839.

21 1826년에 처음 출판됐고, 1876년에 3판이 발행됐다. 3판 2권의 83쪽 이후를 보라.

선 3개의 부분으로 나눈다. 그것은 (1) 기업가가 보험을 통해 이전시킬 수 없는 성질을 가진 위험에 대한 할증, (2) 소유자 외에는 어떤 다른 사람에게도 사용하기를 허용하지 않는 특수한 형태의 자본 또는 생산적 노력에 대한 지급만을 포함하는 기업가 이자와 임금, (3) 기업가 지대다. 마지막에 거론된 기업가 지대는 다시 4개의 하위 부분으로 나뉜다. 그것은 (a) 자본 지대, (b) 임금 지대, (c) 대기업 지대, (4) '좁은 의미의 기업가 지대'다. 이것들은 모두 특수한 능력이나 성질에 기인(마지막에 든 것은 그러한 것들의 특수한 결합에 기인)하며 '희소성에 대한 할증(**희소성할증**)'이라고 불린다. 이것은 물론 논점을 회피하는 용어다(많은 저작자가 그것을 사용해왔지만). 왜냐하면 모든 소득은 그것이 귀속하는 요소의 제약에 동일한 방식으로 의존하기 때문이다. 상상할 수 있는 소득의 원천이 모두 이런 잘고 섬세한 분류에 다 포함되는 것으로 보일 것이다.

이윤이론의 역사에서 특별한 위치가 독일 사회주의 학파, 즉 이른바 '과학적 사회주의자'인 로트베르투스, 마르크스, 엥겔스, 라살레와 그 추종자들에게 부여돼야 한다. 이들 저작자는 이윤을 좁게 말 그대로(완전히 무비판적이고 피상적이라고 해야 할 것이다)의 의미에서 자본에 발생하는 소득 전부를 포함하는 것으로 보는 영국 고전학파의 취급방식을 채택하고는 단지 자본에 토지를 추가할 뿐이다. 그들은 이런 취급방식에 스미스와 리카도의 출발점인 노동가치설에 대한 마찬가지로 맹목적인 독해를 결합해 단순한 소득분류를 도출했다. 이에 따르면 임금이 아닌 것은 모두 이윤이며 그 이윤은 노동계급에 대한 착취를 나타낸다. 자본은 재산과 같은 것으로서 노동도구에 대한 소유의 전략적 지위에 기인하는, 다른 사람들의 경제적 활동에 대한 영향력으로만 간주돼야 한다. 그것은 강도귀족의 바

위산, 자연적으로 생긴 고속도로에 설치된 요금징수소, 또는 착취에 대한 정치적 면허와 비슷한 것이다. 피에르슈토르프는 앞에서 언급한 논문에서 다른 견해들을 비판한 뒤에 주로 로트베르투스의 뒤를 따른다.[22]

　1871년에 멩거의 《국민경제학 원리》가 출판된 것이 오스트리아와 독일에서 가치이론에 대한 새로운 관심과 새로운 전환을 불러온 뒤에 이 두 나라에서 이윤에 대한 주목할 만한 일련의 논의가 이어졌다. 특별히 언급해야 할 것은 그로스[23]와 마타야[24]의 논문과 쇤베르크의 《정치경제학 편람》에 실린 미트호프[25]와 클라인베흐터[26]의 논의이며, 마지막으로 거명한 사람의 논의는 앞에서 이미 언급한 저작에서 자세히 서술됐다. 그로스는 이윤은 재화의 비용과 그 가치의 차이라는 단순한 사실을 자신의 출발점으로 삼고, 기업가가 생산적 용역과 원료를 사는 시장과 기업가가 자신의 완성된 제품을 파는 시장이라는 두 시장에서 기업가가 갖는 지위를 연구한다. 그는 이윤을 협상력으로 환원했다고 말할 수 있는데, 그 협상력에서는 물론 우월한 지식과 예측이 커다란 역할을 한다고 보았다. 하지만 그

---

22 콘라트의 《국가과학 소사전》에 실린 피에르슈토르프의 글 〈기업가이득〉도 보라. 소스타인 베블런 박사의 자본과 이윤 개념도 같은 견해 쪽으로 강한 편향을 보여준다.

23 앞의 40쪽 주석을 참고하라.

24 같은 주석을 참고하라.

25 G. 쇤베르크, 《정치경제학 편람》, 2판, 튀빙겐, 1885, 670쪽 이후.

26 같은 책 220쪽 이후. 위 저작들과 같은 부류에 속하는 다른 저작으로는 다음과 같은 것들이 있다. E. A. 슈뢰더, 《기업과 기업가이득》, 빈, 1884; A. 비르밍하우스, 《기업가이득과 노동자에 대한 기업가이득 분배》, 예나, 1886; J. 준스(원문의 'E. 준스'를 'J. 준스'로 수정함─옮긴이), 《기업가소득의 두 가지 문제》, 베를린, 1881; A. 쾨르너, 《기업과 기업가이득》, 빈, 1893.

로스는 위험이나 불확실성의 성질과 의미에 대한 체계적인 논의는 전개하지 않는다. 그는 이득과 손실은 필연적으로 균형을 이루기 때문에 위험부담에 대한 할증으로서의 소득이란 본질적으로 있을 수 없는 것이라고 생각한다. 이런 그의 의견에 동의하는 다른 저작자는 별로 없다. 사회적 관점에서 보면 그로스에게 이윤은 재화의 가능한 최저비용 생산과 최고효율 이용이라는 경제법칙을 긴밀하게 따르게 하는 유인이다.

이윤에 대한 마타야의 분석은 멩거의 효용가치설을 보다 충실하게 적용한 것이다. 그는 상이한 종류의 '저차재(低次財)'들을 만들고, 궁극적으로는 상이한 소비재들을 만드는 데서 나타나는 '고차재(高次財)'들의 다양한 사용 사이의 차이를 가지고 가격의 차이를 설명하고자 한다. 그의 논의는 문제를 진술하는 수준을 넘어서지 않는다.

미트호프는 기업가의 소득은 기업가가 사업에 제공하는 생산적 용역에 대한 지대, 임금 등이 시장가격으로 평가된 값들에 그 사업이 실패할 위험을 무릅쓴 것에 대한 보상으로 간주될 수 있는 '이윤'을 더한 것이라고 본다. 그는 그러나 이런 이윤은 기껏해야 일종의 추상적 개념으로서 다수의 불확정적 잉여가 복합된 것이며, 기업가 소득 전부를 하나로 봐야만 그것이 확실한 의미나 실용적 의미를 갖게 된다고 주장한다.

쾨르너는 기업가의 소득을 우월한 협상력의 관점에서 설명하는 또 한 사람의 저작자다. 기업가의 지위는 탑 위에 있는 파수꾼의 지위와 같은 것으로 상정되고, 그의 시장이 구매나 판매의 상대방, 특히 그가 고용하는 노동자의 시장보다 더 넓다는 표현으로 요약된다. 그 탑과 비슷한 다른 다수의 탑 위에 있는 파수꾼들과 경쟁하는 것이 그의 득이한 이득을 왜 세서하지 않느냐는 기본적 의문점은 다뤄지지 않는다. 비사회주의적인 독일 저작자들은 대부분 사회주의자들의 주장에 맞서 싸우면서 이윤에 대한 사회적 정당화 논리를 제시하는 데 특별한 관심을 갖는다.

클라인베흐터는 사회적인 관점에서 생산의 이중 위험─그로스가 구분한 기술적 위험과 경제적 위험─을 부담하는 것과 감독의 일을 하는 것에 대한 지급으로 이윤을 바라본다. 개별적인 관점에서 보면 이윤은 경제적 재화의 가격과 그 생산에 필요한 요소들의 가격 사이에 나타나는 차이를 유리하게 활용하는 데서 생겨나는 투기적 이득이다. 클라인베흐터는 분배에 관한 자신의 저서를 통해 전개한 보다 더 완전한 논의에서 영국 고전학파 경제이론을 냉소적으로 반박하는 일에 자기 에너지의 대부분을 쏟아붓는다. 영국 고전학파 경제이론에 따르면 상품의 가격은 그것의 생산비용, 다시 말해 그것을 생산하는 데 사용된 요소들에 대해 지급된 임금, 이자, 지대의 합과 같아야 한다. 그러나 이 이론에 대한 진지한 비판은 시도되지 않을 뿐만 아니라 경향들의 극한을 진술한 것이라는 그 진정한 의미를 파악한 흔적도 전혀 없다. 이윤의 존재는 이론의 조건들과 사실의 조건들 사이의 불일치에서 도출된다는 일반적인 결론이 지금 우리가 하는 연구의 출발점이다. 그것은 물론 문제의 진술이지 문제의 해결이 아니다. 그런데 클라인베흐터는 그것이 설명을 요구한다고 생각해야 한다는 관념을 사실상 조롱하는 것을 통해 이윤을 설명한다.

독일어로 말을 하는 나라들을 제외한 그 밖의 다른 나라들에서는 이윤이라는 주제가 길든 짧든 별도의 논문을 많이 만들어내지 않았고, 보통은 일반적인 분배이론을 구성하는 한 부분으로 그것을 다루어왔다(보다 완전한 역사적 논의에서는 주목해야 할 일부 예외가 프랑스와 이탈리아에 있긴 하지만). 학파나 집단별로 모든 나라에서 중요한 이론가들만이라도 가려내어 거명하면서 그들의 견해를 요약하는 것은 물론 불가능하고, 그들을 학파나 집단별로 간략하게 다루는 것은 도움이 되기보다 오해를 초래하게 될 것이다. 앞에서 이미 언급한 저작자 명단은 앞으로 거론할 예외를 제외하고는 기본적인 이론과 관점들을 거의 다 포괄한다.[27] 아주 흔하게 사용된 방식은 이윤을 독점이득의 한 특별한 경우로 다루거나 독점지위라는 요소를 다른 요인과 결합하는 것이다. 이런 방법은 그 두 소득범주의 혼동에 빠지기 쉬울 뿐이다. 독점수입을 지칭하는 데 통상적으로 '독점이윤'이라는 용어를 사용하는 것이 직접적으로 이런 혼동을 불러일으킨다.

미국에서는 프랜시스 A. 워커의 저작[28]이 이윤이론의 분야에서 최초의 주목할 만한 발전을 보여준다. 워커는 기업가 또는 '산업의 수장'이라는 지위와 그 중요성을 효과적으로 강조했고, 영어로 작성되는 경제학 논문들이 이윤을 부주의하게 이자의 한 요소로 다루는 태도에서 벗어나게끔 도움을 주었다. 그러나 그 자신의 '지대이론'은 그것이 널리 알려지게 된 시기에는 인기를 끌었는지 몰라도 지금 우리의 발목을 잡게 할 필요가 없

---

[27] 이윤에 대한 논의에서 주목할 만한 혁신은 최근에 프랑스의 저작자인 M. B. 라베르뉴에 의해 그의 저서 《경제학적 시장의 이론》(파리, 1910)에서 이루어졌다. 그의 견해에 따르면 이윤은 독립적인 생산요소의 지위에 오른 **생산적인 생각**에 대한 보수다. 그의 저서는 독창적이고 시사적인 분배이론의 개요를 서술하고 있다. A. A. 영의 논평(《미국경제평론》 I권 549쪽 이후)을 보라.

[28] 《정치경제학》 IV부 IV장. 또한 '사업이윤의 원천과 맥베인 씨에 대한 답변'(《계간경제학지》 I권 265쪽 이후와 II권 263쪽 이후)도 보라(맥베인은 독점이론의 견해를 갖고 있었다. 《계간경제학지》 II권 1쪽 이후와 453쪽 이후 참조). 워커의 견해와 비슷한 견해가 프랑스에서는 르루아-볼리외 1세에 의해 주창됐다. 〈정신과학 및 정치학 학술원 비망록〉 I권 717쪽 이후와 《정치경제학 개론》 IV부 IX장을 보라.

다. 워커는 마셜, 클라크[29], 홉슨[30]이 모든 소득은 그것이 결정되는 방식에서 지대와 비슷함을 보이기 전에 글을 썼고, 일단 그러한 점이 분명해지자 지대이론은 단순한 임금이론으로 환원되고 그것 자체의 특별한 의미는 사라졌다.

보다 최근에는 이윤에 대한 논의에서 관심의 초점이 워커의 이론에서 벗어나 다른 두 가지의 서로 대립되는 견해로 옮겨갔다. 그것은 '동적이론'과 '위험이론'이다. 앞의 이론은 J. B. 클라크 교수와 그의 추종자들이 지지하는 견해이고, 뒤의 이론은 특히 F. B. 홀리 씨가 후원하고 있다.[31] 이윤과 조건들의 변화 사이의 연관성도, 이윤과 위험 사이의 연관성도 완전히 새로운 관념은 아니지만, 지금까지 두 연관성 모두 기업가의 특이한 소득에 대한 분명하고 겉으로 봐도 충분한 설명의 원리로 수립되지 않았다. 방금 말한 두 가지 이론에 대해서는 보다 완전한 논의를 해야 할 필요가 있다.

---

29 '지대의 법칙에 의해 결정된 분배'(《계간경제학지》 V권 289쪽 이후).

30 '세 가지 지대의 법칙'(같은 학술지 V권 263쪽 이후). 윅스티드는 클라크나 홉슨보다 더 망라적이다. 《분배 법칙의 통합조정》, 런던, 1894.

31 오직 이들만이 지금 우리가 논의하는 두 가지 견해의 주창자로 주목할 만하다는 이야기는 아니며, 분배에 관해 글을 쓴 미국의 다른 저작자들은 이윤을 다루는 데서 어느 정도로든 독창적이지 않았다는 이야기도 아니다. 대번포트, 엘리, 페터, 피셔, 존슨, 시거, 셀리그먼, 타우시그 등 다양한 저작자들의 논의는 어디에서든 구할 수 있다. 아마도 특별히 언급해야 할 것은 카버의 저서 《부의 분배》의 이윤에 관한 장일 것이다. 카버가 위험부담에 대한 보상과 성공적인 위험부담의 결과를 구분한 것은 문제에 대한 해답을 찾기 위해 나아가야 할 방향을 가리켜준다. 다른 저작자들도 위험에 대한 비판적 해부의 중요성을 간파했지만 그런 작업을 실제로 수행한 사람은 없다. 이런 교과서적 논의 가운데 최선의 것은 의심할 나위 없이 테일러 교수가 자신의 미출간 저서인 《경제학의 원리》에서 전개한 논의다. 그의 이 저서는 시종일관 올바르게 추리되고 정확하게 진술된 이론적 논증에 그 특징이 있다.

동적이론은 이윤이 없는 '정적상태'에서 이루어지는 분배에 대한 J. B. 클라크 교수의 이론[32]과 상관관계가 있다. 클라크 교수는 이론경제학의 체계적 구조를 세 개의 주된 부문으로 나누어 개략적으로 서술한다.

첫째 부문은 보편적인 현상을 다루고, 둘째 부문은 정적인 사회현상을 다룬다. 우리는 인류가 조직됐는지 여부와 무관하게 작동하는 경제학의 법칙들에서 출발하고, 그런 다음에 조직에는 의존하지만 진보에는 의존하지 않는 힘들을 연구한다. 마지막으로 진보의 힘들을 연구하는 것이 필요하다. 우리는 사회가 정적인 상태에 있을 때에 작용할 영향들에 더해 사회가 운동과 교란의 조건 아래 들어갔을 때에만 작용할 영향들을 고려해야 한다. 우리는 이렇게 함으로써 사회경제 동학을 얻게 된다.[33]

정적상태는 리카도와 초기 고전학파 저작자들이 말한 '자연적'인 조정이 이루어진 상태다.

이른바 '자연적'인 가치기준과 '자연적' 또는 '정상적'인 임금률, 이자율, 이윤율은 실제로는 정적인 율(率)이다. 그것은 사회가 완전히 조직된다면 실현되지만 진보를 일으키는 교란의 영향은 받지 않는 율과 같다. …… 사회를 정체된 상태로 돌리고, 산업을 완전히 자유

---

[32] 《부의 분배》(1900)와 《경제이론의 기초》(1907)를 보라.
[33] 《부의 분배》 30-31쪽.

롭게 굴러가게 놔두고, 노동과 자본이 절대적인 이동성을 갖게 하면 …… 자연적인 가치들의 체계를 얻게 될 것이다.[34]

그런 정적상태를 실현하기 위해서는 부단히 진행되는 다섯 종류의 변화를 제거해야 한다.

다섯 가지의 전반적인 변화가 진행된다. 그 하나하나가 다 사회의 구조에 영향을 주는데, 우리가 연구해야 하는 교환경제가 작동한 결과로 집단적 체제의 질서를 변화시키는 것을 통해 그렇게 한다.
1. 인구가 증가한다.
2. 자본이 증가한다.
3. 생산의 방법이 개선된다.
4. 산업시설의 형태가 변화한다. 효율성이 낮은 공장 등은 밀려나고 효율성이 높은 것들은 살아남는다.
5. 소비자의 욕구가 늘어난다.[35]

정적상태에서는 각각의 요소가 자신이 생산하는 것을 자기 것으로 확보하며 비용과 판매가격이 항상 같으므로 일상적인 감독 일에 대한 임금을 초과하여 발생하는 이윤이 있을 수 없다.

---

34 같은 책 29쪽.
35 같은 책 56쪽.

이런 오래된 이론에서는 재화들의 가격이 그것들을 생산하는 비용과 같을 때 '자연적'이라고 일컫는다. …… 그 '자연가격'은 실제로는 정적인 가격이다.[36]

생산비용에 일치하는 가격은 물론 기업가에게 분명하게 이윤이라고 말할 수 있는 것은 전혀 가져다주지 않는 가격이다. 재화를 그러한 가격으로 파는 사업가는 자신이 노동을 수행했다면 그 노동의 양에 대한 임금을 얻고, 자본을 제공했다면 그 자본의 양에 대한 이자를 얻을 것이다. 그러나 그는 이득의 형태로 추가로 내보일 것은 갖지 못할 것이다. 자신의 노동과 자신의 자본 사용분을 비용으로 계산한다면 그는 자신의 제품을 구성하는 요소들이 자신으로 하여금 실제로 들이게 한 비용과 같은 가격으로 제품을 팔게 될 것이다. 우리는 이런 이윤 없는 가격이라는 상태가 생산을 하는 집단의 정적 조정이 낳는 상태와 정확하게 상응함을 보게 될 것이다.[37]

그렇다면 이윤은 전적으로 동적 변화의 결과다. "분명한 것은 이 모든 변화에서 두 개의 일반적인 결과가 나온다는 것이다. 첫째는 가치, 임금, 이자가 정적 기준과 다르게 되는 것이고, 둘째는 정적 기준 그 자체가 항

---

[36] 같은 책 68-69쪽.

[37] 같은 책. 어떤 측면에서는 클라크 교수보다 더 많이 정적인 분석을 수행한 조지프 슘페터 교수는 정적상태에서는 정확하게 말해 기업가가 존재하지 않는다고 지적한다. 그는 소비자가 사실은 기업가이더라도 그러한 기능이 존재하지 않는다면 이에 대해서는 더 이상 논의하지 않는 게 나을 것이라고 덧붙인다(《경제발전의 이론》).

상 변화하게 되는 것이다."[38] 동적 변화의 전형은 발명이다. "발명은 무언가를 더 저렴하게 생산하는 것을 가능하게 한다. 그것은 우선 기업가에게 이윤을 가져다주고, 그런 다음에 …… 임금과 이자에 얼마인가를 덧붙인다. …… 또 다른 발명이 이루어진다고 하자. …… 그 발명도 이윤을 창출하고, 그 이윤은 앞의 이윤과 마찬가지로 잘 포착되지 않는 금액이며, 기업가는 그것을 움켜쥘 수는 있어도 손 안에 붙들고 있지는 못한다." 그것은 "기업가의 손가락 사이로 빠져나와 사회의 모든 구성원에게로 간다."[39] 그러므로 어느 한 동적 변화의 효과는 **일시적인** 이윤을 만들어내는 것이다. 그런데 실제 사회에서는 그러한 변화가 끊임없이 일어나고 재조정이 언제나 진행된다. "그 결과로 우리는 …… 지속적으로 위로 움직이는 임금의 기준과 위로 움직이는 가운데 꾸준히 기준율을 쫓아가지만 항상 어떤 간격을 두고 그것에 미치지 못하는 실제 임금을 갖게 된다.[40]

또 다른 의미에서 이윤은 '마찰'에 의존한다. "실제 임금과 정적 기준 사이의 시간간격은 마찰의 결과다. 왜냐하면 경쟁이 아무런 방해도 받지 않으면서 작동한다면 순수한 사업이윤은 그것이 창출될 수 있는 속도만큼 빠른 속도로 소멸할 것이기 때문이다."[41] "그런 시간간격이 없다면 기업가

---

38 《부의 분배》 404쪽.

39 같은 책 405쪽.

40 같은 책 406쪽.

41 같은 책 410쪽. 이는 그러한 가정들 아래서도 잘못된 생각이다. 왜냐하면 변화에 따른 이윤은 대체로 자본가치 재조정의 형태로 오기 때문이다. 만약 '마찰'을 아주 넓게 정의해서 '완전한 이동성'이 인간의 의지에 대한 저항이 전혀 없음을 의미하게 된다면야 물론 이런 난점이 회피될 수 있다. 그러나 숨 한 번 쉬는 사이에 벽돌공장 건물을 철도역이나 쾌속증기선으로 변환시킬 수 있는 세계에서라면 경제활동이나 경제과학이 필요하지 않을 것이다.

가 세상의 생산력을 아무리 많이 증대시킨다고 해도 엄밀한 의미의 기업가로서는 얻을 게 아무것도 없을 것이다."[42]

조건들의 변화가 이윤을 설명해주는 것이자 그 원인이라고 보는 이런 방식에 대한 치명적인 비판은 그 방식이 적절한 시간만큼 미리 예측된 변화와 예측되지 않은 변화의 차이라는 기본적인 문제를 간과하고 있다는 것이다. 만약 클라크 교수가 열거한 '동적 변화' 모두와 거명될 수 있는 그 밖의 다른 변화들이 실제로 일어나는 시점보다 충분한 시간만큼 앞선 시점에 미리 알려진다고, 또는 그런 변화들이 일반적으로 정확하게 알려진 법칙에 부합하면서 지속적으로 일어난다고, 그래서 그 경로가 경우에 따라 요구되는 만큼의 미래까지 예측될 수 있다고만 가정한다면 변화의 효과에 근거한 논의의 전부가 완전히 무너져 내릴 것이다. 이에 대해 사실에 반대되는 부당한 가정이라는 반박이 나온다면 그에 대한 답변은 단지 부분적으로만 사실에 반대된다는 것이다. 어떤 변화들은 예측되고 어떤 변화들은 그렇지 않으며, 어떤 것들의 법칙은 꽤 정확하게 알려져 있지만 다

---

[42] 같은 책 411쪽. 이 대목에서 클라크 교수는 만약 후속 추리를 전개한다면 그 자신의 분석과 관련해 심각한 의문제기를 불러올 진술을 한다. 그는 이렇게 말한다(411쪽). "이윤은 개선을 보장하는 유혹이고, 개선은 영속적인 임금증가의 원천이다. 진보를 확실하게 하기 위해서는 이 유혹이 사람들로 하여금 **장해요인을 극복하고 위험을 부담하도록** 하기에 충분해야 한다."(강조 표시는 내가 한 것이다.) 변화와 마찰은 물론이고 **노력**과 **위험**도 '기업가 고유의' 소득과 어느 정도 연관관계를 가진 것으로 보일 것이다. 이와 같은 맥락의 진술이 그의 저서 1장(3쪽)에도 있다. "자유경쟁은 노동이 창출하는 것은 노동자에게, 자본이 창출하는 것은 자본가에게, 통합조정 기능이 창출하는 것은 기업가에게 돌아가게 하는 경향이 있다." 우리가 곧 제기하려고 하는 질문이지만 진보의 실현과 관련된 '노력'과 '위험', 또는 그것들이 발생시키는 소득이 다른 모든 노력과 위험, 그리고 그것들의 소득과 본질적으로 다른 것이냐고 묻는다면 우리는 스스로 그렇지 않다고 대답해야 한다는, 그리고 변화라는 사실에서 완전히 벗어나 다른 곳에서 독특한 기업가 소득을 설명해주는 것을 찾아야 한다는 압박을 느끼게 될 것이다.

른 어떤 것들의 법칙은 거의 그렇지 않다.[43] 그리고 예지(豫知)의 변동은 상황의 요소들에 대한 뭔가 진정한 이해에 도달하려면 그 변동의 효과를 실제의 변화 그 자체의 효과와 구분하는 일을 필요불가결하게 만드는 것이 분명하다. 사회는 클라크 교수가 '동적'이라는 말을 정의한 대로의 의미에서 언제나 동적이면서도 모든 가격을 '자연적'이게, 즉 생산비용과 부단히 일치하게 해서 기업가가 순이윤을 확보할 가능성을 모두 제거할 수도 있는 것이 분명하다. '자연적'인 조건을 '정적'인 조건으로 정의하는 것은 잘못이다.

진보적 변화에 대한 예지가 일반적으로 존재한다면 손실도 전혀 발생하지 않고 그런 변화에서 이윤을 만들어낼 기회도 전혀 없게 됨을 증명하는 데는 선험적 논증이 필요하지 않다. 이것은 투기의 첫 번째 원리이며, 특히 예상되는 토지가치 증가의 자본화와 관련해 우리에게 익숙하다. 예측할 수 있는 변화는 그것이 무엇이든 그 효과가 미리 적절히 할인될 것이고, 그 효과와 연관된 '비용'은 그에 대응하는 '가치'와 정확하게 같은 영

---

[43] 이에 대해서는 어떤 변화와 관련해 그것이 예측된다고 상상하는 것은 예측한다는 것 자체가 그런 변화를 곧바로 일어나게 할 것이기 때문에 일종의 모순이라는 반론이 제기될 수 있다. 이런 진술은 사실의 발견 가운데 일부에 대해서는 틀림없이 들어맞으며, 그런 경우에 사실을 예상하는 것은 그것을 당장 현실화할 것이다. 그러나 동적인 경제적 변화 가운데는 이런 종류가 많지 않다. 자본축적과 인구증가에 대해서는 실제로 예측이 비교적 가능하고, 욕구의 발전에서 폭넓게 나타나는 특징은 알려져 있으며, 지식은 변화 그 자체에는 아무런 영향도 미치지 않는다. 자연자원이 정확하게 어디에서 발견될 것이라고 말하지 않으면서 자연자원의 발견을 예측하는 것도 가능하고, 발명의 내용을 실제로 기술하지 않으면서 발명을 예측하는 것도 가능하다. 발명이 이루어지고 공정이 개선될 확률이 실제로 가치평가를 하고 사업정책을 결정할 때 고려되는 경우는 아주 흔하다. 모든 변화가 예측될 수도 있다는 가정은 사실에는 반대되지만 자가당착의 모순인 것은 아니며, 그 타당성과 더불어 유용성이 정당화되는지는 논의 전체의 맥락에서 봐야 한다.

향을 받게 될 것이며, 그 둘 사이에 아무런 분리도 일어나지 않을 것이다.

클라크 교수가 이윤을 사람들로 하여금 노력을 기울이게 하고 진보와 연관된 위험을 부담하게 하는 유혹으로 정의한 것과 관련해서는 앞에서 제안한 대로 위와 같은 사고의 궤도를 좀 더 따라가 보는 것이 흥미로울 것이다. 사실 변화에 대한 예지에서 조금만 더 나아가면 변화란 실제로는 일반적으로 보아 그냥 저절로 일어나는 것이 아니라 대체로 그 자체가 인간의 활동에 따른 결과라는 사실에 이른다. 경제적으로 의미 있는 변화의 법칙이 알려져 있다면 그러한 변화를 발생시키는 인간의 활동을 지배하는 동기는 직접적인 효용을 만들어내는 작업을 지배하는 동기와 같으며, 자원을 수익성 있게 사용하려는 경쟁 속에서 그러한 두 분야에 걸쳐 자원이 사용되는 데 대한 보수가 같아지도록 조정될 것이다. 이런 조건 아래서도 산업적 진보는 그것이 일어나게 하려는 작업이 고도로 예측불가능한 결과를 가져오는 경우와 마찬가지로 얼마든지 일어날 것이 분명하다. 그런데 발명을 하는 일, 새로운 자연자원을 발견하는 일 등에 대한 보상은 그러한 작업의 투기적 성격이 제거되기만 한다면 다른 어떤 종류의 생산활동에서든 나타나는 임금, 이자, 지대와 조금도 다르지 않을 것이다. 그것들은 크기가 같을 뿐만 아니라 같은 시장에서 같은 방식으로 결정될 것이며, 간단히 말해 임금, 이자, 지대일 뿐이지 이윤이 아니다. 그리고 이는 진보가 예측될 수 있는 범위까지, 다시 말해 꽤 넓은 범위에 걸쳐 일어나는 일이다. 동적 변화는 그것과 그 결과가 성격상 예측될 수 없는 경우에만 특이한 형태의 소득을 발생시킨다.

그렇다면 이윤을 발생시키는 원인은 변화일 수 없다. 왜냐하면 대체로 보아 실제로 그렇듯이 **변화의 법칙이 알려져 있다면** 이윤이 발생할 수 없기 때문이다. 변화와 이윤의 연관관계는 불확실하고 언제나 간접적이다. 변화가 미래에 대한 무지를 초래하는 **경우에만** 이윤이 발생하는 상황이 변화로 인해 조성**될 수 있다.** 어떤 종류든 변화가 없다면 이윤이 생겨나지 않으리라는 것은 옳은 말이다. 왜냐하면 모든 것이 절대적으로 균일한 방식으로 움직인다면 미래는 현재에 완전하게 예지될 것이고, 경쟁에 의해 모든 가격과 비용이 똑같은 이상적인 상태로 모든 것이 조정될 것이 분명하기 때문이다. 바로 이런 사실, 즉 변화는 우리가 미래에 대해 무지하게 되는 데 필요조건이라는 사실(무지가 변화라는 사실에서 반드시 도출되는 것은 아니고 단지 제한적인 정도까지만 그렇기는 하지만)이 변화가 이윤의 원인이라고 생각하는 오류를 초래한 것이다.

  변화가 일어나도 이윤이 발생하지 않을 수 있을 뿐만 아니라 클라크 교수가 열거한 그 어떤 종류든 '동적'이거나 진보적인 변화(change)가 전혀 없는데 이윤이 발생할 수도 있다. 조건들이 예측할 수 없는 변동(fluctuation)을 한다고 해도[44] 마찬가지로 미래에 대한 무지가 초래될 것이고, 경쟁적 조정의 부정확함과 이윤이 그 불가피한 결과일 것이다. 그리고 예상된 변화가 일어나지 않는 것은 예상되지 않은 변화가 일어나는 것과 사실상 같다. 이윤을 발생시키는 것은 동적 변화나 다른 어떤 변화든 그 자체가 아니라 예상되고 사업준비에 토대가 된 조건들에 대비한 실제 조건들의 괴리다. 이윤에 대한 만족할 만한 설명을 찾다보니 우리가 '동적이론'에서 **미래의 불확실성**으로 돌아간 것 같다. 미래의 불확실

---

[44] 변동들이 충분한 정도에 이르고 불규칙해서 인생의 길이에 비해 짧은 시간 안에 상쇄되거나 균일성 또는 규칙적 주기성을 띠지 않는다는 조건을 명시할 필요가 있다.

성은 일상언어와 사업용어에서 '위험'이라는 말로 느슨하게 지칭되는 상태다.

클라크 교수는 우리가 위에서 인용한 그의 논문에서 위험을 한두 번 슬쩍 언급하고 지나갔을 뿐 논의의 주제로 삼지 않았다. 그는 '보험과 이윤'에 관한 짧은 글[45](홀리 씨에 대한 반박으로 쓴 글)에서 위험부담은 특별한 범주의 소득을 발생시키지만 그것은 자본가에게 발생하며 엄밀한 의미의 기업가에게는 가지 않는다는 입장을 취한다. 그는 이 소득을 어떻게 다룰 것인지, 이것이 이자와 어떤 관계에 있는지에 대해서는 우리에게 이야기하지 않는다. 그러나 '재화의 가격 가운데 그 비용을 초과하는 부분'[46]으로 정의된 것은 이윤의 일부가 아니다. "사업의 위험요소는 자본가에게 귀착한다는 것은 말할 나위도 없다. 엄밀한 의미의 기업가는 빈손이다. 잃을 것이 아무것도 없는데 위험을 부담할 수 있는 사람은 없다."[47] 그가 나중에 쓴 《경제이론의 기초》에서도 위험이라는 주제는 또 다시 별로 주목되지 않는다.[48] 위험은 그저 논의에서 배제되고 마는데, 그 이유는 "대부분의 위험이 동적인 원인에서 생겨나며" 정적인 위험이라는 '불가피한 나머지'에 대해서는 "그로 인한 손실이 발생하는 대로 그것을 메워주어 사업체들이 자신의 생산물 전부로 주식소유자, 자본대여자, 노동자에게 보상을 꾸준히 해줄 수 있는 상태로 유지되게 하는 데 들어갈 …… [각 설비

....
45 《계간경제학지》 Ⅶ권 40-54쪽.
46 같은 책 41쪽.
47 같은 책 46쪽.
48 122-123쪽 주석.

의] 연간 이득 가운데 적은 일부를 따로 떼어두는 것"으로 대처할 수 있다는 것이다.

클라크 교수가 말한 완전경쟁 상태는 사회 구성원 모두가 각자의 사업 행위 순서를 정하는 데 중요한 현재와 미래의 사실들에 대해 상당히 완전한 지식을 갖고 있음을 의미함을 그 자신이 인정하는 것이 분명하다. A. H. 윌렛 박사는 이 분야에서 정적상태의 이론을 보충했고,[49] A. S. 존슨 박사는 지대에 대한 연구에서 정적상태의 이론을 어느 정도 논의했다.[50] 윌렛은 진보의 교란효과가 실제 사회와 이론적 이상의 괴리에 유일한 원인이 되는 것은 아님을 인식했다. 그는 "정적상태라는 개념은 추상의 과정을 통해 도달되는" 것인데, 그 추상의 과정은 다섯 가지 동적 변화를 제거하는 것으로 "멈춰질 수 없다"고 했다.

> 모든 동적 변화가 중단된다고 해도 이상적인 정적상태가 인간사회에 실현되는 일은 결코 없을 것이다. 설정해야 할 다른 가정들도 있는데, 그것은 자본과 노동의 고도의 이동성, 경제적 동기의 보편적 존재, 그리고 **미래를 정확하게 예측하는 능력** 등이다. ……
> 우리가 알아내고자 하는 것은 이들 교란요인 가운데 마지막 것이 정적 임금률과 이자율에 미치는 영향이다. 이상적인 조정은 **경제활동의 예상된 결과와 실제 결과 사이에 괴리가 없다**는 조건 위에서만 실

---

[49] '위험과 보험의 경제이론', 《컬럼비아대학 정치학 연구》 XIV권 2호.
[50] '근현대 경제이론에서의 지대', 《미국경제학회 논문집》 3차 시리즈 III권 4호. 이 논문의 VI장 '지대, 이윤, 그리고 독점수익'을 보라. (위의 두 논문은 클라크 교수의 감독 아래 집필된 박사학위 논문이다.)

현될 수 있을 것이다. 생산과 소비가 절대적인 균일성을 가지고, 또는 규칙적인 주기성을 가지고 계속돼야 한다.[51]

정적상태는 이상적인 경쟁의 조건들을 적절하게 정식화한 것이 아님을 인정한 위 구절에서 이윤을 다룰 때에는 다소의 수정이 요구되리라는 추론을 하는 것은 쉬운 일이며, 이런 추론은 정적이론 전체와 어긋나지 않는다. 그러나 이런 추론이 인용된 구절의 저작자에 의해서 이루어지지는 않았다. 그는 이윤과 위험 사이에서 그 어떤 연관관계도 찾지 않았고 발견하지도 못했다. 그는 기업가는 오로지 자본가로서 위험을 부담하므로 그 결과로 발생하는 소득은 이윤이 아니라는 클라크의 견해에 명시적으로 동의한다. 윌렛은 위험부담에 대한 보상을 논의하면서 엄밀한 의미의 자본가만이 위험을 부담하거나 위험부담에 대한 보상을 얻을 수 있다는 주장을 클라크보다도 더 강조해 진술한다. 그는 이에 대해 "자명한 명제인 것으로 보인다"[52]고 했지만, 사람들이 이미 소유하고 있거나 투자한 물질적 자원을 담보로 제공하는 것을 통해서가 아닌 다른 방식으로도, 예를 들어 어디에서 나온 것이든 자신의 현재 소득과 자신의 미래 소득능력을 담보로 제공하는 것을 통해서도 자신의 채무에 대해 보증을 한다는 익숙한 사실을 고려하지 않는다.

존슨 박사는 위에서 소개한 이윤에 대한 그의 논의에서 위험에 대해 다소의 언급을 하지만, 그 역시 위험에서 이윤에 대한 설명이 될 만한 것을

---

51 윌렛, 앞에서 든 논문, 13-14쪽. (인용문 중 강조 표시는 내가 한 것임.)
52 같은 논문 72쪽.

찾으려는 시도를 하지는 않는다. 그는 '운이 좋고 유능한 기업가의 소득'에서 네 가지 요소를 발견한다.

(1) 보다 적은 손실에 의해 일부 상쇄되는(그러나 그 손실은 어떤 다른 기업가가 부담한다), 운에 기인한 이득.
(2) 사회에서 보편적으로 사용되는 방식보다 더 효과적인 방식으로 노동과 자본을 결합하는 자신의 능력에 기인한 이득.
(3) 경제적 개선의 첫 과실 가운데 특정한 몫.
(4) 기업가들의 용역이 그것에 대한 수요에 비해 제한돼 있다는 사실을 통해 그들이 한 계급으로서 확보하는 이득 가운데 일부.

여기서 이 분석을 자세히 비판하기 위해 우리의 논의를 중단할 필요는 없다. 다만 (2)와 (4)의 몫은 동일한 것이며 어느 쪽의 정식화도 이윤을 임금과 구별하지 않으리라는 점(그리고 위에서 우리가 언급했듯이 (4)를 다른 어떤 소득과도 구별하지 않으리라는 점), (3)은 이윤에 대한 '동적'인 설명을 언급한 것인데 더 정교한 보충설명 없이는 불분명하다는 점, (1)은 이윤과 위험의 연관관계를 가리킨 것으로 보이지만 이것에 대한 논의는 이루어지지 않았다는 점 등은 지적해둘 수 있겠다. 동적이론에 대한 교정으로서 위험에 관해 전개된 이런 논의는 클라크 교수의 논문에 대한 우리의 논의로 필요함이 드러난 이윤과 불확실성의 연관관계에 대해 설명하려고 한 게 아닌 것이 분명하다. 사실 두 저작자는 모두 이윤이 위험부담의 결과라는 학설에 반대하고 그것을 논박하려고 한다.

이윤은 전적으로 위험의 관점에서 설명돼야 한다는 학설은 F. B. 홀리⁵³ 씨의 열렬한 지지를 받았는데, 그는 위험부담에서 기업가의 기본적인 기능을 발견하고 그것이 기업가의 특이한 소득에 토대가 된다고 보았다. 홀리 씨의 분배이론에서 기업가(entrepreneur) 또는 그가 말한 기업인(enterpriser)은 독특한 중요성을 갖는 역할을 수행한다. 기업은 유일하게 진정으로 생산적인 요인이며, 엄격하게 말해 토지, 노동, 자본은 생산의 '수단'이라는 지위로 밀려난다. 기업에 대한 보상인 이윤과 관련해 홀리는 다음과 같이 말한다.⁵⁴

사업의 이윤, 또는 생산물 중에서 토지, 자본, 노동(다른 사람들이 제

---

53 홀리의 이론에 대한 가장 완전한 설명은 그 자신의 저서 《기업과 생산과정》(1907)에 나온다. 그 전에 집필되어 《계간경제학지》에 실린 글들에는 보다 간략한 진술이 담겨 있다.

54 홀리 씨가 그 전에 자신의 이론을 가장 간결하게 제시하려고 한 시도가 어떤 측면에서는 더 나으므로 인용해볼 가치가 있다.
"최종 소비자는 어떤 제품에 대해서든 자신이 지불하는 가격에 기업가의 모든 비용 항목을 충당하기에 충분한 정도―이런 항목 중에는 기업가와 그가 거래하는 보험자가 필연적으로 떠안게 되는 모든 종류의 다양한 위험에 따르게 마련인 보험통계상 손실 또는 평균적 손실을 감당하기에 충분한 금액도 있다―만이 아니라 그것을 넘어 추가적인 금액도 포함시키도록 강요받는다. 유인으로서 그런 추가적인 금액이 있지 않다면 기업가 또는 기업인과 그가 거래하는 보험자는 위험에 노출되는 성가신 상황을 감내하거나 그런 상황에 시달리려고 하지 않을 것이다."
"소비자의 비용에서 기업가의 비용을 차감하고 남는 이런 잉여는 일반적으로 이윤으로 간주되고, 그런 경우에 으레 그렇듯이 사전에는 미정인 잔여다. 이런 잉여는 기업가 또는 기업인으로 하여금 생산과정상 필요한 모든 위험을 그 성질을 불문하고 떠안게 하는 유인이다. 어떤 특정한 행동을 하게 하는 유인과 그 행동에 대한 보상은 같은 것이므로―그 차이는 그러한 것 자체에 있는 것이 아니라 그것을 바라보는 시간상의 위치에 있다― 어떠한 산업적 거래든 그것이 개시되는 시점에 위험을 부담하게 하는 유인인 사전미정 잔여는 그 거래의 마지막 단계에 가서 결정되고 실현될 때 필연적으로 그 사이에 겪은 위험의 결과, 즉 그러한 위험에 대한 보상으로 간주될 수밖에 없다."《계간경제학지》 XV권 603-620쪽) (원저에서는 여기에 인용된 부분 전체가 이탤릭체로 강조돼 있다.)

공한, 또는 사업가 자신이 제공한)의 청구권이 충족된 뒤의 나머지는 경영이나 통합조정에 대한 보상이 아니라 사업가가 짊어진 위험과 책임에 대한 보상이다. 그리고 사업의 관점에서는 누구도 위험의 보험통계적 가치에 해당한다고 믿는 금액의 보상을 바라고 위험을 짊어지지는 않기 때문에—이런 계산에서 사업가는 평균적으로 정확하다— 순소득이 기업에 발생하며, 전체적으로 그것은 사업에서 나오는 이득과 거기에서 입게 된 손실의 차이와 같다. 이 순소득은 미리 정해지지 않은 잔여임이 분명하므로 이윤일 수밖에 없고, 동일한 사업에서 미리 정해지지 않은 잔여에 두 가지가 있을 수 없으므로 이윤은 책임, 전적으로는 아니겠지만 특히 소유권과 연관된 책임을 짊어진 데 대한 보상과 같은 것임이 확인된다.[55]

홀리 씨는 이윤을 '잔여소득'으로 정의하는 데서, 그리고 위험부담과 연관된 특별한 소득의 성격 및 토대와 관련하여 위험에 노출되는 것이 '성가시다'는 이유로 요구되는, 위험의 보험통계적 가치를 초과하는 지불의 잉여로 정의하는 데서 클라크 교수 및 그의 추종자들과 의견을 같이 한다. 그러나 홀리는 잔여소득과 불확실한 소득은 서로 교환되는 개념이라고 주장하는 데 비해 클라크는 위험부담에 대한 보상은 필연적으로 엄밀한 의미의 자본가에게 돌아가고, 순수한 기업가 이윤은 동적 교란과의 연관 아래 발생하는 독점이득의 한 종류이며, 정적 조건들 아래서 기업가의 유일한 소득은 관리 또는 통합조정에 대한 임금일 것이라고 마찬가지로 장담

---

[55] 앞에서 든 책, 106-107쪽.

한다. 홀리는 그러한 소득은 임금일 뿐이지 이윤이 아니라고 주장하며, '정적'인 조건과 '동적'인 조건을 구별하지 않는다. 하지만 그의 견해에서는 통합조정이 소유자의 기능이라는 사실로 인해 노동과 구별되는데, 그는 "이것이 논의 중인 문제의 핵심"[56]이라고 말한다. 이윤은 경영에 대한 보상일 수 없다. 왜냐하면 경영자가 아무런 위험도 부담하지 않는다면 경영이 고용된 노동에 의해 수행될 수 있지만 이런 개인은 더 이상 기업가가 아니기 때문이다.

어떤 경우에는 기업가가 보험을 이용해 고정된 비용을 들여 위험을 제거할 수 있다는 것이 인정된다. 그러나 보험에 가입하는 행위를 하면 사업가가 자신의 기업가적 성격을 아주 많이 잃어버리게 된다. "왜냐하면 보험으로 자신의 모든 위험을 제거하려는 기업가는 경영에 대한 임금과 독점이득으로 분해되지 않는 소득을 전혀 남기지 못할 것(다시 말해 이윤이 없을 것)이기 때문이다."[57] 사업가가 보험에 가입하면 그는 그만큼 자신의 특이한 기능 실행을 제한하게 되는 반면에 위험은 보험자에게 이전될 뿐이며 그 보험자가 위험을 받아들임으로써 스스로 기업가가 되고, 그래서 미리 정해지지 않은 잔여 또는 이윤의 수취자가 된다. "보험자에 대한 보상은 그가 받는 보험료가 아니라 그런 보험료와 그가 결과적으로 입게 되

---

[56] '기업과 이윤', 《계간경제학지》 XV권 86쪽.

[57] 《계간경제학지》 VII권 464쪽. 홀리 씨에게 '독점이득'이란 제약에 기인하는 소득 전부를 포함하는 것이며, 그는 그것이 임금과 이자의 상당부분, 지대의 전부, 그리고 이윤의 많은 부분을 이룬다고 본다는 점이 설명돼야 한다. 우리는 거듭해서 이런 오류의 사례를 관찰해왔고, 소득을 확보하는 요소의 '희소성'에 기인하지 않은 소득이란 존재하지 않는다고 말했다.

는 손실 사이의 차액이다."[58]

이런 의견 불일치의 단초인 동시에 문제 해결의 단초인 것은 논쟁의 양측이 부담된 위험의 '보험통계적 가치'가 기업가에게 알려져 있다고 가정함으로써 빠져들게 된 혼동에서 찾아야 한다. 알려진 위험을 부담하는 것에 대한 보상과 가치 자체가 알려져 있지 않은 위험을 부담하는 것에 대한 보상 사이에는 근본적인 차이가 있다. 그것은 실로 워낙 근본적인 것이어서, 우리가 나중에 보게 되겠지만, 알려진 위험은 그 어떤 보상이나 특별한 지불을 가져오지 않을 것이다. 윌렛은 '불확실성'과 '위험', 그리고 손실의 수학적 확률을 구별하기는 했지만,[59] 여전히 그의 연구 전체에서 불확실성을 알려진 양으로 다룬다.[60] 존슨에 대해서도 같은 말을 할 수 있다. 그는 위험의 진정한 가능성 또는 그 보험통계적 가치가 알려져 있지 않을 수도 있음을 여러 지점에서 암묵적으로 인정하고, 튀넨이 보험에 들 수 있는 위험과 들 수 없는 위험을 구별한 것을 다루는 데 얼마간의 지면을 할

---

[58] 《기업과 생산과정》 111쪽.

[59] 앞에서 든 논문 27쪽 이후.

[60] 위험은 '주관적 불확실성의 객관적 상관물'(29쪽)로 정의되며, 그것은 해당 사건이 일어날 가능성과 일어나지 않을 가능성이 정확하게 같을 때 최대치가 되는 방식으로 손실의 수학적 가능성에 따라 변동한다. 그러나 그것은 여전히 알려진 양으로 간주돼야 하는데, 왜냐하면 수학적 가능성이 알려져 있다고 가정되기 때문이다. 윌렛은 홀리가 그랬던 것처럼(위의 64-65쪽 본문에 인용된 구절을 보라) 이 점에 대해 명시적인 진술을 한 적이 없지만, 그의 논의는 분명히 그것이 알려진 양으로 간주됨을 보여준다. 그는 운에 좌우되는 게임이나 보험 분야에서 설명을 위한 사례를 가져오고, '주어진 정도의 위험'(65쪽)이 투자자 등에게 미치는 영향에 대해 이야기한다. 그는 위험의 정도는 항상 알려져 있지는 않다는 사실을 인정하면서 그것을 추정하는 방법을 논의한다. 그러나 그는 위험의 진정한 가치를 추정하는 데서 저지른 오류의 결과는 그 논의에서 명시적으로 배제한다.

애한다.[61] 하지만 그도 역시 이윤에 대한 자신의 논의에서 기업가 기능과 관련된 위험은 알려진 양이 아니고 알려진 양이 될 수도 없다는 사실을 전혀 고려하지 못한다.

이와 비슷하게 홀리는 '순전한 행운'과 '누구도 예상할 수 없었던 변화' 뿐만 아니라 보험에 들 수 없는 위험도 엄연히 존재하는 사실로 거듭 언급하지만, 그 의미를 탐구하거나 그 이론적 함의를 인정하지는 못한다.[62] 한번은 그가 "특정한 사업의 보험통계적 위험은 상이한 기업가들 사이에 동일하지 않은데 이는 능력과 환경에서 그들 사이에 차이가 있기 때문이라는 사실에서 독점이윤의 중대한 원천을 찾아야 한다"[63]고 말하고, 이어 "이윤은 현명하게 선택한 위험의 결과"[64]라고 말하기까지 한다. 그러나 여기에서도 그는 그런 논점을 더 발전시켜 어떤 모험자가 겪는 위험이든 그 보험통계적 가치는 그 자신에게나 그의 경쟁자에게나 알려져 있지 않다는 사실로부터 결과를 도출하지는 못한다.

----

[61] 앞에서 든 논문 112쪽.

[62] 독자는 이윤에 대한 이전의 논의 가운데 다수(이 장의 앞부분에서 논의됐다), 특히 만골트와 튀넨의 논의가 어떤 위험들은 보험의 대상이 될 수 있고 그 밖의 다른 위험들은 그렇지 않다는 사실을 인정했다는 점을 기억할 것이다. 그러나 그러한 사실에 대한 설명이 이루어진 적은 없다. 그저 '으레 그럴듯이'라는 구절만 보일 뿐인데 이에는 설명이 필요하지 않다는 뜻이 들어있다.

[63] '이윤의 위험이론', 《계간경제학지》 VII권 468쪽.

[64] 《기업과 생산과정》 108쪽. 카버의 '이윤의 위험이론'(《계간경제학지》 XV권 456쪽 이후)과 《부의 분배》 VII장을 참조하라. 또한 엘리의 《경제학의 개요》 3판 XXV장에 서술된 A. A. 영의 논의도 참조하라. 카버와 영이 사용한 '성공적인 위험부담'이라는 표현은 홀리의 '현명하게 선택한 위험'과 마찬가지로 이윤의 원천을 묘사한 것이다. 필요한 일은 어떤 조건 아래에서 위험부담이 성공할 것인지를 설명해주고 성공하는 경우와 실패하는 경우 사이에 존재하는 의미 있는 차이도 보여줄 위험부담의 의미에 대한 고찰이다.

어떤 의미에서 홀리 씨는 재산소유의 책임과 위험을 기업가 기능의 기본적인 속성으로 주장한다는 점에서 문제의 핵심에 보다 가까이 다가선다. 기업가는 모든 실물 부의 소유자이고, 소유는 위험을 내포한다. 통합조정자가 "결정을 내린다"고 하지만 "결정의 결과를 인수하는" 사람은 기업가다.[65] 홀리 씨는 기업가로 인정되지 않는 사람들도 위험을 겪는다는 것을 인정한다. 예컨대 지주도 재산소유자이고, 그의 토지는 가치가 변할 수 있다. 자본가는 특히 자신이 겪는 커다란 위험에 대한 지불을 요구하며, 따라서 지대와 이자 둘 다의 일부는 이윤이다. 자신의 자본을 어떤 형태의 기회에든 투자하는 사람은 필연적으로 자본가와 기업가라는 두 가지 기능을 결합한다. 노동자에 대해서도 똑같은 말을 할 수 있는 게 분명하다. 노동자도 위험을 무릅쓴다는 것이 인정된다.

홀리 씨는 '위험'이라는 용어가 특별한 정의를 필요로 한다고 보지 않지만, 다른 저작자들과 마찬가지로 그도 그것을 알려진 양으로 다루는 것은 분명하다. 그는 이를 매우 명시적으로 말한다.[66] 그와 그에 대한 반대자들은 똑같이 확정적인 불확실성 또는 위험과 불확정적이고 불가측적인 불확실성 또는 위험 사이의 근본적인 차이를 제대로 알지 못했다. 위험의 가치가 알려져 있는지 여부에 관한 문제의 유일한 실제적 의미로 홀리 씨가 인정하는 것은 그것이 보험의 대상이 될 가능성이 있는지 여부를 결정하는 것, 다시 말해 단지 누군가가 그것을 부담하는 대가로 '이윤'을 얻게 되는지 여부를 결정하는 것인데, 이 점조차도 그리 명시적으로 다루어지지

---

65 '기업과 이윤', 《계간경제학지》 XV권 88쪽.
66 위의 65쪽을 보라.

않는다. 그런데 약간의 고찰만으로도 보험에 들 수 있는 위험에 노출되는 것에는 상당히 많은 '성가심'이 따를 수 없음을 보일 수 있다. 왜냐하면 그런 정도의 성가심이 있다면 그 위험에 대한 보험 가입이 이루어질 것이기 때문이다. 따라서 이런 이른바 불편함에서는 특이한 소득이 생겨날 수 없다. 위험이 전적으로 알려진 가능성이나 수학적 확률의 성질을 가진 것이라면 위험부담에 대한 보상이 없을 수 있으며, 위험이라는 사실이 어떤 방식으로든 소득분배에 상당한 영향을 미치지 못할 것이다. 왜냐하면 어떤 거래에서든 이득이나 손실의 보험통계적 가능성이 선험적 계산을 하는 것을 통해서든 과거 경험에 통계적 방법을 적용하는 것을 통해서든 확인될 수 있다면 위험을 짊어지는 부담은 보험을 제공하는 데 드는 관리상 비용에 한정되는 적은 금액의 고정된 비용을 지불하는 것으로 회피될 수 있기 때문이다.

사실을 말한다면, 알려진 위험을 내포한 단일한 상황이 '불확실'한 것으로 간주될 수도 있지만 이런 불확실성은 유효한 확실성으로 쉽게 전환된다. 왜냐하면 상당히 많은 그러한 경우에 결과가 우연의 법칙에 따라 예측할 수 있는 것이 되고 그러한 예측에서 빚어지는 오류가 경우의 수가 증가하면서 영에 접근하기 때문이다. 따라서 불확실성을 어떤 소망스러운 범위 이내로 줄이기 위해 충분한 수의 경우들을 결합하는 것은 사업조직의 초보적 발전에 해당하는 문제일 뿐이다. 이것은 물론 보험이라는 제도에 의해 성취된 것이다.

그러한 위험을 겪을 수 있는 사람이 자발적으로 보험에 가입하지 않기를 선택힐 수도 있는 것이 사실이지만 그러한 경로를 의도적인 도박과 구분하는 것은 어려우며, 경제학자들은 그동안 일반적으로 도박의 이득을 분배이론상 특수한 소득 범주로 인정해야 할 필요성을 느끼지 않았다. 위험이 확실한 경우에도 실제적인 난점이 보험에 드는 것을 가로막을 수도 있다는 반론이 제기된다면 그에 대한 답변은 기술적인 의미에서 볼 때 보험은 동일한 원리를 적용하는 여러 가지 방법 가운데 하나일 뿐이라는 것이다. 우리는 위험과 불확실성에 대한 우리의 일반적 논의에서 위험을 측정하는 것은 가능하지만 '도덕적 요인'이나 어떤 다른 고려사항으로 인해 통상적인 보험을 적용할 수 없다면 같은 결과를 확보하게 해주는 어떤 다른 방법이 개발되고 채택될 것임을 결국에는 증명할 것이다. 사업조직의 기법이 상당히 높은 발전단계에 도달하면 알려진 어떤 정도의 불확실성은 실제로는 불확실성이 전혀 아니게 된다. 왜냐하면 그러한 위험은 불확실성을 실질적으로 무시해도 좋을 정도로 축소시키기에 충분할 정도로 규모가 큰 집단이 부담하게 될 것이기 때문이다.

앞에서 전개한 분석의 결과는 이윤에 대한 두 가지 상반되는 이론이 부적절함을 보여주고, 그 이유와 더불어 이윤이라는 문제에 대한 견고한 해법을 어디에서 찾아야 할지 그 방향을 제시하는 것으로 봐야 한다. 첫째로 변화의 법칙이 알려져 있다면 변화 그 자체가 경쟁적 조정을 뒤흔들 수 없다는 것을 보았고, 이어 둘째로 예측할 수 없는 변화도 그것이 일어날 **가능성**이 어떻게든 측정될 수 있다면 비슷하게 효력이 없으리라는 것도 보았다. 잘 조직된 사회에서 사업가가 (1) 어떤 실제적인 변화가 임박했는지를 알거나 (2) 자신이 겪게 될 '위험', 즉 어떤 특정한 일이 일어날 확률이 얼마인지를 안다면 그 장기적인 효과는 같을 것이다. 다시 말해 그러한 변화의 유일한 결과는 생산적 에너지의 특정한 재배분일 것이며, 그러한 재배분은 지속적으로, 그리고 완전경쟁 조건을 전혀 교란시키지 않으면서 일어날 것이다.[67] 예측은 비용을 수반할 수 있고 위험들을 집합화해서 그 불확실성을 제거하기 위한 조직도 마찬가지로 비용을 수반할 수 있다는 사실은 그런 비용이 경쟁적 상황의 주어진 요소인 한 위에서 말한 명제의 진실성을 부정하지 않는다.

그러나 '동적'이론과 '위험'이론 둘 다에 참된 원리가 들어있다는 것도 마찬가지로 분명하며, 참된 이론이 이 두 견해를 상당한 정도로 조화시키는 것이 틀림없다. 한편으로 이윤은 실제로 경제적 변화와 깊은 관련성을 가지며(그러나 그 이유는 변화가 불확실성의 조건이라는 데 있다), 다른 한편으로 이윤은 위험 또는 관례상 위험으로 불리는 것의 결과임이, 그러나 측정되지 않는 독특한 종류로 한정된 위험의 결과임이 분명하다. 클라크 학파는 변화를 그것의 흔하지만 보편적이거나 필연적이지는 않은 함의와 혼동했고, 두 학파 다 일상언어를 따르다가 위험을 하나의 상당히 동질적인 범주로 다루는 오류에 빠졌는데, 사실은 위험의 종류에 존재하는 근본적인 차이가 수수께끼의 전부를 풀어주는 열쇠다.

그러므로 '불확실성'의 의미, 상이한 종류의 불확실성들의 의미, 그리고 경쟁적 경제관계에서 그러한 불확실성들이 갖는 의미가 이 연구에서 우리가 궁극적으로 탐구해야 하는 주된 주제가 된다. 우리의 논의를 진행하는 과정의 다음 단계는 불확실성 및 그것과 상관관계가 있는 이윤이 완전히 부재하다면 실현될 가치평가와 분배의 경쟁적 기제에 대한 명확한

---

[67] 법칙이나 가능성이 '알려져 있다'는 말로 우리가 의미하는 바는 그것이 일반적으로 알려져 있다는 것, 즉 그것에 조금이라도 관심이 있는 모든 사람에게 알려져 있다는 것이다.

관점을 얻으려고 시도하는 것을 통해 그러한 주제를 탐구하는 데 필요한 비교기준을 수립하는 것이다. 다음에 이어지는 세 개의 장은 따라서 완전히 경쟁적인 사회의 제반 조건과 작동을 살펴보는 데 바쳐질 것이다. 그런 조건들 가운데 결정적으로 중요한 것은 모든 경쟁자가 경제상황 전부에 대해 정확하고 확실한 지식을 갖는 것임이 거듭해서 드러날 것이다.

2부

완전경쟁

III장 선택의 이론과 교환의 이론

이제 우리는 역사적이고 비판적인 고찰에서 실질적인 이론구축 작업으로 시선을 돌린다. 우리는 역사적으로 중요한 경제이론 체계의 전체가 완전경쟁이라는 가정을 토대로 하고 있지만 이런 가정의 정확한 성격은 일부 암묵적으로 전제됐을 뿐이지 적절하게 정식화된 적은 없음을 보았다. 우리는 옛 경제학자들이 그들의 문제를 단순화해 분석하기 위해 추상적인 가정들을 설정했다고 비판하는 것이 아니라 실제로 설정된 가정들과 그 함의가 겉으로 끄집어내어져 강조돼야 한다고 주장하는 것이다. 이론적 추리의 그런 암묵적인 전제조건들을 펼쳐 보이는 것은 그동안 우리가 주장했듯이 이윤이 없다는 것이 이론적 경제사회가 실제 경제사회와 다른 점임을 감안하면서 이윤이라는 문제를 설명하기 위한 것이다. 이런 설명은 곧바로 '불확실성'에 대한 일반적 탐구라는 형태를 취하게 되는데, 불확실성이 있는지 없는지는 이론으로 하여금 채택하도록 압박하는 조건들과 실제로 존재하는 조건들 사이의 가장 중요한 기본적 차이[68]로 여겨질 것이다. 이 장과 이어지는 다음 두 장은 완전경쟁을 정의하고 분석하는 시

---

[68] 독점과 관련된 고려사항들을 제외하고. 그러나 VI장을 보라.

도로 채워질 것이다. 그 논의는 고전학파 경제이론을 압축적으로 개괄하는 것으로 간주돼야 할 것이며, 그 과정에서 고전학파 경제이론 그 자체 안에서 충분히 강조되지 않았고 그래서 독자들의 눈에 띄지 않기 십상이었던 그 전제와 함의들이 특별히 언급되고 강조될 것이다. 이런 특별한 강조를 제쳐놓고 보면 그 논의는 J. S. 밀의 논의와 그리 많이 다르지 않고, 마셜의《원리》와는 거의 다르지 않을 것이다.

경제학은 하나의 인간과학이다. 그 토대는 인간행태의 원리들에 있고, 따라서 우리는 경제생활을 지배하는 인간행태의 심리에 대한 얼마간의 관찰에서 논의를 시작해야 한다. 경제학적 분석은 엄밀하게 말해 목적에 적응된 활동이라는 스펜서적 의미의 '행위'를 다룬다고, 또는 일반적 '행태'라는 보다 넓은 범주와 대조되는 것으로서 목적에 대한 행동의 적응을 다룬다고 말할 수 있다. 그것은 인간의 행동은 의식적인 동기의 지배를 받는다고, 보다 통상적으로 표현되는 바로는 인간의 행동이 '욕구의 만족'을 지향한다고 가정한다.[69] 그러나 우리의 행태는, 심지어 우리의 경제적 행태

---

[69] 이는 필연성이나 타당성의 이론을 의도한 것이 아니라 역사적으로 중요한 사실의 진술을 의도한 것이다. 어떤 다른 종류의 행태에서도 충분히 일반적인 적용성을 가진 원리가 발견되어 그로부터 유용한 결론을 도출할 수 있다면 그러한 범위 안에서는 그 원리가 순수이론의 전제에 들어가지 말아야 할 이유가 없다. 다른 한편으로 현실에 대한 하나의 초기적 접근으로 우리가 다루는 행태 전부가 그 대부분이 갖고 있는 것이 확실한 성격을 실제로 갖는다는 가정에서 시작하는 것이 타당함은 논박의 여지가 없다. 어쨌든 우리가 근본적인 경향들의 각각에 대해 무엇이든 알아내려고 한다면 그와 같은 분석의 과정(즉 추상)을 통해 그러한 경향들을 분리해내야 한다. 여기서 우리는 본능과 반사행동에 관한 경제학의 가능성을 탐구하는 데는 물론이고 그러한 과학을 수립하는 데는 더더구나 관심을 가지고 있지 않다. 우리는 역사적으로 중요한 추측의 체계 전부는 행태 중에서 우리가 '행동'이라고 부르는 부분을 다루어왔다는 사실에 토대를 두고, 우리의 주된 목적에 맞추어 그러한 추리로 얻은 결론의 상응하는 한계를 지적한다. 더 나아가 (요점을 파악하지 못한 사람들을 위해 말한다면) 제약은 이론에 대한 타당한 반론의 근거가 되는 것이 아니며 오히려 이론이 어떤 가치를 갖

도 단지 일정한 정도까지만 이런 성격을 갖기 때문에 그 과학은 애초부터 중요한 제약들에 구속된다. 우리의 경제적 행태 가운데 다수가 다소간 충동적이고 변덕스럽다. 사람들의 경제활동이 합리적이거나 계획적인 한 경제이론의 결론은 일반적으로 제약조건에 구속된다는 점이 인정돼야 한다.

  이러한 제약은 쉽게 상상되는 정도보다 그 범위와 함의가 훨씬 더 크다. 그것은 인간행태가 애초에 어느 만큼이나 과학적으로 다뤄질 수 있느냐는 근본적인 질문을 제기한다. 이 점에 대한 견해에서 필자는 비합리주의자의 입장으로 아주 많이 기울어져 있다. 이런 견해에서 보면 진정으로 욕구된다고 여겨지는 어떤 것의 확보를 지향하는 활동으로 삶을 해석하는 것은 모두 다 매우 인위적이고 비현실적이다. 물론 시간이 충분히 짧다면 어떤 주어진 시간과 장소의 어느 한 개인에게는 그런 성격부여가 잘 들어맞는 것처럼 보인다. 그것은 우리가 우리 자신을 활동이나 경험 그 자체를 위해서가 아니라 어떤 이면의 목적을 위해 활동한다고 생각하는 방식이다. 그런데 그 목적이 단지 우연적이고 일시적인 것일 뿐이라면 그러한 '욕구'는 훨씬 더 멀리까지 내다봐야 하는 경제과정 해석에서 거의 쓸모가 없다. 행태에 대한 이러한 견해는 그 주체 자신이 취한 견해라고 하더라도 기껏해야 피상적이라는 것이 필자의 믿음이다. 문명화한 인간의 활동 가운데 상대적으로 적은 일부만이 주체의 마음속에 그때그때 어떤 충동이 존재한다는 사실 그 자체를 넘어서는 어떤 근거를 가진 필수적 요구나 욕구를 만족시키는 데 바쳐지는 것으로 보인다.

도록 하는 조건일 수도 있다고 주장하는 것은 무익한 일이겠지만, 어쨌든 제약은 인정되고 제대로 평가돼야 한다.

인간의 동기 대부분은 주의 깊게 살펴보건대 게임의 심리에 스스로 동화하는 경향이 있다. 우리가 하고자 하는 것이 무엇인지는 그리 중요하지 않다. 어떤 목적이든 마음속에 품는다는 것이 긴요하다. 우리는 스스로 다소 제멋대로 이런저런 목적에 관심을 갖거나 스스로 목적을 수립한다. 예를 들면 교육을 받는 것, 어떤 예술의 기법을 습득하는 것, 돈을 버는 것 등을 목적으로 삼는다. 그런데 일단 어떤 목적을 달성하기로 결심하고 나면 그것이 절대적인 가치가 되어 삶 그 자체에 짜여 들어가고 삶 그 자체를 흡수한다. 그 상태는 구체적인 목적-게임 상대방의 말을 잡는 것, 표시된 지점 너머로 공을 가지고 가는 것, 또는 그 밖의 무엇이든-은 우연의 문제이지만 그것을 달성하는 것이 당장은 존재의 궁극적 목표인 게임을 하는 것과 똑같다. 그리고 삶이란 전반적으로 게임을 하는 것과 같아서, 혼자서 하는 게임에 강렬한 흥미를 가질 수 있는 사람이 많기도 하지만, 사회적 상황이 삶의 원동력을 많이 공급한다.

행동의 **과학**이 근거하는 토대는 지속적이고 안정적인 동기라는 활동의 고정적인 원리여야 한다. 그러나 이것이 근본적으로 인간의 삶이 지닌 특징인지는 의문이다. 사람들이 바라는 바는 원하는 것을 획득하는 것이기보다는 흥미로운 경험을 하는 것이다. 그리고 사실 우리가 사물에 대해 흥미를 갖는 데 중요한 조건은 예상 밖의 요소, 새로운 요소, 놀라운 요소인 것 같다. 우리가 하는 행동의 성질을 우리가 그것에 대해 생각하는 방식으로 판단하려는 유혹을 경계해야 한다. 우리의 행동에 대해 생각한다는 것은 물론 그것을 합리화한다는 것이며 적어도 과학적인 의미에서 '생각'한다는 것인데, 이는 그런 말이 나오기 전부터 이루어져온 것이다. 논리적 사고는 성질상 도구적인 것, 다시 말해 환경을 통제하고 이용하는 수단이다. 우리의 경이로운 물질적 성취에 조건이 돼온 사고의 습관이 우리의 개인적인 삶의 영역에까지 들어오는 경향이 있다는 것은 아마도 서구문명의 결함인 것 같다. 필자는 이런 종류의 상황이 정점에 이미 도달하지는 않았을지 몰라도 가까이 다가가고는 있다고 감히 추측한다. 삶에 대한 우리의 태도를 현재 지배하고 있는 외면적 의미의 성취의 열정은 보다 분별이 있고 에피쿠로스적인 견해에 자리를 넘겨줄 것으로 기대해볼 수도 있다. 사람들은 생각, 아름다움, 즐거움 그 자체의 관점에서 더 많이 생각하게 되고 사물이 무엇에 소용이 있으며 사물을 가지고 무엇을 하거나 얻을 수 있느냐는 관점에서는 덜 생각하게 될 것이다.[70]

우리가 앞에서 말했듯이 경제학은 특정한 형태의 인간활동 조직에 관한 과학이다. 조직이라는 사실은 주어지고 영속하는 실체로 간주되는 욕구를 만족시키는 활동에 대한 합리주의적인 견해로 논의의 범위를 더욱 한정한다. 행동 그 자체가 필연적으로 미래지향적이지만 조직된 행동은 더욱 그렇다. 그 어떤 조직의 기제도 그것의 발전을 위한 시간과 그것의 작동을 위한 시간이 필요하므로 상대적으로 많은 생각을 수반한다. 현재 존재하는 경제조직의 가장 기본적인 특징은 이미 길고 갈수록 더 길어지

---

70 이런 생각을 그 중요성이 실제로 정당화하는 데까지 다 전개하는 것은 불가능하다. 제시한 방향으로 어느 정도 전개된 고찰은 패트릭 게데스의 강연 '경제학자로서의 존 러스킨'(라운드테이블 시리즈)에서 능란하게 펼쳐졌다. H. W. 스튜어트 교수의 '경제적 관심의 단계'에 관한 논문(듀이 등이 쓰고 엮은 《창조적 지능》이라는 책에 수록됨)에서도 그랬다. 또한 웨슬리 C. 미첼의 '인간의 행태와 경제학'(《계간경제학지》 XXIX권 1쪽 이후)도 참조하라.

반대쪽 극단에서 화학적 순수성에 근접할 정도로 무비판적으로 합리화되고 생기가 없어진 경제학의 표현은 T. N. 카버 교수의 저작에서 발견된다. 옛 경제학자들은 경제인이라는 개념을 의도적이면서 지능적으로 채용했지만, 카버에게는 경제인이 말 그대로 길거리에서 만날 수 있는 보통사람이다.

는 생산기간 동안 소비자가 품는 욕구에 대한 예상이다. 그리고 이런 예상은 욕구 그 자체의 특성에 안정성이 있음을 의미한다.

  우리가 지금 하고 있는 작업에 대한 분명한 관점을 가지려면 경제이론이 조직의 체계에 관한 학문으로서 지닌 이러한 특성을 특별히 강조할 필요가 있다. 인간의 활동은 상대적으로 조직되지 않은 것일 수도 있고, 많은 다른 방식으로 조직된 것일 수도 있다. 역사는, 특히 근현대 역사는 대체로 진보적인 조직과 그 형태상 변화에 관한 이야기다. 조직은 노동분업과 거의 동의어다. 조직된 활동에서는 개인들이 상이한 과업을 수행하고 각자가 다른 사람들의 노동이 낳은 과실을 누린다. 조직에 관한 두 가지 근본적 문제는 과업의 배분과 보상의 배분이다. 조직되지 않은 활동에서는 각 개인이 수행되면 자기에게 이득이 되는 과업들을 전부 수행하고, 그에 대한 보상은 자기가 하는 일에서 직접적으로 얻게 되는 물리적 이득이다. 그러나 사람들이 함께 일을 하는 경우에는 각각의 개인에게 그가 해야 할 특정한 일을 주고 다른 사람들이 수행한 노력의 결과 중에서 그가 획득할 양과 그 자신이 만들어낸 것 중에서 다른 사람들에게 넘겨줘야 할 양을 결정하기 위한 어떤 기제가 마련돼야 한다.

  근현대 산업사회, 즉 '기존 경제질서'는 이 두 겹의 과제를 주로 개인들 서로 간의 자유로운 합의와 자발적인 교환을 통해 수행한다. 경제이론은 이런 기제에 대한 분석이며, 단순화라는 과학의 목적상 그것이 인간관계의 유일한 형태로 간주된다. 중세 시대나 미국의 서부개척 시대를 돌아보면 우리는 남녀 간과 가족 내 노동분업을 제외하고는 상대적으로 공동활동을 별로 찾아볼 수 없다. 전쟁이나 종교 등을 위해 존재했던 조직은 자유로운 교환에 입각한 것이 아니었다. 그러나 다른 지역들과 하는 상거래가 늘 존재했고, 이것은 언제나 대체로 교환을 통해 발전했다. 시간이 지나면서 우리는 가장 큰 변화는 조직이 발전하는 데서 일어나며, 정치적 국가의 기능도 물론 발전하지만 특히 자발적이고 자유로운 교환이라는 유형의 조직이 발전하는 데서 일어남을 알게 된다. 우리는 산업적 진보가 매우 다른 형태를 취할 수도 있었다고 생각해볼 수 있다. 복잡하고 기술적인 문명의 경우에는 과업과 보상의 배분이라는 문제가 전제적, 신정적, 또는 군국적인 명령 하달과 생산물 배급으로 해결될 수 있고, 이런 경우에 개인은 자신의 노동이나 향유의 아주 세세한 부분에 대해서도 발언권을 가질 수 없을 것이다.[71] 그러나 우리가 민주적 사회주의의 다양한 형태 가운데 어느 하나를 가질지도 모른다. 어떤 사람들(아나키스트)은 교환관계나 권위 집중 없이도 단지 일반적인 동의를 통해 조직이 이루어질 수 있다고 상상해왔다. 그러나 조직은 주로 경쟁적이고 자유로운 합의를 통해 그동안에도 이루어졌고 지금도 그러하며, 따라서 우리의 과제는 다른 어떤 것도 아닌 바로 이런 기제를 연구하는 것이다.

기존 체제의 첫째가는 핵심은 그것이 두 가지 근본적인 문제를 **함께 하나로** 해결한다는 것이다. 기존 체제는 개인주의적이다. 그것은 보상의 배분을 통해 과업을 배분한다. 그것은 개인들 각각의 이기적인 추구에 의해 개인들의 상호관계가 결정되는 **자동적** 체제다. 그 과정의 토대는 생산적 자원에 대한 사적인 **소유**이며, 이는 개인적 자유와 동의어다. 자기 자신의 힘에 대한 소유와 다른 생산적 자원에 대한 소유 사이에 (우리가 논의를 진

---

[71] 소멸된 멕시코 문명, 그리고 특히 페루 문명은 대체로 이런 성격을 가진 문명이었다고 주장된다.

행하다가 나중에 자세히 보게 되겠지만) 원리상 아무런 차이가 없다. 소유의 핵심은 다음 두 가지 사실의 연관 또는 결합이다. (1) 생산적 요소에 대한 통제 (2) 생산적 요소의 생산물을 처분할 권리. 근현대 사회(경제적 측면에서)는 생산적 자원의 소유자들이 그 최선의 용도를 찾아 거기에 그것을 투입할 것이라는 이론 위에 조직된 것이다. 그들이 왜 그렇게 하느냐면 그렇게 해야 가장 많은 수확을 확보할 수 있기 때문이다. 따라서 이 체제는 복잡한 조직에서도 각각 별개인 생산적 요소들의 기여가 따로따로 파악될 수 있고 자유로운 경쟁적 관계가 각각의 요소에 생산적 활동에 참여한 데 대한 보상으로 그 기여분을 귀속시키는 경향이 있다는 가정을 내포하고 있다. 그리고 그 체제가 작동하는 한, 그리고 우리가 경제적 혼란이 아닌 경제적 질서를 갖고 있는 한 이런 가정은 정당화될 것이 틀림없다.

또 다른 관점에서 우리는 조직의 과제를 세 개의 단계 또는 국면으로 상정해볼 수 있다.

1. 조직된 실체로서의 사회는 생산을 인도하는 데 근거가 될 소비의 상이한 종류들 각각의 상대적 중요성을 결정해야 한다. 이 과제와 밀접하게 연결되는 동시에 더불어 해결되는 문제가 있는데 그것은 과거 산업의 생산물인 재화의 기존 재고가 기존 욕구를 만족시키는 데 배분되도록 하는 것이다. 이 이중의 문제는 소비재 시장에서 매일같이 해결된다. 그 과정에 대한 연구가 경제과학의 첫 번째 주된 분야, 즉 시장가격이론이 된다.

2. 사회는 실제로 생산을 조직해야 한다. 모든 가용한 생산적 요소는 체제가 성공적인 한 그러한 과제에 배정되며, (소비재 시장에서 수

립된 가치척도에 따라 양적으로 균형화된 재화의) 사회적 분배분에 가능한 한 최대로 기여할 수 있도록 다른 생산적 요소들과 결합된다. 생산적 자원을 상이한 용도들로 유도하는 기제는 생산적 자원의 시장에서 조직된다. 그 작동에 대한 연구가 경제과학의 두 번째 근본적 부문이다. 그것은 단기 분배이론과 장기 가치이론의 두 하위부문으로 나뉜다.[72] 이 연구의 목적을 위해서는 생산적 자원의 공급은 물론이고 그 공급이 만족시키려는 수요도 고정된 것으로 간주해야 한다. 소비재의 가격과 분배몫은 그 두 가지 문제 모두를 가로지르는 세 번째 일반적 문제의 영향을 실제로 크게 받는다.

3. 사회는 기존 욕구를 충족시키기 위해 기존 자원을 사용하는 동시에 그러한 자원 자체의 공급을 증가시키고, 더 나은 생산의 방법을 찾아냄으로써 자원 사용의 효율성을 개선하고, 출생자 수가 사망자 수를 초과하는 것에 대비하면서 교육과 연마를 실시하는 것을 통해 그 자신의 구성원 집단을 양과 질에서 각각 증대시키고 개선해야 하며, 이들 목적을 위해 기존 자원의 일부를 따로 떼어놓아야 한다. 그러므로 상대적 중요성과 조직이라는 두 가지 문제에 또 하나의 측면이 존재한다. 사회의 소득 가운데 얼마나 많은 부분이 현재 소비에서 떼어내어져 사회의 진보를 촉진하는 목적에 사용돼야 하는지에 대한 결정이 내려져야 하고, 떼어내어진 소득이 이런 목적에 가능한 한 효율적으로 투입돼야 한다. 이 문제의 첫 번째 부분은 현재 재화와 그 투자의 예상되는 과실 사이의 경쟁에 의해 시장에서 해결되

---

[72] 보다 완전한 진술은 뒤의 V장을 보라.

고, 그 결과로 자본화율 또는 이자율이 생겨난다. 그리고 두 번째 부분은 저축이 사용될 상이한 기회들 사이의 경쟁에 의해 해결된다.[73]

이론적 추리가 삶에 대한 폭넓고 장기적인 관점에서 이루어져야 한다는 사실은 많은 혼동의 원천이 돼온 욕구를 다루는 데서 난점을 가져온다. 우리의 욕구는 단속성과 반복성이라는 성질을 가지고 있고, 단기에는 언제든 욕구가 요구하는 것이 비교적 적은 양만 제공돼도 욕구가 만족되고 우리는 어떤 다른 욕구의 만족으로 눈길을 돌린다. 그러나 진정으로 근본적인 욕구라면 다시 생겨나게 되므로 장기적인 관점에서 볼 때 욕구들 모두가 각각 만족되면서도 **지속성**이라는 성질을 띤다. 연속해서 생겨나는 상이한 욕구들 가운데 어떤 것이든 하나의 지배적 욕구만 놓고 볼 경우에는 우리가 이른바 '완전한 한 주기'들이 많이 포함되도록 상당히 먼 미래까지 내다보면 욕구와 만족이 교대하는 주기성이 사라진다. 이런 장기적 관점은 계획적으로 욕구를 만족시키려는 일정에 따라 필연적으로 채택되는 것이며, 어느 한 시점에 우리가 하는 활동은 그 시점에 우리가 '갈구'하게 된 것의 영향을 지배적으로 받지 않는 것이 분명하다. 우리가 가게에 들어가 뭔가를 구매할 때 고려하는 것은 어떤 특정한 필요와 관련된 그 순

---

[73] 우리가 이런 것들이 조직의 자유교환 체제에 의해 이상적으로, 또는 실행될 수 있는 최선의 방식으로 이루어진다고 주장하거나 가정한다고 이해해서는 결코 안 된다. 특히 첫 번째와 세 번째 문제에서는 사회적 가치척도의 형성과 진보를 촉진하는 방향의 자원 사용, 즉 그 체제의 방법과 결과가 신랄한 비판을 받을 수 있다. 그러나 우리는 어떤 더 나은 방법이나 해법이 실제로 이용할 수 있는 상태로 존재한다고 주장하는 것도 아니다. 간단히 말해 순전히 자발적이고 개인주의적이며 경쟁적인 체제가 조직의 근본적인 과제들과 관련하여 작동하는 방식을 분석하고 묘사하는 것이 우리가 하려고 하는 일이다.

간의 욕망이나 포만감의 상태가 아니라 지속적인 과정으로 본 우리의 생존에서 그것이 갖는 장기적 중요성이다.

따서 욕구-만족이라는 문제는 **비율**, 다시 말해 상대적 율(率)의 문제다. 우리가 던져야 할 질문은 이것이나 저것이 절대적으로 얼마나 많으냐가 아니라 각각의 필요나 활동분야에 우리의 시간이나 소득 가운데 얼마나 많이-즉 얼마나 큰 몫이- 투입돼야 하느냐, **매 1년당** 또는 변동이 제거되기에 충분할 정도로 긴 다른 어떤 기간당 얼마나 많이 그렇게 돼야 하느냐. 일월 초하루에 일 년 동안의 삶에 대한 계획을 세우고 그 계획을 상세한 부분까지 실천해야 한다고 상상해보는 것을 통해 우리는 그러한 관점을 얻을 수 있다. 따라서 노력이나 만족 또는 대안간 선택이 직접적인 욕구로 간주된 동기의 영향을 받는다고 보고 그러한 노력이나 만족 또는 대안간 선택에 대해 '양적'인 관점에서 펼치는 경제학적 논의는 불분명하고 다소 위험하다. 경제학에서 양은 정확하게 말하면 율이고, 동기는 직접적으로 의식 속에 존재하는 욕망이 아니라 필요나 가치에 대한 객관적인 판단이다.

욕구들의 서로 갈등하는 습성은 욕구와 관련된 하나의 근본적인 사실이다. 사실 갈등은 의식적 욕망의 본질에 기본적인 것으로 보인다. 우리가 어느 한 방면의 행동을 채택하고 그와 다른 방면의 행동을 포기해야 하는 입장에 있지 않다면 과연 행동의 의식적 동기인 욕구가 존재할는지 의문이다. 욕구는 우리의 계획적인 삶의 순서에 들어가지 않는 필요와 구분돼야 한다. 우리에게는 요오드화물과 비타민, 그리고 그 밖에 인류의 대부분이 그 존재를 다행히 몰라도 되고 실제로 모르고 지내온 무수히 많은 것이 '필요'하다. 하지만 그런 것은 갈등을 일으키지 않고 따라서 '행동'도 일으키지 않기 때문에 우리는 그런 것을 '욕구'하지 않는다. 갈등의 공통적 토대는, 그리고 욕구의 존재 자체의 공통적 토대라고도 할 수 있는 것은 어떤 충동이나 필요를 만족시킬 수단의 한계다. 어떤 만족의 수단이 양적으로 한계가 있어서 우리가 그 사용을 계획하고 그 공급의 증가를 계획해야 한다면 그것이 행동의 영역으로 들어오고 우리는 욕구를 갖게 된다. 가장 흔하고도 근본적인 갈등은 우리 자신의 시간과 에너지에 대한 요구들 사이에 존재하고, 그 다음으로 우리 자신을 만족시키는 데 보조적으로 도움이 되는 것으로 채용되는 어떤 제한된 물질적 요소나 수단들 사이에 존재한다. 우리의 개인적 힘은 물론 절대적으로 제한돼 있고, 힘을 쓰는 것이 불유쾌해지는 경향으로 인해 실제로는 더 많이 제한됨으로써 그렇게 하기를 회피하려는 '욕구'가 생겨난다.[74] 저지르지 말아야 할 혼동은 의식적으로 계획된 활동, 즉 대안 간 저울질과 관련된 욕구와 필요로 상정된 것 또는 직접적인 사실에 대한 형이상학적 설명 같은 것 사이의 혼동이다.

의식적인 욕구를 만족시키는 사물의 힘 또는 욕구된다는 성질이 경제적 의미의 **효용**이며, 이것은 '행동을 지배하는 힘'과 같은 것이다. 효용은

---

[74] 욕구의 자세한 분류를 시도하는 것은 우리의 목적을 벗어난다. 우리는 다만 지나가는 김에 진정으로 상이한 욕구들을 구분하고 동일한 욕구를 만족시키는 상이한 수단들을 구분하는 일이 어려움을 지적할 수 있다. 예를 들어 우리는 음식에 대한 욕구를 이야기할 수도 있고, 상이한 음식들에 대한 욕구를 이야기할 수도 있다. 우리는 제한된 범위 안에서 또 다른 욕구에 자리를 내줄 수 있으나 그것은 제한된 범위 안에서일 뿐인데, 결국에는 다양성 그 자체를 바라는 것이 하나의 욕구가 된다. 우리가 보기에 욕구는 경제과학의 목적에 비추어 실제 시장의 재화 분류에 따라 분류돼야 한다. 우리는 욕망의 토대라는 심리학적 문제를 파고들려고 해서도 안 된다. 우리의 논의는 행동과 관련하여 사물을 다루며, 활동 자체와 그것이 지향하는 물질적 변화 사이의 관계가 분명한 한 우리가 사물을 욕구하는지, 아니면 사물에서 비롯되리라고 우리가 예상하는 의식의 상태를 욕구하는지 등은 우리에게 아무런 관심도 없는 문제다.

욕구와 동일한 근본적 성질이나 차원을 갖는 것이 틀림없다. 따라서 그것은 그 어떤 단순한 의미에서든 하나의 양이 아니라 강도를 갖는 하나의 성질 또는 하나의 율이다. 우리는 주어진 양의 어떤 사물의 효용을 이야기하지만 여기에는 다시 모호함이 있다. 여기에서 심리적 변수는 사실 재화의 특정한 소비율이 지닌 효용의 정도다. 그리고 욕구는 갈등과 상관관계를 갖는 것이므로 효용은 제약과 상관관계를 갖는다. 욕구의 강도와 그것을 만족시키는 수단의 공급률은 엄격하게 연관되어 각각 다른 것과 반대로 변동한다. 다시 말해 하나의 재화가 어떤 욕구든 그것을 만족시키기 위해 고율로 공급되면 그 재화는 그런 사용에서 효용의 정도 또는 강도가 줄어들고, 갈등관계에 있는 사용에서 효용(의 정도)이 늘어난다.[75] 욕구와 필요 사이, 또는 욕구와 욕구를 갖는 가설적 이유 사이의 혼동은 효용 분야에서 '자유'재, 즉 엄청나게 많이 존재하는 재화에도 경제적 효용이 있다고 여기는 데서 분명히 드러난다. 이것은 아주 해로운 오류다. 그러한 재화는 행동과 아무런 인과관계도 갖지 않고, 따라서 행동의 과학에서 아무런 입지도 갖지 못한다. 이런 혼동은 보통은 그렇지 않지만 어떤 상황에서는 행동을 좌우하는 힘 즉 효용을 실제로 갖게 되는 공기나 물과 같은 사물이 많이 존재한다는 사실에서 생겨난 것이 분명하다. 이런 사실은 그런

---

[75] 이런 묘사가 사실에 들어맞지 않는 예외적인 경우들이 있을 것 같고, 아마도 실제로 있을 것이다. 만족의 수단에 대한 갈등하는 수요에 기인하는 한계가 아니라 절대적인 한계에 근거하는 절대적인 욕구들이 그것이다. 그러나 이런 것들은 경제학에서 무시해도 좋을 정도의 중요성만을 갖는 게 분명하고, 자세히 살펴보면 그것들은 '욕구'의 특성을 전부 잃어버리는 경향이 있다. 과학이 몹시 변덕스러운 현상을 어떻게 건설적인 방식으로 성과 있게 다룰 수 있는지는 알기 어렵다. 물론 과학은 그런 것들이 존재하면서 이론의 완전성에 한계로 작용함을 인정한다는 관점에서 그런 것들을 다루어야 하지만 이론 그 자체에서는 그런 것들이 고려되기가 어렵다.

것들의 '잠재적' 효용, 다시 말해 그런 것들이 차단되거나 제약되면 커다란 효용을 **갖게 되리라는** 사실을 우리로 하여금 의식하게 한다. 하지만 그런 것들은 자유롭지 않을 때에만 효용을 갖는다.

체감하는 효용은 어떤 욕구든 그것이 다른 욕구들에 비해 상대적으로 만족되면 그 욕구의 강도가 감소한다는, 또는 만족의 수단이라는 관점에서 볼 때 어떤 것의 효용이 감소하면 다른 것들의 효용이 증가한다는 일반적인 사실을 과학적으로 가리키는 말이다.[76] 효용 간 갈등과 효용의 상대성 사이의 기본적 관계는 그 중간에 만족의 '수단'이, 더 나아가 일련의 그러한 것들이 존재함으로 인해 다소 모호하게 가려진다. 그러나 분석의 과정을 더 진행하면 중대한 예외 없이 항상 **궁극적인 수단**이 어느 하나의 용도에서 다른 용도로 **방향을 바꾸는 것**이 문제가 됨이 드러난다. 그것은 대안의 문제이며, 어느 하나의 욕구나 만족이 다른 욕구나 만족에 **대안**이 되는 근거는 **공통되지만 제한된** 만족의 수단에 대한 의존이다.

욕구와 만족의 마치 파동과 같은 교대와 함께 욕구의 단속성이 체감하는 효용이라는 그릇된 관념을 낳는 경향이 있다. 어떤 소년이 연속적으로 주어지는 오렌지를 먹는 이야기를 하거나 그의 다른 '저녁식사' 사례를 이야기하는 것은 흔히 이루어지는 일이지만 초점을 벗어난 것이다. 이런 방

---

[76] 우리는 예를 들어 빵을 먹는 경우에 그렇게 하듯이 어떤 욕구들은 완전한 포만에 이르게 하는데, 그 이유는 그렇게 하는 데 드는 노력이 절대적인 포만의 한계에 가까워졌을 때 멈추기에 가장 바람직한 지점을 정확하게 계산하기 위해 요구되는 노력보다 적다는 데 있다. 이런 사실은 삶에 대한 완전히 '합리적'인 태도의 근본적인 '비합리성'을 설명하기 위한 예로 이용할 수 있다. 우리의 가장 중대한 '욕구' 가운데 하나는 사물을 계산하거나 근사하게 추정해야 하는 성가신 일에서 자유롭게 되는 것이다. J. M. 클라크, '경제학과 근현대 심리학', 《정치경제학지》 26권 1호와 2호 참조.

법의 결과로 초래되는 심각한 오류는 그 방법이 공급의 상이한 부분들이 주는 효용에 차이가 있다는 인상을 갖게 하는 데 있다. 이 역시 명확한 사고를 하는 데 치명적이며, 이런 점은 그러한 상황과 장시간 앞선 시점에 공급이 이미 이루어진 상황(또는 상점을 찾아가며 구매를 하는 보통의 상황)의 대조를 잠깐만이라도 고찰해보면 알게 된다. 어떤 단위든 한 단위의 효용은 그것과 유일하게 적절한 연관성이 있는 고려사항인 행동에 대한 효과에서 다른 어떤 한 단위의 효용과도 정확하게 같다. 긴요한 사실은 단위의 수가 상대적으로 더 많으면 단위당 효용 또는 어떤 단위든 그것의 효용이 상대적으로 더 작다는 것이다.

상대성이라는 사실은 쉽게, 그리고 흔히 간과되기 때문에 중요하다. 모든 가치평가는 **비교다.** 우리는 절대적인 효용이나 효용에 대한 절대적인 기준이라는 관념을 갖고 있지 않다. 가치라는 개념은 선택의 대안들과 관련된 경우가 아니고는 의미가 없다. 효용은 다른 효용에 의해 측정될 뿐 아니라―모든 사물은 그 자신과 종류가 같은 사물을 기준으로 측정된다―그것의 존재는 대안의 존재를 조건으로 한다. 그것은 물리적인 세계의 힘과 같다. 작용과 반작용은 동등하고, 어떤 하나의 힘은 동등한 역방향의 힘 또는 저항과 분리해서 상상할 수 없다.

경제학적 분석에서 효용 간 갈등의 사례 가운데 가장 중대한 것은 노력을 대가로 효용을 누리는 것과 노고에서 자유로워지기 위해 효용을 희생하는 것 사이의 익숙한 대안관계다. '노동'은 통상 역방향 양(陽)의 의미에서 **비효용**으로 여겨진다. 이런 용어 사용에는 충분한 실제적 이유가 있음을 아는 것도 중요하지만, 종류의 차이가 없는 대안들에 관한 일반적 원리에는 정말로 예외가 없음을 아는 것도 중요하다. 요점은 '노동'이라는 것이 실제로 자신의 시간과 힘의 어떤 대안적 사용의 희생이라는 것이다. 대안이 없다면 희생도 없고, 그 어떤 동기, 가치평가, 또는 그 어떤 종류의 '문제'도 없다. 사실 **행동에 대해서는** 고통과 쾌락부재 사이에 차이가 없다. 그것은 모두 대안 간 선택의 문제, 즉 '선호'의 문제다. 쾌락-고통 문제는 전적으로 내적 의식 분야에 속하고, 경제학에서 이야기되는 것과 같은 문제와는 아무런 관련이 없다.[77] 상이한 종류의 대안들을 구별하는 것에 대한, 다시 말해 어느 한 경우에는 선택된 어떤 것에, 다른 경우에는 회피된 어떤 것에 주목하는 것에 대한 타당한 이유는 나중에 더 자세히 설명되겠지만 우리가 대안들을 **측정**하는 데 관심을 갖고 있다는 것과 (측정할 수 있는 양의) 재화를 생산하는 노동이 수행되지 않았다면 이루어졌을 대안들의 불확정적인 사용에 대해서보다는 시간과 노력에 대해서 우리가 만족스러운 양적 결정에 더 가까이 다가설 수 있다는 것이다.

행동의 이론 전체는 이제 우리의 목적에 적합한 범위 안에서 다음과 같은 포괄적인 '선택의 법칙'으로 요약될 수 있다. **서로 대안이 되고 양적으**

---

[77] '의식에는' 쾌락과 고통부재 사이, 그리고 거꾸로 말해 고통과 쾌락부재 사이의 차이가 실제로 있다고 하더라도 그것은 '우발적'이고 포착하기가 매우 어려운 성질을 가지고 있다. 우리는 그런 두 계열의 차이를 정식화하거나 그런 두 계열의 경험을 분류할 수 없다. 동일한 사건이 어느 한 사람에게는 쾌락이고 다른 한 사람에게는 고통이 된다는 것, 그리고 동일한 사건이 동일한 사람에게 상황에 따라, 그리고 특히 기대에 따라 어느 한 시점에는 즐거운 일이 되고 다른 한 시점에는 고통스러운 일이 된다는 것은 너무나 자명해서 논의할 필요조차 없다. 자세히 살피다 보면 그 차이는 점차 사라진다. 10만 달러의 유산은 그것을 모르고 있다가 갑자기 알게 된 사람에게는 즐거움을 가져다주겠지만, 1억 달러의 유산을 기대하고 그에 맞춰 계획을 세운 사람에게는 강렬한 비탄을 초래할 것이다. 징역형 판결은 자신이 교수형에 처해질 것으로 확신했던 사람에게는 기쁨의 원천이 될 것이 분명하다. 하지만 그것이 '실제로는' 더 심한 고통에서의 탈출일 뿐이라고 말하는 것도 우습고, 그 유산이 더 큰 즐거움을 박탈한 것이라고 말하는 것도 우습다. 대안들 사이의 비교와 선호라는 사실은 실재하는 것이지만, 쾌락과 고통은 우발적이고 임의적인 문제다.

로 가변적인 종류의 활동이나 경험에 직면하게 되면 우리는 물리적으로 상호 연관된 양들이나 정도들의 각각이 선택을 하는 사람에게 동등한 효용을 갖게 하는 비율로 그것들을 결합하는 경향이 있다.[78]

선택의 원리에 대한 이와 다소 다른 진술이 서로 대안이 되는 종류의 행동들이 가진 서로 대안이 되는 성질의 토대를 더 잘 강조해줄지 모른다. 그 토대는 어느 하나를 더 많이 포기해야만 다른 하나를 더 많이 얻을 수 있을 뿐만 아니라 어느 하나의 특정한 양을 포기하는 것을 대가로 해서만 다른 하나의 특정한 양을 얻게 된다는 사실이다. 우리는 이런 사실의 이유

---

[78] '동등한 효용'이라는 말은 우리가 곧 보게 되겠지만 선택에서 무차별하다는 사실을 가리킬 뿐이지 어떤 진정한 의미에서 양들의 비교를 가리키는 것은 아니라고 봐야 한다. 우리는 '한계'효용이라는 표현을 피하는데, 그 이유는 그것이 동일한 공급의 상이한 부분들에 중요성의 차이가 있다는 의미를 내포한다는 데 있다. 그러나 어떤 공급의 효용을 이야기하기 위해서는 단위당 효용과 그 공급 전체의 효용을 구별하게 해줄 용어를 갖고 있는 것이 때로는 유용하다. 우리는 단위당 효용을 가리키기 위해 '특정한 효용'이라는 표현을 사용하는 것이 바람직해 보일 때에는 그렇게 할 것이다.
　선택의 원리를 경제학적 추리의 출발점으로 삼고 '체감하는 효용'을 비교한다는 의미에서 다루는 일반적인 방법은 웍스티드(《정치경제학의 상식》)가 특별히 명료하고 강력하게 사용해왔고, 페터도 최근의 저작(《경제원리》)에서 채택했다. 경제학자들은 일반적으로 행동주체의 심리가 사실상 행태주의적이고, 따라서 경제학자가 쾌락주의자여야 할 필요는 없으며 (제번스와 에지워스의 논의에도 불구하고), 경제학자는 그런 쟁점을 경합적 선택의 심리학에서 고려해야 할 필요조차 없음을 인정하게 됐다. 미첼의 '경제이론에서 화폐의 역할'(미국경제학회 28차 연례회의 회보)을 보라. 효용과 가치의 상대성이라는 원리는 그 어떤 동기의 이론 아래서도 똑같이 성립한다. B. M. 앤더슨 2세(《사회적 가치와 화폐의 가치》 I장)는 우리가 그랬듯이 동기를 부여해 행동을 유발하는 힘으로 가치를 정의하면서 절대적인 사회적 가치의 이론을 주창한다. 이런 개념은 다른 어떤 개념만큼이나 상대적이며 사실 그 무엇보다 가장 명백하게 상대적임을 그가 간파하지 못한 점은 설명하기가 어렵다. 행동에 대한 동기 부여는 어떤 다른 행동**보다** '이런' 행동에 대한 것을 의미하며, 비교와 선택의 대상이 되는 대안들을 제시하는 상황과 따로 떼어내어 생각할 수 없음이 분명하다. 대번포트(《기업의 경제학》 VII장)도 경제학적 추리에서 상대적 효용이 중요하다는 견해를 견지하면서도 효용 그 자체를 하나의 절대적인 크기로 다룬다. 필자는 그러한 실체를 생각하는 것은 불가능하다고 본다.

를 두 종류의 만족이 어떤 공통된 '수단'이나 '자원'에 의존하는 상황에서 찾았다. 따라서 우리는 행동의 기본 법칙을 다음과 같이 다시 진술할 수 있다. **제한된 자원을 서로 경합하는 사용분야들에 활용하는 것은 행동에서 모든 합리적 활동의 형태인데, 이렇게 제한된 자원을 사용할 때 우리는 자원의 동등한 양이 모든 분야에 걸쳐 동등한 수확을 낳게 하는 방식으로 자원을 열려 있는 대안의 용도들 사이에 배분하는 경향이 있다.**

이 정식화는 그 원리가 합리적 계획이라는 목적의 참된 진술임을 좀 더 명확하게 해준다. 왜냐하면 주어진 자원의 주어진 단위가 어느 하나의 사용에서 어떤 욕구만족을 낳고 있을 때 그 욕구만족이 유사한 단위가 그와 다른 사용에서 낳는 욕구만족보다 선호할 만하다면 그중 일부를 두 번째 사용에서 첫 번째 사용으로 옮기되 두 번째 사용이 낳는 욕구만족의 중요성은 증가하고 첫 번째 사용이 낳는 욕구만족의 중요성은 감소하여 그 둘의 중요성이 동등해질 때까지 그렇게 하는 것을 통해 그 자원이 낳는 욕구만족을 증가시킬 수 있는 것이 분명하기 때문이다.[79]

---

[79] 자세히 살펴보면 자원의 사용이라는 관점이 순전한 대안 간 결합의 원리에 진정으로 설명력을 높이는 가치를 정확히 얼마나 많이 추가하는지는 의문스러움이 드러난다. 우리가 '자원'이라고 부르는 것도 그 자체 때문이 아니라 단지 그것이 투입될 수 있는 용도 때문이며, 그 양적인 측면, 즉 얼마나 많은 자원이 있느냐는 것은 더욱 더 용도의 관점에서만 결정될 수 있는 게 분명하다. 그러나 적어도 자원이라는 개념은 우리가 그것을 습관적으로 사용하는 사실이 보여주듯이 서로 반대되는 종류의 사용들이 지닌 양적으로 상호 대안적인 성격이라는 사실을 우리가 우리의 사고에 개입시키도록 돕는다. 희생이나 '비용'에 대한 단순한 형태의 정신착란은 사실 조금 헷갈리게 한다. 어떤 것이 얼마나 비용을 초래했느냐고 묻는다면 우리는 우선 돈이나 노력 등을 가지고, 다시 말해 '자원'을 가지고 대답하려는 경향이 있는 것 같다. 그러나 추궁을 더 받으면 우리는 후자의 이면으로 눈길을 돌려서 이번에는 자원을 그 대신으로 확보할 수 있었을 어떤 다른 효용을 가지고 평가하게 될 가능성이 높다. 자원이라는 개념을 '존재론적으로 보는 것'은 '도구적 관념'의 한 예시가 되는 것으로 여겨지지만, 그것 없이 논의를 이어가기는 어려울 것이다.

체감하는 효용과 체증하는 희생을 절대적이고 독립적인 크기로 표시하고 상품(과 노력의 비효용)의 연속적인 단위들에 변동하는 효용을 부여하는 형태로 흔히 그려지는 효용곡선은 앞의 추리가 타당하다면 상당한 수정이나 재해석이 요구되는 것이 분명하다. 효용이 상대적이고 그 본질상 일종의 비교라면 그러한 곡선은 하나의 변수를 다른 변수로 측정한 결과를 표시한 것이거나 각각의 곡선이 이미 그려진 다른 곡선을 전제로 한 것일 수밖에 없다. 그 과정에서 화폐의 역할은 설명을 더욱 복잡하고 혼동되게 만드는 경향이 있다.

앞에서 일반적인 표현으로 진술된 원리들은 우리가 경제학적 분석에서 늘 다뤄져온 바와 같이 대안 간 선택의 단순한 경우를 예로 드는 것에서 시작한다면 해당 주제에 대해 현재 이루어지고 있는 논의들과 연관시키고 구체적인 사실과도 연관시킬 수 있다. 마셜이 예로 든[80] 산딸기를 따서 먹는 한 소년을 우리도 예로 들되, 포괄적이고 장기적인 행동계획에서 대안 간 선택(즉 결합)을 하는 경우에 우리의 설명이 정확하게 부합되게 하려면 표현의 수정이 다소 필요할 것이라는 조건 아래 그렇게 해보자. 그 소년이 효용과 비효용의 크기를 곡선으로 그리거나 그것에 대한 추정을 하는 것과 같은 정신적 작업을 거치리라고 우리가 가정하기는 거의 불가능하다. 그 소년이 대안들 사이에서 조금이라도 깊이 생각한다면[81] 그가

---

[80] 《경제학의 원리》 V권 II장 1절.

[81] 이는 그리 과도한 가정은 아닌 게 분명하다. 이는 또한 소년에 대한 비판이 전혀 아니다. 오히려 그 반대다! 숙고와 추정의 비용이 그 가치보다 크다면 해야 할 합리적인 행동은 비합리적이 되는 것임이 자명하다. 이것이 아주 흔히 진실이고 사람들이 훨씬 더 자주 (아마도) 그런 것처럼 행동하는 것이 경제학적 추리를 해야 하는 범위까지 다 하는 것을 무의미한 것

하게 되는 일은 자기 '재화'의 연속적으로 증가하는 양들과 관련해 각각의 증가분이 지닌 효용을 그 '노력비용'에 대비하면서 함께 고려하고 최종 결과가 양이냐 음이냐, 즉 그 단위의 생산과 소비를 결합한 활동을 촉발하는 성격을 갖느냐 또는 이런 성격을 갖지 않느냐를 평가하는 것이다. '노력비용'은 실제로는 노력의 어떤 대안적 사용 또는 사용들의 희생인 것이 분명하다. 빈둥거리기만 한다고 일컬어지는 아무런 특징이 없는 행동조차도 행동이기는 마찬가지이고 하나의 대안적 동기이며, 다른 어떤 행동과도 마찬가지로 체감하는 효용의 법칙이나 상대적 비율의 법칙에 종속된다. 비판적으로 살피는 눈으로 보면 체증하는 경험된 비효용과 체증하는 포기된 효용 사이에 아무런 '논리적' 차이가 없지만, '심리적' 차이는 인정돼야 한다. 그러므로 행동에 대해서는 아무런 차이가 없지만 의식에 대해서는, 적어도 우리의 금전적으로 정교해진 의식에 대해서는 차이가 있다.

그 상황을 각각 별개인 절대적 변수들의 비교라는 오해를 부르는 함의 없이 도표로 표시하는 것이 바람직하다면 그것은 오른쪽 그림과 같이 재화 축을 빼버리는 것을 통해 할 수 있다. 직선 OY는 단지 '선호'가 수직 방향으로 증가함을 보여주기 위해 공간 속에서 방

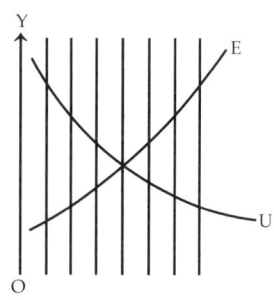

으로 만들지는 않는다. 왜냐하면 이런 비합리성들은 (합리적이든 비합리적이든 간에) 상쇄되는 경향이 있기 때문이다. 특정한 경우의 특정한 개인에게 행동의 일반적인 '이론'이 적용될 가능성은 기괴함에 근접한 결과를 낳을 공산이 크지만 집단적으로는, 그리고 장기적으로는 그렇지 않다. **시장**은 사람들이 나름대로 선택을 할 때 극도로 정밀하게 계산을 하는 습관이 있는 **것처럼** 움직인다. 우리는 대체로 부득이해서 규칙에 따라 맹목적으로 살지만 그 결과는 평균적으로 합리성에 아주 가깝다.

향을 가리키도록 그려졌다. 재화의 양은 그림에 표시된 대로 하나의 척도에 의해 측정되지만 '효용'은 그 어떤 척도에도 맞춰지지 않았다. 우리가 재화의 욕구되는 정도를 나타내는 곡선을 U라고 부르고 노력을 나타내는 또 하나의 곡선을 E라고 부른다면, 재화의 생산과 소비가 증가함에 따라 U의 값은 (상대적인) 하락, E의 값은 (상대적인) 상승을 나타낼 것이다. 상승하는 곡선이 희생이나 양의 고통으로 간주되는지 여부, 에너지를 해당 사용에서 다른 사용으로 전환하게 하는 동기의 증대가 끌어당김으로 간주되는지 아니면 밀어냄으로 간주되는지는 무차별한 문제다. 두 곡선의 교차는 (재화 척도 위의) 특정한 점에서 그러한 전환이 일어날 것임을 보여준다.

이 점을 넘어가면 곡선 E가 확정적인 것은 아무것도 나타내지 않고 단지 어떤 것이든 대안이 되는 것이면 무엇이든 나타내게 되기 때문에 두 곡선이 가지는 의미가 훨씬 줄어든다. 그려진 대로 본다면 두 곡선은 이 특정한 종류의 활동**에 반대되는** 압력이 급속하게 증가함을 시사한다. 두 곡선은 그 어떤 종류의 절대적 가치도 나타내지 않는다. 두 곡선 사이의 수직방향 거리만이 의미를 가지는데, 그 의미는 두 곡선이 각각 다른 곡선에 대해 '기저'가 된다는 것이다. 이 거리는 모든 가능한 행동의 대안들과 비교해서 산딸기의 연속적인 증가분을 따서 먹는 것의 '순효용'이라고 불러도 될 만한 것을 가리킨다.

사실들을 훨씬 더 간단하고 덜 모호한 방식으로 나타내려면 다음의 간소한 그림처럼 데카르트 평면에 단 하나의 '순효용' 곡선을 그리면 될 것이다. 이 곡선은 **어떤** 다른 대안이 선호될 만하게 되는 점에서 X 축, 즉 재화 축과 교차할 것이며, 그런 다음에는 급속하게 '음의 효용' 영역으로 섬점 더 깊이 떨어진다. 곡선의 Y 값들은 양적인 성격은 아주 모호하게만 갖

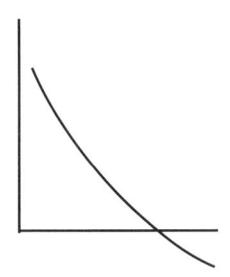
는다는 것을 알아야 한다. 소년은 **얼마나 많은** 희생이 **얼마나 많은** 산딸기와 같은 가치를 갖는지를 묻지 않고, 단지 **이** 산딸기들이 **그러한** 희생을 할 만한 가치가 있는지만 묻는다. 그는 이 산딸기들이 '그러한' 희생에 비해 '**얼마나 더 많이**' 가치가 있는지도 묻지 않는다. 정말로 심리적인 양은 전혀 개입되지 않으며 재화만이 측정되거나 측정될 수 있을 뿐이다. 그럼에도 여전히 선호의 정도에서 양적인 변동의 어떤 느낌은 존재하며, 그러한 곡선이 의식의 사실들과 완전히 어긋나는 것은 아니다. 곡선의 궤적 가운데 분명하게 확정적인 유일한 점은 영(0)을 나타내는 점인데, 그것이 활동에 대한 상반되는 유인들 사이의 양적 동등함으로 해석돼야 하는지, 아니면 단지 유인 자체의 부재로 해석돼야 하는지는 의문이다.[82]

---

82 이 논의는 두 대안 자체 사이의 양적인 관계가 불변으로 유지된다고, 다시 말해 줄곧 동일한 비율로 하나의 대안을 희생시켜 다른 하나의 대안을 선택할 수 있거나 동일한 비율로 '자원'을 두 대안으로 전환할 수 있다고 가정한다. 이는 실제로는 단지 예외적으로만 가능하다. 일반적으로는 두 대안 재화의 주어진 양이 갖는 상대적 중요성이 공급이 변화함에 따라 변화할 뿐만 아니라 더 나아가 하나의 대안이 다른 대안의 주어진 양을 얻기 위해 희생돼야 하는 양은 희생되는 대안의 공급이 증가함에 따라 증가할 것이다. 이는 곧 체감하는 효용의 법칙에 더해 '체감하는 생산성의 법칙'도 (단지 비율만의 법칙과 마찬가지로) 작동한다는 (그리고 동일한 방향으로 작용한다는) 것이다.

패튼 교수는 효용 분석에 반대하여 소비도 시간을 요구하며 그 시간은 생산활동 바깥에서 절약돼야 한다고 주장했다(《미국학술원 연보》 1892-93년 726-728쪽을 보라. 또한 소비가 요구하는 것으로 시간뿐만 아니라 에너지도 고려한 에지워스의 《수학적 심리학》 68쪽을 참조하라). 그러나 실제로 만족을 경험하는 것을 제외한 모든 것을 생산에 포함시키는 것이 논리적으로 더 정확하다고 여겨진다. 그리고 이렇게 한다면 반대의 목소리는 힘을 잃는다. 이 문제에 대한 우리의 접근방법에서는 그것을 대안들 사이의 선택(즉 대안들의 결합)에 관한 문제로 보기 때문에, 그리고 그 경우의 사실들 속에서 대안들이 어떠한 것으로 존재하든 그것들을 그대로 받아들이기 때문에 방금 말한 쟁점 전체가 그 적절성을 잃는다.

심리적 변수의 비양적인, 또는 불명확하게 양적인 성격[83]에서 바로 도출되는 명제는 경제학 논의에서 그토록 두드러지는 '잉여'라는 것이 완전히 비현실적이라고 할 수는 없다고 하더라도 매우 어슴푸레해서 포착하기 어렵다는 것이다. 위에서 이야기한 곡선의 세로 좌표들이 확실한 것으로는 아무것도 의미하지 않는다면 곡선 아래의 면적도 마찬가지로 의미하는 바가 없는 게 분명하다. 잉여라는 잘못된 개념은 일시적인 포만을 올바른 관점, 즉 위에서 언급한 사전계획에서 사물들이 갖는 상대적 중요성에 대한 추정이라는 관점과 혼동하는 데서 당연히 생겨난다. 체감하는 효용을 설명하는 데 '저녁식사'의 예를 부당하게 사용한 것은 동일한 오류를 보여 준다. 사람들이 자신의 소득을 지출하기로 결정할 때 일반적으로 말해 즉각적인 소비를 위해서 사물들에 대한 **일시적인** 갈망의 비교에 근거하여 결정하지 않는다는 점은 우리가 아무리 강조해도 지나치지 않다. 과자가게에 간 어린아이도 그렇게 하지 않을 것이다. 그러한 관점에서는 재화의

....
[83] 이는 학술적으로는 심리적 변수가 '양적'이라기보다 '서수적'이라는 말로 표현할 수 있다. 그래서 그것은 **가변적**이지만 **측정할** 수는 없고, **순서를 매길** 수 있지만 **합산할** 수는 없다. 이런 속성의 본질은 어떤 감각이든 그것을 하나의 감각으로 잠깐만 생각해본다면 그 수수께끼 같은 성격을 잃을 것이다. 하나의 빛이 다른 하나의 빛보다 언제 더 밝다고 말하기는 쉽지만 얼마나 더 밝다고 이야기하기는 불가능하다. 빛의 세기가 과학에 의해 '측정'되는 것은 사실이지만, 위에서 소개한 효용에 대한 논의와 원리상 비슷한 방법으로 측정된다. 하나의 빛이 어떤 기준에 대해서 세기가 **같아지는** 거리로 옮겨지고 그 **거리**가 측정된다. 이것은 **감각**의 측정을 전혀 수반하지 않는다. 마찬가지로 온도계가 열의 **감각**을 측정하는 것은 아니며, 저울이 무게의 감각을 측정하는 것도 아니다. '서수적' 변수에 대한 더 나은 예는 미학의 분야가 제시하는 것(이것은 물론 또 하나의 '가치'의 형태이다)이다. 하나의 시나 그림이 다른 하나의 시나 그림보다 낫다고 우리가 이야기할 수는 있지만 얼마나 더 나은지를 측정하겠다고 진지하게 제안하는 사람은 아무도 없을 것이다. 물론 학교에서나 경연대회에서는 우리가 그러한 것에 대해(심지어는 품행에 대해서도!) 퍼센트 척도로 '점수를 매기는' 작업을 할 수 있지만, 존중받을 만한 의견을 가진 사람이라면 누구도 이런 가공적인 작업의 결과에 조금도 특별한 비중을 두지 않을 것이다.

상이한 단위들에 심리적 차이가 있게 되며, 잉여의 학설을 입증하는 것이 가능할지 모른다. 그러나 이것은 경제학적 추리의 관점이 아니다. 왜냐하면 사람들이 계획을 세우는 한 각자가 그러한 종류의 계산에 근거하여 자신의 소득을 지출하고, 그렇게 해서 물건들의 가격이 정해지게 하고 사회적 자원의 사용과 경쟁적 경제체제의 구조 전체가 결정되게 하지는 않기 때문이다.[84] 우리가 만약 가치의 문제에 대해 합리적인 태도를 취한다면 – 예를 들어 앞에서 제시한 대로 1년간이나 5년간에 걸친 자기 자원의 배분을 미리 결정해야 하는 사람의 위치에 우리 자신을 놓는 방식으로 – 그것에 대해 어떤 다른 관점을 갖게 될 것이다. 그때에는 대차대조표의 양쪽 다에서 시간상 앞서는 단위와 뒤지는 단위 사이에 아무런 차이가 없고, 특정한 지점까지는 대차잔액이 양수이다가 균형이 이루어지는 순간 차변과 대변이 같아진다. 모든 항목에 적용될 수 있는 일종의 에머슨적 보상의 원리가 있다. 다시 말해 각각의 항목은 그것에 드는 비용만큼 가치를 갖는데, 그것이 갖는 가치만큼 비용이 든다고도 말할 수 있다.

그렇다고 해서 삶의 쾌락이 그 고통과 정확하게 같음을 우리가 증명했다고는 결코 말할 수 없다. 그 문제는 우리가 해결해야 할 문제와 관련성을 갖고 있지 않으며, 우리의 분석은 그것에 대해 말할 수 있는 것이 아무

---

[84] 상당한 정도까지는 구매가 순간적인 충동에 근거하지 상대적인 장기적 중요성에 대한 추정에 근거하지 않는다는 것은 물론 맞는 말이다. 아마도 진열창 분식(윈도 드레싱), 기사지면 돌출광고(디스플레이 애드버타이징), 판매원 상술(세일즈먼십)이라는 '반사회적' 기법이 발달함에 따라 점점 더 그럴 것이다. 이는 과학의 진보가 현상을 일반적인 법칙으로 환원하고 그것을 연역적 체계에 통합해 넣기 전에는 경제이론을 실제의 사실에 적용할 때 염두에 두어야 할 중요한 '고려사항' 가운데 하나다(앞의 77-78쪽과 그곳의 주석, 그리고 88쪽과 그곳의 주석을 참조하라). 대수의 법칙 아래서는 영향들이 상쇄되면서 합리성에 접근한다.

것도 없다. 삶의 가치를 '쾌락의 단위'로든 그 밖의 다른 어떤 단위로든 측정하는 것은 경제학의 영역이 아니다. 그러나 행동의 일반적 원리와 사회적 상황의 기본적 사실에 근거하여 재화의 가격과 사회적 경제과정의 방향을 결정하는 법칙을 알아내는 것은 경제학의 영역이다.[85] 그러므로 우리가 관심을 갖는 것은 만족의 양도, 그 세기도 아니고(비록 언어의 한계로 인해 때로는 그런 용어들을 어쩔 수 없이 사용하긴 하지만), 그 무엇이든 어떤 절대적 양도 아니며, 단지 선택할 수 있는 대안들의 상대적인 중요성에 대한 순전히 상대적인 판단이다. 그런데 **행동의 관점에서는** 어떤 것이든 그 중요성은 그것을 얻는 데 필요한 노력이나 희생과 **같다**는 것이 자명하다. 이와 같은 관점에서는 두 개의 사물이 있는데 그중 하나를 희생시킴으로써 다른 하나를 의도대로 얻을 수 있다고 하면 그 두 개의 사물은 동등한 중요성을 갖는다고 밖에 생각할 수 없고, 따라서 잉여를 거론하는 것이 아무런 의미가 없게 된다. 이런 상황은 특히 가격이 고정되어 구매와 판매를 통해 알려진 비율로 사물들이 얼마든지 전환될 수 있는 교환체제

---

[85] 잉여의 이론은 필자가 이론의 기본적인 문제에서 마셜과 의견을 달리하지 않을 수 없는 몇 안 되는 것 가운데 하나다(《원리》 6판 125-133쪽, 특히 129쪽 주석을 보라). 이 문제는 그러나 사실이나 논리와 관련된 것이기보다는 '범위와 방법'과 관련된 것이다. 나는 단지 인간의 행동을 이해하거나 경제현상을 설명하는 데 그런 관념이 조금이라도 소용이 있다고 생각하지 않을 뿐이고, 그것을 전면에 내세우는 데 바탕이 된 관점의 혼동이 심각한 오류로 이어져 경제학적 추론에서 전적으로 부적절한 결론을 끌어내게 했다고 확신한다. 더구나 '단순한 상식'에 호소하는 것은 현상의 존재를 구체화하는 데 완전히 실패하게 하는 것으로 보인다. 이를테면 어떤 사람이 빵의 '첫 번째' 한 덩어리(그게 어떤 덩어리든)를 포기하기보다 그것을 손에 넣기 위해 1천 달러를 지급할 수도 있다고 하자. 그렇다고 해서 그가 1다임(10센트)만 지급하고 그것을 손에 넣었을 때 999달러 90센트의 가치를 갖는 만족을 공짜로 얻었다고 말할 수는 없고, 그게 사실인 것도 아니다. 다양한 사상가들이 이러한 소위 잉여의 모호한 성질을 인식해왔다. 위의 논의가 그러한 오류의 원천을 보여주고, 그래서 그러한 오류가 보다 쉽게 식별되어 회피되도록 해주기를 기대한다.

에서 분명하다. 그러한 상황에서는 수립된 전환율 또는 대체율이 아니고는 다른 어떤 방식으로든 사물이 행동의 동기가 되는 것이 명백히 불가능하다고 우리는 생각한다.

가치평가의 심리를 이해하는 데는 다음 두 가지 점이 똑같이 중요하다. (1) 논리적으로 말해 선택은 대안들을 비교하고 위에서 정식화한[86] 합리적 절차의 법칙에 따라 그것들을 결합하는 문제다. (2) 그럼에도 불구하고 통상적인 상황에서는 두 종류의 대안 사이에 실제적인 차이가 존재한다. 이 차이는 아마도 우리가 느끼는 고통스러움의 감정과 즐거움의 감정이 구별되는 것과 연관된 것이겠지만, 그 본질을 들여다보면 대안들의 양적 성질과 관계가 있을 것이다(대안들과 연관된 심리적 상태에서가 아니라 대안들의 물리적 측면에서). 방금 검토한 소년과 산딸기의 경우에 그 차이는 우리가 여가라는 대안을 측정하기 위해 산딸기라는 대안을 사용한 사실로부터 자명하다. 우리는 산딸기의 특정한 양과 그것에 대응하는 희생된 대안을 이야기하지 독립적으로 측정된 대안의 특정한 양을 이야기하지 않는다. '수고', '노력' 따위는 그 자체로 양적인 것이 아니라 산딸기로 측정된다. 그것은 측정할 수 있는 재화의 어떤 특정한 양과 연결된 노력의 '특정한' 양이다. 이런 결과가 불가피한 것은 위에서 언급했듯이 '그' 대안이 사실은 어떤 **특수한** 대안이 아니며 **어떤 것이든 다** 대안이 되기 때문이다. 그것은 측정이 가능하지 않을 뿐만 아니라 이질적이고 전적으로 불확정적이다. 이런 사실이 우리로 하여금 숙고의 과정이 합리적인 것이 되도록 '자원'이라는 개념으로 돌아가 그것을 가지고 양적 비교를 하지 않을 수

....
[86] 91-92쪽과 93쪽.

없게 한다. 노력에 대한 '시간'이라는 척도에 가장 큰 중요성을 부여하는 것은 바로 이런 사실이다. 시간은 그 어떤 진정한 의미에서도 대안이나 희생을 측정하는 것이 아니다. 우리가 지금까지 보았듯이 어떤 용도에든 시간을 사용하는 것이 일단 희생인 것은 단지 그것을 사용할 다른 용도들이 있기 때문인데, 그 다른 용도들이 진짜 희생이다. 하지만 시간은 **측정할 수 있고,** 우리의 지능은 마치 물에 빠진 사람이 지푸라기라도 붙잡으려고 한다는 속담처럼 기댈 수 있는 뭔가 양적인 것을 갖도록 압박을 받는다.

그러므로 고통과 쾌락의 순전히 상대적인 성격에도 불구하고, 그리고 행동의 모든 대안이 본질적으로 지닌 동기로서의 등가성에도 불구하고 생산적 활동에서 획득되는 '경제적' 효용과 희생되는 비경제적이고 특정되지 않은 대안들 일반(을 대변하는 자원)을 구별하고, 효용과 비효용 또는 재화와 **비용**을 구별하는 것이 실용적으로 필요하다. 이런 의미에서 '비용'은 '고통비용' 또는 '기회비용'인데, 둘 중 어느 것으로 봐도 된다. 둘 사이에 진정한 의미의 차이는 없기 때문이다.

위와 같이 심리에 대한 평가의 기초에 대한 길지만 분명히 필요한 논의를 했으니 이제 우리는 교환관계의 영역에서 드러나는 원리들을 연구하기 위한 하나의 접근방법으로 좀 더 복잡한 상황을 검토하는 작업으로 나아갈 수 있겠다. 우리는 어떤 재화도 생산하지 않으면서 자신의 시간 등을 '비경제적'인 용도에 투입하는 대안에 더해 다양한 '재화'의 생산과 소비 사이에서 선택을 하는 한 개인을 가정할 것이다. 이는 자신의 섬에서 사는 크루소의 상황인데, 많은 경제학자가 이미 이용한 바 있다. 여기에서도 앞에서와 동일한 선택의 법칙이 그대로 적용된다. 즉 어떤 두 개의 대안 사이에서, 또는 선택할 수 있는 모든 것 사이에서 그 사람은 서로 물리적 대안이거나 상관관계가 있는 양들이 모두 자신에게 동등한 가치를 갖도록 그러한 양들을 선택하거나 그러한 비율로 자신의 시간과 '자원'을 그것들에 나누어 투입할 것이다. 유일한 차이는 소년과 산딸기의 경우에 비해 이 경우에 대안들이 더 복잡하고 그 성격이 다소 다르다는 것인데, 특히 구체적이고 측정할 수 있는 만족의 원천들을 포함해 다수의 경제적 대안이 존재한다는 것이 중요하다.

  크루소가 자신에게 주어진 환경의 조건들로부터 최대한의 만족을 얻으려는 노력을 진지하게 기울였다면 그의 마음속에 어떤 하나의 가격체계 또는 가치척도의 성질을 가진 어떤 것이 구축됐을 것이 분명하다. 왜냐하면 그 밖의 다른 방법으로는 그가 가진 기회들의 '지능적'인 이용에 이르지 못할 것이기 때문이다. 그는 주관적으로 동등한 '노력'의 희생을 대가로 얻을 수 있는 상이한 재화들 사이의 비율을 확인했을 것이고, 이와 유사하게 자신에 대한 그 재화들의 상대적인 주관적 중요성에 대한 판단을 형성했을 것이며, 그 두 가지 비율들의 조합을 일치시키려고 했을 것이다. 그런데 동등한 양의 사물들에 대한 등가비율들의 조합 또는 등가척도들의 조합은 바로 가격체계의 핵심이다. 교환은 그것에 의해 사물들이 서로 확정적인 양만큼 편리하게 전환되거나 희생될 수 있게 하는 수단이고, 따라서 크루소의 경제에서 생산의 상이한 종류들 사이에서 선택을 할 때 그 결과가 거의 같게 된다. 그러한 계산에 관련되는 양들은 사물의 양이지 만족이나 그 밖의 어떤 심리적인 양이 아님은 충분히 자명하다.

  '자원'이라는 관념의 역할과 '비용'이라는 개념도 크루소의 경우에 특유한 형태로 나타날 것이다. 모든 것을 다른 모든 것으로 평가하는 정신적 노동은 그러한 비교들을 중개하는 공통된 가치기준 또는 '교환수단'(가치기준과 거의 같은 것)의 공통된 기준으로서의 '노력'에 대한 조악한 측정에 의지하도록 압박할 것이 틀림없다. 이것은 '도구적'인 수단이지만 그럼에도 불구하고 매우 중요한 수단임이 분명하다. '실제로는' 그것이 단지 섬을 탐험하기, 앵무새와 말 나누기, 모든 매력적인 종류의 운동이나 오락, 또는 '어슬렁거리며 영혼 불러오기'와 같은 불확정적이고 '비경제적'인 일을 포함한 대안들을 결합하는 문제다. 그러나 방금 말한 것들의 비확정적이고 이질적이며 불확실한 성격과 그것들을 구성하는 요소에 대한 근사적 평가의 대략적인 토대로서 '시간'이 지닌 편리함이 그것을 대안들의 공통분모로 이용하는 것을 경제성 있는 것이 되게 한다. 동등한 시간에 생산된 것들이 모두 동등하게 여겨진다는 것은 사실이 아니다. 왜냐하면 '성가심' 등 고려돼야 하는 다른 요소들이 있기 때문이다. 크루소의 가치척도는 아마도 고려돼야 하는 다른 요인들이 마음속에서 감안되는 가운데 '첫 번째 근사'로서 시간에 근거하게 될 것이다.

항상 그렇듯이 이 경우에도 측정관계는 상호적일 것이다. 노력을 다른 것들의 측정에 사용하는 것은 다른 것들의 관점에서 노력을 평가하는 것과 같다. 이리하여 우리는 **어떤 것이든** 희생된 대안만이 아닌 그 이상의 어떤 것을 의미하는 양적 지출비용이라는 개념을 얻는다. 앞에서 '자원'의 관점에서 여러 대안 중의 선택에 관한 일반적 법칙을 진술하면서 지적했듯이 이런 비용 개념은 독립적인 의미를 거의 갖지 않는다. '압박을 받게 된다면' 우리가 우리의 자원이나 노력비용(또는 화폐비용)을 우리가 취할 수도 있었을 적극적 대안들의 관점에서 달리 표현하겠지만, 그럼에도 불구하고 중개하는 도구적 개념으로서의 그것은 여전히 유용하며 보편적으로 사용되는 개념이다. 그러나 지출비용과 가치수익 사이에 있을 수 있는 괴리, 활동에서 생겨나는 '이윤' 같은 것을 이야기할 근거는 없다.

대안들이 연속적으로 복잡해지는 과정에서 논의될 수 있는 중간단계가 많이 있고, 그런 중간단계들은 경제관계의 다양한 측면을 조명해줄 것이다. 그러나 지금 우리의 목적을 위해서는 모두 건너뛰고 곧바로 자유시장에서 교환하기 위해 재화를 생산하는 사람들로 이루어진 한 집단의 경우를 고찰하는 것이 가장 좋다. 욕구를 만족시키기 위한 다수 사람들의 활동 간 관계는 또 다른 '갈등'을 바탕에 깔고 있는데, 그것은 상이한 개인들의 유사한 욕구들 사이의 갈등으로서 공통되고 직접적인 만족의 수단에 크게 의존하지만, 이런 직접적인 재화는 거의 전적으로 궁극적인 생산적 자원의 공통된 공급기반에 의존한다. 교환의 가능성이 낳는 효과는 누구든 개인이 선택할 수 있는 대안들을 크게 증가시키고 복잡하게 만드는 것이다. 개인은 이제 생산과 소비를 위한 재화들의 그 어떤 가능한 결합도 자유롭게 할 수 있을 뿐 아니라 어떤 것들의 생산과 어떤 조합의 소비도 자유롭게 결합할 수 있다. 다만 이미 수립된 어떤 교환비율들의 조합이 부과하는 조건 위에서만 그러한데, 그 조건에 대한 탐구가 우리가 다뤄야 할 주된 문제다. 우선 교환관계의 가장 기본적인 특징을 연구하기 위해 '대담한' 추상의 과정을 통해 상황을 가능한 한 단순화하는 일이 필요할 것이다. 그러므로 우리가 상상하는 사회의 특성에 대해 우리는 다음과 같은 가정을 명시적으로 한다.

1. 그 사회의 구성원들은 유전되거나 습득된 성향에 관한 기본적인 측면들에서 보통의 인간이며, 근현대 서구 국가에서 익숙한 방식과 정도로만 서로 다르다고 가정된다. 즉 그들은 오늘날 산업국가의 인구

중에서 추출된 하나의 '임의표본'이다.

2. 우리는 그 사회의 구성원들이 완전한 '합리성'을 가지고 행동한다고 가정한다. 그러나 이 말의 의미가 그들이 '선과 악을 분간하는 천사'와 같아야 한다는 것은 아니다. 우리는 보통의 인간적 동기들을 가정한다(다음의 구절들에서 지적되는 유보조건 아래). 그러나 그들은 '자신이 무엇을 원하는지를 알고' 그것을 '지능적으로' 추구한다고 가정된다. 다시 말해 그들의 행태는 모두 우리가 앞에서 정의한 대로의 '행동'이며, 그들의 모든 활동은 실제적, 의식적, 안정적, 일관적인 동기, 성향, 욕구에 반응하여 일어나므로 변덕스럽거나 실험적인 것이 전혀 없고 모두 의도적인 것이다. 그들은 자신의 행동을 할 때 그에 따른 결과를 절대적으로 알고 있고 그 결과를 고려하여 행동을 한다고 가정된다.

3. 그 사람들은 재화의 생산, 교환, 소비의 과정에서 자신의 동기가 유도하는 대로 형식상 자유롭게 행동한다. 그들은 '자신의 주인'이다. 어떤 개인에게도 다른 개인이나 '사회'에 의한 제약이 가해지지 않고, 각자가 자기에게 귀속될 결과를 고려해 자신의 활동을 스스로 통제한다. 모든 개인은 자신의 복리와 이해관계에 대한 최종적이고 절대적인 판단자다.[87]

---

[87] 그 사회의 의존적인 구성원은 그 사회 안의 어떤 특정한 개인에게 **완전하게** 의존해야 한다. 그러면 어떤 의존적 개인의 욕구도 그를 대신해 그의 후원자가 느끼는 욕구를 통해서만 작용하고, 따라서 우리는 그런 의존적 개인을 고려할 필요가 전혀 없다. 우리는 그 사회의 독립적인 구성원이 가족 등에 대해 통상적인 배려를 한다고 간주할 필요가 있지만, 각각의 개인은 다른 사람들과 절대적으로 동등하게 경제생활에 참여하거나 전혀 그렇게 하지 않거나 한다.

4. 우리는 또한 계획을 임의로 수립하고, 실행하고, 변경하는 데 물리적 장해물이 전혀 없다고 가정해야 한다. 이는 곧 모든 경제적 조정에 '완전한 이동성'이 존재하고, 움직임이나 변화에 아무런 비용도 들지 않아야 한다는 것이다. 이런 이상적인 상태를 실현하기 위해서는 경제적 계산에 들어가는 모든 요소-노력, 재화 등-가 연속적으로 변동될 수 있고 무한히 분할될 수 있어야 한다. 생산활동은 습관, 선호, 기피를 형성해서는 안 되고, 그것을 수행하는 능력을 발달시키거나 감퇴시키지 않아야 한다. 이에 더해 생산과정은 부단히, 그리고 연속적으로 완전해야 한다. 활동의 시간주기가 갑자기 재조정되거나 급작스런 재조정으로 불완전한 상태로 남게 되어서는 안 된다. 각 개인은 완전한 재화를 연속적으로 생산하고, 생산된 재화는 그 즉시 소비된다. 재화의 교환은 거의 즉각적으로 이루어지고, 거기에 비용도 전혀 들지 않아야 한다.

5. 4번으로부터 완전경쟁이 존재한다는 가정이 당연히 성립된다. 그 사회의 모든 개인 구성원들 사이에 완전하고 연속적이며 비용이 들지 않는 의사소통이 존재할 것이 틀림없다.[88] 어느 한 재화의 잠재적 구매자들은 각자가 잠재적 판매자들 모두가 제시하는 것들을 부단히 알고 그중에서 선택을 하며, 그 역도 성립한다. 모든 재화는 무한

위의 가정들이 의미하는 바가 반드시 그 가정들이 사람들과 그들의 관계에 대한 완전한 묘사가 된다는 것은 아니다. 그 가정들은 단지 우리가 여기에서 그렇게 규정한 내용에 부합한다고 가정된 그들의 시장행태만을 고려한다는 점을 강조하여 말하는 방식일 뿐이다.

[88] 우리의 상상 속 사회가 '고립돼있다'는 것은 말할 필요도 없다. 그 사회와 관련이 있는 모든 개인은 다른 그러한 개인들과 동등하게 그 안에 그 일부로서 존재한다.

한 수의 단위들로 분할될 수 있고, 그것들이 각각 별개로 소유되고 서로 유효하게 경쟁해야 한다는 점도 잊어서는 안 된다.

6. 그 사회의 모든 구성원은 각자가 다른 사람들로부터 완전히 독립하어 한 개인으로서만 활동해야 한다. 개별 구성원의 독립성이 완전하게 되려면 사회적 욕구, 편견, 선호, 혐오, 또는 시장거래에서 완전히 드러나지 않는 그 어떤 가치로부터도 자유로워야 한다. 완성된 재화의 교환이 개인들 사이의 유일한 관계 형식이거나, 적어도 경제적 행위에 영향을 미치는 그 밖의 다른 관계 형식은 전혀 존재하지 않는다. 그리고 개인들 사이의 교환에서는 그 교환의 당사자가 아닌 사람들의 이해관계가 긍정적으로든 부정적으로든 연관되지 말아야 한다. 활동에서 각 개인이 갖는 독립성은 모든 형태의 담합, 모든 정도의 독점 또는 독점으로의 경향이 배제된 것이어야 한다.

7. 우리는 개인들이 서로를 희생시키는 것을 정식으로 배제한다. 생산을 통하거나 공개된 시장에서 자유로운 교환을 통하는 것 말고는 재화를 획득할 방도가 없어야 한다. 이런 조건은 사실 사기나 기만, 절도나 약탈을 각각 배제하는 2번, 3번에서 당연히 도출되는 것이지만 명시적으로 언급해둘 가치가 있다.

8. 노동분업과 교환의 동기들이 존재하고 작동해야 한다. 이런 동기들은 플라톤 이래로 사회적인 문제에 관해 글을 쓴 수많은 저작자에 의해 많게든 적게든 논의돼온 주제라는 사실에도 불구하고 경제학 문헌에서 충분히 다뤄진 적이 없다. 주된 조건은 생산적 능력이나 성향의 전문화와 연관된, 또는 생산활동의 범위에 대한 물리직 제약과 연관된 욕구의 다양화다. 이와 관련해 실제 세계에서 중요한 사

실은 지구의 상이한 자원들의 공간적 분포와 인간의 이동성에 대한 제약이다. 이에 더해 생산과정의 물리적 성질이 종종 다수 작업들의 동시적 실행을 요구한다. 단순화를 위해 우리는 언제든 주어진 시간에 각각의 개인이 단 하나의 재화만을 생산하도록 제한하는 데는 처음의 두 조건만으로 충분하다고 가정할 것이다. (11번 참조.)

9. 주어진 모든 요인과 조건들은 이 장과 다음에 이어지는 장들의 목적을 위한 것이고, 반대되는 알림이 명시적으로 주어지기 전에는 절대적으로 변화 없이 유지될 것이다. 그 요인과 조건들은 불규칙적인 변동뿐만 아니라 주기적이거나 진보적인 수정으로부터도 자유로워야 한다. 이런 조건과 2번(완전한 지식) 사이의 관계는 분명하다. 정적인 조건 아래서는 모든 사람이 각자 자신의 상황과 환경 속에서 자신의 행동에 영향을 미치는 모든 것을 미리 알고 있지 않았다고 해도 곧 알아차리게 될 것이다.

이상의 가정들, 특히 1번부터 8번까지의 가정들은 현실에서 어느 정도 성립하는 경향의 이상화 또는 순수화다. 그것들은 완전경쟁에 필요한 조건이다. 9번의 가정은 앞으로 우리가 보게 되겠지만 다소 다른 맥락의 것이다. 거기에서 당연히 도출되는 조건, 즉 변화가 일어날 때에도 존재할 수 있는 완전한 지식(2번의 조건)만이 완전경쟁에 필요하다. 실제의 삶과 정도만 다른 이러한 차이들에 더해 우리는 당면한 분석의 특수한 목적을 위해 사실과 정반대되는 두 개의 가정을 추가로 설정해야 한다.

10. 첫째의 가정은 당분간은 사회 안에 통상적인 의미의 생산적 재산

이 존재하지 않는다는 것이다. 모든 생산적 요소 또는 능력은 사회의 어떤 구성원이 개인적으로 타고난 것과 분리할 수 없는 그 일부다. 물질적인 생산도구가 남아돌 정도로 많아서 자유재라면, 또는 그 소유자에게 절대적으로 결합되어 있으면서(임대되거나 판매되지 않으면서) 증가하거나 감소하게 되지 않는 것이라면 그것은 사용될 수 있다. 방금 말한 특성은 분리불가능성에 해당하는 특성은 아니더라도 물론 정적 조건들의 내용에 들어있는 것이 사실이다. 우리는 또한 개인적인 힘 자체가 양과 성질에서 마찬가지로 **고정돼** 있음을 명시적으로 얘기해야 한다. 개인들 사이에 생산적 재화가 이전되는 것의 사회적 결과, 특히 '투자'에 의해 생산적 재화가 증가하는 것의 사회적 결과는 나중에 자세히 논의하게 되겠지만, 그런 것이 존재하지 않는 사회에 대한 예비적 연구에 의해 분리돼야 한다.

11. 둘째의 '분석적' 가정은 앞에서 서술한 '이상화'의 집합에도 들어 있다. 8번에서 우리는 각 개인이 단 하나의 재화를 생산하는 수준까지 노동분업이 이루어져야 한다고 선언했다. 근현대 산업사회의 삶에서는 물론 노동분업이 훨씬 더 많이 진전됐다. 그러나 완성된 생산물만 교환하는 것을 통해 생산이 조직된 사회를 따로 연구하는 것은 중요하다.[89] 그런 다음의 단계에서 우리는 2차 노동분업이라고 불리는 조직의 그러한 추가적 단계에 해당하는 특수한 문제들을 논

---

[89] 우리는 그러한 사회를 '기업' 체제와 대비되는 '수공업' 체제로 특징지을 수 있다. '기업' 체제에서는 재화를 생산하고 판매하는 것을 통해서가 아니라 생산적 용역을 기업가에게 판매하는 것을 통해서 작업자가 자신의 책임 있는 지위와 삶을 잃어버린 상태일 것이다.

의할 수 있다.

이런 논점 분리는 생산의 요소들이 단 하나의 상품을 생산하는 데 협력하는 상황에서 단일 요소의 생산물이 더 이상 즉각적으로 식별되지 않는 경우에 생산물의 분배가 매우 복잡해진다는 사실을 고려할 때 특별한 중요성을 갖는다. 다수의 요소들이 공동으로 작동하는 경우에 단일 요소의 생산물을 분리해내는 문제는 물론 '귀속' 또는 학술적인 의미의 분배라는 익숙한 문제로서 그동안 경제학의 논의에서 논쟁의 최대의 단일 초점이었다.

위에서 서술한 가정과 인위적 추상의 목록은 사실 적은 게 아니다. 의도한 바는 그 목록을 정말로 필요하거나 유용한 수준 이상으로 길게 만들지는 않되 그 인위성의 정도, 즉 가정된 조건들이 우리 주위의 실제 경제적 삶의 조건들에서 괴리되는 정도를 최소화하지는 않는 것이었다. 대체로 보아 그 가정들은 경제학 문헌에 나오는 대다수 논의의 여기저기에 들어있는 것이 사실인데, 특히 8번의 가정이 그러하고 9번의 가정도 상당한 정도로 그러하다. 그런 것들이 존재하고 필요하다면, 그리고 필요하든 안 하든 존재한다면 그런 것들의 추상적이고 비현실적인 특성을 눈에 띄게 부각시키는 일의 중요성을 폄하할 수 없다.

우리의 다음 과제는 그러한 사회가 움직이는 모습을 그려보고 균형의 조건들을 알아내거나 그러한 사회 안에서 작동하는 힘과 경향들의 자연적인 결과를 알아내는 것이다. 그러므로 우리는 앞에서 묘사한 것과 같은 환경에 처한 한 집단의 사람들이 자신들의 욕구를 만족시키기 위한 일을 새롭게 시작한다고 상상해야 한다. 각 개인은 그러한 상황을 그 기본적인 윤곽과 함께 파악하고서 다른 사람들과 교환을 하는 것을 통해 자신의 다양한 욕구를 만족시키는 수단을 확보하겠다는 생각을 가지고 어떤 재화의 생산에 착수할 것이다. 얼마간의 시간이 지나면 각 개인은 자신의 특수한 재화를 약간의 재고로 축적했을 것이고, 그러면 우리는 그들 모두가 자신들의 상품을 교환하기 위해 하나의 중앙시장에서 만날 것이라고 생각할 수 있다.

방금 제시한 상황은 처분돼야 하는 재화의 재고[90]가 주어진 한 집단의 개인들이 존재하는 상황으로 경제학적 논의에서 익숙한 것이며, 우리는 모든 상품들 사이에 고정된 교환비율이 수립되는 과정을 깊이 생각할 필요가 없다.[91] 그 과정이 끝나면 상품들 전부가 교환등가물 또는 교환가치의 단일한 동질적 기금이 돼있을 것이다. 우리가 이 기금을 표현하고 다루는 방식에 관심을 기울일 필요도 없다. 실제로는 기준 교환매개물이 따로 설정되는 것이 불가피할 것이다. 그러나 어떤 한 종류의 화폐가 존재하는지, 아니면 상이한 상품들이 존재하는 만큼 많은 종류의 화폐가 존재하는지는 지금 우리의 목적에는 중요하지 않다.

---

[90] 우리는 그 재고 전부를 유보하는 것 없이 모두 판매하기 위한 것으로 다룬다. 어떤 가능한 유보가격에도 바탕이 되는 현재 소유자의 자기 재화에 대한 수요는 사실 다른 사람들의 수요와 다를 게 전혀 없고, 상황은 전체적으로 주어진 양의 재화들이 그것을 소유하려는 주어진 성향들에 대응하는 모습으로 표현하는 것이 가장 사실에 들어맞고 의미가 있다. 왜냐하면 그것이 누구의 성향이냐는 문제는 수립될 가격과 아무런 관계가 없기 때문이다. 우리는 물론 현재 소유자들의 수요를 모든 재화에 대한 수요에 포함시켜야 한다. 그 수요가 수중에 있는 어떤 다른 재화 대신에 바로 그 재화로 '뒷받침된다'는 것은 결과와는 아무런 관계도 없다. (대번포트의 《기업의 경제학》 V장 48쪽 이후)

[91] 완전한 시장의 문제는 수학적으로(다시 말해 부호를 사용하는 방식으로) 가장 잘 다뤄지며, 수리경제학자들에 의해 잘 다뤄져왔다. 에지워스, 《수학적 심리학》, 40쪽 이후; 마셜, 《원리》, 부록 F와 수학적 방법에 관한 부록 중 주석 XII의 두 번째 부분 참조.

의사소통이 실제로 완전하다면 교환은 오직 하나의 가격에서만 일어날 수 있다.[92] 우리는 탐색을 통해 어떤 비율들이 성립될 것인지가 결정될 것이라고 상상할 수 있다. 모든 개인은 자기가 가지고 있는 것이 다른 모든 것을 기준으로 얼마의 가치를 갖고 있는지를 알며, 이 점에서 그는 판매가격이 판매자에 의해 결정되어 내붙여진 시장에서 주어진 화폐소득을 지출하는 개인과 거의 똑같은 입장에 있다. 그의 수중에 있는 재화는 교환력, 즉 일종의 '자원'이 되고, 그는 그것을 선택의 법칙에 따라 가능한 용도들 사이에 배분할 것이며, 그 결과로 그것의 각 단위는 동등한 효용, 욕구만족, 또는 '중요성'을 구매하게 될 것이다.

개인들이 가격들이 주어진 상황에서 자신의 구매력을 배분할 때 선택의 법칙에 따라 행동한다는 사실에서 가격척도 그 자체가 정확히 어떻게 도출되는지를 보이는 것은 시장가격이론으로 알려진 경제학의 한 분야가 떠맡은 과제다. **어떤 주어진 가격**(특정한 재화를 얻기 위해 다른 재화를 희생시키는 비율)에서든 어느 한 상품을 얻기 위해 구매용 재화가 더 많이 지출될수록 그 재화의 각 단위로 구매되는 욕구만족의 양은 더 적어진다(포기된 재화의 욕구충족 능력이나 그 재화와 교환될 수 있었던 다른 재화의 욕구충족 능력에 대해 상대적으로). 이로부터 당연히 도출되는 명제는 어떤 재화든 **그 가격이 높을수록**(구매용 재화를 포함해 다른 재화들에 대해 상대적으로) 그 재화는 어떤 개인에 의해서든 더 적게 구매되리라는 것

---

92 이는 반대되는 명제가 틀림을 증명함으로써 쉽게 증명된다. 만약 교환이 상이한 여러 가격에서 이루어진다고 생각된다면 높은 가격에서 구매를 하려던 사람과 낮은 가격에서 판매를 하려던 사람이 중간의 어떤 가격에서 만날 것이다.

이다.[93] 그러므로 다른 재화들을 기준으로 한 가격의 모든 범위에서 어떤 개인에 의해서든 획득될 모든 재화에 대해 그 양들의 표 또는 곡선을 작성하고 모든 개인에 대해 그 양들을 더하는 것을 통해서 사회 전체에 대해서도 비슷한 표를 작성하는 것이 이론적으로 가능하다. 그러나 어떤 주어진 단기의 시간 동안에도 처분될 수 있는 각각의 재화가 일정한 양으로 존재하며 그 양은 전부 하나의 가격으로 판매돼야 한다. 그러므로 완전한 시장에서는 각각의 상품이 하나의 확정적인 가격을 갖게 되는데, 그것은 기존의 재고 전부가 처분될 수 있게 하는(현재의 소유자들이 시장 밖으로 가지고 나가는 것을 포함해) 최고의 균일한 가격일 것이다.

시장가격 균형을 도표로 나타내는 것이 간단하고 명백하다. 앞에서 이야기한 소년과 산딸기의 상황에 관한 숫자와 분석에 내포된 효용관계들을 적용할 수 있다. 교환의 상황[94]을 다음 그림에 표시했다. 수평의 기준선은

---

[93] 이 두 개의 명제는 경제학의 논의에서 종종 동등한 것으로 취급되지만, 둘 사이의 관계가 그렇게 단순하지는 않다. 첫 번째 명제를 가지고 두 번째 명제를 증명하기 위해 그 개인이 어떤 주어진 가격에서든 적당한 구매량을 결정해왔다고 가정하자. (금전적인 상황과의 유사성을 살리기 위해 구매용 재화를 배제하고 상품가치가 전혀 없는 화폐로 구매된 두 개의 상품을 비교한다고 생각하자.) 그런데 어느 한 상품의 가격이 다른 한 상품의 가격에 비해 상대적으로 상승한다고 가정해보자. 가치가 상승한 상품이 매우 중요한 것이라면 그 개인은 그것을 얻기 위해 자기의 자원을 종전과 같은 정도로는 지출하려고 할 것이고, 아마도 더 많이 지출하려고 할 가능성이 있다. 그러나 그는 그 상품을 물리적 단위로 측정해서 같은 양만큼 구매하지는 않을 것이다. 왜냐하면 같은 양만큼 구매하기 위해서는 그가 다른 재화를 구매하는 데는 그만큼 지출을 덜 해야 하고, 그래서 그것을 덜 구매해야 할 것이다. 그런데 만약 그가 그 하나의 재화를 종전과 똑같은 양만큼 구매하고 다른 재화를 덜 구매한다면 둘 사이의 효용비율은 교란되어(효용비율이 균형의 상태에 있었기 때문에) 상대적으로 더 많이 구매된 재화에서 주어진 양의 자원이 효용을 덜 구매하게 되고, 따라서 자원이 이 재화에서 다른 재화로 옮겨질 것이다. 결국 그는 (상대직으로) 가격이 상승한 재화를 덜 사게 될 것이다. 이로써 우리가 증명하고자 한 것이 증명됐다.

[94] 94쪽 이후.

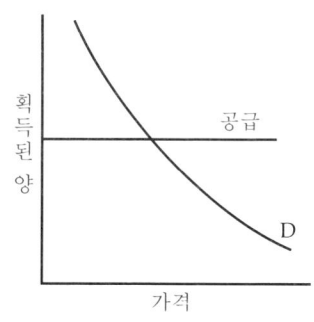

가격의 눈금선이다. '수요'곡선 D는 어떤 개인의 경우에, 또는 사회 전체의 경우에 사용된 눈금선에 따라 각각의 가격에서 존재하는 잠재적 구매를 나타낸다. 판매를 위해 공급되는 양은 가격과 무관하게 이미 정해진 어떤 물리적 양으로 수직선 즉 재화 축을 적절한 지점에서 자르는 수평선으로 표시돼있다. 교차점의 수평 축 값은 그런 조건들 아래에서 성립되는 시장가격을 말해준다.[95]

이런 분석 전부에 관련된 양들은 모두 물리적인 것이지 심리적인 것이 아니라는 점에 특히 주목해야 한다. 앞에서 주장한 대로 개인별 의식 속의 효용이 측정할 수 있는 양으로 실제로 존재하는 것이 아니라면 개인별 효용들을 하나의 '사회적' 추정치로 승화시킨 것을 포함해 그 어떤 사회적 의미의 효용도 전혀 받아들일 수 없는 가설임이 더욱 자명하다. 사실 사회적 효용이라는 개념은 분석을 대체하는 것일 뿐이다. 정확히 말하자면 명백히 주관적이고 가변적인 개인적 선호들에서 하나의 객관적이고 균일적인 가격이 어떻게 도출되는지를 보이는 것이 문제의 전부다. 이것은 실제의 시장에서 개별적인 판매가격 제시와 구매가격 제시가 상호작용함을 보

---

[95] 재화의 현재 소유자들이 아닌 다른 사람들의 수요만을 수요곡선에 표시하고 현재 소유자들의 유보가격을 고려해 상이한 가격들에서의 판매를 나타내는 우상향 곡선을 그리는 것도 가능하긴 하지만 문제를 불필요하게 복잡하게 만든다. 어느 방법을 사용하든 동일한 자료는 동일한 가격 점을 가져다주지만, 본문에서 설명된 것이 상황에 대한 보다 의미 있는 묘사다. 왜냐하면 유보가격과 수요가격의 배후에 있는 원인이나 동기에 실제적인 차이는 전혀 없기 때문이다.

이는 방식으로 이뤄져야 한다.[96] 우리는 사실 어떤 개인에 대한 어떤 절대적인 효용에 대해서든, 어떤 개인에 의해 구매된 절대적인 양에 대해서든 아무것도 알지 못한다. 완전경쟁의 결과로 이루어지는 조정에 대해 말할 수 있는 것은 다음 세 가지 진술이 전부다. (1) **그러한 조건들**(결정된 대로의 가격 대안들) 아래서는 각 개인이 구매력으로 볼 때 일정하게 주어진 자신의 자원을 선택의 법칙에 따라 대안들 사이에 배분하는 것을 통해 그 자원을 가지고 얻을 수 있는 욕구만족을 극대화하면서 합리적 활동의 목적을 달성한다. (2) 그러한 조건들 자체, 즉 가격들 또는 교환비율들이 모든 개인에게 동일하고 이것들과 동등하게 **상대적** 효용들이 조정됐다면 당연히 모든 재화(어떤 개인이 구매했든 간에)의 상대적 효용은 모든 개인에게 동일하다. (3) 교환비율들은 **그러한 비율들에서는** 그 어떤 개인도 자신이 가지고 있는 어떤 것을 다른 개인이 가지고 있는 어떤 것과도 교환하기를 원하지 않게 되게끔 조정될 것이다.

강조된 표현들은 이상적인 경쟁이 낳는 결과의 이로움에 대한 현재의 모호하거나 사실상 혼란된 결론들 때문에 그렇게 처리된 것이다. 이런 결과가 사회적으로 이상적이라거나 가능한 최선이라고 말하는 것은 그 과정

---

[96] 셀리그먼의 논의(《경제학의 원리》 179쪽 이후와 192쪽 이후)는 특히 두드러진 유기체론적 관념의 오류를 보여주는 예다. B. M. 앤더슨 2세의 《사회적 가치》도 같은 오류를 내포하고 있다. 앤더슨은 아마도 개인적 판단과 선호의 배후에 존재하는 사회적 영향과 그 어떤 적절한 의미에서든 사회적 판단과 선호를 혼동한 것 같다. 개인은 물론 사회적 산물이지만, 그럼에도 의식은 개인적 현상이고 경제학자들이 관심을 갖는 행동도 마찬가지다. 사회주의적인 국가 또는 경제학이 다루는 종류에 속하는 개인 간 자유로운 교환을 통하는 것 이외의 어떤 다른 방식으로 조직된 국가가 아닌 한 어디에서든 가격을 결정하는 것은 개인적 구매와 판매이지 사회적 구매와 판매가 아니다.

자체의 작동에 관한 모든 이론적 조건[97]을 가정하는 것에 더해 처음 상황, 즉 교환이 시작되기 전의 재화배분이 가능한 최선이라고(즉 절대적으로 이상적이거나 인간의 수정하는 능력을 절대적으로 넘는다고) 가정하는 것도 내포한다. 여기서 진실(직설적으로 말하자면 빤한 소리와 거의 같지만)은 오직 자유교환은 모두의 자발적 동의에 의해 얻어질 수 있는 모든 재화배분 중에서 모두에게 가장 만족스러운 그러한 재화배분으로 나아가는 경향이 있다는 것이다.

이상적인 교환에서는 양들이 가치 기준으로 동등하게 교환되는 것이 자명하고, '이윤'과 같은 것은 생겨날 가능성이 전혀 없다.

현실의 삶에서는 실현되지 않는 완전한 교환의 주된 조건은 '완전한 의사소통'이라는 조건이며, 이는 곧 교환자들의 행동에 대한 모든 교환자의 완전한 지식을 가리킨다.[98]

우리의 실제 체제에서는 중간상인들이 가격을 결정한다. 그 가격은 독점이 존재하지 않는다면 그들이 이론적 가격—가시적 공급이 정확히 다 처분될 수 있게 해주는 가격—에 대해 최선으로 **추정한 값**이고, 판매율이

---

[97] 앞의 105-111쪽을 보라.

[98] 화폐의 사용은 이 이론에 전혀 영향을 주지 않으며, 유통신용의 사용도 그 가치가 변화하지 않는다면 논증을 약화시키는 그 어떤 방식으로도 이 이론에 영향을 주지 않는다.

한 가지 측면에서는 실제 상황이 이론적 상황에 비해 아주 많이 단순해서 그렇지 않다면 크게 나타날 괴리가 작게 나타난다. 과정의 **연속성**과 공표된 가격들의 부단한 존재는 대체로 보아 판매자들은 공표된 가격(또는 그보다 높은 가격)을 수용할 의사가 없는 한 시장에 전혀 참여하지 않을 것이고 구매자들은 그 가격(또는 그보다 낮은 가격)을 지급할 의사가 없는 한 그럴 것임을 의미한다. 그러므로 공급된 재화의 과잉이나 구매주문의 과잉이 균형점을 향해 가격을 어떻게 떨어뜨리거나 올리게 되는지를 알기가 쉽다. 다시 말해 실제적이고 실용적인 문제는 가격의 **변화**에 관한 것이지 가격의 수립에 관한 것이 아니며 이는 가격 수립에 관한 문제에 비해 훨씬 덜 복잡하다.

그 가격이 너무 높거나 너무 낮음을 말해주면 그들은 그에 따라 수시로 가격을 변경한다. 불완전한 의사소통의 결과로 동일한 상품에 대해 상당히 상이한 가격들이 일반적인 시장영역 안의 상이한 지점들에서 수립될 수 있다는 것은 우리에게 익숙한 사실이다. 특정한 요인들은 불확실성이 이론상 조정을 교란하는 효과를 더 크게 만드는데, 그것들은 다음과 같다. (1) 습관, 무차별, 숫자 반올림 등에 기인하는 가격의 관성 또는 비신축성. (2) '상품'의 다양한 차이(실재하지 않는 차이의 기만적인 표시도). 이는 미가공 상태의 물리적 상품에도 나타나지만 부수적 편의, 판매장소의 편리함이나 세련됨, 멋지게 장식된 포장용기, 상품명이나 상표, 판매업자의 인격 등에도 나타난다. (3) 소비자의 투기. 즉 소비자들이 자신의 현재 필요를 위해 지속적인 구매를 하지 않고 시장에 대한 자신의 예상에 따라서 공급되는 것을 사들여 비축하거나 구매를 연기하는 것.

용어들을 적절하게 정의하고 실제 상품의 차이(위 (2)번 항목에서 열거된 요인들 모두를 포함해)를 감안하고 보면 유사한 재화들에 대해 하나의 확정적이고 균일한 가격이 형성되는 경향이 강하고 두드러지며, 이런 결과에 꽤 근접한 상태가 달성된다. 물론 이런 표준화와 관련해서는 한쪽 끝의 밀과 면화에서부터 다른 쪽 끝의 예술적 생산물까지 상품들 사이에 커다란 차이가 있다.

우리의 상상 속 완전경쟁 사회에서는 교환이 끝나고 재화들이 소비되면 모든 사람이 다시 생산에 참여하기 시작할 것이다. 그러나 종사할 일들은 이전과 똑같이 선택되지 않을 것이다. 이제는 모든 재화에 대해 다른 모든 재화를 기준으로 한 가격척도가 수립됐을 것이고, 모든 사람이 그 가격척도에 따라 각각 자신의 노력을 달리 기울이고 그 강도를 조정하며, 그 과정에서 물론 자신의 결정을 내릴 때 선택의 법칙에 따른다. 생산된 상품들은 단지 상품 일반에 대한 구매력으로 간주될 것이고, 당장의 선택지는 단지 '부'를 생산하는 것과 생산하지 않는 것이며, 이는 곧 양적인 비교의 척도 바깥에서 무엇인가를 하는 것 또는 아무것도 하지 않는 것(이것도 '무엇인가'를 하는 것이다)을 의미하며, 여기서 양적인 비교의 척도 바깥이란 시장영역의 바깥을 가리킨다. 그러므로 모든 사람은 크루소 또는 산딸기밭의 소년과 같이 효용과 비효용 – '실제로'는 희생된 효용이되 특정되지 않고 양적이지도 않은 종류의 효용 – 이 서로 대안이 되는 양들 사이에 중요도가 같게 되는 지점까지 자신의 노력을 기울일 것이다.

생산이 진행되고 우리가 상정한 '경제인'들의 수중에 재화가 축적되면 그 재화는 이전과 마찬가지로 교환되고, 선택의 법칙에 따라 가능한 교환들에 배분될 것이다. 그리고 가능한 교환들은 모든 사람의 효용 비율들이 가격 비율들과 일시적으로 같아지게 되는 지점에 꾸준히 유지되도록 동일한 과정에 의해 지속적으로 수정될 것이다. 그런데 이 조정과 재조정의 과정도 어떤 하나의 균형을 향해 나아가는 경향이 있다. 모든 상품의 생산과 소비가 불변의 비율로 진행되는 상태로 나아가는 이러한 경향에 대한 탐구는 경제이론의 두 번째 거대한 영역에 해당하는데, 그 한 갈래는 **정상가격**의 이론이다.[99]

우리가 묘사한 것과 같은 상황에서 상품의 생산, 교환, 소비가 부단히 계속되면 상품의 양적 등가에 관한 가치척도 또는 가치체계가 한 개인인

---

[99] 또 하나의 갈래는 정적인 조건들 아래에서의 분배의 이론이지만, 지금 우리의 가정 아래에서는 공동생산이 없기 때문에 그러한 문제가 없다.

크루소의 경제에서 가능한 정도보다 훨씬 더 객관적이고 확정적인 것이 된다. 공표된 교환비율 척도의 항상적인 존재와 그것을 기준으로 한 조직 전체의 원활한 작동은 그 양적인 특징을 사람들의 마음속에 아로새기고 정밀한 계산과 비교를 강요함으로써 경제활동의 '합리화'에 대단히 큰 영향을 미칠 것이 틀림없다. 그 결과는 모든 재화가 가치단위들의 동질적인 총합 또는 기금으로 환원되는 것이다. 이 가치의 기금은 대안들에 관한 문제의 해결에 매개체가 되는 것으로서 각 개인이 마주하는 경제과정을 그의 사고 속에서 매우 분명하게 구별되는 두 개의 부분 또는 단계로 자연스럽게 분리한다. 각 개인이 생산하는 재화는 교환가치와 같은 만큼만 가치를 가진 것으로 여겨지기 때문에 생산에서 대안들을 결합하는 문제는 위에서 우리가 주목했듯이 고려할 필요성이 있는 선택지가 단지 두 개뿐이라는 사실에 의해 분리되고 단순화된다. 마찬가지로 소비의 문제도 독립적으로 고려되면서 교환가치를 지출하는 문제의 형태를 취하게 되고, 그 가치의 지출은 합리적 선택의 원리, 즉 경합하는 용도 간 합리적 자원배분의 원리에 맞게 저절로 이루어진다. 이리하여 지출 측면의 교환가치는 크루소에게 적용된 노력이라는 개념과 비슷한 것이 된다. 그것은 존재론적 내용이 전혀 없는 일종의 도구적 관념이지만, 선택의 문제를 해결하는 데는 대단히 유용하다. 두 개의 절반으로 경제문제가 분리되는 것은 실제의 삶에서 교환가치를 비축하는 것, 그리고 그것을 어떤 **특수한** 용도로 사용할 생각은 없이 그저 알 수 없는 만일의 사태에 대비해 그것을 비축할 목적으로 생산하는 것에 의해 많이 진전된다. 더 나아가 그 분리는 부의 생산이 효용을 소비한다는 관념과의 모든 연관성을 잃고 교환가치가 단지 성공의 척도 또는 게임의 점수판이 되는 경쟁적 경연대회의 형태를 취하는 경향에 의해 더욱 진전된다.

가치체계의 수립과 객관화가 진전되면 생산적 희생 또는 '노력'에 대한 보다 명확한 평가도 이루어지게 되는데, 그 희생 또는 노력은 실제로는 생산적 노동을 수행하기 위해 포기된 '비경제적'인 대안의 활동이다. 이런 평가는 교환가치를 기준으로 이루어지는 것이므로 생산적 노동은 이런 의미에서 일반적 가치기금으로 들어가게 되지만, 우리가 지금 논의하는 조건들(독립적인 개인적 생산만 논의하고 있다) 아래서는 그것이 실제로 시장으로 나와 교환되지는 않을 것이다. 생산적 노력에 대한 평가, 즉 경제적 대안들의 등가관계에 대한 어떤 하나의 수립된 척도를 기준으로 한 측정은 그에 상응하는 실질적 내용을 양적인 의미 또는 가치의 의미를 지닌 '지출비용'이라는 개념에 부여하고, 사람들의 마음은 대체로 이 같은 관념에 따라 작동할 것이 틀림없을 것이다.

그런데 가설적 이론구축의 이 지점에서 우리는 특정한 재화의 지출비용이 그 재화 자체의 가치와 필연적이고 공리적으로 일치하는 것을 가로막는 조건들의 조합에 처음으로 도달했다는 데 주목하는 것이 특히 중요하다. 왜 그러냐면 정상가격 또는 균형상태로의 재조정이 일어나는 사이에 노동의 '가치'는 어느 한 시점의 시장가격 상황에서 결정되는 데 비해 그것이 만들어내는 재화의 가치는 그보다 조금 뒤에 결정될 것이고 그 두 가지 가치 사이에 보통은 다소간의 차이가 있을 것이기 때문이다. 생산적 노력의 가치는 그것이 생산하는 재화가 **이미** 갖고 있었던 것이지만, 그것이 실제로 생산하는 재화의 가치는 그 재화가 시장에 나올 때에 보면 어떤 다른 것이 돼있을 것이다. 어떤 한 재화의 가치와 그 비용(의 가치) 사이의 양 또는 음의 차이는 '이윤'과 유사하다. 그것의 발생은 사람들이 활동의 근거를 과거의 조건들 또는 과거의 조건들에 토대를 둔 미래에 대한 불확실한 추리에 두지 그들의 활동과 실제로 관련되는 실제의 미래 조건들에 두지 않는 게 틀림없다는 사실에 기인하는 것이 분명하다. 재화들이 생산된 **뒤에** 얼마만큼의 가치를 갖게 될지를 사람들이 정확하게 알게 된다면 그 즉시 사람들은 그에 따라 자신의 생산적 에너지를 사용할 것이고, 그러면 이윤 차이가 사라져버릴 것이다. 그리고 이것은 바로 사람들이 부단히 추구하여 **어느 정도** 성공을 거두는 일이기 때문에 그 체제는 이윤이 전혀 존재하지 않는 균형조정으로 나아가는 경향이 있을 것이다.

정상가격 조정의 이론은 시장가격 조정의 이론과 거의 같은데, 왜 그러냐면 교환에서 다른 재화를 희생시켜 어느 하나의 재화를 구매하는 것과 그 생산에서 다른 재화의 생산을 희생시켜 그 재화를 '구매하는 것' 사이에는 원리상(복잡성의 차이만 제외하고) 아무런 차이가 없기 때문이다. 정상가격이론과 시장가격이론은 둘 다 단일의 기본적인 선택의 법칙에서 당연히 도출되는 따름정리에 지나지 않는다.

이런 이중적 대안의 생산 측면을 보면 어느 재화든 그 효용 또는 중요성은 구매력에 있고 가격이 높을수록 더 많이 생산될 것인데, 이는 크루소가 더 많이 원하는 재화를 더 많이 생산하는 것이나 시장에서 개인이 그러한 재화를 더 많이 구매하려고 하는 것과 같은 이유에서다. 그러나 어떤 재화든 가격이 높아질수록 처분될 수 있는 양은 줄어든다. 그런데 생산되는 양과 처분되는 양이 공리상 같기 때문에 어떤 가격에서 생산의 자연적인 양과 판매의 양이 같아진다고 할 때 가격이 그 지점을 향해 움직일 것이다. 도표로 표시한다면 또 다시 가격의 척도를 가로축으로 삼을 때 우상향 곡선은 상이한 가격들(다른 재화들을 기준으로 한)에서 나타나는 생산이나 공급(률)을 나타낼 것이고, 우하향 곡선은 판매나 수요(율)를 나타낼 것이다. 두 곡선의 교차점은 가격이 정해지는 지점을 말해준다.

정확하게 똑같은 사실을 약간 다르게 바라보는 방식으로 개인의 동기를 보다 분명하게 하면서 가치-비용이라는 관념의 영향을 보일 수 있다. 수요곡선을 다른 방향으로 본다면, 다시 말해 두 축을 바꿔놓고 본다면

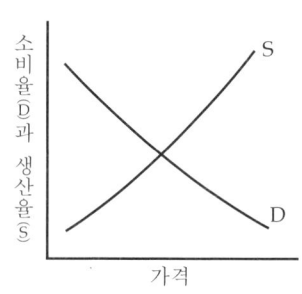

그것은 사실상 생산비용곡선이 된다. 어떤 가격에서 생산되는 양(단위 시간에는 생산율)은 그 가격에서 이윤도 손실도 없이 생산될 수 있는 양이다. 왜냐하면 어떤 주어진 가격이 이윤을 낳는다면 자원이 다른 데서 그 재화의 생산**으로** 돌려질 것이고, 손실을 낳는다면 자원이 그 재화의 생산**에서** 다른 데로 돌려질 것이기 때문이다. 여기서 이윤의 진정한 의미는 간단히 말해 다른 재화들을 생산하는 데 사용되는(그리고 다른 용도들에서 가치가 있다고 여겨지는) 자원이 해당 재화의 생산에서 더 많은 수익을 낳게 되리라는 것이고, 반대의 경우에도 마찬가지여서 손실은 해당 재화를 생산하는 자원이 다른 용도들에서 더 가치가 있다(자원의 가치는 최선의 용도에서의 가치에 의해 결정된다)는 뜻이다. 이 같은 지금의 관점에서는 수요곡선이 공급의 상이한 규모들에서 가능한 판매가격들을 보여주며, 균형의 조건은 비용과 판매가격이 같아야 한다는 것이다. 그렇게 된다면 두 곡선의 교차점은 하나의 축에서는 균형생산율과 균형소비율, 다른 하나의 축에서는 균형가격을 각각 보여준다. 선택의 법칙에서 쉽게 연역되는 이러한 분석 전체의 성격은 더 자세히 설명하지 않아도 될

정도로 충분히 분명하다.¹⁰⁰

지면의 제약이 이런 일차적 기본원리들을 더 검토하는 것을 허락하지 않으므로 우리는 논란의 쟁점들에 대한 위와 같이 간략하고 아마도 다소 독단적인 설명이 성립함을 인정하고 넘어가야 할 것이다. 그러한 분석에 비추어보면 비용과 가치 사이의 인과관계와 같은 문제들과 격렬한 논란의 대상이 돼온 그 밖의 다른 문제들에서 어떤 실제적인 의미를 찾기 어렵다. 경쟁적인 조건들 아래에서는 하나의 가치는 동등한 하나의 비용을 수반하고 하나의 비용은 동등한 하나의 가치를 수반하는데, 워낙 직접적이고 명백하게 그렇기에(왜냐하면 문제가 대안들을 동등하게 만드는 방식으로 대안들 중에서 선택을 하는 순전히 상대적인 것이기 때문이다) 그 두 가지는 동일한 현상을 상이한 관점에서 가리키는 상이한 말에 불과하다. 비용은 어떤 하나의 사물에 구현된 자원의 가치, 다시 말해 그 자원이 가진 **어떤** 용도의 가치다. 그것은 '경제적'인 용도일 수도 있고 '비경제적'인 용도일 수도 있지만(측정되고 판매될 수 있는 용도일 수도 있고 그 반대일 수도 있지만), 경쟁관계에 있는 다른 유인이 어떤 종류든 존재하지 않는다면 그 '자원'은 전혀 '자원'이 아니게 되는데, 이는 그 사물이 어딘가 다른 데

---

100 우리의 비용곡선은 **증가하는 비용**의 곡선이라는 데 눈길이 갈 것이다. 지금의 관점에서는 이것이 유일하게 검토해야 하는 경우다. 감소하는 비용의 문제는 분석의 보다 나중 단계에 더 복잡한 조건들 아래에서 다루어진다. 어떤 재화의 생산을 증가시킨다는 것은 다른 재화들을 생산하는 데서 자원을 빼내는 것을 수반함이 분명하고, 이는 다른 재화들의 가치를 끌어올리는 반면 애초에 검토된 재화의 가치를 끌어내릴 것이다. 자원은 가능한 최선의 용도에 의해 그 가치가 결정된다는 점에서 이는 곧 생산의 증가에는 비용의 증가가 따른다는 것을 의미한다. 논의의 지금 단계에서는 어떤 단위의 상품이든 그 비용에 관련된 문제나 어떤 단위의 생산적 요소든 그 수익에 관련된 문제가 전혀 없다. 왜냐하면 오직 한 종류의 생산적 요소가 어떤 하나의 재화를 만드는 데 사용되기 때문이다.

서 원하는 것이 아니라면 (**교환**)가치를 갖지 않을 것이고 그렇다면 효용도, 이 말을 적절하게 정의한다면, 갖지 않을 것이라고 말하는 것과 마찬가지다.

이 모든 논의는 선택의 법칙을 정교하게 한 것(효용의 원리의 올바른 형태)일 뿐이다. 그것은 대안들 사이의 선호비율은 대안들을 필요한 만큼씩 결합하는 것을 통해 우선은 시장에서, 그리고 그 다음에는 생산에서 외부적으로 주어진 물리적 등가비율과 같아지게 된다는 것이다. '재화들'이 생산에서 **대체로** 서로 대안이 된다는 것(어떤 동일한 궁극적 자원을 사용하는 것을 포함해)은 우리가 하나의 경제적 질서, 즉 자유로운 생산과 교환에 근거해 욕구를 만족시키는 활동을 위한 조직을 갖는 데 필요한 조건이다. 이제 우리는 하나의 상품을 만드는 데 복수의 생산적 요소들이 참여하는 조직에서 생겨나는 보다 복잡한 경쟁적 상황을 고찰하는 일로 넘어간다.

IV장 공동생산과 자본화

위에서 고도로 단순화된 상상 속 경제체제가 부분적으로 구축됐는데, 이 장에서 우리는 거기에 현실과 훨씬 더 유사한 것들을 도입할 것이다. 단순화를 위해 사상된 일상적 삶의 특징 가운데 다수가 이제 차례로 도입되며, 그것들의 관계와 영향이 따로 연구될 수 있게 된다. 이렇게 해서 우리는 궁극적으로 완전경쟁에 무엇이 필요하고 무엇이 필요하지 않은지를 밝혀낼 것이다. 지금까지 설정한 단순화 가정들은 대부분 비용과 가치가 줄곧 동일하게 되는 완전균형에 필요한 조건들을 허물어뜨리지 않으면서도 버릴 수 있음을 알게 될 것이다. 우리가 이미 강조한 기본적인 조건, 즉 사람들이 **스스로 무엇을 하는지를 정확하게 알고** 불확실성이 전혀 존재하지 않는다는 조건을 고수하는 한 지금까지 사상된 현실의 다른 요소들은 단지 조정의 과정을 복잡하게 할 뿐이지 그 결과의 성격을 바꾸지는 않는다. 그런 요소들을 제거한 것은 경제적 행태의 기본 원리들에 대한 연구를 단순화한다는 필요한 목적에 기여했을 뿐 아니라 복잡성을 초래하는 고려사항 그 자체에 대한 별도의 연구를 가능하게 해주었는데, 이런 것이 이제부터 우리가 해보려고 하는 것이다.

상상 속 사회적 구조를 이렇게 더 발전시키는 첫걸음은 **조직된 생산**의 성질과 영향을 살펴보는 것이다. 지금까지 우리의 사회는 조직되지 않은 재화창출, 즉 개별적 재화창출에 자의적으로 제한된 것이었고, 거기에는 생산물 교환을 통한 '1차적' 노동분업만 존재했다. 이제 우리는 '2차적' 노동분업, 즉 각각 독립된 산업 내부의 직업분업, 다시 말해 단일의 생산물을 만드는 데서 다수의 사람들이 하는 협력을 검토하는 일로 넘어간다. 상황에 이렇게 추가하는 요소는 서로 긴밀하게 연결된 두 가지 심각한 문제를 새로이 우리에게 안겨준다. 그중 첫째는 자유로운 계약만을 통해 생산적 집단들이 실제로 조직되는 기제이고, 둘째는 공동생산물의 생산에 상이한 종류의 기여를 한 개인들 사이의 그 배분이다. 뒤엣것은 학술적인 의미에서 '귀속' 또는 '분배'라고 하는 우리에게 익숙한 문제다.

사실상 우리는 지금 현실 세계에서 만나게 되는, 경제학의 두 번째 일반적 문제로 시선을 돌리고 있다. 방법론상의 이유로 앞에서 우리는 전문화된 생산은 일어나지만 공동생산은 일어나지 않는 사회를 논의하는 것이 필요하다고 생각했다. 그런데 현실에서는 물론 생산이 실제적으로 예외 없이 공동생산이다. 따라서 지금 논의할 주제는 **주어진** 욕구의 만족을 위해 (그리고 기술적 조직의 가용한 방법 등에 관한 주어진 조건 아래) **주어진** 자원이 (재화의 생산에) 사용된다고 할 때 자유로운 교환 아래에서 그렇게 되는 사회적 조직의 일반적 원리다. 그것은 '정적상태'의 문제다. 생산의 조직과 생산물의 분배라는 두 가지 문제를 가능한 한 간단하게 유지하면서 복잡화 요인을 한 번에 하나씩 도입하기 위해 우리는 우리가 연구하는 체제의 임의적 설정에 지금부터 그 밖의 다른 변경은 가하지 않을 것이다. 특히 생산과 관련해 우리는 완성된 품목의 절대적으로 연속적인 창출, 완성됐을 때 그 품목의 즉각적인 교환과 소비, 그리고 통상적인 의미의 생산적 '재산'의 부재를 가정한다.[101] 다시 말해 매우 풍부하고 그래서 공짜인 것이 아니거나 소유자의 인신에 단단하게 붙어있는 것이 아닌 물질적인 생산적 요소는 없을 것이고, 사람이나 물건의 생산적 효율성을 증대시키거나 사용을 통해 그것을 감소시키는 길은 열려 있지 않을 것이다. 우리가 다루는 문제의 조건들에 이제 도입될 유일한 변화는 적어도 우리 사회에서 생산되고 소비되는 상품들의 대부분이 종류가 상이한 다수의 생산적인 일을 수행하는 개인들의 **집단**에 의해 만들어진다는 것이다. 모든 개인이 각각 하나의 고유한 기능을 수행해야 할 필요는 없다. 이보다는 상당한 다수가 동일한 종류의 일을 수행하고 상이한 과업들에 유사성의 단계적 차이가 존재하는 것이 일반적인 사실이라고 해두자.[102]

개인들 사이의 자유로운 합의를 통해 생산이 자동적으로 조직될 가능성은 공동생산을 지배하지만 지금까지는 도입되지 않은 하나의 기술적 원리에 의존한다. 이 새로운 공리는 선택의 원리나 체감하는 효용의 원리와 마찬가지로 경제적 사고와 과정에 기본적이며, 진술하고 보면 그 원리와 매우 유사하다. 그것은 생산요소 비율 변동의 원리로 '체감하는 수확'이라는 이름 아래 이미 오래 전부터 유명한 것이지만, 일반적인 표현으로 이것을 분명하고 근사적으로 정확하게 정식화한 것은 비교적 최근에 이루어진 일이다. 앞의 법칙이 인간 본성의 사실들을 일반화한 것이라면 이 새로운 법칙은 그와 유사하게 물리적 자연의 사실들을 일반화한 것이다. 앞의 법칙을 비롯한 모든 다른 '법칙'과 마찬가지로 그것은 하나의 근사이며, 그

---

[101] 우리의 작업에 전제되는 가정들에 대해서는 위의 Ⅲ장 105-111쪽을 보라.
[102] 화폐의 존재 및 그 사용과 관련한 무차별성에 대해서는 위의 117쪽 주석을 보라.

것의 근사성은 전제로서 그것에 근거해서 얻은 결론을 실제로 적용할 때 염두에 둬야 하는 것이다. 경제학의 다른 위대한 공리들과 마찬가지로 그것은 비율만을 다루는 순전한 상대성의 원리다. 이런 측면에서 지금 그 원리에 대해 이루어지고 있는 진술들은 체감하는 효용의 경우에 비해 거기에 어떤 절대론적 해석을 부여하게 하는 유혹이 덜하므로 일반적으로 오해를 덜 초래한다. 그러나 경제학자들이 비율 변화의 내재적 가역성을 인정하고 그런 사실에서 자명한 추론을 끌어내기까지 그토록 오랜 세월(거의 한 세기)이 걸렸다는 것은 기이하게 여겨진다. 우리는 그 새로운 원리가 훨씬 '진실에 가깝다'는 것, 즉 그것에 상응하는 심리적인 쪽의 원리에 비해 더 보편적이고 정확하게 사실들에 부합하며, 더 신뢰할 만함을 결국에는 알게 될 것이다.

다른 많은 측면에서도 그 두 가지 기본적인 비율의 원리, 즉 체감하는 효용의 심리적 법칙과 체감하는 수확의 기술적 법칙 사이에 유사성이 있다. 어느 쪽이든 그것의 정식화되고 정확한 진술은 가변요소의 연속적인 가분성을 전제로 하는데, 이는 특정한 경우에는 사실에 들어맞지 않지만 규모가 큰 시장에서는 실제적인 정확성을 가질 정도로 잘 들어맞는다. 두 경우 모두에서 최소량에 대해서는 (개별적인 경우에) 가분성이 완전히 무너진다. 어떤 소비재든 그것에 조금이라도 의미를 부여하기 위해 요구되는 어떤 최소량이 분명히 존재하는 것처럼 조금이라도 효과를 낳아줄 생산성 요소들의 비율에도 한계가 존재한다. 소비재의 경우에 삶에 필요한 최소량이라는 다른 의미의 최소량에 대해 말한다면 이것은 흔히 가정되는 것이기는 하지만 보통은 진실이 아니다. 시장이 상품들을 규정하고 차별화한다고 본다면(그리고 이것이 유일하게 건전하거나 적절한 방법이다)

어떤 특정한 상품이 없어서는 안 된다는 것은 매우 특별한 상황 아래에서만 있을 수 있는 일이다.

체감하는 효용의 법칙과 체감하는 수확의 법칙이라는 두 경우 모두에 재화나 요소가 행동의 문제에 더 이상 전혀 끼어들지 않아서 '자유재'-이것은 우리가 앞에서 보았듯이 잠재재라고 부르는 것이 낫다-가 되는 지점으로 고려해야 하는 최대량도 존재한다. 올바른 절차는 물론 매우 풍부한 요소를 생산에서 다룰 때에는 우리가 그런 것을 소비에서 다루었던 대로 하는 것, 다시 말해 절대적으로 주어진 것으로 보고 완전히 무시하는 것이다. 어떤 하나의 사물이 매우 풍부하지 않은 상황이 발생할 '가능성'만이 그 사물에 의미를 부여하거나 어떤 방식으로든 그 사물을 의식적으로 검토하게 할 것이다.

체감하는 수확의 원리를 논의할 때에는 어떤 하나의 결합 속에서 변동하는 비율과 그 결합 전체의 절대적인 크기에 일어나는 변화를 혼동하는 데서 특별한 난점이 발생한다. 이 두 가지는 반드시 분리된 상태로 유지돼야 한다. 필자의 의견으로는 분배이론에서 다른 어느 단일의 문제에서보다도 이 점에서 그동안 더 많은 오류가 발생했다. **만약** 어떤 한 결합 속의 **모든** 요소의 양들이 제한 없이 자유롭게 변동될 수 있고 생산물도 연속적으로 분할될 수 있다면 크기가 같은 결합들 가운데 어느 한 결합은 유사하게 구성된 다른 어떤 결합과도 작동의 측면에서 거의 비슷할 것임이 자명하다. 그런데 이런 조건 아래서는 모든 재화의 생산에서 독점으로 나아가는 경향이 방해받을 일이 없을 것이다. 경쟁적 체제가 작동하기 위해서는 어떤 요소든 그 교섭단위가 그 단위와 이느 정도는 유효하게 경쟁하는 요소들 전체에 비해 아주 작게 되도록, 그리고 산업 전체에 비해 상대적으로 작은 크기의 생산시설이 보다 큰 생산시설에 비해 더 효율적이 되도록 요소의 가분성에 관한 조건들이 가정돼야 할 필요가 있다. 이런 조건들 아래에서 경쟁의 첫째 효과는 한 산업 안의 모든 공장을 가장 경제적인 규모가되게 하는 동시에 충분한 수의 공장이 가동되는 상태로 두어 모두가 사용하는 생산적 요소들을 서로 얻기 위해 모두가 유효하게 경쟁하게 하는 것임이 틀림없다.[103]

체감하는 수확의 원리는 지금 유행하는 형태로 보면 대체로 다음과 같은 것이다. 어느 한 요소의 연속적인 증분들이 하나의 결합 안에 들어 있는 다른 요소들의 고정된 양들에 추가되면 그 결합의 물리적 생산물은 증가하게 되지만, 어떤 특정한 지점을 지나면 그 생산물은 문제의 요소에 비해 낮은 비율로만 증가하고 궁극적으로는 절대적으로 감소하게 된다.[104] 절대적인 규모에 대조시켜 비율 관계를 강조해 언급하고 법칙의 가역성도 부각시

---

[103] 현실의 삶에서는 실질적으로 모든 사업체가 어느 정도 부분적 독점을 누린다는 사실로 인해 유사한 설비들 사이의 경쟁적 관계가 훨씬 복잡하다. 어느 사업체든 경쟁자들과 정확하게 똑같은 제품(효용들의 묶음)을 만들어내지는 않는다. 하나의 극단적인 예로 철도를 들 수 있는데, 그 생산물의 일부인 통과교통은 경쟁적인 반면에 다른 일부인 지역교통은 독점적이라는 점에서 그렇다. 이와 같은 어느 한 산업의 규모와 어느 한 설비의 규모 사이의 관계라는 문제 전체는 필자가 보기에 관련 문헌에서 심하게 혼합돼 있다. 불록 교수는 요소들 사이의 비율 변동에 따른 체감하는 수확의 세 가지 원리를 구분했다. 그것은 하나의 산업 전체에서 체감하는 비용, 단일한 설비에서 체감하는 비용, 대규모 생산의 경제다. (《계간경제학지》 XVII권 473쪽 이후 참조.) 그러나 내가 아는 한 누구도 이들 비용의 법칙을 적절하게 다루지 않았다. (대번포트의 《기업의 경제학》 XXIV장도 참조.) 대번포트는 이 문제에 대한 분석에서 불록만큼도 나아가지 못했다.

[104] 변동하는 비율과 체감하는 수확의 문제 전체에 대한 매우 철저하고 건전한 비수학적 논의는 F. M. 테일러의 《경제학의 원리》 IV장에 있으니 이것을 보라. 그러나 대규모 생산의 경제에 대한 테일러의 논의는 내가 보기에 오류에 근거한 것으로 여겨진다는 점을 말해두지 않을 수 없다.

키면서 보다 일반적으로 정식화한다면 다음과 같은 명제를 얻게 될 것이다. 어느 한 결합에 들어간 요소들의 비율이 매우 넓은 범위에 걸쳐 연속적으로 변동할 때에는 일반적으로 어느 요소든 그것의 단위당 생산물이 증가하는 첫째 단계가 있고, 그 다음에 상대적으로 증가한 요소의 단위당 생산물이 감소하는 반면 상대적으로 감소한 요소의 단위당 생산물은 증가하는 둘째 단계가 있으며, 마지막으로 생산물이 어느 요소에 대해서든 상대적으로 감소하는 셋째 단계가 있다. 어느 요소든 그것이 증가하고 다른 요소가 감소할 수 있기 때문에 첫째 단계와 셋째 단계는 그 의미가 같다.[105]

---

[105] 법칙의 두 번째 진술은 첫 번째 진술에서 연역할 수 있다. 체감하는 수확의 법칙에 내포된 것 전부는 다음의 자명한 전제들에서 연역되는 것으로 간주하는 것이 타당하다.
  1. 어느 한 결합에 들어간 요소들의 비율은 생산성을 파괴하지 않으면서 변동될 수 있다.
  2. 어느 한 요소(이를테면 노동)의 특정한 양에 다른 한 요소(이를테면 토지)가 영(0)에서부터 무한대까지 연속적으로 변동하는 양만큼 추가되면 이 두 번째 요소의 어떤 특정한 양 또는 특정한 범위에 속하는 양(영도 무한대도 아닌)은 총생산물을 더 많거나 적게 낳기보다는 더 많게만 낳을 것이다. 달리 말하면 비율로 보아 어느 한 요소가 다른 한 요소에 비해 무한히 증가한다면 감소하는 요소의 단위당 생산물은 처음에는 증가하고 그 다음에는 감소할 것이다. 따라서 어떤 하나의 극대점 또는 극대범위가 존재하며, 어느 쪽으로든 거기를 벗어나면 생산물(증가하는 요소의 단위당)이 감소하게 된다.
  3. 어느 쪽으로든 극단적인 변동(무한대의 변동에는 못 미치는)은 영(0)의 생산물을 낳게 된다는 것은 논증에 의해 참임이 증명될 수 있고, 이는 분배의 이론에 필요하다.
이 법칙은 존재하는 그 어떤 요소의 절대적인 양과도 무관하고 그 변화의 방향과도 무관한 가운데 비율의 그 어떤 변동과도 관련된다는 것이 이 법칙의 가장 본질적인 점이다. 그러나 토지에 노동을 적용하거나 노동에 토지를 적용하는 전통적인 경우가 시각적으로 보여주기에 가장 쉽고, 그래서 설명을 위한 예시로 삼기에 적합할 것 같다. 아무도 발을 들여놓은 적이 없는 어떤 신대륙에 처음으로 가서 살게 된 새로운 정착민 집단이 무한한 토지의 공급 가운데 얼마만큼을 그들의 제한된 노동의 공급과 함께 사용해야 할 것인가 하는 문제에 직면했다고 상상해보자. 이런 경우에 다음과 같이 될 것이 명백하다. (1) 그들은 사용하는 토지의 양을 늘리거나 줄이면서 어느 정도의 생산물을 얻을 수 있다(공리 1). (2) 그들은 가장 많은 양의 생산물을 얻기에는 너무 적거나 너무 많은 양의 토지를 사용할 수 있다(공리 2). (3) 그들은 토지를 너무 적게 또는 너무 많이 사용하려고 하다가 생산물을 전혀 확보하지 못하게 될 수 있다(공리 3).

생산물이 요소보다 낮은 율로 증가할 뿐만 아니라 요소의 동일한 산술적 증분들이 생산물의 감소하는 증분들을 낳기도 한다는 것은 생산이 지능적으로 조직되고 생산물이 경쟁적인 가격의 힘에 의해 요소들 사이에 확정적으로 분배되는 데 필요한 조건이다. 이 두 가지 원리는 물론 완전히 상이한 의미를 갖고 있지만, 체감하는 수확의 이론에 관한 많은 진술에서 심각하게 혼동되고 있다. 그러나 둘째 원리는 첫째 원리에서 연역되고, 첫째 원리는 아래에서 보이겠지만 경제적 상황의 성질 그 자체에서 도출된다. 이 문제에서 다양한 요소들의 관계는 그래프를 통해 가장 잘 나타내 보일 수 있다. 다음 그래프에서 수평축 또는 X축 방향의 거리는 어떤 하나의 결합에 들어간 단일 가변요소의 양을 나타내고, 수직축 또는 Y축 방향의 거리는 그에 상응하는 그 집단의 총 물리적 생산물을 나타낸다. 그래프의 용어로 말한다면 체감하는 수확이 시작되는 지점은 이 곡선이 원점을 통과하는 직선에 접하게 되는 점 (3)이다. 가변요소의 비율이 이보다 낮다면 그 가변요소는 심지어 공짜라고 하더라도 지능적으로 사용될 수 없다. 왜냐하면 그 가변요소를 균일한 가격으로 더 많이 구할 수 없다면 그 밖의

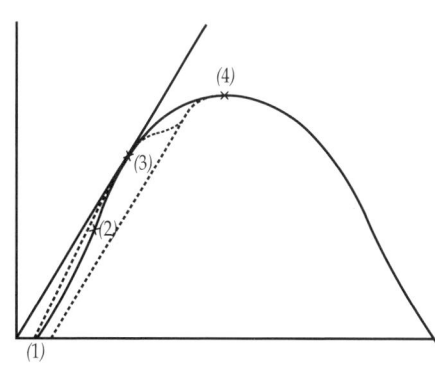

다른 요소들을 일부 버림으로써 생산을 증가시킬 수 있기 때문이다. 곡선 위에 그와 같은 한 점이 존재한다는 것과 사용되는 요소의 양이 그보다 적을 때에는 생산이 그 요소보다 더 큰 율로 증가한다는 것은 필연이자 선험적

으로 참이다. 다시 말하면 이 점 (3)과 곡선이 X축과 교차하는 점 사이의 곡선 위에 있는 그 어떤 점에서도 곡선의 접선은 X축을 양의 부분에서 자를 것이 분명하다. 그런데 이 점 (3)보다 아래에서 곡선의 접선이 X축을 양의 부분에서 자르는 동시에 점 (3)의 접선이 원점을 통과하고 이 점보다 위에서는 접선이 Y축을 양의 부분에서 자른다고 한다면 분명히 이 곡선은 바로 이 점에서 아래로 오목하다. 그리고 이것이 체감하는 생산물의 증분을 나타내는 그래프의 조건이다. 점 (3)부터 극대점 (4)까지에 대해서도 같은 조건(아래로 오목함)이 성립한다고 가정하는 것이 합리적인 듯하지만 이것은 선험적으로 증명될 수 없다. 그래프에 점선으로 표시됐듯이 **산업의 전 영역에서** 점 (3)과 (4) 사이의 이 구간 중 어떤 특정한 국면이 그렇게 돼있지 않다면 그 구간에서는 그런 정도만큼 경쟁적 상황에 불확정성이 존재한다. 하지만 이것은 다소 뜬금없는 가정이긴 하다.

점 (3)보다 아래에서 곡선이 어떤 모양을 갖는지는 그 접선이 언제나 X축을 자르는 한 중요한 것이 아니다. 어떤 산업에서도 곡선은 체감하는 수확이 중간 중간에 끼어 있는 가운데 체증하는 수확의 국면들을 보여줄 것이 틀림없고, 요소들이 결합되는 다양한 비율은 합리적이고 안정적이다.[106]

---

[106] 우리는 개별 생산설비의 크기는 아무래도 상관없는 문제에 가깝다고 가정해야 한다는 점에 주목해야 한다.
  위의 추론은 곡선 그 자체가 우리의 그래프에 그려져 있듯이 X축을 양의 부분에서 자르고 원점을 지나지 않는다는 것도 증명한다. 요소들 사이의 관계가 지닌 대칭성을 고려하면 더 나아가 곡선이 극대점 이후에 X축을 또 다시 자르게 되지, 만약 곡선이 원점을 지난다면 그랬을 것처럼 점근적인 것이 되지 않으리라는 점을 알게 될 것이다. 테일러 교수의 곡선은 점근적인 것이 되거나 그렇지 않으면 원점을 지나지 말아야 함에도 이런 세부적인 면에서 부정확하게 그려졌다.

사람들이 스스로 무엇을 하는지를 안다고 가정한다면 첫째와 셋째 국면을 논의할 이유가 전혀 없다. 둘째 국면의 경계는 거기서부터는 어느 하나 또는 다른 하나의 요소가 자유재가 되어 고려에서 완전히 제외되는 극한이다. 이 점을 넘으면 경우에 따라 어느 하나의 요소를 증가시키면 생산물이 절대적으로 감소하게 되는데, 이는 일종의 불합리함이다. 첫째 국면과 셋째 국면이 의미상 **같음**은 자명하다. 어느 한 방향으로 첫째 국면을 통과하는 것은 셋째 국면에서 자료를 반대순서로 읽는 것과 **같다**. 그것은 결과들이 배열되는 문제일 뿐이지 결과들 그 자체의 문제가 아니다. 따라서 '체감하는 수확' 국면의 한계를 벗어나서는, 또는 그 법칙이 들어맞지 않는 환경 속에서는 '경제적'인 상황이 존재할 수 없을 것이다. 어느 요소든 그 단위당 수확이 체감하지 않는 한 그것은 생산적이지 않으며, 이는 곧 그 요소의 사용이 그 결합의 생산물을 전혀 증가시키지 않는다는 말과 같다. 만약 우리가 체증하는 수확을 상상한다면 그 요소는 역생산적이다. 이런 사실은 이미 사용되고 있는 토지에서 체감하는 수확이 시작되기 전에는 사용되는 토지가 결코 더 늘어나지 않을 것[107]이라는 흔한 진술에서 볼 수 있듯이 토지의 경우에는 이미 인정돼왔다.

생산적 조직에서 요소들의 비율이 가변성을 갖는다는 사실과 상이한

---

[107] 실제로는 토지에 결합되는 다른 요소들에서 체감하는 수확이 시작되는 것이지만, 우리는 통상적인 형태의 논의를 따른다. 사람들은 스스로 무엇을 하는지를 알고 있으며 생산을 극대화하려는 욕구의 충동을 받는다는 가정을 유념해야 한다. 실제로는 무지, 토지가 희소한 곳에서 토지가 풍부한 새로운 나라로 옮겨진 전통의 영향, 몸에 밴 영토확장의 욕망 등에 의해 결과가 많이 왜곡되며, 미국에서는 토지와 관련된 주민정착과 선점의 상태에 의해 그렇게 된다.

요소들에 대해 산출이 체감하는 수확의 원리에 따라 변동성을 갖는다는 사실은 자유계약을 통한 사회의 경제적 조직을 가능하게 한다. 뿐만 아니라 그런 사실이 없다면 조직의 문제 전부가 무의미하게 되겠지만 그렇게 될 염려는 없을 것이다. 다양한 생산성을 가진 다양한 결합들을 비교할 수 있으면서 얼마든지 선택해서 사용할 수 있지 못하다면 어느 한 방식 대신 다른 한 방식을 사용하는 문제는 있을 수 없을 것이다. 공동생산물에 대한 서로 구분되는 요소들의 서로 구분되는 기여들이 식별될 수 있다는 사실을 통해서만 조직이 요구되고, 가능하며, 실행된다. 경쟁 아래에서 자유계약을 통해 이루어지는 조직은 그러한 체제가 각 요소의 소유자에게 그 요소의 구분된 기여를 부여하는 한 가능하고, 실현되며, 유효하다. 근현대 사회는 생산적 요소들에 대한 통제를 그것들의 산출에 대한 권리와 결부시키는 것을 통해 조직된다. 생산물이 더 많이 나오는 곳의 소득이 더 크다는 이유만으로도 그러한 조직이 가능하다. 분배몫을 유효한 기여와 연결해주는 법칙이 없다면 우리의 사회적 체제는 체제가 아니라 혼돈상태일 것이다. 따라서 공동생산물에 대한 기여를 구분하는 것이 가능한지 여부를 놓고 경제학자들이 논쟁하는 것은 적절하지 않다. 그런 구분은 **이루어지며**, 그것이 달성되는 기제를 설명하는 것이 우리가 해야 하는 일이다.

    사업가는 상이한 요소들 또는 생산력의 단위들이 생산과정에 얼마나 가치가 있는지를 알아내며, 그렇지 않다면 자신의 사업을 계속 해나가지 못할 것이다. 서로 구분되는 요소들을 사용하려고 하는 사업가는 추가한 단위의 추가적 기여―전문적인 경세학 용어로는 '한계'생산물―라는 관점에서 생각할 것이 틀림없고, 단위들이 충분히 작다면 모든 요소별로 구분

된 특정한 기여들의 합은 공동생산물 전부와 같음이 증명될 수 있다.[108]

하나의 생산적 결합에 하나의 새로운 생산적 단위가 추가되는 경우에 체감하는 수확이라는 기술적 법칙이 산출의 변동을 완전히 설명하지는 못하는 점이 관찰될 것이다. 이 법칙만의 결과로는 동종 요소의 물리적 생산물 부가분은 문제의 요소가 빠져나간 곳에서는 증대하고 그 요소가 옮겨간 곳에서는 감소한다.[109] 그러나 여기서 더 나아가 그러한 이전은 그 요소가 빠져나간 곳에서 생산되는 상품의 총산출을 감소시키고 그 요소가 옮겨간 산업의 산출을 증가시키기 때문에 상대적으로 전자의 **가격**이 상승하고 후자의 **가격**이 하락하게 된다. 조직된 자유교환 사회에서는 생산자들이 당연히 생산물의 가치를 그 교환가치로 추정하지 그 물리적 규모로 추정하지 않는다. 어떤 종류든 요소의 추가가 이루어질 때 물리적 기여의 변동과 그 기여의 가치의 변동은 같은 방향으로 작용하며, 합쳐서 가치생산물의 총감소를 가져온다. 우리는 그 총변동을 체감하는 가치생산성 또는 간단히 **체감하는 생산성**이라고 부르겠는데, 이것은 체감하는 물리적 수확과는 언제나 구별돼야 한다.[110]

---

108 뒤의 141쪽과 그곳의 주석(115번)을 참조하라.

109 특정한 기여 또는 한계적 기여의 감소는 단위당 생산물 변동의 법칙에서 쉽게 추론된다. 자세한 증명은 테일러, 앞에서 든 책의 같은 곳, 특히 101쪽과 102쪽을 보라. 위의 본문에서 어느 한 단위의 '생산물 증가분'은 테일러와 대부분의 저작자들이 '생산요소'의 '한계생산물'이라고 부르는 것이다. 곧 보게 될 이유들 때문에 나는 생산요소(factors)와 한계증가분(margins)이라는 오해의 소지가 있는 용어를 모두 피하고 싶다.

110 여기서 사용된 용어들은 다소 자의적이지만, 현재의 혼동을 바로잡고 상이한 것들에 상이한 이름들을 부여하는 하나의 방법이다. 테일러는 (앞에서 든 책과 같은 곳에서) 도구적 법칙과 관련하여 '체감하는 수확'과 '체감하는 생산성'이라는 두 가지 표현을 다 사용하지만 사실상 거의 같은 의미로 그렇게 하며, 물리적 생산물의 변동과 가치생산물의 변동이 대조

귀속의 기제를 연구하기 위해 우리의 사회에 노동 이외의 어떤 다른 요인 또는 요소를 도입할 필요는 없다. 동일한 상품을 만드는 데 있어서 상이한 생산적 기능들에 다소간에 특화됐거나 전문화한 개인들로 구성된 집단들은 요소 간 협력에 관련된 모든 것을 원리상 대표하며, 이는 요소들의 성질에 어떠한 차이가 있든 마찬가지다. 그러므로 우리는 이런 상이한 기능자들을 요소의 유형들, 또는 '생산요소들(factors of production)'이라고 부를 수 있을 것이다. 다만 우리는 오해의 소지가 있는 함의를 가지고 있다는 점에서 이 용어를 회피하는데, 왜 그런지는 곧 알게 될 것이다. '정적인' 사회의 조건들—즉 재화의 생산과 소비에 관해 주어진 조건들—이 올바르게 설정된다면 우리가 앞에서 보았듯이 재산을 소유자의 인신에 내재된 생산적 능력과 구별하게 하는 그 어떤 의미의 재산도 존재할 여지가 없다.[111]

이 문제는 우리가 뒤에서 더 자세하게 논의할 것이다. 지금은 우리가 언급하는 어떠한 요소들(agencies)의 종류나 집단, 즉 어떠한 '생산요소'도 물리적 사실을 근거로 하여 형성되고, 생산과정에서 실제로 서로 교환될 수 있는 것들을 포함한다고만 이해해두자. 따라서 우리가 '생산요소들'

됨을 부각시키지 않는다. 이상한 이야기이지만 그는 분배에 대한 자신의 논의에서 스스로 잘 정식화한 체감하는 수확의 원리를 사용하지 않는다. 오히려 그는 각각의 산업에서 요소들의 비율에 가변성이 없는 가운데 상이한 산업들에 존재하는 요소들의 상이한 비율들을 이용하는 다른 추론방식을 채택한다. 이와 같은 원리가 관여됐다는 것은 테일러가 인식했고, 이런 점에서 그는 비저를 넘어 상당한 진전을 보여준다. 이 저작자는 테일러가 사용하는 것과 똑같은 귀속의 이론을 사용하지만, 특정생산성(specific productivity) 이론을 산업들에 별도로 적용하기를 거부하고 그 대신으로 그 같은 귀속의 이론을 펼친다. (뒤의 144쪽을 보라.)

111 위의 III장 참조.

을 이야기하게 된다면 그것은 3개만이 아니라 무한히 많은 수가 있게 될 것이다.[112]

사실 귀속의 문제를 둘러싸고 아주 많은 불필요한 모호화가 이루어졌다. 그것은 단지 결합수요의 문제 가운데 한 경우일 뿐이며, 소비재의 경우에 같은 상황이 흔하다. 노동에 대한 수요 또는 특정한 종류의 노동에 대한 수요를 분리해내는 것과 관련하여 노동이 단독으로 사용되지 않는다는 사실로 인해 생겨나는 모호함이나 특별한 난점이 항상 다른 상품들과 함께 소비되는 버터에 대한 별도의 수요곡선을 그리는 경우에 비해 사실 더 크지는 않다. 두 경우 모두에 가변비율의 원리가 해결의 열쇠다. 언제나 함께, 그리고 언제나 같은 비율로 사용되는 재화들은 생산의 조건들이 구별된다면 별개로 가치평가가 이루어질 수도 있겠지만 소비에 관한 한 별개의 재화들이 아니라 한 재화의 부분들일 것이다.

위와 같은 사실과 우리가 논의의 전제로 삼은 단순화된 조건들을 염두에 둔다면 조직의 실제 기제를 묘사하는 것이 어렵지 않다. 바로 앞의 장에서 그랬던 것처럼 어떤 한 임의의 조정된 상태에서 시작하여 연속적인 재조정을 거쳐 균형상태에 이르는 과정을 추적해보자. 생산자의 집단들이 추측컨대 어떤 식으로든 형성되고, 각 집단의 전체 생산물이 이미 묘사된 방식으로 결정되며, 집단의 구성원들 사이의 그 분배가 어떤 근거에 의해서든 이루어진다고 가정하자. 모든 개인이 자신의 입장을 개선하려는 욕구는 동시에 세 종류의 탐문으로 이어질 것이 자명하다. 첫째, 각 개

---

[112] 이는 대번포트가 이야기한 바와 같다(《기업의 경제학》 XXIII장 참조). 그러나 대번포트의 입장은 나중에 비판을 받게 될 것이다(뒤의 160-161쪽).

인은 자신이 구성원으로 있는 집단에 대한 자신의 가치를 확인하고 그것을 자신이 받는 몫과 비교하려고 할 것이다. 둘째, 각 개인은 다른 집단들에 대해서도 마찬가지로 자신이 얼마나 가치가 있을 수 있는지를 탐문할 것이다. 셋째, 각 개인은 한 집단의 구성원으로서 그 집단 안의 다른 개인들이 그 집단에 대해 갖는 가치와, 그 집단 밖의 개인들이 자신이 속한 집단에 끌어들여질 수 있다면 그 집단에 대해 가질 가치에 관심을 가질 것이다. 그 결과로 (1) 개인들이 각자 소속되어 일하는 집단의 산출에 기여하는 가치를 향해 보상들이 빠르게 재조정될 것이고, (2) 모든 개인이 자신이 생산에 가장 큰 기여를 할 수 있는 집단을 향해 이끌려갈 것이다. 소속집단에서 자신이 갖는 가치보다 많은 보상을 받는 개인이 있다면 누구든 방출되거나 보상이 축소될 것이다. 자신이 가진 가치보다 적은 보상을 받는 개인이라면 누구든 자신의 가치 전부와 같은 보상을 확보할 수 있을 것이다.[113] 왜 이렇게 말할 수 있느냐면 집단들 사이에 완전경쟁이 존재하도록 하는 조건들을 우리가 이미 설정했기 때문이다.

---

[113] 여기서 집단들의 내부조직 양태에는 우리가 신경 쓸 필요가 없다. 그것은 유효한 공동의 행동과 책임을 만들어내는 형태라면 어떤 형태를 취한다고 해도 좋을 것이다. 실제 삶에서는 물론 그것이 일반적으로 책임 있는 기업가를 매개로 하여 실현되지만 논의의 지금 단계에서는 그러한 기능자를 배제해야 할 필요가 있고, 사실 기업가의 용역은 아마도 조정이 이루어지는 일시적인 기간을 제외하고는 있으나마나할 것이다. 현실에 더 큰 왜곡을 가하는 것은 구성원들을 대상으로 하는 조직들 사이의 완전경쟁이라는 설정이다. 이 가정은 무엇보다 먼저 사회 전반에 걸친 완전지식과 의사소통을 포함한다. 더 나아가 그것은 많은 수의 집단들이 모든 종류의 용역을 최대한 활용할 것과 그들 사이에 담합하는 활동이 전혀 없을 것을 요구한다. 생산의 어떤 분야에서든 생산시설의 수는 그 각각의 규모에 의존하고, 그 규모는 다시 결합된 요소들의 가분성에 의존한다. 그래서 위(130-131쪽)에서 경쟁이 생산적 요소들이 지닌 가분성의 **정도**에 의존한다는 원리가 제시된 것이다. 노동분업이 시장의 범위에 의해 제약된다는 것은 옳은 말이지만, 상이한 시장들에서 판매되는 상품들은 동일한 효용의 총량을 나타내지 않으며 그래서 상이한 상품들이다.

모든 생산적 집단들은 이처럼 실제의 구성원들과 잠재적 구성원들의 용역을 놓고 서로 경쟁할 것이고, 사회 안의 개인들은 현존하는 사회질서와 아주 비슷한 방식으로 집단 안의 자리들을 놓고 경쟁할 것이다. 어느 한 집단이 어느 한 사람에게 지급할 수 있는 것의 기준은 그 집단이 그 사람 없이 생산하게 되는 것 이상으로 그 사람이 그 집단으로 하여금 더 생산할 수 있게 해주는 양인 것이 분명하다. 마지막으로 조정된 상태에서는 집단의 소득에 대한 개인의 기여가 사회 전체의 소득에 대한 그의 기여이고, 개인은 자신이 정말로 가장 능률적인 자리에 가는 것을 통해 그 기여를 가능한 한 크게 만들도록 하는 압력을 받는다.[114] 경쟁적 조직의 경향은 따라서 자유방임주의 문헌을 통해 우리에게 익숙해진 바로 그 이상적인 조정으로 나아가는 것이다. 마지막으로 조정된 상태에서는 조직이 메워지지 않는 손실을 발생시키지 않고는 변화될 수 없을 것이고, 총 생산물은 각자에게 그가 부가한 만큼의 생산물을 주는 것을 통해 모든 청구권자들에게 분배될 것이다.[115]

---

[114] 사회 전체에 대한 가치기여의 의미와 관련해 난점이 있다. 교환가치는 본질적으로 비율이므로 교환가치의 총합은 의미가 거의 없다. 우리는 이를테면 특정한 상품을 기준으로 시장에 의해 측정된 사회의 가치소득이 다른 어떤 상태에서보다 마지막 조정에 이르렀을 때 더 클 것이라고 장담할 수 없으며, 또한 개인이 사회로 하여금 생산할 수 있게 한 물리적 상품을 얻는다고 말하는 것도 물론 도움이 안 될 것이다. 정답은 그가 수행한 물리적 기여의 **가치**를 얻게 되고 이는 그것을 사는 데 충분한 가치소득이라는 것이다. 실제의 물리적 기여는 이론적으로 보아 사회에서 생산된 사실상 모든 상품의 매우 작은 증분들로 구성된다고 해야 할 것이고, 거기에는 아마 '여가'의 증분도 포함될 것이다.

[115] 위에 서술된(배경이 다소 다르기는 하지만) 분배과정의 이론적 소진성에 대한 충분한 논의와 증명에 대해서는 웍스티드의 《정치경제학의 상식》 II권 VI장과 《분배 법칙의 통합조정》 이곳저곳을 보라. 독자는 위에서 조정이 이루어지는 방식으로 가정된 것이 미국의 경제학 문헌에서 자주 접하게 되는 '정량추가 방법'과 매우 다르다는 것을 알아차릴 것이다

이런 이론적 결과에 전제된 조건들은 사실 추상적이다. 하지만 그것은 완전경쟁의 조건들이고, 실제 사회가 어느 정도 가까이 접근하는 조건들이다. 사회가 하나의 이상인 자유경쟁에 어느 정도 가까이 실제로 접근하기 때문에 자유경쟁을 이해하는 것이 중요하며, 그것을 완벽하게 실현하는 데 필요한 조건들의 인위성을 충분히 인식하는 것도 중요하다.

균형의 조건을 정식화하는 또 다른 방식은 조정을 생산적 용역들의 가격이 연속적으로 재조정되는 과정으로 보는 것이다. 이런 과정은 소비재들의 가격이 결정되는 과정과 더욱 유사할 것이다. 우리는 각각의 생산자나 집단이 추상적인 생산력을 사기 위해 지출할 일정한 금액의 돈을 가지고 시장에 있다고 생각할 수 있다. 어느 시점에든 수립된 가격수준에서 일정한 가격지출을 할 때에는 생산물에 가장 크게 가격기여를 하는 생산적 요소들이 구매될 것이다. 그러나 존재하는 모든 요소의 양이 고정돼 있으므로 모든 요소의 동등한 가격량이 생산물에 동등한 가격기여를 하는 지점까지 경쟁이 신속하게 가격 재조정을 강제할 것이다. 이는 소비재의 경우에 모든 재화의 동등한 가격량이 모든 소비자에게 '동등한 효용'을 나타내게 되는 것이 틀림없는 것과 같다. 생산체계의 조직 전체는 사실 소득지출의 조직과 아주 유사하다. 생산적 요소들은 이제 모든 용도에서 유사한 단위들에 대한 보상의 동등성이 확보되도록 배분되는 것에 의해 최선의 사용이 이루어지게 될 주어진 자원들이다. 하나의 전체로 본 조직에서 두 개의 원리가 결합된다.

(특히 J. B. 클라크의 《부의 분배》 XII장을 참조하라). 그 방법의 절차는 필자가 보기에 불필요하게 추상적이고 비현실적이며, 생산시설들 사이의 경쟁이 가져오는 효과를 추적하는 현실주의적인 방법에 비해 따라가기가 더 어렵다.

화폐소득은 도구적 매개수단이므로 배제해도 된다고 보면, 그 결과는 사회의 실제 자원들은 모든 곳의 유사한 물리적 단위들이 그것들 중에서 선택을 할 위치에 있는 모든 사람에게 물리적으로 동등한 기여를 하도록 모든 용도에 배분되는 경향이 있다고 말하는 것으로써 진술될 수 있다.

이제는 분배에 관한 생산성이론에 대해 제기돼온 보다 중요한 반론들에 눈길이 갈 것이다. 물론 그런 반론들 가운데 다수 또는 전부가 앞에서 이미 답변됐고, 따라서 아마도 위에서 제시된 형태의 이론에 대한 반론으로 제기되지는 않을 것이다. 우선 분배이론 그 자체를 그것으로부터 연역된 어떤 폭넓은 도덕적, 사회적 독단론에서 완전히 분리해야 한다는 입장을 고수하자. 미국의 선도적 분배이론 주창자인 J. B. 클라크 교수가 이런 혼돈이 초래된 데 부분적인 책임이 있다. 그는 저서 《부의 분배》의 몇몇 부주의한 구절[116]을 통해 혼돈을 초래했다. 그러나 이런 윤리적 연역의 부당성은 그 이론의 또 다른 해설자인 카버 교수[117]가 잘 논의했을 뿐만 아니라 J. M. 클라크[118]도 그 이론 자체를 방어하는 과정에서 잘 논의했다. 그러므로 우리는 그 이론이 가지고 있지도 않은 사회적 함의를 좋아하지 않는 그러한 저작자들의 비난은 건너뛸 수 있겠다. 대번포트[119]와 애드리언스[120]의 비판 가운데 상당부분이 그런 비난에 속한다. 우리는 Ⅵ장에서 경

---

[116] 특히 8쪽과 9쪽을 보라.
[117] 《계간경제학지》, 1901년 8월.
[118] 《계간정치학》, 1915년 6월.
[119] 《기업의 경제학》 Ⅹ장.
[120] '특정생산성', 《계간경제학지》 XXIX권 149쪽 이후, 특히 159쪽과 160쪽.

쟁체제가 지닌 윤리적 측면의 문제를 간략하게 다룰 것이다.

생산성이론 그 자체에 대한 하나의 오래되고 흔한 비판으로 비저[121]가 잘 진술한 것이 있다. 비저는 생산성이론에 대한 멩거의 진술을 반박하고자 했고, 보다 근년에는 특히 웍스티드를 참고하는 홉슨[122]이 비저와 상당히 같은 종류의 공격을 했다. 그들이 주장하는 바는 그 이론이 정의한 대로 각각 별도로 구분된 요소들의 생산물을 모두 더한 결과는 공동생산물 전체와 같지 않고 그보다 상당히 더 클 것이기 때문에 특정생산성 또는 한계생산성은 분배에 대해 이론적으로 적절한 방법론을 제시하지 못한다는 것이다. '한 단위'가 철수될 때 생산물 전체에서 차감되는 양은 그 요소에만 귀속될 수 있는 양보다 훨씬 큰데, 이는 어느 요소든 그것이 없어지는 것은 조직을 다소간에 혼란되게 할 것이기 때문이라고 주장된다. 그러므로 이 방법에 의해 각각 별개인 '생산요소들' 각각에 그것의 특정한 기여대로 배속시킬 수 있도록 전체를 정확하게 부분들로 나누는 것은 불가능하게 된다는 것이다. 비저는 대안의 방법을 제시하는데, 그것은 생산성이론 그 자체에 대한 F. M. 테일러 교수의 설명[123]과 동일하다. 홉슨은 이 문제는 다루기가 불가능하다고 독단적으로 선언했다.

---

[121] 《자연가치》 3부 '생산적 수익의 자연적 귀속' 중 22장.

[122] 《산업체제》 V장 부록 112-120쪽. 같은 목적의 다소 다른(수학적인 부분을 내포한) 종류의 논증은 《정치경제학지》 IX권(1901년 3월) 161쪽 이후에 실린 R. S. 패턴의 글에 의해 제시됐다.

[123] 위의 137쪽 주석을 참고하라. 테일러는 산업들 각각에서는 요소들의 비율에 변동이 없는 가운데 상이한 산업들 사이에 존재하는 요소들의 비율의 차이를 통해 특정생산성을 귀속시킬 수 있다고 주장한다는 점에서 옳다. 사실 두 요인이 다 작용한다. 우리는 '생산요소(factor of production)'라는 개념에 내포된 오류를 이미 언급했고, 곧 더 논의할 것이다.

이런 종류의 추론에 들어있는 오류는 비교적 작은 조직과 생산적 용역의 비교적 큰 뭉치들 또는 단위들에 시선을 고정시키는 데 있다. 산업사회의 실제 크기와 대다수 요소들의 통상적 단위가 가진 실제 크기를 고려한다면 '혼란'은 무시해도 좋다는 것을 알게 될 것이며, 이론적으로 분명히 그 단위들은 크기가 매우 작으며 개별적으로 소유된 가운데 서로 유효하게 경쟁할 것이 틀림없다. 다시 말해 수학적인 의미에서 그 비율들은 연속적으로 가변적일 것이 틀림없다. 그런데 보통의 경우에는 이런 가정에서 초래되는 오류가 경쟁적 조정에서의 다른 부정확성에 비하면 크지 않다. 요소들이 고도의 가분성을 갖고 있지 않거나 가분성을 전혀 갖고 있지 않으며 그래서 경쟁이 어느 정도로든 독점에 자리를 내주는 예외적인 경우가 있는 것은 사실이다. 이런 예외는 산업 전체에서 비교적 드물지만 상당한 정도의 절대적 중요성을 가지며, 우리는 나중에 특이하고 불가분한 요소들과 관련하여 뭔가 이야기할 것이 있을 것이다.[124]

패던은 더 나아가 앞에서 언급된 글에서 생산성이론에 대한 클라크 교수의 설명, 즉 어떤 생산요소가 수취하는 양은 그 생산요소의 한계단위에 부여된 임의의 크기에 의존함을 명시적인 근거로 한 설명에 공격을 가한다. 이런 논점도 가설적으로는 건전하지만 적절하지는 않다. 단위의 크기는 임의적인 방법론의 문제가 아니라 사실의 문제인데, 클라크 교수는 그 반대의 의견을 내비친 것으로 보인다는 것만으로도 비판받을 수 있다. 그 이론의 건전성, 즉 경쟁적 분배의 가능성이라는 것 자체가 사실상 생산적

---

[124] Ⅵ장을 보라.

요소들이 작은 크기의 협상단위들로 실제로 나눠진다는 데 의존한다.[125] 우리는 '노동' 또는 어떤 '생산요소'가 그 자신의 생산물을 얻거나 얻는 경향이 있다고 말하는 것은 오류라고 생각해야 한다. 이것은 실제의 개별 인간 또는 다른 개별 요소에 대해서만 성립한다.

세 번째로 다소 철학적인 비판이 대번포트와 애드리언스에 의해 개진됐다. 예를 들어 노동의 '한계'생산물은 다름 아닌 바로 그 한계단위의 생산물인 만큼이나 공동생산물이라고 주장된다. 지대가 없는 토지를 사용하는 노동자도 여전히 그 토지를 사용하기는 해야 하고, 그 토지 없이는 아무것도 생산할 수 없으며, 따라서 생산물을 그 노동자만의 것으로 돌릴 수 없다. 타우시그 교수도 비록 대번포트와 마찬가지로 다소 조심스럽게이긴 하지만 모든 생산물은 공동생산물이며 서로 별개인 요소들에 돌릴 수 있는 부분들로 나눠질 수 없다고 주장한다. 다만 때로는 그가 모든 소득을 노동의 '생산물'로 간주하는 경향이 있기는 하다.[126] 이런 추론을 자세히

---

[125] 우리는 여기서 패던이 제기한 또 다른 논점, 즉 체증하는 수확이 그 이론에 미치는 영향에 주목할 수 있다. 가설적 정량추가 과정의 초기 국면에는 체증하는 수확이 특정한 지점까지 보장되리라는 것이 일반적으로 인정된다. 패던은 이 같은 체증하는 수확의 국면이 과정 전체에 걸쳐 지속된다고 '가정'함으로써 손쉽게 그런 방법의 적용이 터무니없는 것으로 보이게 만든다. 이런 종류의 추리는 그러나 그가 그전에 제시한 논점보다 더 자의적이고, 따라서 우리의 논의를 이것 때문에 지체시킬 필요가 없다. 우리는 이미 체증하는 수확은 터무니없는 것이고, 그러한 조건 아래에서 사용되는 요소는 역생산적이므로 전혀 사용하지 않는 것이 낫다는 점을 자세히 보였다. A. 랜드리 교수도 카버 교수를 비판하면서 이 가정을 과도하게 적용했다. (《계간경제학지》 XXIII권 557쪽 이후를 보라.)

[126] 미국경제학회 22차 연례회의 회보 143쪽. 노동은 모든 부를 생산하지만 그것 모두에 대해 권리를 갖지는 못한다는 타우시그의 진술은 내가 보기에는 뒤집는 것이 나을 것 같다. 노동은 재화의 유일한 인과적 원천이라고 주장할 수 없지만, 그것 모두를 소비할 권리에 대한 피상적 주장을 내세울 수 있다.

살피다보면 우리는 생산과 인과관계의 의미라는 문제로 이끌리게 되는데, 이 문제는 곧 다루게 될 것이다. 지금으로서는 그 추론이 공학적 생산성과 경제적 생산성의 혼동을 내포하고 있음을 지적하는 것만으로 충분할 것이 틀림없다. 한계노동에 의해 사용되는 토지는 앞쪽의 의미에서는 생산활동에 필요할 수 있지만 뒤쪽의 의미에서는 그렇지 않다. 왜냐하면 가설적으로 말해 만약 그 토지가 사용에서 배제된다면 그것은 곧바로 동등하게 양호한 다른 토지로 대체될 수 있고, 그렇지 않다면 그것은 자유토지가 아닐 것이기 때문이다. 그 오류는 '효용'(일반적으로 정의된 대로의)과 경제적 가치의 혼동과 유사하다. 자유재는 공기와 마찬가지로 삶에 필요할 수 있지만 어느 특정한 일부가 필요한 게 아니므로 그 재화는 경제적 가치를 가질 수 없다(만약 효용이라는 용어를 어떤 종류든 경제적 중요성을 함축하는 것으로 사용한다면 우리가 위에서 논증했듯이 그 재화는 효용을 갖는다고 말할 수도 없다).

마지막으로 우리는 홉슨이 일반적인 '한계주의' 이론에 대해 제기한 또 하나의 반론에 주목해야 한다.[127] 한계주의는 선택을 합리적으로 다루는 데 필요한 사고틀이며 삶에 대한 합리적 관점은 근본적 제약들에 구속된다는 홉슨의 기본적인 입장에는 필자도 진심으로 동의한다. 홉슨이 분배에 관한 생산성이론을 특정하여 그것에 자신의 비난을 적용할 의도인지는 분명하지 않지만 그러한 적용은 오류가 되리라는 점을 말해두는 것이 부적절하지는 않을 것이다. 일반적으로 말해 우리가 주목하고 있는 논의가 우리로 하여금 믿게 하려는 정도보다 훨씬 더 많이 경제

---

[127] 《노동과 부》 XXII장.

적 행동에서 대안들에 대한 신중한 양적 균형 잡기가 존재한다고 우리는 주장하지만, 이것은 중대한 문제이며 여기서 철저하게 논의할 수 없다. 우리에게는 삶의 구성이 홉슨의 그림과도, 조리법에 의해서나 전체의 이상적인 모습에 대한 선입견에 의해서 재료들의 비율이 경직적으로 결정되는 케이크와도 밀접하게 유사하다고 여겨지지 않는다. 어쨌든 산업에 의한 재화의 생산은 매우 단호하게 말하건대 하나의 합리적인 과정, 즉 개별 요소들의 이러한 매우 분리가능한 효과의 관점에서 생산자에 의해 실행된 조정이다. 홉슨이 다른 곳[128]에서 주장했듯이 요소들이 사용되는 비율을 기술적인 조건이 규정한다는 것도 진실이 아니다. 토지 대 노동의 비율과 토지나 노동에 대한 자본의 비율, 그리고 넓은 범위에서 그 각각의 다양한 종류끼리의 비율은 적어도 기본적인 산업들에서는 기술적 한계가 거의 없는 범위에 걸쳐 변동될 수 있다. 여기에서도 역시 최종적인 판단은 사실에 맡겨야 한다. 생산자가 노동, 토지, 자본을 어떤 단위만큼이든 사용하기 위해 시장에서 구매하려고 제시하는 대가의 양, 또는 수립돼있는 가격에서 어떤 것이든 구매할 양을 결정하는 것은 그의 조직 전체에 부가된다고 그에게 느껴지는 가치다. 그러므로 바로 이러한 '특정 생산물'이 생산적 요소들 전체에 대한 전체 소득의 분배를 좌우한다.

앞에서 말했듯이 생산성이론에 대한 반론의 대부분은 생산과 생산물의 의미와 관련되고, 분배의 기제가 실제로 어떻게 작동하는지에 대한 어떤 근본적인 의견불일치보다는 용어사용의 적절성이 궁극적인 문제가 된다.

---

[128] 위에서 인용한 《산업체제》.

이제 우리는 어떤 요소가 조직 전체의 총산출에 부가한 것을 그 요소의 특정 생산물이나 별도 생산물이라고 부를 때에는 '생산물'이라는 낱말을 '원인'과 '결과'라는 낱말 또는 그 동의어인 용어들이 지녀온 의미와 똑같은 의미로, 그리고 그러한 의미로만 사용하는 것임을 지적해두고자 한다. 어떤 하나의 사건이 다른 또 하나의 사건의 원인이라는 말은 절대적인 의미에서는 결코 진실이 아니다. 어느 한 시점의 우주의 상태 전체는 그 다음 시점의 우주의 상태 전체를 초래하는 원인이라고는 어쩌면 말해도 되겠지만, 우리가 'A'가 'B'의 '원인'이라고 말할 때에는 **언제나** 다른 것들은 동일하다고 가정하고 그러는 것이지 우주의 나머지가 모두 제거되면 'A'가 홀로 'B'를 만들어낼 것이라고 말하려는 것이 결코 아니다. 그리고 어떤 단일의 사건을 다른 하나의 사건에 원인 또는 결과로 귀속시키는 것은 언제나 대체로 자의적이다. 모든 사건은 무한한 수의 원인을 가지고 있으며, 우리가 그 가운데 어느 하나의 것만을 가려내어 '그' 원인으로 지목하게 될지는 상황, 관점, 다루는 문제에 따라 다르다. 어느 한 현상에 대한 '그' 원인은 다소 실용적인 이유에서 긴요한, 그리고 대개는 통제의 관점에서 긴요한 그 현상의 필요조건 가운데 하나일 뿐이다. 그것은 상황이 우리로 하여금 다른 것들을 주어진 것으로 간주할 수 있게 해준다면 우리가 관심을 가져야 하는 바로 그것이다. 특정한 사건의 원인으로 열두 개의 상이한 선행사건을 언급하는 것이 상황에 따라서는 틀림없이 옳을 수도 있다. 따라서 다른 요소들이, 심지어는 사회체제 전체가 어떤 한 재화의 생산에 관여하고 있을 수 있다는 사실이 그 재화가 특정한 요소, 즉 해당하는 경우의 실제 상황 아래서 어떤 요소의 활동이 그 창출을 실제로 좌우한다고 할 때 그 요소의 (특정) **생산물**임을 반박하는 근거가 되지는

않는다.[129]

　가격의 관점에서, 그리고 공급과 수요를 토대로 해서 정적인 조직의 원리를 일반적인 분석적 진술로 표현해보면 그 진술은 두 개의 주된 부분으로 구성된다. 우리는 소비재와 생산적 용역의 각각과 연관된 두 개의 가치평가 문제를 검토해야 한다. 이 두 개의 문제는 흔히 '가치'와 '분배'로 지칭된다. 두 개의 문제 중 앞엣것을 먼저 살펴보는 게 편리할 것이다. 우리는 생산요소들의 비율 변동에 관한 법칙의 유효한 형태는 체감하는 가치생산성의 법칙임을 이미 보았다. 모든 재조정은 생산적 자원의 이전을 내포한다는 것, 그리고 그러한 이전은 모두 가격변화를 암시한다는 것은 자명하다. 여기서 가격변화란 그러한 이전이 자원이 빠져나간 조직에서 생산되는 재화의 가격을 상승시키고, 자원이 옮겨간 곳에서 생산되는 재화의 가격을 하락시키는 것을 가리킨다. 그리고 이 같은 가격변화의 효과는 체감하는 물리적 수확의 효과와 방향이 같다. 지금으로서는 우리가 소비재 측면의 가격 반응에 대한 피상적인 관점에 만족하고

---

[129] 필자의 의견으로는 생산성이론에 대한 반감은 주로 현존하는 질서가 도덕적으로 이상적이라는 신념과 결합된 하나의 관념, 즉 노동과 자본의 생산성이 분배에서의 도덕적으로 응당한 보상을 나타낸다는 관념 때문이다. 생산성 보수를 이상적인 정의로움과 동의어로 취급하는 이론가들은 단지 유행하는 견해를 무비판적으로 입에 올리고 있을 뿐이다. 바로 이러한 유행하는 독단론이야말로 난점의 온상이다. 또한 이것은 가장 터무니없는 종류의 혼동을 나타내는 것이며, 현존하는 상태의 정의로움에 관한 용납할 수 없는 결론을 피하려고 인과관계의 문제에 대해서도 같은 정도로 혼동된 추리로 나아간다. 여기서 이 문제를 깊이 천착할 수는 없지만, 약간의 검토만 해봐도 생산에 대한 인과적 기여를 분배에서의 도덕적으로 응당한 보상과 같은 것으로 보거나 그것과 매우 유사한 것으로 보는 관점을 옹호할 근거가 거의 없음을 알게 된다. 상속된 재산과 몇 가지 의미의 기회에 불평등이 있는 것도 분명하지만, 개인적인 능력에서 타고난 차이도 더 나은 대우에 대한 타당한 도덕적 권리를 만들어내는 데 마찬가지로 무력함이 인정돼야 한다.

분배몫의 관점에서 체계의 균형을 가져오는 가격 조건들을 밝혀내는 일로 넘어가도 될 것이다. 그 다음에는 분배몫을 요소에 대한 보상이 아니라 요소의 용역이 들어간 재화의 비용으로 보는 쪽으로 관점을 옮길 것이다. 조정과 그에 따른 균형을 소비재들의 가격과 비용 사이의 관계로서 연구한 뒤에는 우리가 두 가지 분석을 하나로 모아 가격과 관련된 사실들의 세 가지 조합—재화의 가치, 재화의 비용, 그리고 생산적 용역의 가치—의 관계들을 볼 수 있다. 총량으로는 그 세 가지 개념이 동일하며, 세 가지 모두가 사실은 사회적 소득을 서로 다른 관점에서 바라본 것임이 분명하다.

지금 우리가 다루고 있는 '정적상태'라는 문제의 관점에서 보면 모든 생산적 요소의 공급은 경직되게 고정되어 있고, 그 용역에 대한 가치평가의 이론은 바로 앞의 장에서 소비재에 대해 제시된 시장가격의 이론과 매우 유사하다. 특정한 종류의 요소에 대한 수요와 공급의 실태는 각각의 가격에서 제공될 양과 판매될 양을 보여주는 표나 그래프의 형태로 표현할 수 있고, 그러한 표현에서 균형점이 분명히 나타날 것이다. 그 관계에서 공급과 수요 양 측면의 사실들은 소비재의 경우에 비해 더 복잡하다. 공급의 측면에서는 우리가 존재하는 양을 한순간만이라도 주어진 물리적 자료로 간주할 수 없다. 왜냐하면 우리는 어떤 특정한 종류의 요소든 그것 자체가 아니라 그것의 **용역**을 다루고 있기 때문이다. 요소의 양이 고정되어 있더라도 거기에서 나오는, 판매할 수 있는 용역의 양은 제시되는 가격에 따라 얼마든지 변동할 수 있다. 두 개의 경로가 가능하다. 우리는 요소의 고유한 물리적 특성을 토대로 해서, 또는 생산된 물리적 결과의 관점에서 용역들을 정의하고 분류할 수 있다.¹³⁰ 우선 물리적으로 정의된 요소를 생각해보자. 이 경우에는 수요곡선을 그릴 때 다소간에 유사한 요소들의 대체효과를 고려해야 한다. 또 공급은 특정한 종류의 물리적 요소, 다시 말해 완전하게 동질적이고 보편적으로 서로 교환될 수 있으면서 그들끼리 무리를 짓고 있는 것들의 공급을 의미하게 될 것이다.

그것은 일상적으로 흔히 보게 되는 상태인데, 왜 그러냐면 사람은 낮은 임금을 받기보다 높은 임금을 받기 위해 더 많이 일할 것-다시 말해 더 열심히 일하거나 매일 더 많은 시간 동안 일할 것-이라고 가정하는 것이 피상적으로 볼 때 '당연하다'고 말할 수 있기 때문이다. 그러나 조금만 더 살펴보면 이런 가정은 합리적인 행태에는 정확히 들어맞지 않음이 드러난다. 사람들이 합리적으로-다시 말해 불변의 동기에서 체감하는 효용의 법칙에 따라- 활동하는 한 그들은 더 높은 임금률에서는 **더 많은 돈**을 벌면서도 **더 적은 시간** 동안만 일하게 되도록 자신의 시간을 돈을 버는 용도와 비산업적인 용도로 나눌 것이다. 정확하게 어디에서 균형이 이루어질지는 돈(돈으로 구입할 수 있는 것들의 집합을 대표하는)과 여가(비금전적인 대안의 시간사용을 대표하는)를 비교하는 곡선의 형태에 의존한다. 따라서 우리는 가격을 기준으로 한 우리의 순간적 공급곡선을 다소 우하향하는 기울기를 갖도록 그린다.¹³¹

....

130 내가 보기에는 J. B. 클라크 교수처럼 가격의 관점에서 용역을 정의하는 것(《부의 분배》 VI장)은 얼토당토않은 것 같다. 가격의 관점에서 측정한다면 단지 하나의 요소만 있게 되고, 분배이론은 순전한 '신결문제 요구의 오류'가 될 것이다.

131 이런 결론이 만약에 약간 숙고한 뒤에도 자명하지 않다면 다음과 같이 추리하면 증명될 수 있다. 종전에 완전한 균형조정에 있었던 사람이 더 높은 시간당 또는 개당 임금률로 종전

두 번째 선택지는 요소를 그것이 생산하는 물리적 결과의 관점에서 정의하는 것이다. 이렇게 한다면 어느 한 순간의 공급곡선이 취하는 형태는 간단히 말해 논의 대상인 용역의 전문화 정도에 의존할 것이다. 한쪽 극단에서는 우리가 특정한 일자리에 고용된 미숙련 노동과 같은 전문화되지 않은 노동을 갖게 될 것이다. 그러한 용역의 경우에는 모든 용도에 걸쳐 수립돼있는 경쟁가격보다 낮은 가격에서는 공급이 전혀 없을 것이고, 그보다 높은 가격에서는 사실상 무한한 공급이 있게 될 것이다. 다시 말

과 똑같이 일해 비례적으로 더 많은 소득을 올린다고 가정하자. 그런데 그 사람이 늘어난 돈을 쓰기로 한다면 당연히 그는 이미 소비해온 다수의 상품들에 대한 지출을 늘리는 동시에 새로운 상품들도 갖기를 원할 것이다. 그가 모든 분야에서 동등한 지출의 동등한 중요성을 보존하는 방식으로 자신이 갖게 된 자원을 배분하기 위해서는 자신이 새로 얻게 된 자금 가운데 일부를 여가의 증가를 위해 지출해야 하는 것이 분명하다. 다시 말해 자신의 노동시간 가운데 일부를 되사들여야 하거나 돈을 벌지 않는 방식으로 자신의 돈 가운데 일부를 지출해야 한다. 이런 결론은 중요한 실제적 고려, 즉 돈을 지출하는 데도 시간과 에너지가 필요한데 최선의 결과가 확보되게 하려면 그런 시간과 에너지를 일하는 기간에서 빼내야 한다는 고려에 의해 강요된다.

　주어진 노동자들로부터의 노동공급 곡선이 취하는 형태에 관한 사실들은 후진국, 특히 열대지역 국가에서 원주민 노동자를 고용한 사업가들에게 잘 알려져 있다. 선진공업국에 사는 백인들은 항상 그렇게 합리적인 행태를 보이지는 않았다. 그들의 전통이 그들로 하여금 보다 내면적이고 영적인 즐거움보다는 돈으로 구매할 수 있는 종류의 만족을 더 선호하도록 해왔기 때문이다. 그러나 예상할 수 있었을 만한 결과가 세계대전 발발 이후에 매우 두드러지게 나타났다. 노동의 특정한 종류들에 대한 임금이 전례 없이 높은 수준으로 오르면서 생산의 증가 대신에 빈둥거림과 낭비가 초래된 것이다. (우리는 지금 **영구적인** 변화를 이야기하고 있음을 명심하는 것이 중요하다. 임금률이 일시적으로 더 높아진 상황에서 나중에 더 많은 여가를 구매하기 위해 더 열심히 일하는 것은 합리성에 부합할 것이다.)

　이 주제에 대해서는 위와 같은 측면에서 토지나 기타 재산의 용역은 노동과 다르리라고 가정하는 것도 오류라고 우리는 생각할 수 있다. 이런 요소들도 대안의 비금전적 용도를 가지고 있다. 이를테면 토지의 임대료가 상승하게 된다면 지주들이 토지의 더 넓은 부분을 잔디마당, 꽃밭, 운동장, 조수보호구역, 오락공원 등으로 사용하는 반면에 더 좁은 부분만을 경작과 시장에 내다 팔 수 있는 곡물의 재배에 사용할 수 있는 여유를 갖게 될 것이고, 만약 그들이 계산을 면밀하게 한다면 실제로 그렇게 할 것이다.

해 가격의 함수로 본 공급곡선이 수직선이 될 것이다. 다른 한쪽 극단에서는 다이아몬드 세공사나 항공기 조종사와 같이 절대적으로 전문화된 용역이 있을 것이다. 이런 용역의 경우에는 특정한 최저가격보다 낮은 가격에서는 공급이 전혀 없을 것이고, 가격이 상승하면 그에 따라 공급이 급속히 증가해서 그 용역을 위한 훈련을 받은 사람들이 모두 고용될 것이며, 그 뒤에는 앞에서 논의한 주어진 요소의 용역 공급곡선에 합쳐질 것이다. (가격의 함수로서의 공급을 보여주는 아래 그래프들을 보라.)

수요와 관련해서도 생산적 용역의 경우는 소비재의 경우에 비해 덜 단순하다. 그 수요는 (a) 요소의 생산물에 대한 수요를 반영하는 것으로서 언제나 간접적인 것이거나 유도된 것이고, (b) 성질상 언제나 결합된 것이다. 첫 번째 사실과 관련해서는 수요가 고도로 복합적이기도 해서 동일한 생산적 요소가 광범한 욕구들에 번갈아 부응하고, 크게 상이한 요소들이 동일한 욕구에 부응한다. 생산적 용역의 사용에서 만나게 되는 이런 복잡성은 그것의 정말로 논리적인 분류를 불가능하게 하지는 않다고 하더라도 어려운 문제로 만든다. 결합수요라는 사실은 우리가 앞에서 보았듯이 생산자의 재화를 소비자의 재화와 정도의 차이로만, 그리고 비교적 제한된

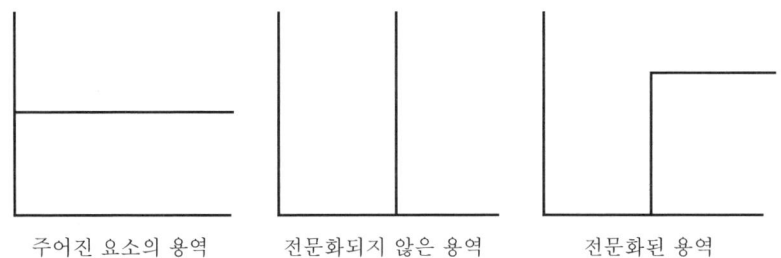

주어진 요소의 용역   전문화되지 않은 용역   전문화된 용역

정도로만 다르게 한다.

물리적으로 정의된 유형에 해당하는 요소의 용역이 판매될 수 있는 양을 가격의 함수로 보여주는 수요곡선의 형태는 소비재 수요곡선의 형태와 유사하다. 그것은 앞에서 이미 묘사한 체감하는 가치생산성의 곡선인데, 체감하는 물리적 생산성과 하락하는 가격 둘 다의 결과로 우하향한다. 말하자면 만약 어떤 생산적 요소의 공급이 증가하면 그 요소가 사용되는 결합들 안에서 그 요소의 비율이 전반적으로 상승하게 되고, 그와 동시에 그 요소의 사용이 상대적으로 중요한 상품들의 생산이 상대적으로 증가하면서 그 결과로 그것들의 상대적인 가격이 하락한다. 정적인 조건들 아래에서의 균형가격점은 사실상 그 요소의 **주어진** 공급과 관련된 특정생산성이다(다만 우리는 잠깐 동안에도 가격이 변동함에 따라 **용역**의 공급이 다소 변동한다는 점을 기억해야 하겠지만). 다시 말해 균형 상태에서는 각 용역의 가치가 총생산물에 대한 그것의 기여가 갖는 가치와 같고, 물리적으로 유사한 요소들의 기여는 체계 전반에 걸쳐 그 가치가 같다. 이런 조정이 생산적 용역의 가격들과 동시에 소비재의 가격들을 결정하는 것은 자명하며, 우리는 소비재에도 공급과 수요 분석을 적용함으로써 바로 앞 장에서 연구한 시장가격의 이론과 대조되는 **정상가격**의 이론을 제시할 수 있다.

어느 한 순간에 어떤 재화든 그 이론적 가격은 **현존** 공급의 ('한계') 수요가격, 즉 그 공급을 시장에서 가져갈 최고의 균일적 가격이다. 그 공급은 하나의 물리적 사실이며, 경제적 변수가 아니라 방정식의 상수다. 어느 한 재화의 장기간에 걸친 균형가격은 다른 문제다. 여기에서 상수인 것은 재화의 양(수요의 사실들과 더불어)이 아니라 ('정적인' 조건들 아래에서의) 재화 일반의 생산(과 그에 대한 수요)의 조건들이다. 특정한 재화의 공급은 자유로이 변화할 수 있으며, 다른 것들이 동일한 가운데 가격이 변동하면 그럴 것이다. 가격은 어떤 정해진 공급을 처분하기 위해서 조정되는 것이 아니라 생산율[132]과 소비율을 일치시키기 위해 조정되는 것이 틀림없는데 이 두 가지 다 가격에 따라 변동될 수 있거나 가격의 함수다.

그러나 수요곡선에 대한 특별한 재해석은 전혀 요구되지 않으며, 단 하나의 새로운 문제는 공급 측면에 있다. 수요율뿐만 아니라 공급률도 사실상 가격의 함수라고 일단 가정한다면 가격은 두 율을 일치시키는 균형점을 향해 움직일 것이 틀림없음이 자명하다. 왜냐하면 재화는 생산되는 것보다 더 빠르게 소비될 수 없고, 소비되는 것보다 더 빠르게 생산되지도 않을 것이기 때문이다. 어느 쪽으로든 어떤 차이가 있다면 그 차이는 가정된 함수관계에 따라 곧바로 가격에 반응을 가하고 가격이 생산에 반응을 가하게 되며, 이런 일이 거듭되다가 마침내는 수요와 공급 둘 다가 현존 가격에 부합하게 된다.

공급과 가격 간 관계의 토대와 성격을 연구하기 위해 우리는 생산을 통제하는 동기들을 고려해야 한다. 생산집단이나 생산시설은 어떻게 조직돼 있든 간에 구성원들(생산적 용역의 소유자들)을 붙잡아두기에 충분한 보수를 그들에게 지급해야 한다. 이는 곧 경쟁에 직면할 수밖에 없다는 얘기다. 어떤 집단이든 새로운 구성원을 고용해서 이윤을 얻을 수 있다면 그렇게 할 것이고, 어떤 새로운 구성원이든 그가 다른 데서 받아온 보상보다 조금만 더 많은 보상을 지급하는 것을 통해 그를 확보할 수 있을 게 분명

---

[132] 마셜은 장기의 수요와 공급을 시간율(時間率)로 올바르게 다루지만, 변수의 이런 형태를 시장가격 기준으로 다루어진 절대적인 양과 뚜렷하게 대조시키지는 않는다.

하다. 또한 어떤 구성원이든 손해를 보면서 고용돼있는 것이 틀림없다면, 다시 말해 그 집단이 지급할 수 있는 수준보다 더 많은 보상을 다른 경쟁 집단이 지급할 수 있다면 그 집단은 그 구성원을 잃게 될 것이다. 그러므로 어떤 상품이 어떤 가격에서 생산되든 간에 생산되는 상품의 양은 이윤도 손실도 낳지 않는 수준으로 빠르게 변동하는 경향이 있다. 왜냐하면 생산이 이윤을 아주 조금이라도 낳아줄 때에는 생산이 증가할 것이고, 그 역도 성립하기 때문이다. 이런 조정에 대한 연구를 위해서는 우리가 앞에서 그린 그래프의 두 축을 맞바꾸어 비용과 판매가격을 공급 규모의 함수로 보는 것이 편리하다.

비용은 공급이 증가함에 따라 증가할 수도 있고, 일정하게 유지될 수도 있고, 감소할 수도 있다고 일반적으로 가정된다(물론 판매가격은 실제로는 언제나 하락한다).[133] 이 문제는 사실 경제이론에서 가장 난해한 것 가운데 하나이자 아마도 최악으로 뒤죽박죽된 것 가운데 하나일 텐데, 여기서 충분히 논의할 수 없다. 그러나 자세히 살펴보면 완전경쟁에 필요한 조건들 아래에서는 공급이 증가함에 따라 비용이 언제나 증가하는 것으로 보인다. 완전경쟁이 존재하려면 산업 전체에 비해 상대적으로 작은 규모의 생산시설이 상대적으로 큰 규모의 생산시설보다 더 효율적이 되도록 조건들이 부여돼있어야 한다. 그렇지 않으면 독점이라는 결과가 초래될 것이다. 그런 조건들 아래서는 새로운 공급이 유사한 생산시설의 수가 증가하는 것을 통해 이루어지지 그런 생산시설들 가운데 어느 것의 규모가 커지는 것을 통해 이루어지지 않으며, 따라서 대규모 생산의 경제는 전혀

---

[133] 타우시그의 《경제학의 원리》 12장, 13장, 14장.

실현되지 않을 것이다.

반대로 공급의 증가는 생산적 자원이 다른 용도들로부터 옮겨져 왔음을 의미하는 것이 틀림없으며, 이는 경쟁관계에 있는 생산물들의 생산이 감소하고 그에 따라 가격이 상승하는 것을 통해 그 다른 용도들에서는 생산적 자원의 가격을 끌어올릴 것이다. 물론 경쟁이 존재한다면 가격이 모든 생산자에 대해 균일하게 올라갈 것이며, 말할 필요도 없지만 모든 공급 단위의 비용은 동일하다.[134]

비용함수의 정확한 형태는 특정한 재화에 들어가는 생산적 용역들에 대한 수요에서 그 재화가 갖는 중요성에 의존할 것이다. 만약 그 재화의 생산이 이런 용역들 모두에 대한 수요에서 무시해도 좋을 정도의 비중만 차지한다면 우리는 사실상 불변의 비용을 갖게 될 것이고, 만약 그 비중이 상당한 정도라면 우리는 보다 빨리 상승하는 비용을 갖게 될 것이다. 그것은 주어진 기술적 상황 속에서 체감하는 수확의 법칙을 나타내는 함수의 특성에 따라서도 달라질 것이다. 왜냐하면 생산이 증가함에 따라 공급이 보다 풍부한 요소들의 비율은 공급이 보다 더 제약된 요소들의 비율에 비해 상대적으로 상승할 것이기 때문이다. 123쪽의 그래프는 함수의 특성과 균형의 의미를 보여주는데, 공동생산의 조건들에도 적용될 수 있다.

정적상태를 가져오는 균형조건 또는 장기경향은 이제 세 가지 상이한

---

[134] 경제학 문헌에 이와 반대되는 가정이 가득하지만, 장기 정상가격을 다룰 때에는 그러한 가정은 분명한 오류다. 어느 한 산업 안의 상이한 생산시설들 사이에 비용의 차이가 있는 것은 회계관행의 차이에 기인한 것이 아니라면 경쟁적 조정이 불완전하다는 증거다. 지금 유행하는 한계비용이라는 개념도 같은 추리를 통해 해체된다. 생산자의 계산은 단위당 비용과 단위당 판매가격의 관점에서 이루어진다.

관점에 따른 세 가지 방식으로 정식화됐다. 분배의 관점에서는 모든 요소가 사회적 소득에 가능한 최대의 가치기여를 할 수 있는 상황에 있어야 하고, 그러한 기여에 의해 평가되는 것이 틀림없다. 소비재의 관점에서는 생산율과 소비율이 같아지거나 단위당 비용과 판매가격이 모든 곳에서 같아지게 하는 수준에 가격이 위치할 것이 틀림없다. 이런 진술들은 동일한 현상의 상이한 측면들을 표현하는 것으로서 논리상 동등함을 분명하게 아는 것이 중요하다. 재화의 비용들은 총량으로 보아 분배몫들과 같으며, 그 둘은 재화의 가격들과 같음이 자명하다. 여기서 세 가지 모두가 사실 사회의 총소득에 대한 상이한 이름이다. 이 모든 진술을 포괄하는 정식화는 소비재들과 생산적 용역들은 후자의 동등한 가격량이 전자의 동등한 가격기여를 만들고 그 가격기여는 체계 안의 모든 사람에 대해 동등한 효용을 갖도록 그 가격들이 정해져야 한다는 것일 게다. 이런 상태만이 안정적일 수 있고, 이와 다른 상태는 그게 어떤 것이든 이런 상태가 실현되게 하는 힘을 작동시킨다는 것은 그야말로 자명하다.

지금까지 우리는 경쟁적 귀속이라는 현상을 발생시키는 것으로 인간 용역의 상이한 종류들만을 다루었다. 다음으로 경제적 조직의 문제에서 재산의 의미와 역할에 주목할 필요가 있다. 물질적 생산재가 증가하거나 감소하게 되지 않고, 그 소유자들의 인신에서 분리되지 않으며, 그 소유자들의 개인적 능력에 동일한 제약이 적용되는 것이 틀림없다면 물질적 생산재는 조직의 원리를 수정하지 않음을 우리는 앞에서 보았다.

토지, 노동, 자본이라는 세 가지 범주로 생산적 요소들을 가르는 전통적인 분류는 앞에서 여러 차례 부정적으로 언급됐고, 여기에서는 올바른 정의와 분류라는 어려운 문제를 다루면서 좀 더 자세히 들여다보는 것이 적절하다. 이런 모든 종류는 결코 동질적이지 않으며 상이한 인간들, 상이한 기계들, 상이한 자연적 요소들이 특성과 수행하는 용역에서 아주 큰 다양성을 보이는 것이 분명하다. 노동을 보다 근사적으로 동질적인 집합들로 환원하려는 케언스의 시도는 우리에게 저 유명한 '비경쟁 집단'을 가져다준다. 무엇보다 뚜렷한 것은 상이한 자연적 요소들 사이의 비유사성이다—밀 생산지와 파인애플 생산지, 경작지와 방목지나 산림지가 각각 다르고, 이 모든 것이 광물 부존지와 다르며, 광물 부존지에도 수많은 종류가 있다. 자본은 이런 측면에서 볼 때 그 '유동성'이 고려되는 시간의 길이에 의존한다는 점에서 다소 특이하다.

다른 한편으로, 상이한 종류에 속하고 매우 다양한 물리적 성질을 가진 요소들이 그것들에 의해 달성되는 결과의 측면에서 볼 때 동등하고 서로 교환될 수 있다면 이것이 더 중요한 사실이다. 카버가 주장했듯이 도랑을 파는 막일꾼은 경제적으로 본다면 장부를 작성하는 회계원과 비슷한 만큼이나 굴착기와도 거의 유사하다.[135] 사실 경쟁적인 사회조직의 가능성은 다양한 비율들이라는 사실에, 다시 말하면 어떤 특정한 요소도 필수불가결하지 않아 일정한 범위 안에서 서로 대체될 수 있고 따라서 각각의 요소는 자신의 자리를 놓고 종류가 다른 요소들과 경쟁해야 한다는 사실에 의존한다. 그렇지 않다면 분명히 생산자들이 요소들을 각각 별개로 보고 구하려고 시장에 나오지 않을 것이고 요소들이 각각 별개로 경쟁적 입찰을 통해 평가될 수 없을 것이다. 분배라는 문제의 존재는 생산물의 창출에서 물리적으로 상이한 작용을 수행하는 상이한 종류의 요소들 사이의 협력

---

[135] 《부의 분배》 85쪽. 아울러 대번포트의 《기업의 경제학》 XI장과 XXII장도 참조하라.

에 의존하고, 이 문제가 풀릴 가능성은 여러 용역들의 특정한 양들이 가치 결과에 기여하는 데서 동등함에 의존한다. 이로부터 곧바로, 앞에서 보았듯이, 생산적 용역들의 기여에 근거한 분류나 측정은 분배 문제에 대해 그 어떤 의미도 갖지 못한다는 결론을 얻게 된다. 그러한 기준에 따르면 생산적 용역들은 모두가 하나의 거대한 동질적 기금을 형성하는 것이 된다.[136] 이 문제는 사실 어려운 문제이지만 무시하고 넘어갈 수 없는 것이다.

---

[136] 특히 J. B. 클라크 교수의 저작에서 예시된 2가지 생산요소(2-factor) 분석의 황당함이 언급돼왔다. 이 저작자는 그것과 밀접하게 연관된 오류, 즉 별개의 요소들을 그것들의 생산적 기여로 측정하는 오류에 빠진다. 그는 난점을 인식하고 분명하게 진술하며(《부의 분배》 374쪽 주석), 일종의 절대적인 주관적 측정기준을 세우는 것을 통해 그것을 회피한다. 필자가 이런 추론을 비평하기는 매우 곤란한데, 지면사정상 불가능하다. 나는 거기서 연관 짓기의 완전한 실패, 다시 말해 두드러진 '불합리한 추론' 말고는 아무것도 볼 수 없다. 그 오류는 '생산요소들'―그 수는 중요하지 않다―을 사용하는 다른 모든 분배이론에도 똑같이 내포되어 있으며, 그런 주제에 관한 문헌의 대부분이 그렇다는 점을 놓치지 말아야 한다.

두드러지게 눈에 띄는 예외는 앞에서도 언급한 바 있는 대번포트의 논의(《기업의 경제학》 XI장과 XXII장)인데, 이것은 문제의 이 측면에서는 탁월한 논의다. 그것의 미흡함은 장기적 분배문제와 단기적 분배문제를 적절히 분리하지 못한 데 있다. 바로 이 실패가 필자가 보기에는 경제학자들 사이의 논쟁에서 발견되는 차이가 재산권이나 정책의 문제와 관련된 것이 아니라 분배에 대한 과학적 설명과 관련된 것이라고 할 때 그런 차이의 대부분을 설명해주는 것이다. 장기의 관점에서는 분류의 문제가 또 다른 측면을 갖게 되어 상이한 유형의 요소들이 공급되는 조건들의 문제가 된다는 사실을 고려하는 것이 긴요하다. 전통적인 3종분류(또는 보다 특수하게는 노동과 자본의 분류)에 대한 옹호론은 A. S. 존슨이 '근현대 경제이론에서의 지대'에서 자세하게 주장했다(특히 35쪽 이후를 보라). 문제의 이 측면은 곧 논의될 텐데 여기에도 과도한 단순화의 위험이 있다는 점이 지적될 것이다(뒤의 V장을 보라).

3종분류를 단호하게 부정했음에도 이 글에서 생산요소를 여전히 '토지, 노동, 자본'으로 흔히 언급한다는 점이 독자의 눈길을 끌 수 있다. 이에 대한 해명이 요구된다면 오로지 설명을 하려는 목적을 위해 그런 집합의 전부를 명백하게 포괄하는 어떤 표현이 필요하다는 데서 그 해명을 찾아야 할 것이다. 중요한 것은 결코 분류에 있지 않다. '동물, 식물, 광물' 또는 '고체요소, 액체요소, 기체요소'도 이런 맥락에서 익숙하지 않은 것만 아니었다면 사용될 수 있었을 것이다. 또한 익숙해서 사용된 용어들은 엄격하게 경제학적인 종류의 의미는 전혀 갖고 있지 않으면서도 사회적이고 윤리적인 의미는 가지고 있다..

왜냐하면 우리는 평가되고 있는 사물이 무엇인지를 알지 못하면서 그에 대한 평가를 논할 수 없기 때문이다. 그런데 기억이 나겠지만 소비재의 영역에서 거의 같은 어려움에 부닥친 적이 있는데, 두 경우에 해답은 동일한 원천에서 나올 수밖에 없다. 그것은 시장의 투박한 사실들을 돌아보는 것이다. 같은 이름으로 불리고 같은 가격이 매겨진 사물들은 같은 것으로 간주될 수 있고, 그 역도 성립한다. 그러나 지금 다루는 경우의 특수한 성질들은 언급해도 좋을 것이다. 우선 생산적 요소들의 상호교환 가능성은 용도에 의존한다. 두 개의 사물이 어느 한 목적에 대해서는 동일하지만 다른 한 목적에 대해서는 완전히 다를 수 있다. 이는 사실 일반적으로 그토록 복잡하게 다양한 용도에 열려 있지 않은 소비재에는 별로 들어맞지 않는다. 상호교환 가능성은 시간의 문제이기도 하다. 생산적 요소의 형태를 변경하고 생산적 요소를 새로운 용도에 적응시키는 문제는 우리를 장기적인 고려사항들로 이끌며, 그중에는 특히 다음 장에서 다루어질 자본의 의미가 있다. 자세히 살피다 보면 자본이라는 범주가 크게 확대되는 경향이 있고, 대부분의 생산적 용역들은 궁극적으로는 어떤 종류의 자원이 이전에 투자된 것을 나타냄을 보게 될 것이다.

 상이한 용도 간 상호교환 가능성의 변동은 지금까지 혼란을 초래해온 특별한 복잡성을 끌어들인다. 최종적인 결정을 좌우하는 것으로 고려해야 할 사항은 어떤 특수한 물리적 생산물을 만들어내는 데서의 상호교환 가능성이 아니라 가치의 특정한 양이다. 먼저 말한 상호교환 가능성이 다양하다는 것은 사실은 경쟁적 분배의 작동에 필요한 조건이 아니다. 요소들이 상이한 용도들에서 결합되어 있다면 유효한 대체는 상이한 산업들의 상대적인 성장 또는 쇠퇴를 통해 확보된다. 우리는 앞에서 비율의 변동에 토대를 둔 분배에 관한 생산성이론을 배격하는 비저가 상이한 결합들의 상이한 비율들에 토대를 둔, 그것과 그야말로 동등한 이론을 제시한다고 말한 바 있다. 그러나 테일러는 생산성이론에 대한 설명에서 후자의 방법을 취하고, 그러면서도 그 둘은 동등하다고 지적한다. 두 종류의 비율 변동은 물론 생산적 용역을 위한 시장의 실제 작동과 관련되며, 분배이론에 대해 우리가 방금 이야기한 데서 설명한 대로 체계적으로 동시에 일어난다.[137]

생산적 용역에 대한 이런 간략한 논의를 마무리하는 뜻에서 우리가 할 수 있는 일은 단지 노동용역과 재산용역의 구분에 대해 흔히 가정되는 다음 네 가지 근거가 타당성이 없다는 데 주목하는 것뿐이다. (1) 능동성 대 수동성. 노동이 그 소유자가 아니라 그 사용자에 의해 물질적 설비와 유사한 방식으로 지휘된다는 것은 기업조직의 특성이다. 이런 측면에서는 자유노동자와 말 사이에 뚜렷한 차이가 없는 것이 분명하며, 노예도 당연히 재산일 것이므로 자유노동자와 노예 사이에도 그러함은 말할 나위가 없다. 이와 밀접하게 연관된 것으로 (2) 수행돼야 하는 용역의 (a) 종류와 (b) 양에 대한 요소 그 자체의 선호 문제가 있다. 그러나 여기에서도 기껏해야 희미한 정도의 차이가 있을 뿐이고, 재산의 소유자는 아주 흔하게 그것이 사용되는 분야를 제한하려고 하는 도덕적 또는 감정적 이유를 갖는다. 우리는 실제로 일을 하는 요소와 그 소유자의 인신을 혼동하지 말아야 하며, 이런 점에서 하나의 도구나 건물, 또는 한 조각의 토지는 한 인간의 손이나 두뇌와 비슷한 것처럼 보인다. (b)에 대해서도, 즉 수행돼야 하는

---

[137] 위의 155쪽을 보라.

일의 양에 대해서도 비슷한 말을 할 수 있다. 물질적 요소는 그 자신이 일을 하든 안 하든 상관하지 않는다고 서둘러 말하고 싶을지도 모르겠다. 그러나 노동시간을 제한하거나 휴가를 가는 것의 근거는 사람의 개인적 자원의 가능한 대안적 용도나 그 자원을 훼손 없이 보존하려는 욕구일 것이며, 재산적 자원에 대해서도 똑같은 고려가 적용된다.[138]

(3) 자세히 살펴보면 마찬가지로 해체돼버리는 또 하나의 피상적 차이는 '한계 이하' – 질적으로 너무 빈약해서 사용될 수 없는 – 요소와 관련된다. 자유토지와 유사한 무임금노동은 없다는 주장이 나올지 모르겠다. 그렇지만 사실은 한계 또는 한계 이하 인간이 토지의 경우와 거의 마찬가지로 흔하면서도 중요한 현상이고, 이런 점에서 자본의 경우를 훨씬 능가한다. 모든 인간은 생애의 끝부분에 상당히 긴 기간 동안 한계 이하 노동자

....

138 경제학에서는 희생이라는 개념이 과도하게 사용돼왔다. 고용주들은 물론이고 경제학자들도 주어진 사람들이나 주어진 지출로부터 얻어지는 노동의 양에는 주관적인 의지가 주된 제약이 된다고 가정하는 경향을 지나치게 보여왔다. 그리고 경제학자들뿐만 아니라 고용주들도 충분한 보수를 받는 노동의 능률에 눈을 뜨고 있다. 하나의 계급으로서 고용주들은 자신들이 고용한 노동자들로 하여금 육체적 능률의 극대점을 초과해 일을 하도록 하면서 그런 극대점에 미달할 정도로만 먹고 입고 즐기게 하는 것을 통해 많은 돈을 잃어왔다(관련된 더 높은 수준의 고려사항들은 말할 필요도 없고)는 것은 의심할 나위가 없다. 말을 하지 못하는 짐승에게도 그렇게는 하지 않을 것이다! 물론 극대능률과 더불어 세대를 이어 충분한 양의 노동공급이 유지되는 데 필요한 수준에 미달하는 임금을 지급하는 것이 개별 고용주에게는 이윤을 가져다줄지 모른다(노동계급이 부분적으로 자신들의 비용으로 노동공급을 유지한다면). 하지만 여기에서 말하고자 하는 바는 고용주들이 동일한 개별 노동자를 다뤄야 하는 단기간의 관점에서 봐도 비경제적으로 낮은 임금을 지급해왔다는 것이다. 유휴설비의 존재는 개별 고용주에게 커다란 유혹으로 작용하며, 과도한 노동이 지닌 부정적인 측면은 눈에 덜 띈다. 물론 노동자들의 무지와 무분별함이 고용주들의 그것만큼이나 문제가 되고 있다. 리버흄 경이 최근에 노동자들이 24시간당 2개 조의 교대근무에 동의한다면 급여를 줄이지 않고 하루 6시간 노동을 하게 하는 것이 많은 산업에서 영국 고용주들에게 이익이 될 것이라는 주장을 내놓은 것은 흥미롭다.

이며, 각종 보호시설은 한계 이하 인간들로 가득하다. 그리고 한 해를 놓고 보면 그 밖에도 유휴상태의 인시(人時)가 매우 많은데, 이 유휴상태의 인시는 그것을 사용하는 데 필요한 설비에 대한 경쟁적 지출을 넘는 최소한의 수확을 가져다주는 어떤 것에든 투입될 수 있었던 것이다. 다른 한편으로 과도한 노동과 관련하여 지적된, 동일하게 오류인 추리는 의심할 나위 없이 대규모 고용으로 이어지는데, 그렇게 고용된 노동자들이 사용하는 설비는 보다 더 능력 있는 노동자들을 '보다 집약적으로 활용'하는 데 사용된다면 더 많은 생산물을 산출할 것이다.[139]

(4) 재산과 개인능력의 차이 가운데 가장 중요한 것으로 거론되는 도덕적 측면은 지금 우리의 논의와 같은 순전히 묘사적인 논의의 범위에 엄밀하게 들어가는 것은 아니지만, 그것 역시 대체로 비현실적임을 말해둬야 할 것 같다. '일해서 번' 개인용역소득과 '일하지 않고 얻은' 재산소득의 대조는 '개혁가들'이 대단히 중시하는 것이지만 명백히 오해를 불러일으키는 것이다. 그 둘 사이에서 어떤 일반적 타당성을 가진 도덕적 구별을 할 근거를 찾기란 불가능하지는 않을지 몰라도 어려운 일이다. "어떤 사람들은 위대함을 타고나고, 어떤 사람들은 위대함을 성취하고, 어떤 사람들은 위대함을 떠맡는다." 그런데 부에 대해서도 똑같은 말을 할 수 있다.

---

[139] 이는 아동노동의 경우에 많은 고용주들이 인정하는 것인데, 그들은 사업적인 의미에서 수지가 맞지 않는다는 것만을 이유로 아동을 고용하기를 거부한다. 이런 문제 전체는 노동자당 자본의 양이 증가함에 따라 더 중요해진다. 기계를 점점 더 많이 사용하는 것이 점점 더 낮은 등급의 인간능력을 요구하는 과업을 공급한다는 것도 맞는 말이다. 그 최종 결과는 추정하기가 어렵다. '고용불가능자들'이라는 사회적 문제―그들을 어떻게 가려내고 어떻게 처리해야 하는가―는 난제임에 틀림없다. 우리의 새로운 골칫거리 대부분과 마찬가지로 그것은 직접적으로 산업적 변화의 산물일 뿐만 아니라 부분적으로 가족해체의 산물이기도 하다.

그리고 생산물이나 생산능력 가운데 의식적인 노력에 기인한 부분을 상속된 유리함이나 순전한 행운 덕분으로 돌릴 수 있는 부분과 구별하는 것은 어느 경우에나 거의 마찬가지로 불가능하다―그리고 잘못된 구별을 해서 초래되는 나쁜 결과도 거의 마찬가지로 크다―. 두 경우에 재분배를 실현시킬 실제적인 가능성에 어느 정도 중요한 차이가 있으며, 이는 우리로 하여금 재산과 관련해 문제를 복잡하게 만드는 사실이므로 배제하기 위해 규정해 놓을 필요가 있다고 생각했던 한 가지 특성 설정으로 돌아가게 한다. 그것은 곧 재산은 그 소유자의 인신과 분리될 수 있지만 노동은 일반적으로 그렇지 않거나 그렇더라도 결코 같은 정도까지는 그렇지 않다는 것이다. 우리가 여기서 말해두고 넘어가야 할 사회정책에 대한 결론으로 유일한 것은 '사회'는 소득이 '일해서 번' 것이면 바람직하고 그런 것이 아니면 바람직하지 않다는 관념을 털어버려야 한다는 주장이다. 거액의 '용역'소득과 불운하고 무능한 사람들에 대한 보조금에 무차별하게 과세하는 데서 보듯이 우리는 이미 그러한 견해로부터 멀리 벗어나 있다. 우리가 사회를 조직해서 인간적 생활수준을 유지해야 한다면 약한 부분을 근본적으로 제거하거나 약한 부분이 감당할 수 없는 부담을 강한 부분에 부과해야 한다. (그리고 그렇게 한 뒤에도 약한 부분을 용인할 수 있는 데는 한계가 있고, 운이라는 요소는 여전히 남을 것이다!)

이제부터는 재산의 유일하게 인과적으로 중요한 차별적 속성이 경제조직에 대해서 갖는 인과관계를 다시 검토하기로 하되, 우선 우리의 사회에서 어떤 재산은 판매에 의해서는 아니더라도 임대에 의해서는 그 소유자의 인신과 분리될 수 있다고 가정하자. 유일한 차이섬은 그러한 재산의 소유자가 둘 이상의 생산적 집단에 속하면서 동시에 두 종류 이상의 용역을 제공할 수도 있다는 것이다. 체계 전체의 조직 원리는 경쟁적 질서의 조건이 이렇게 변화하는 것의 영향을 전혀 받지 않는다.

재산이 교환에 의해 증가하거나 감소하지는 않더라도 영구적으로 이전될 가능성은 우리의 문제에 몇 가지 새로운 요인을 도입한다. 이러한 결과는 지금까지 이루어진 또 다른 추상, 즉 생산-소비 과정의 연속성 및 영속성의 영향과 관련된다. 따라서 우리는 먼저 이러한 단순화를 제거하고 사상된 요소의 효과를 검토해야 한다. 그렇다면 우리가 연구해온 것과 같은 사회에서 조건들이 실제 현실의 방향으로 수정되어 다른 측면들에서는 완전한 지식과 정적인 조건들이 유지되는 가운데 생산과정이 상당한 시간에 걸쳐 길어지고 복잡한 단계들과 하위부분들로 나뉠 때에, 그리고 더 나아가 재화들이 더 이상 완성되자마자 소비될 필요가 없어 미래의 사용을 위해 비축되거나 교환된다고 할 때에 어떤 일이 일어날 것인가?

상이한 집단들이나 공장들에서 진행되는 여러 단계로의 생산과정 분할은 그 과정의 시간길이와 연관된 하나의 세부사항이지만, 이에 대해서는 우리가 간략하게 언급하기만 하고 넘어가도 될 듯하다. 그것은 사실 조직의 문제로는 상대적으로 우연한 것이고, 여기서 가정된 '마찰 없는' 조건들 아래에서는 어떤 품목을 만드는 연속적인 과정들이 단일 집단으로 구성된 내부조직을 통해 통합됐는지, 아니면 집단들 사이의 시장거래라는 외부기제를 통해 통합됐는지는 실제적인 차이가 되지 않을 것이다. 이러한 조건들 아래에서는 어느 시점에든 부분적 생산물들, 즉 공정 중 재화들의 복잡한 총체가 존재할 것이고 그것은 물론 가치를 지닐 것이다. 우리는 그 부분적 생산물들의 가치 중에서 그 안의 비축된 생산적 에너지에만 기인한 요소를 그것들이 소비될 수 있는 단계에 이르기까지 경과돼야 하는 시간의 직접적인 물리적 영향에 기인하여 그 가치가 수정된 부분으로부터 분리해야 한다.

    재화의 생산과 소비에 대해 시간이 갖는 관계는 복잡하고 논쟁이 심한 문제인데, 이에 대해 여기에서는 아주 간단한 논의만 시도해볼 수 있긴 하지만 피상적으로나마 개관을 해볼 필요는 있다. 인간의 본성은 미래 재화보다 현재 재화를 일반적으로 선호한다고 워낙 흔하게, 그리고 자신 있게 가정되기 때문에 이 주제에 관한 이론체계 전체의 기초에 대해 의문을 제기하는 데는 얼마간의 용기가 요구된다. 필자가 보기에 이 주제에 대한 대부분의 논의는 문제의 본질에 대한 잘못된 관념에 의해 손상됐다. 사회에 이자가 존재한다는 사실이 사람들이 미래를 할인함을 증명하는 것으로 잘못 받아들여지고 있다. 이런 견해에서는 이자와 시간선호의 관계가 사실 뒤집혀 있다. 이자가 수취될 수 있는 자유시장에서는 사람들이 지금의 1달러를 현재의 이자율로 미래의 어느 날에 그것이 도달할 금액과 동등하게 존중하게 되는데, 이유는 그 둘을 자유로이 교환할 수 있다는 데 있다. 사람들이 재화소비 전부를 미래로 무한히 연기하지 않는다는 사실이 미래 소비보다 현재 소비에 대한 뿌리 깊은 추상적 선호를 입증하는 것도 아니다. 또한 사람들이 평생의 만족 모두를 현재의 시점에 압축하고 그 뒤로 영구히 금식하기를 원하는 것도 아니다.[140] 위와 같은 추리에 따르면 그러는 행위는 미래를 선호하여 현재를 할인하는 성향을 증명하는 것이겠지만,

---

140 이 점은 길에서 100달러짜리 지폐 한 장을 줍게 되자 곧바로 가장 가까운 간이식당으로 달려가 신이 나서 햄에그 100달러어치를 주문한 부랑자의 일화로 예시될 수 있다. 사람들이 이런 방식으로 행동하지 않는다는 것이 다른 조건들이 동일할 때 현재의 만족보다 크기가 같은 미래의 만족을 선호한다는 것을 증명하지는 않는다.

지금 말하고 있는 추리의 오류는 시간선호를 측정하는 기준점을 잘못 선택한 데 있다. 올바른 기준은 '오늘 모든 것을 취하고 미래에는 아무것도 취하지 않음'이 아니다. 문제의 보다 합리적인 형태는 다음과 같을 것이다. 어떤 사람이 한편에 오늘의 쾌락과 내일의 절제가 있고 다른 한편에 오늘의 절제와 내일의 쾌락이 있어서 둘 중 어느 하나를 선택해야 할 경우에 다른 것들이 모두 같다면 어느 쪽을 선택하는 것이 보다 바람직할까? 또는 다음이 더 나은 형태일 것이다. 어떤 사람이 1월 1일에 그 해 일 년간의 소득 전부를 한꺼번에 받게 된다면 그는 일 년 동안에 걸쳐 그 지출을 어떻게 배분해야 할까? 첫날에 모든 것을 다 먹어치우거나 마지막 날까지 모든 것을 다 저축하고 있을 가능성은 없는 것이 분명하다. 시간선호가 없다는 것은 시간상 배분이 균일하다는 의미다. 시간상 앞의 날들에 이루어진 소비의 누적은 모두 그 뒤에 감소된 소비로 메워진다는 것이 실제의 미래 할인일 테고, 미래의 풍요나 사치를 위해 지금 절약을 하는 것이 현재를 할인하는 것일 게다. 물론 우리는 미래에 관한 불확실성이라는 요소를 사상하고 있다. 그런 대안들에서 다른 것들이 정말로 똑같게 된다면 우리가 어느 쪽의 경향에 대해서든 비합리적이라고 말하는 것이 정당화될 것으로 보인다.[141]

---

[141] 이와 비슷하게 H. 시지윅은 벤섬이 다른 것들은 유사하지만 '근접성'이 상이한 쾌락들 사이에서 선호를 결정하는 기준에 '근접성'을 포함시킨 것을 비판하면서 시간만을 근거로 한 선호는 비합리적이라는 견해를 취한다. 《윤리의 역사》 241쪽 주석을 보라. 또한 똑같은 입장을 개진한 제번스의 논의(《정치경제학의 이론》 72쪽 이후)를 참조하라. 바다에 떠있는 배에서 이루어지는 물자소비라는 제번스의 예시적 문제는 이 쟁점을 부각시키는 데 매우 효과적이다.

　미래에 관한 불확실성의 효과는 매우 복잡함에 주목해야 한다. 죽음이나 능력상실을 통해 미래 쾌락을 상실할 가능성에는 다른 만일의 사태로 인한 미래 궁핍의 위험을 대치시켜 인간의 본성에 관련된 사실들에 관해서는 서로 다른 개인들이 매우 다양한 형태의 분포를 보인다고 가정하는 것이 안전하다. 그 가운데 상승하든 하락하든 평평하든 간에 모종의 직선이나 완만한 곡선에 부합하는 개인들은 혹시 있더라도 극소수일 것임은 의문의 여지가 없다. 대다수는 크고 작은 주기와 진폭의 파동을 거치고, 다양한 종류와 정도의 '잔치'와 검약을 교대로 오간다. 불규칙성은 사실 그 자체로 하나의 장점인 것으로 보이며, 적어도 정신적 활력이 있는 개인에게는 그렇다.[142] 상향하는 경향이 있을지 하향하는 경향이 있을지도 개인에게 달렸다. 다수에게는 손 안의 새 한 마리가 숲 속의 새 두세 마리와 같은 가치를 지니지만, 내일을 더 중요하게 생각하는 사람들도 있다. 마셜이 말했듯이 어떤 아이들은 푸딩에서 자두를 집어 들고 먼저 먹지만 자두를 집어 들고 끝까지 갖고 있는 아이들도 있고, 많은 아이들은 자두를 아예 집어 들지도 않는다. 또한 어른들도 아이들과 마찬가지로 서로 다르다. 야만인의 낭비하는 습성은 널리 알려져 있다. 물론 삶의 물리적 조건들이 두 방향 모두의 할인 과정에 제약을 가하며, 그래서 우리는 오늘을 살지 않고는 내일을 즐길 수 없고 많은 사람들이 과도한 현재의 삶은 미래의 삶을 즐길 능력에 비슷한 영향을 미칠 수 있다는 것을 대가를 치르고서야 배웠다. 인류 전체에 대한 일반화

야 한다. 우리는 쾌락을 누릴 능력의 상실보다 돈을 벌 능력의 상실을 겪을 가능성이 더 크고, 필요를 만족시킬 능력이 없는 상태에서 필요가 초래하는 결과는 매우 불쾌하다. 아마도 완전하게 합리적인 경제인(호모 에코노미쿠스)이라면 자신이 살아있을 가능성이 높은 시점까지 요구되는 보다 긴급한 필수품을 준비하는 지점까지는 현재를 할인하고, 그 지점을 지나면 점점 더 많이 미래를 할인할 것이다. 그 지점은 주로 실제 행동에 대한 이론으로서 쾌락주의적 합리주의가 지닌 불합리함을 보여준다는 점에서 중요한 의미가 있다.

[142] 스펜서의 《제일원리》 X장 '운동의 리듬'을 참고하라.

는 전혀 시도할 가치가 없는데, 특히 선택을 둘러싼 조건들에 대한 그 어떤 단순한 가정도 비현실적임을 고려할 때에 그렇다. 한편에 순전한 방탕이 있고 다른 한편에 순전한 궁핍이 있다는 사실은 논박할 여지가 없고, 그 어떤 정밀한 균형을 잡으려고 시도하지 않고도 연구할 수 있다.

이 지점에서 소비에서의 시간선호라는 문제만큼은 적어도 저축이라는 현상에 대한 설명으로는 상대적으로 보아 중요하지 않음을 주장하는 것이 아마도 훨씬 더 의미가 있을 것이다. 지출하려는 성향이나 저축하려는 성향, 소득을 현재에 소비하려는 성향이나 부를 비축하려는 성향은 사실 다른 동기들의 영향을 더 많이 받는다.[143] 다른 측면들에서의 인간의 행동과 마찬가지로 그것은 대부분 사회적 기준의 문제, 즉 무엇이 '바람직한 태도'인가, 또는 해야 하는 일인가 하지 말아야 하는 일인가의 문제다. 재화의 축적을 가지고 있다는 사실은 사회적 위신을 부여하고, 그에 더해 주위 사람들에 대한 커다란 힘도 부여한다. 우리가 지금 가정하고 있듯이 생산

---

[143] 원금은 일단 저축되면 **결코 소비되지 않는다**는 것이 자본축적이라는 실제 현상에 근본적인 것이다. 그것이 그 뒤에 소비된다면 사회의 자본공급에 순증가되는 것이 없다. 사람들은 대체로 자본을 소비할 생각 없이, 또는 자본이 낳아주는 **소득까지도** 소비할 생각 없이 저축을 한다. 이런 이유에서 나에게는 '절제'라는 다소 오래된 용어가 그 현대적 대체용어인 '기다림'보다 사실을 훨씬 더 잘 묘사하는 것으로 여겨진다.

물론 1년에 5달러씩 영구히 계속되는 소득이 지금의 100달러보다 더 많은 소비를 나타내지만, 소득을 영구히 소비하거나 소비하기를 기대하는 사람은 아무도 없다. 저축자가 살아있는 동안에 자신의 투자에서 나오는 소득 전부를 소비한다고 하더라도 그는 저축된 원금과 같은 금액 전부를 소비할 수도 있고 그렇지 않을 수도 있다. 자본형성은 기다림보다는 절제의 결과다.

사실 '저축'이라는 용어 그 자체가 오해를 불러일으킨다. 사람들은 일반적으로 부를 소비하기 위해 생산하고 그런 다음에 소비하는 대신 투자하기로 결정하는 게 아니다. 투자된 것의 대부분은 애당초 그렇게 되는 게 목적이었고, 그렇지 않다면 결코 생산되지 않았을 것이다.

적 사용의 기회가 부에 대해 열려 있지 않은 곳에서조차 부자는 사람들로 하여금 자기에게 호의를 부탁하게 하고, 자기의 반감을 두려워하게 하며, 물론 자기의 상황을 물질적 이익으로 전환할 수 있다면 그렇게 할 수도 있다. 축적은 호화로운 과시나 어떤 종류든 훌륭함을 보이는 데 필요하다. 다른 한편으로 우리는 축적이 소비재에 국한된 곳에서는 그것의 저장, 보존, 보호를 위해 상당한 비용을 들여야 하고, 당연히 그것의 불가피한 퇴화도 겪게 될 것이다.[144]

사회의 구성원인 개인들이 재화를 사용하는 시간과 관련해 경제적 위치와 취향이 다른 것이 교환이 서로에게 유리하게 되는 상황을 만들어내는 것은 분명하다. 어떤 사람에게는 그 자신의 생산에 앞서서, 그리고 나중에 갚겠다는 채무증서를 담보로 해서 재화를 현재 또는 조기에 배분받는 것이 이익이 되거나 이익이 되는 것처럼 보이지만, 유휴재고가 이미 축적된 상태에서 점점 더 늘어나는 다른 어떤 사람에게는 특정한 양의 가치를 미래에 인도해주겠다는 믿을 만한 채무증서[145]를 갖는 것이 재화 그 자체를 갖는 것보다 훨씬 더 나을 수 있다.

인구 전체에서 시간선호의 균형이 현재 쪽으로 기운다면 눈에 띄는 재화 순축적은 일어나지 않을 것이다. 축적하는 성향을 가진 사람들은 그들의 잉여 생산이 만들어지자마자 미래를 앞당겨 쓰는 성향을 가진 다른 사

---

[144] 우리는 여기서 크기, 부패하는 정도, 매력이 보편적인 정도, 수요의 탄력성 등으로 인해 상이한 종류의 재화들 사이에 존재하는 축적하기에 적합한 정도의 차이가 낳는 효과는 무시한다.

[145] 우리는 여기서 보험이나 그 밖의 다른 방법에 의해 그러한 채무증서를 절대적으로 믿을 만한 것으로 만들 수 있다고 가정해야 한다.

람들에게 그것을 넘길 것이다. 공급과 수요의 조건들이 현재 재화와 미래 재화 간 시장의 교환비율을 수립하는데, 이 경우에는 그 비율이 현재에 대한 할증을 나타낼 것이고 그 할증의 크기는 미래에 대비하는 초과욕구의 강도에 의존할 것이다. 현재 재화에 대한 할증은 잉여 생산에 대한 추가적인 동기가 되고 잉여 현재소비에는 장해가 될 것이 분명하다. 수립된 비율은 잉여 현재생산의 양이 잉여 현재소비의 양과 같아지게 하는 비율이 될 것이다. 대부의 상환은 이와 관련된 원리에 영향을 미치지 않는데, 왜냐하면 그것은 양 당사자의 역할이 거꾸로 뒤집힌 상태로 애초의 거래가 반복되는 것이기 때문이다. 총량으로 볼 때 현재 소비가 현재 생산을 초과하는 것은 물론 불가능하다.

다른 한편으로 만약 시간선호의 균형이 나중으로 미루는 성향 쪽으로 기운다면 그 결과는 당분간 생산이 소비를 초과해서 사회 전체로 보아 순축적이 일어나는 것이다. 현재 재화와 미래 재화의 교환은 미래 재화에 대한 할증을 수립할 것이다. 교환이 일어나는 비율은 항상적으로 시장에서 제공되는 종류별 용역의 양들이 그 가격에서 소화되는 양들과 같게 만드는 비율이 될 것이다. 미래 재화에 대해 할증이 수립되면 축적은 그 할증의 양에 부분적으로 의존하는 율로, 그 할증이 사라지거나 축적된 재고를 보존하는 비용과 같아질 때까지 계속될 것이다. 미래에 대한 할증이 조금이라도 더 큰 상태는 영구적인 것으로는 존재할 수 없다. 그러나 축적의 조건들이 균형의 결과에 도달하는 데 무한히 긴 시간이 요구되게 하는 것일 수 있다. 그런 경우에는 어느 시점에든 실제 상태는 미래에 대한 할증과 점진적인 축적의 진행이다.

서술된 조건들 아래에서 '할증' 또는 시간선호율은 이자(양이든 음이든)와 유사하더라도 근현대 산업적 삶의 현실에서 만나게 되는 그런 현상과는 구별돼야 한다. 그것은 사실 생산적 자본의 대부에 대한 이자율에 영향을 끼치는 한 요소이긴 하지만 상대적으로 볼 때 중요하지 않은 것이다.[146]

시간가치는 현재성이든 미래성이든 아마도 욕구될 만한 성질을 부여하거나 증진시키는 영양가치나 아름다움, 또는 그 밖의 다른 특성과 마찬가지로 특정한 재화에 내재하는 효용의 특별한 한 종류로 간주하는 것이 가장 나을 것이다. 다른 고려사항들과 분리하고 볼 때 그것에 대한 지급률은 수요와 공급 두 측면에 대한 '심리적' 고려에 의해 결정되는 것이 분명하며, 심리학파의 현재 이자이론은 이런 현상과 분배몫으로 본 이자 그 자체의 혼동에 근거하고 있다. 이자 그 자체라는 주제에 대해서는 논의의 나중 단계에 주목해달라고 할 것이다. 만약 지식과 예지가 완전하다고 가정한다면 축적된 부가 생산적으로 사용된다고 하더라도, 그리고 사회가 자본축적이라는 측면에서 진보한다고 하더라도 불확실성이 존재하지 않

---

[146] 윅스티드는 이 점을 탁월하게 논의한 바 있다(《정치경제학의 상식》 VII장). 산업화 이전의 사회에서 도덕주의자들이 일반적으로 질타한 '고리대금'은 근현대의 이자보다는 방금 묘사한 현상에 상응하는 것임은 주목할 만하다. 옛날에는 축적된 부의 생산적 투자는 거의 알려지지 않은 것이었고, 현존하는 생산적 재산의 구매조차도 드물었다. 실제적으로 말해 알려진 생산요소는 토지와 노예뿐이었다. 토지는 근현대적 의미의 사유재산이 아니었고, 상업적으로 매매되는 일도 거의 없었다. 이에 비해 노예는 심지어는 법률적으로 토지 그 자체에 속박되어 있지 않은 때에도 거의 전적으로 토지와 연결되어 그 소유자에 의해 사용됐다. 소비대부의 자유시장이 있었다면 위험이라는 요소만 제외하고는 우리가 묘사해온 현상과의 유사성이 완전했을 것이다. 경쟁시장의 부재는 고리대금의 폐해 중 많은 부분의 원천이었고, 그에 대해 이루어진 지급은 대체로 강탈을 의미했다. 또한 역사적으로 말해 근현대의 이자는 상업적 모험사업에서 소극적 동업자의 중개를 통해 이루어진 소비대부에서 발전한 것이지 이자이론가들 가운데 특정한 학파의 공상이 즐겨 제시하는 배나 어망 등의 거래에서 발전한 것이 아니라는 점에도 유의하라.

는 사회에서는 정확한 의미의 이자는 만날 수 없으리라는 것을 우리는 알게 된다.

이제 우리는 다시 돌아가되 경제적인 행동에서 시간이 하는 역할에 관해 얻은 지식을 고려하면서 소유자의 인신과 분리될 수 있고 임대되거나 판매될 수 있는, 단순한 의미의 생산적 요소로 본 재산이 갖는 관계들을 논의해볼 수 있겠다. 지금으로서는 우리가 재산의 그 어떤 증가나 감소의 가능성, 또는 그 기능을 수정할 만한 그 어떤 성질의 물리적 변화도 배제한다는 점을 명심해야 한다. 그러한 변화와 그 효과는 우리가 말하는 경제학의 세 번째 부문, 즉 부의 생산과 소비의 조건들에 일어나는 변화를 다루는 부문에 속한다. 정적인 조건들을 구체화하기 위해서는 그러한 것들이 사상돼야 한다. 우리가 '토지'로 알고 있는 종류의 재산에 주목하는 게 편리할 것이다.[147] 왜냐하면 토지는 양적으로나 질적으로나 자연에 의해 단번에 확정적으로 주어진 것처럼 관례적으로 취급돼왔기 때문이다. 이것은 앞으로 토지라는 주제를 논의할 시간이 왔을 때 이 연구에서 제시할 토지에 대한 관점이 전혀 아니다. 그러나 여기서는 그것이 특정하게 묘사된 특징을 가진 하나의 생산적 요소를 가리키는 데 편리한 이름이다. 우리는 당연히 그러한 재산은 양적으로 제약되고(다시 말해 '체감하는 수확'에 구속되고) 사회에 다른 종류의 재산은 존재하지 않는다고 가정한다. 그것은

---

147 물론 재산의 실제 역사에 대해서는 우리가 관심을 갖고 있지 않다. 사적인 생산적 재산에 최초로 가까워진 것은 인간 사이에서 생겨났는데 그것은 노예였고, 어쩌면 여자와 아이였을 수도 있으며, 반면에 정말로 사적으로 소유된 마지막 것은 토지였음은 의심할 나위가 없다. 그러나 우리의 목적에 비추어 적절한 순서는 연대기의 순서가 아니라 오히려 점증하는 복잡성의 순서다.

Ⅳ장 공동생산과 자본화　175

생산의 측면에서는, 이어 수요의 측면에서도, 그리고 기능적 분배와 관련시켜 봐도 다른 요소들(인간의 용역)과 정확하게 같지만, 그 존재는 개인 간 소득분배에 매우 큰 영향을 미칠 수 있다.

생산의 조직에서 최종 조정이 이루어졌다고 가정하면 묘사된 것과 같은 재산의 그 어떤 조각도 상품이나 영구적 화폐소득에 대한 권리나 자격으로 간주할 수 있다. 그러므로 행동에 대한 그것의 관계는 소비의 시간분포와 밀접하게 관련된다. 한 조각의 토지는 모든 미래의 시간에 걸쳐 균일하게 분포된 일종의 가치소득이라는 매우 특수한 형태의 미래 재화를 나타낸다. 우리는 논증을 거치지 않고도 그러한 한 조각의 재산은 욕구될 만한 것이며, 자유계약의 조건 아래에서는 토지와 소비재 사이에 확정적인 시장교환율이 수립될 것이라고 가정할 수 있다. 보다 정확하게 말하면 이 가격은 토지에서 나오는 소득(토지에 대해서는 그것의 소득 말고는 다른 유의미한 척도가 존재하지 않는다)과 역시 가치 기준으로 측정된 현재 재화의 양 사이의 비율이 될 것이다. 따라서 그 가격은 어떤 몇 년간의 구매나 연간 백분율로 진술될 수 있고, 자본화라는 우리에게 익숙한 현상을 나타낸다. 지금 우리의 문제는 이러한 자본화율을 결정하는 조건들을 정식화하는 것이다.

토지는 특히 미래의 사용을 위해 부를 축적하는, 다시 말해 현재를 할인하는 성향을 가진 사람들에 의해 수요될 것이다. 그것은 사실상 미래의 재화인데, 미래에 그것을 배분하는 방식이 그것에 대한 수요의 조건들에 새로이 특수한 제약을 가한다. 모든 시간에 걸쳐 고르게 재화를 배분하는 것과 비교하면 현재 재화보다 미래 재화를 선호하는 것이 어느 정도까지는 인간에게 합리적이고 일반적임을 우리는 앞에서 보았다. 사실 문명화된 사람들은 생애 전체에 걸쳐 생활수준을 하락하게 하는 것은 물론이고 일정하게 하는 것보다는 상승하게 하려고 한다. 그러나 무한한 시간이 고려된다면 경우가 다르다.

유한한 양의 소비나 쾌락이 무한한 시간에 걸쳐 균일하게 배분된다면 실제 소득률로는 영(0)이 된다. 그러므로 영구적인 소득재화에 대한 수요에는 미래에 대한 할인이 분명히 있게 될 수밖에 없다. 사실 미래의 소득들은 0보다 큰 어떤 율로 할인돼야 하며, 그렇지 않다면 미래의 소득들이 무한한 현재의 가치를 갖게 될 것이 자명하다. 미래를 선호하여 현재를 할인하는 것은 현재의 재화가 한정된 사회, 다시 말해 경제적인 조건 아래에 있는 사회에서 한정된 시간 동안에만 성립할 수 있다. 그러나 우리는 또한 토지에 대한 자본화율과 시장가격이 수립된 때에는 토지가 다수의 현재 소비재들로 임의로 전환될 수 있을 것이라는 데 주목해야 한다. 영구적인 소득재화에 대한 자유시장의 존재는 겉으로 보이는 시간선호율을 모든 실제의(유한한) 시간간격에 대해 균일화한다. 긴 시간의 끝까지 계속 연기를 하기를 원하지 않아도 되는 개인은 원하지 않는 한 그렇게 할 필요가 없음을 안다. 왜냐하면 그는 언제든지 자신이 축적한 것을 현재 소비의 형태로 원하는 만큼 신속하게 실현할 수 있기 때문이다. 영구적인 소득재산에 대한 시장에서는 미래 재화에 비해 현재 재화에 할증이 있는 것이 틀림없다. 그러나 그러한 할증은 설령 크다고 해도 어떤 유한한 기간 동안 현재 재화보다 미래 재화에 할증이 붙는 것과 양립하는 게 불가능하지 않으며, 모든 개인과 집단 전체가 자신의 소비를 어떤 유한한 기울기로 우상향하는 곡선 상에 시간적으로 배분하는 사회에서도 얼마든지 완전하게 존재할 수 있다.

이러한 조건들 아래에서 한 개인은 어떤 특정한 기간에 걸쳐 어떤 원하는 소비의 배분을 소득재산의 구매와 판매를 통해 조처하거나 자기 삶의 불특정한 기간에 걸쳐 어떤 적절한 생명보험 조직을 통해 조처할 수 있을 것이다. 실제 소득의 점증하는 배분을 확보하기 위해 소비를 연기하고자 하는 사람들은 이른 시기에 그러한 재산을 매입한 뒤 나중의 시기에 그것을 점진적으로 매각할 것이다. 미래의 생산을 기약하고 하강하는 소비의 곡선을 확보하고자 하는 사람들은 자신의 토지를 점진적으로 매각할 것이다. (토지를 전혀 소유하지 못한 사람들은 우리가 위에서 그러한 재화가 없는 상황을 논의할 때 묘사한 방식으로만 그러한 기약을 할 수 있을 것이다.) 사회 전체는 차입을 해올 수 있는 어떤 다른 사회가 존재하지 않는 한 미래의 생산을 기약할 수 없다. 그러므로 그 사회는 위에서 묘사한 상황에서와 같이 소비재를 실제로 축적하는 것을 통해서만 전체적으로 소비를 연기하는 것이 가능하다. 순축적의 과정은 또한 현재의 생산과 소비가 일치하는 균형이라는 목표가 미래로 무한히 먼 거리에 있는 것일지는 몰라도 어쨌든 그 목표를 향해 나아가는 경향이 있을 것이다. 어느 시점에든 수립된 할인율을 통해, 그리고 또한 방금 언급한 경우에는 특정한 순축적률도 가세하여 두 종류의 동기 간 균형화가 반드시 이루어지게 된다.

영구적인 소득재화가 시장에서 자본화되는 율은 아직은 분배몫이라는 의미의 이자율이 아니다. 우리가 묘사한 상황에서는 소득을 낳아주는 재산의 이전이나 사용과 관련된 대부화폐의 필요성이 조금도 없을 것이다 (소비대부는 우리에게 훨씬 익숙한 형태로 이루어질는지 몰라도). 생산적인 목적의 자본대부는 우리가 곧 보게 되겠지만 생산재의 가치지분에 대한 소유를 재화 그 자체에 대한 소유와 분리하는 수단이다. 그러한 분리를 희구할 만한 것으로 만드는 것은 주로 위험이나 불확실성이라는 요인의 존재다. 진보하는 사회에는 불확실성이 없다고 하더라도 저축자가 아닌 개인들에게 투자를 하는 기능이 전문화되도록 하는 어떤 동기들이 있을 수 있다. 우리가 위에서 묘사한, 불확실성과 진보 둘 다가 없는 사회에는 생산요소를 구매하는 데 사용될 가치기금을 대부하거나 차입하려는 동기가 없을 것이다.

V장 불확실성이 없는 경우의 변화와 진보

우리는 이제 이론경제학의 세 번째 큰 부문, 즉 소비하기 위한 재화를 만들어낼 때에 이루어지는 자원의 직접적인 사용과 더불어 또는 그 대안으로 재화를 만들어내는 데 사용되는 자원을 증가시키고 욕구를 세련화할 때에 이루어지는 자원의 사용에 대한 연구로 눈길을 돌린다. 이들 세 가지 이론적 문제들의 관계는 다소 복잡하며, 그것들과 관련된 혼돈은 경제학적 사유에서 자주 오류의 원천이 돼왔다. 첫 번째 문제는 주어진 욕구를 만족시키는 데서(애초에 재화의 배분은 주어져 있고, 자유로운 교환이 존재한다) 이루어지는 **주어진 재화**의 사용이며, 그에 대한 분석과 해법은 시장가격의 이론을 구성한다. 시장가격은 과거 산업의 생산물인 주어진 재화 재고의 배분을 결정하고 이와 동시에 상이한 재화들의 상대적 중요성에 대한 사회적 추정을 보여주며, 그에 따라 두 번째 문제에서 자원의 배분이 이루어진다. 첫 번째 부문에서는 생산재가 전혀 등장하지 않는데, 이는 이미 발생한 비용은 가격에 아무런 영향도 미치지 않기 때문이다. 제번스가 말했듯이 "지나간 것은 영구히 지나간 것이다."

두 번째 문제는 주어진 욕구를 만족시키는 데 사용될(항상 시장가격

원리에 부합되게) 재화를 생산하는 데서 이루어지는 **주어진 생산적 자원**의 사용을 다룬다. 이것은 정적인 사회 또는 '정적상태'의 문제로 알려지게 됐고, 두 가지 측면을 가지고 있다. 첫째 측면은 생산적 용역의 개별적 가치와 관련되고, 둘째 측면은 소비재에 들어가는 생산적 용역의 가치 또는 그 비용과 관계가 있는 특정한 소비재의 가치와 관련되는데, 이것은 소비재의 장기적 또는 정상적 가격의 문제다. 어떤 의미에서 그것은 마셜이 제시한 대로 서로 넘나드는 두 가지 분류의 경우다. 첫째 문제는 소비재를 기준으로 분류를 해서 특정한 상품이 가진 가치는 그것에 들어가는 생산적 용역들의 **묶음**이 가진 가치와 같음을 보여준다. 둘째 문제는 생산적 용역을 기준으로 삼아서 생산적 용역의 각 단위가 가진 가치는 그것을 사용해서 만들어지고 그것에 책임이 있는 각종 소비재의 부분들이 가진 가치와 같음을 보여준다. 첫째 문제는 **장기적** '가치'의 문제이고, 둘째 문제는 **단기적** '분배'의 문제다. 소비재의 공급(그리고 가치)에 일어나는 **변화**는 특히 생산적 자원의 고정된 공급과 그 조직화 방법을 포함한 생산의 **고정된** 조건들과 관련시켜 연구된다.

세 번째 일반적 문제 역시 가치와 분배라는 두 현상 모두와 관련된다. 재화의 '수요와 공급의 기본적 조건들'에 일어나는 변화는 마셜이 '정상가격의 장기적 변화'라고 부른 것을 초래한다. 그런데 변화될 수 있는 '기본적 조건들' 가운데 으뜸가는 것은 생산적 용역들의 가격 즉 분배몫에 훨씬 더 직접적인 영향을 분명히 미치는 상이한 생산적 용역들의 공급이다. 마셜의 논의와 마찬가지로 우리의 논의도 이런 보다 단순하고 직접적인 효과, 즉 분배상황의 수정과 그 균형으로의 경향에 사실상 국

한될 것이다.[148]

....

148 기본적 문제들에 대한 마셜의 경제이론 체계는 그리 명쾌하지 않다. 소비재의 경우에는 그가 시장가격과 정상가격의 관계를 드러내 보이지 않음을 우리가 이미 보았다. 그는 정상가격의 장기적 변화라는 문제를 언급하지만, 그 주제에 대한 논의는 아직 출판되지 않은 나중의 권(卷)으로 미루고 있다. 분배를 다루는 데서 그는 단기적 분배 문제는 소비재의 정상가격과 마찬가지로 동일한 기본적 분석의 한 측면임을 분명히 밝히지 못했다. 더구나 그는 이런 단기적 분배 문제에는 관심을 거의 갖고 있지 않다. 《원리》의 Ⅵ권은 거의 전적으로 분배몫의 장기적 균형화 경향에 바쳐졌고, 어떤 특정한 시간의 분배나 공급이 고정돼있다고 봐야 하는 단기간의 분배라는 관점에서 본 균형의 조건들에 대해서는 지나가면서 언급하는 정도를 넘지 않는다. 또한 그는 분배에서 나타나는 장기적 경향이라는 문제를 사회경제 조직의 동일한 기본적 문제에 대한 분석에서 언급되는 측면들 또는 관점들과 같은 것으로 보거나 명시적으로 연결시키지도 않았다. 필자의 견해로는 가격체계에 대한 알아듣기 쉬운 설명과 기본적인 이해라는 문제는 이런 종류의 관계들을 인식하고 강조하는 것에 의해 크게 가벼워질 수 있다. 더 나아가 가치에 대한 단기 가격이론과 분배에 대한 단기 가격이론 사이의 긴밀한 방법론상 유사성과 두 가지 장기 가격이론 또는 정상가격 이론과 관련한 유사성을 강조하는 것이 도움이 된다.

이런 맥락에서, 이 나라에서 정적 가설의 사용과 관련해 특히 잘 알려진 J. B. 클라크 교수에게 마셜을 비교해보는 것은 흥미롭다. 클라크의 체계는 훨씬 더 부적절하며, 그가 자신의 방법과 마셜의 방법 간 연관성을 인정하지 않는 것은 특히 놀라운 일이다. 클라크의 경제동학은 가치 분야에서 나타나는 장기적 변화 및 분배에서 나타나는 장기적 경향과 상응하는 데 비해 클라크의 '정적상태'는 마셜의 장기적 정상가격과 똑같은 문제다. 그러나 마셜이 영국 고전학파의 영향 아래 있는 것과 마찬가지로 오스트리아와 독일 역사학파의 영향 아래 있는 클라크는 우리에게 **그러한** 분배이론으로 단기분석을 제공하고는 진보적인 변화, 즉 마셜의 거의 전적인 관심사인 균형의 장기적 결과나 조건들이라는 문제의 존재를 인정하는 것 이상으로는 좀처럼 나아가지 않는다. 사실 단기이론에서 마셜이 만족스러운 정도에 비해 이 분야에서 그는 훨씬 덜 만족스럽다. 왜냐하면 마셜은 간략하게나마 생산성 분석에 관한 매우 공정한 진술을 하기 때문이다. 물론 클라크의 '정적상태'를 고전학파 경제학자들의 '정상상태'와 혼동하는 것은 심각한 오류일 것이다. 고전학파 경제학자들의 정상상태는 **자연적으로** 정적이거나 균형인 상태였고, 진보의 목표지점 또는 연구의 세 번째 부문의 주제였지 방법론적 도구로서의 임의적 추상에 의해 만들어진 정적상태가 아니었다. 그러나 정적 조건들에 대한 사실상 모든 논의는 이 두 가지 개념을 적절히 분간하는 데 실패한 것에 의해 훼손된 것으로 보인다. 그래서 우리는 여전히 단기적 문제와 장기적 문제 둘 다에 온당한 비중을 두는, 다시 말해 생산요소들의 공급이 고정돼 있다는 가정과 공급이 가격의 함수라는 가정을 분리하는, 분배에 대한 완전한 논의를 결여하고 있다. 자연스럽게 구분되는 이론의 부분들을 거칠게나마 표로 정리해보는 것이 그것들의 관계

먼저, 진보의 문제와 관련된 것이 무엇인지를 분명하고 정확하게 정식화해보자. 어떤 새로운 변수들이 연구의 대상으로 떠오르는가? 우리의 앞선 분석에서 가정된 '수요와 공급의 일반적인 조건들' 또는 '주어진 욕구를 만족시키는 데 사용되는 주어진 자원들'의 정확한 내용은 무엇인가? 그리고 마지막으로, 이런 요인들의 변화 가운데 우리가 상정한 사회를 현실에 가능한 한 가깝게 접근시키기 위해 고려해야 하는 것들은 무엇인가? 이 연구는 다른 어떤 저작자보다 마셜을 더 긴밀하게 따르지만, 그는 이 문제에 대해 명시적으로 대답하기를 회피한 것은 말할 것도 없고 그렇게 하는 것을 꺼린 것 같다. 그는 한 지점에서는 요소들을 열거하기 시작했으나, 위에서 인용된 포괄적 표현과 함께 갑자기 열거하기를 중단한다.[149] 배제돼야 하는 정적상태 요인들 또는 동적 요인들의 잘 알려진 명시적 목록를 명확히 하는 데 도움이 될지 모른다.

	가치(즉 소비재)	분배(생산적 용역)
문제 I 재화의 공급이 주어져 있고, 만족돼야 할 욕구도 주어져 있음 (한 시점의 상황)	시장가격	내포된 분배의 문제는 없음
문제 II 생산적 자원이 주어져 있고, 만족돼야 할 욕구도 주어져 있음 (한 시점의 상황)	정상가격(마셜의 장기 정상가격), 각 재화의 공급은 가격의 함수	단기 분배이론 또는 시장가격 분배이론 (공급이 고정된 가운데 가격이 매겨짐)
문제 III 자원을 증가시키기 위해 자원을 사용하고, 기존의 욕구를 만족시킬 뿐 아니라 욕구를 변화시킴	정상가격의 장기적 변화	장기 분배이론 또는 정상가격 분배이론, 공급은 가격의 함수

[149] 《경제학의 원리》 6판 379쪽 참조.

은 이 나라에서 정적 문제와 동적 문제의 대비와 각별히 연관되는 이름의 주인공인 J. B. 클라크의 것이다. 그는 진보의 요소 다섯 가지를 이렇게 제시한다.[150] (1) 인구의 증가, (2) 새로운 자본의 축적, (3) 기술의 진보, (4) 사업조직 방법의 개선, (5) 새로운 욕구의 발전. 시거 교수는 이 목록을 수정하는데, 필자의 견해로는 그가 세 번째와 네 번째 요소를 결합하고 새로운 것, 즉 자연자원의 감손 또는 새로운 자연적 부의 발견을 추가함으로써 그것을 크게 개선한다.

우리로서는 먼저 재화에 대한 수요의 조건들과 공급의 조건들을 각각 따로 검토하는 것이 쟁점을 분명히 하는 데 도움이 될 것이다. 수요의 조건들은 다음과 같은 기본적인 사실들과 관련되는 것으로 보인다.

1. 소비하는 단위들로 고려된 인구. 그 수, 그리고 연령, 성별, 인종 등과 관련된 그 물리적 구성.
2. 인구의 심리적 속성. 모든 종류의 재화 소비에 대한 그 행태상 태도. 유전된 '본능'(어떤 의미에서든 그러한 것이 존재한다면), 그리고 습관, 관습, 취향, 규준, 풍습 등 '사회적 유산' 둘 다. 사회적 유산에는 상품들의 실제 특성에 대한 사실적 지식과 믿음도 물론 포함됨. 우리는 여기에 부모의 친권, 사치금지법 등과 같이 어떤 사람의 소비를 다른 사람이 통제하는 것과 관련된 제도적 사실들도 모두 포함시켜야 한다.
3. **직접적으로는** 총량**과** 분배의 양 측면에서 본, 인구 전체의 화폐소

---

[150] 《부의 분배》 V장.

득. **궁극적으로는** 균형조정에서 소득과 그 분배는 재화 공급의 조건들 집합 전체에, 특히 그 사회 내 생산적 자원의 양**과 분배**에 의존한다. 경쟁적 조정의 최종 결과는 이 모든 측면의 애초 사실들에 의존함을 기억해두는 것이 긴요하다.

4. 소비하는 단위들로 본 인구의 지리적 분포와 관련하여 주어진 사실들을 고려하는 것도 완전을 기하기 위해 중요하다. 이것은 물론 생산적 자원의 분배 및 장소의 정주 적합성에 영향을 미치는 환경적 조건들의 분포에 의해 결정된다. 여기서 나타나는 차이는 조직 전체에 파급되는 영향도 만들어낼 것이다.

주어진 공급의 조건들은 특히 생산요소의 공급과도 관련되지만, 다른 중요한 고려사항들도 있다. 우리는 다음과 같이 분류할 수 있다.

1. 노동력, 수, 구성의 측면에서 고려된 인구.
2. 생산적 활동에 대한, 물려받았거나 습득된 심리적, 행태적 태도, 취향, 편견 등.
3. 직접적으로는 화폐소득과 그 분배, 궁극적으로는 모든 종류의 생산적 자원 소유권의 분배. 이런 측면에서는 개인적 능력과 생산적 재산 사이에 차이가 없다. 소득이 생산적 활동에 참여하려는 성향에 영향을 미치고 취향과 무관한 하나의 변수로 등장한다는 것은 자명하다.
4. 논리적으로는 위 3번에 속하거나 적어도 거기서 당연히 도출되는 결과일 뿐이기는 하지만, 그럼에도 우리는 거기서 사유재산의 의미

와 범위에 관한 제도적 상황을 따로 구분해볼 수 있다. 이것은 (a) 생산적 용역의 사용에 대한 통제와 (b) 소득에 대한 타당하고 유효한 권리에 대한 통제에 관한 모든 사실을 포함한다. 또한 개인적 능력과 그 밖의 다른 생산적 사실들 사이에 아무런 구분이 없다.

5. 존재하는 물질적인 생산적 요소들의 양과 형태. 지금까지 논의된 정적인 조건들 아래에서는 이런 것들이 오로지 가장 협애한 의미의 자연적 요소들, 또는 결국은 같은 것이기는 하지만 과거 세대로부터 물려받은 도구들을 포함하며, 두 경우 모두 악화되거나 개선되지 않는다.

6. 생산적 요소들의 지리적 분포.

7. 첨단의 방식, 즉 기술의 발전, 사업의 조직 등.

두 집합을 결합하고 중복을 제거하면 우리는 변화 또는 변화의 가능성을 연구할 때 유념해야 하는 다음과 같은 요인들을 얻게 된다.

1. 인구의 수와 구성.

2. 사람들의 취향과 성향.

3. 다음을 포함한 생산적 능력의 양과 종류.

   a. 개인적 능력

   b. 물질적 요소

      _i. 자연에 의해 주어진[151]

---

[151] 이 구분은 관례적인 용어법을 따른다. 그러나 이것은 뒤에서 검토되어 지탱될 수 없음

_ii. 인위적으로 생산된[151]

4. 사람과 사물에 대한 모든 개인적 통제권을 포함해 생산적 능력에 대한 소유권의 분배. (법률이나 관습에 의한 비인격적인 통제는 위 2번의 취향이나 성향과 구분될 수 없다.)
5. 사람과 사물의 지리적 분포. 이것은 기술에 관련된 사실들과 긴밀한 관계에 있다.
6. 첨단의 방식, 즉 과학, 교육, 기술, 사회조직 등과 관련된 전반적인 상황.

체계적인 완전함을 이루려면 이들 요소의 각각에 일어날 수 있는 변화와 그 변화가 가치현상과 분배현상 둘 다에 대해, 즉 소비재의 가격과 생산적 용역의 가격에 대해 갖는 관계(그리고 이에 더해 자본화율과 생산적 요소의 판매가격에 대해 갖는 관계)에 대한 검토가 요구된다. 그러나 그러한 야심찬 작업에 착수하기는 어렵다. 우리는 단지 보다 중요한 변화의 가격 관련성 가운데 일부를 지적하고, 이론의 어두운 곳을 조명하는 데 특히 중요한 것으로 여겨지는 논평을 가할 것이다. 각별히 강조해야 할 점은 변화의 정말로 널리 미치는 영향은 변화라는 사실 그 자체의 결과가 아니라 변화하는 세계에 내포된 불확실성의 결과라는 것이다. 이들 변화 가운데 어느 것 또는 그 전부가 진보적으로든, 주기적으로든, 어떤 알려진 법칙에 따라서든 규칙적으로 일어난다면 가격체계와 경제조직에 나타나는 결과는 간단히 처리될 수 있다. 그런 결과들이 일어나기 전의 불특정한 시간에

이 증명될 것이다. (뒤의 201쪽 이후를 보라.)

그런 결과들 모두가 현재가치와 미래가치 간 교환의 기제를 통해 완전히 '할인'될 것이다. 그것은 인간의 계산을 뒤흔들거나 대안들 사이의 보편적이며 완전한 균등화를 파괴하지 않을 것이다. 그러므로 특히 변화는 예상할 수 있는 것이면 생산적 용역에 대한 완전경쟁의 전제조건들을 교란하지 않으며, 이윤이 없는 가운데 비용과 가치가 정확하게 동등한 상태를 만들어낸다.

사실 재화의 생산과 소비의 일반적인 조건들에 일어나는 변화가 소비재의 가격에 미치는 영향은 워낙 자명하거나 워낙 복잡해서 실용적인 예측을 도저히 할 수 없으므로 그것을 체계적으로 다루려고 시도하는 것은 부질없는 일인 것 같다. 우리의 논의는 거의 전적으로 분배의 이론에 국한될 것이다. 이 분야에서도 우리는 **진보적인** 변화가 보통은 꽤 잘 예측되고 할인되며 그 영향은 일반적으로 단기에는 중요하지 않다는 데 주목하자. 그런 변화는 경쟁적 조정에서 상대적으로 보아 실제 교란을 거의 만들어내지 않으며, 이윤의 중요한 원인이 아니다. 중요한 교란과 이윤의 원인은 오히려 단기적이고 불규칙한 변동, 그리고 진보적 변화의 불규칙성이지 변화 그 자체가 아니다. 인구의 증가와 새로운 자본의 축적은 그 어떤 주목할 만한 정도로든 교란을 일으키는 사실이 아니며, 발명과 개선에서 생겨나는 교란은 그것이 유래한 국지적이고 간헐적인 방식에 기인하는 것이지 그 일반적인 경향에 기인하는 것이 아니다.

분배의 단기이론(생산적 요소들의 공급이 고정된 조건 아래에서 이루어지는 분배)을 논의하는 데서는 전통적인 세 가지 생산요소의 관점을 따라서든 그 밖의 다른 어떤 관점을 따라서든 생산적 요소의 일반적인 분류를 하는 데 그 어떤 타당한 근거도 없음을 우리는 거듭 강조해왔다. 이는 곧 수요의 측면에서 보면 그것이 똑같거나 셀 수 없이 많고 포착하기 어려운 미세한 단계적 차이 정도로만 다르며, 단기의 문제와 관련해서는 공급의 조건들−존재하는 양이 주어져 있음−도 그것 모두에 대해 분명히 동일하다는 것이다. 그러나 장기의 관점은 공급에 일어나는 변화라는 새로운 문제를 끌고 들어오며, 이때의 변화와 관련해서는 실제적인 차이가 있다. 이런 공급의 조건상 차이는 어느 정도는 3종분류의 관점에서 정당한 분류의 토대가 된다. 개념적으로 상이한 세 가지 공급의 조건을 인정하는 것이 겉으로 보아 합당하다. 첫째, 우리는 장기간에 걸쳐서도 영구히 공급이 일정하게 주어지는 요소들을 갖고 있을 것이다. 이런 요소들은 증가하거나 감소하지 않고, 개선되거나 악화하지 않는 것이다. 토지에 대한 전통적인 정의가 이 묘사에 들어맞는다. (우리는 여기에서 그 정의가 적용되는 어떤 것이 실제로 존재하는가 그렇지 않은가 하는 문제를 제기하지 않는다.) 둘째, 어떤 생산재는 소비재와 마찬가지 방식으로 자유로이 재생산될 수 있고, 분명히 재생산되며, 이러한 조건 아래에서 공급은 그 용역 가격의 확정적 함수가 된다. 자본에 대한 전통적인 견해는 자본에 바로 이러한 성격을 부여한다. (여기에서도 우리는 그 견해의 정확성에 대해서는 아무런 주장도 하지 않는다.) 그리고 마지막으로 셋째, 그 밖의 다른 요소들의 공급은 변화할 수 있지만 가격의 함수가 아니거나 즉각적이거나 직접적인 방식으로 가격과 연관되어 있지 않다. 장기적인 노동공급에 대한 전통적인 논의(그 장점은 나중에 살펴보기로 하고 여기에서는 그냥 넘어간다)는 노동을 다른 생산적 능력과 차별화한다. 이런 전통적인 분류는 장기적인 관점에서도 타당한 것으로 받아들여지지 않으며, 우리가 논의를 진행해나가면서 비판할 것이다. 그러나 그것에 대한 표면적인 근거와 그것이 경제과학의 사고와 용어에 안착돼 있다는 사실은 그것을 하나의 출발점으로 삼는 것을 정당화한다.

어떤 특정한 변화의 효과들이 보여주는 다기성과 상관성은 궁극적으로는 꽤 복잡해서 그것들을 끝까지 추적하면 조정된 상태의 거의 모든 측면이 어떻게든 수정돼있을 수 있다. 이는 거론된 정적인 특성들 가운데 첫 번째 것에 분명히 들어맞는다. 역사적으로 인구문제는 노동공급에 대한 관계를 통해 임금이론과 연관된 분배문제와 더불어 고찰돼왔다. 물론 인구의 증가는 재화에 대한 수요의 증가이고, 그러므로 노동 그 자체를 포함한 생산적 용역 전부에 대한 수요의 증가다. 그러나 어떤 생산적 용역에 대한 수요든 궁극적으로는 두 가지 요소에 의존하는데, 그것은 산업의 총산출과 그 산출을 증가시키는 데서 그 용역이 갖는 상대적 중요성이다. 체감하는 수확의 법칙과 그 법칙에 토대를 둔 특정생산성 이론에 따르면 노동공급의 상대적 증가는 산업의 생산물을 비례하는 정도보다 적게 증가시키고 노동의 상대적인 생산성을 감소시킨다. 두 가지 영향 다 한 사람당 임금을 떨어뜨린다. 노동뿐만 아니라 그 어떤 다른 생산적 용역에도 같은 추론이 적용된다.

하나의 분배몫에 상이한 의미들이 부여됨으로써 경제논의에 많은 혼돈이 일어났다. 우리는 예를 들어 임금을 이야기할 때에 위와 같이 한 사람당 임금으로 이야기할 수 있고, 마찬가지로 다른 소득을 이야기할 때에도 그것을 만들어내는 구체적인 요소와 관련시켜 이야기할 수 있다. 이런 관점에서 바라본 분배의 문제를 캐넌은 '사이비 분배'라고 부르는데,[152] 이는

---

[152] 《생산과 분배의 이론》 Ⅶ장.

유감스러운 용어로 여겨진다. 왜냐하면 이것은 우리의 주제가 지닌 여러 측면 중에서 우리가 가장 큰 관심을 직접적으로 가져온 측면이기 때문이다. 리카도의 주도 아래 고전학파 경제학자들부터가 논의를 전개할 때 논의의 대상인 '생산요소'가 총 사회적 생산물 중에서 수취하는 부분을 중심으로 논의하는 것이 일반적이었다. 분명히 가능한 또 하나의 의미는 절대적인 기준으로 측정한 '생산요소'별 총 분배몫이다.

어느 한 생산요소(물리적으로 상호 교환될 수 있는 생산적 단위들로 구성된 하나의 큰 집단을 의미)의 증가가 사회적 소득 중에서 그것이 받게 될 부분에 미치는 영향은 그 요소를 기존의 비율과 가까운 범위에 속하는 비율로 다른 요소들에 적용함으로써 현실화되는 체감하는 수확률에 의존한다. 총생산의 증가가 생산요소의 증가와 거의 비례하면(그것이 동등하거나 더 클 수 없다는 것을 기억한다면) 그 분배몫은 증가할 것이고, 생산요소의 증가보다 훨씬 작다면 그 분배몫은 감소할 것이다. 그 요소에 돌아가는 소득의 절대적인 몫 전체는 그 요소의 증가에 따라 생산물이 동등한 비율이나 더 큰 비율로 줄어들지 않는 한 증가할 것이다. 그러나 두 가지 점 다 당장 관심사가 되는 문제와는 거리가 멀다. 단위당 소득이 알려져 있다면 그 생산요소의 상대적인 몫과 절대적인 몫은 보다 자연스럽게 간접적으로 결정될 수 있다.

어떤 생산적 요소든 그 양에 일어나는 변동은 소득에 대한 영향을 통해 재화에 대한 수요에 영향을 미치고, 궁극적으로는 산업의 조직과 가격체계의 거의 모든 면모에 영향을 미치는 것이 분명하다. 그 결과로 소비재들의 가격에 일어나는 변화는 바로 마셜이 정상가격의 장기적 변화라고 부른 것이다. 이것을 추상적으로 논의하는 것은 사실 가능하기는 해도 유익해 보이지는 않는다. 거의 유일하게 가치가 있어 보이는 일반적 관찰은 어떤 재화의 생산에서 특정한 요소가 압도적으로 중요하다면 그 재화는 다른 것들이 일정하다고 할 때 그 요소의 공급이 증가함에 따라 그 가치가 감소하는 경향을 보이리라는 것이다.

진보의 이론에서 정말로 어려운 문제는 특정한 변화의 효과와 관련된 것이 아니다. 이런 효과는 복잡하기는 해도 시장의 원리, 즉 공급과 수요의 '법칙'을 적용하는 것을 통해 추적할 수 있다. 어려움은 변화 그 자체의 예측에서 부닥치게 된다. 생산적 용역의 공급과 관련된 조건들은 무엇인가? 상이한 용역들의 공급에 일어나는 변화 가운데 어떤 것이 합리적으로 예상할 수 있는 것이고, 그 변화는 어떤 목표나 균형으로 나아가는 경향이 있는가? 이 문제가 특별히 관심을 끄는 것은 고전학파 분배이론이 거의 전적으로 바로 이런 궁극적인 균형수준의 관점에서 전개됐기 때문이다. 우리의 견해로는 이런 균형의 조건들이 갖는 의미가 고전학파 경제학에서 잘못 상정됐고, 아마도 그 중요성이 다소 과도하게 추정된 것 같다. 초기의 저작자들은 어떤 의미에서는 소비재의 생산과 소비 사이, 비용과 가치 사이의 정상가격 균형과 비슷하게 이런 균형조건도 언제나 현실과 가까운 곳에 있는 것으로 간주했다. 그들의 '정적상태'는 실제 사회의 상태는 아니더라도 사회가 끊임없이 근접해가는 상태였다.[153] 그 상태는 균형이 불확정적인, 그리고 보통은 매우 먼 미래의 것임을 우리가 사실이 요구하는 대로 인정한다면 이론에 매우 큰 차이를 만들어낸다. 그렇다면 그 상태는 다른 경향들에 의해 어느 정도로든 수정되거나 역전될 수 있는 어느 한 특

---

153 밀의 《정치경제학의 원리》 Ⅳ권 Ⅳ장 4절.

수한 경향의 이론적 결과로만 간주돼야 하며, 그렇지 않다면 균형에 어느 정도로든 상당히 근접하기 훨씬 전에 예상치 못한 상황전개에 의해 조건들이 완전히 바뀔 수 있다. 그러므로 어느 한 특수한 경우의 균형은 실제로 예상되는 결과가 아니며, 어떤 사건의 미래 경로에 대한 구체적인 예측은 작동하는 경향들을 모두 고려하고, 그것들의 상대적인 중요성을 추정하며, 더 나아가 예측할 수 없는 영향을 받을 가능성도 언제나 폭넓게 허용하는 가운데 이루어져야 한다. 사실 우리가 곧 보게 되겠지만 진보의 다양한 요인들 사이의 상호관계는 워낙 복잡하고, 그 함수들 자체가 워낙 부정확하게 알려져 있으며, 아주 많은 미지의 변수들이 초래하는 영향을 받기 때문에 미래로 어느 정도로든 상당한 거리에까지 미치는 확정적인 예측을 하기는 완전히 불가능한 것으로 보인다.

이제 진보의 변수들에 영향을 미치는 조건들과 그 각각과 관련해 예상되는 변화라는 문제로 눈길을 돌린다면 우리는 또 다시 인구라는 요인에서 시작해 목록 전체를 살펴봐도 되겠다. 물론 그 계획은 가설들을 아무거나 마구잡이로 검토하자는 것이 아니라 우리가 살고 있는 세계의 사실들에 대해 진지한 탐구를 하자는 것이다. 그 절차에서 유일하게 자의적이거나 비현실적인 부분은 두드러지게 눈에 띄는 지배적인 특징들을 선별하고 가능하면 그것들 자체의 내재적인 경향을 포착해낼 목적으로 그것들을 분리해내는 것이다. 그러한 연구의 결과물은 모든 이론적인 연역-모든 일반적인 원리들-에서 그렇듯이 부분적인 진리이며, 따라서 그 결과는 무비판적으로 적용할 수 없고 반드시 상황에 따라 경험적 자료와 결합하고 그것으로 보완해야 한다. 역사적 인구이론, 다시 말해 맬서스주의는 노동자들을 고정비용의 조건들 아래에서 공급되는 재화와 비슷한 것으로 그렸다. 따라서 임금은 이런 비용, 즉 정적인 인구를 유지하는 비용(화폐가 아니라 실물 또는 재화)과 동등한 일종의 균형수준으로 나아가는 경향이 있다고 여겨졌다. 이에 전제가 되는 것은 물론 노동자 생산이 금전적 이윤의 동기에 따라 일어난다는 것이 아니라[154] 생리적-심리적 인구법칙의 결과로 노동자의 공급이 재화의 공급과 엄밀하게 유사한 방식으로 변동한다는 것이다. 임금이 최저생계 수준으로 다가가는 경향은 인구가 끊임없이 생활필수품의 공급에 압박을 가하는 경향에서 자연스럽고도 정확하게 연역되는 것임은 의문의 여지가 없다.[155]

이런 노동비용이론의 초기 버전은 곧바로 지탱될 수 없음이 인정됐고, 임금수준이 변화해도 생활수준은 변화 없이 유지된다는 가정에 타당성의 근거를 둔 생활수준이론에 자리를 내주었다. 고전학파 경제학자들은 노동

---

[154] 사회의 '하류' 계층에서는 아이의 생산이 일반적으로 가정되는 통상의 경제적 계산과 결코 그렇게 무관하지 않다는 것은 간과돼온 사실이다. 결혼연령과 가족규모는 아마도 세대를 이어가며 생활수준을 유지할 가능성에 대한 계산에 의존하기보다는 사실 아이들이 벌 것으로 예상되는 소득과 그들이 부모의 통제 아래 있는 동안에 그들을 부양하는 비용 사이의 경제적 이득이나 손실의 크기에 훨씬 더 의존할 것이다. (물론 그 두 가지에 각각 관련되는 고려사항들은 서로 연결돼 있다.) 도시와 농촌의 생활조건과 출생률을 비교해보고 상이한 사회적 환경들의 생활조건과 출생률도 비교해보는 것, 그리고 아동노동과 의무교육법이 출생률에 미치는 영향을 연구해보는 것은 이런 맥락에서 시사해주는 바가 많을 것이다.

[155] 라살레와 마르크스주의 사회주의자들이 말한 저 유명한 '철칙'은 바로 이 고전학파의 균형임금이론을 통째로 인수한 것이며 단지 그것이 근거한 논리적 토대를 분개하는 태도로 거부한 것임은 지적할 필요도 거의 없다. 임금이 최저수준으로 나아가는 경향은 인구의 원리에 토대를 두고 있고, 사회 재조직의 모든 기획은 (그것이 인구의 원리에 영향을 끼치지 않는 한) 기껏해야 일시적인 궁핍경감과 이후의 궁핍심화를 제외하고는 그 어떤 결과도 만들어낼 가능성이 없다. 이것은 애초에 고드윈이《정치적 정의》를 통해 제시한 천년의 희망에 대한 답변으로 맬서스가《인구론》저술을 통해 증명하려고 한 주제라는 점을 상기해야 할 것이다.

공급의 증가가 식량공급을 증가시킨다는 것은 인정했으나 식량공급의 증가가 보다 낮은 비율로 증가할 것이라고 주장했다. (맬서스의 조악한 산술급수 대 기하급수의 가설은 나중의 저작, 특히 밀의 저작에서 과학적인 체감하는 수확의 원리로 대체됐다.)

밀도 임금수준이 올라가면 생활수준이 정체되는 상태로 유지되지 않을 **수 있음**을 인정했지만, 실제의 임금과 인구를 통제하는 심리적 기준 사이에 큰 격차가 생겨나 한 세대 동안 유지될 수 있지 않은 한 임금의 영속적인 상승에 대해 비관적이었다(사실 맬서스보다 훨씬 더 그랬다). 사실은 산업에서 일반적인 개선이 일어나거나 광대한 새로운 자연자원 채굴지역이 개척되거나 하는 것을 통해 임금이 갑자기 상승하면 인구가 증가하겠지만 그 증가를 제약하는 심리적 기준도 동시에 상승하는 것으로 보인다. 그러므로 새로운 균형은 이전보다 더 높은 임금수준에서 수립될 것이다. 역사적인 사실들은 바로 이런 특성을 보이고 있다. 근현대 산업시대는 유럽문명에 광대한 새로운 지역들이 열리는 것과 함께 시작됐고, 그런 움직임은 최근 들어 속도가 느려지기는 했지만 그 뒤로 계속 진행돼왔다. 기술의 개선은 아마도 오늘날까지 가속적으로 이루어져왔다고 봐야 한다. 유럽 혈통의 세계 인구는 네 배 내지 다섯 배로 증가했고, 평균적인 생활수준(이 개념에 명확한 의미를 부여할 수 있다면)도 크게 높아졌다. 이러한 두 가지 변화의 상대적인 크기는 측정될 수 없으나, 필자의 추정은 맬서스적 가설을 전체적으로 뒷받침하는 쪽일 것이다. 두 변화는 여전히 한창 진행되고 있는 것이 틀림없다.[156]

----

[156] 인구 문제에 대한 위의 논의는 피상적일 수 있지만, 여기에서는 다른 요인들을 배제해

고전학파의 추리에서 가장 중대한 누락은 앞에서 이미 언급한 바 있지만 장기적 조정이 실행되는 데 걸리는 시간의 길이를 감안하는 데 소홀한 것이다. 수많은 '다른 것들'이 상황전개의 논리적 과정에 간섭할 수 있고, 이뿐만 아니라 균형의 상태를 그 어떤 주어진 시점에도 성립하는 근사적 묘사로 간주한 것은 심각한 오류다. 여전히 진행 중인 산업세계 인구의 급격한 증가라는 사실은 임금수준이 심리적 최저수준보다 그동안 훨씬 높았고 지금도 그러함을 증명한다. 다른 것들이 동일하게 유지된다고 하더라도 균형조정이 일어나게 하는 데 요구되는 시간의 길이에 대해 추측을 해봐야 무익할 것이다. 현재의 임금수준과 심리적 최저수준 간 차이의 크기, 그리고 이에 더해 둘 사이의 이런 차이와 모든 더 작은 차이들에 상응하는 둘의 상대적 변화율이 정확하게 알려져 있지 않은 한 균형의 상태를 정식화하는 것은 이론적으로 불가능하다.

인구집단의 물리적 구성 변화는 이 간략한 고찰에서는 자세한 논의를 요구하지 않는다. 주목해야 할 주된 사실은 '인구의 증가나 감소'와 '전출

야 한다. 노동이 그 공급의 조건들에서 동질적인 것으로 과도하게 단순하게 다뤄지다가 비경쟁 집단에 대한 케언스의 논의에 의해 현실에 다소 근접하게 다뤄지게 됐음을 학생들은 기억할 것이다. 오늘날에는 인구문제에 대한 사회적 관심이 완전히 달라졌다. 우리를 근심하게 만드는 것은 일반적인 명제인 맬서스주의가 아니라 아마도 그 반대인 종족자멸일 텐데, 그 두 가지보다 훨씬 더 우리를 근심하게 만드는 것은 현실의 차별화한 두 측면, 즉 무능력한 사람들의 과잉번식과 상류계급의 자기재생산 실패일 것이다. 어떤 기준점 아래에서는 임금상승이 인구증가를 의미하지만, 육체적 편안함에서 크게 벗어나지 않는 어떤 임계점 위에서는 그와 반대되는 관계가 시작되어 유지될 가능성이 높아 보인다. 대중교육, 공업화, 도시생활, 그리고 시대정신 속의 파악하기 어려운 요인들이 이 문제를 매우 복잡하게 만든다. 특히 세계대전은 인류의 태도에 변화를 가져왔는데, 이에 대해서는 그 영향이 폭넓게 미칠 것이 틀림없다는 점 말고는 그 어떤 것을 말해도 성급할 것이다.

하거나 전입하는 이민 또는 내부이주에 기인하는 변화'의 차이일 것이다. 만약 우리가 시장에 유효하게 스스로 드러나지 않는 모든 인간적 이해관계를 사상하고 완전한 상호 의사소통과 이동의 자유를 가정한다면 이민이나 이주라는 요인은 신속하게 어떤 균형으로 나아갈 것이다.

우리가 상정한 진보의 변수들 가운데 두 번째는 심리적 요소, 즉 사람들의 성향과 취향이다. 인구의 수와 구성이나 마찬가지로 그것은 문제의 소비측면과 생산측면 둘 다에서 조건들에 영향을 미친다. 물론 변화는, 특히 큰 변화는 소비재에 대한 욕구와 상이한 종류의 생산적 활동들에 대한 태도에서 일어난다.[157] 이런 변화들의 대부분은 가격의 함수로 다뤄봐야 얻을 게 별로 없는 것들이고, 그것들에 대한 균형의 조건들은 전혀 정식화될 수 없다. 그런 변화는 예측이 거의 안 되는 외부 교란원인의 부류에 속하며, 특히 생산의 측면에서 그렇다. 오늘날 농업을 희생시키면서 공업생산을 증가시키는 작용을 하는 '도시의 유혹'과 같은 경향들이 종종 눈에 띈다. 미국에서는 화이트칼라 일자리에 대한 비합리적인 선호가 기계공의 임금을 훨씬 더 많은 능력과 교육을 요구하는 사무직 분야 일자리의 임금보다 더 높은 수준으로 끌어올렸다. 그 밖의 다른 특수한 종류의 일자리에 대한 선호와 그 유행은 경제적 과정의 주어진 조건들 가운데 일부이며 그것의 변화는 폭넓게 다양한 영향을 미친다는 점을 단지 지적해두기만 하

---

[157] 어떤 종류의 사업이나 직업에 대한 강력한 사회적 불승인은 사회적 승인과 불승인을 아무래도 상관없는 문제로 여기는 사람들(이런 사람들은 결코 조금도 부족하지 않게 존재한다)의 수중에 그런 사업이나 직업을 집중시킴으로써 그런 것에 관련된 실제의 모든 해악을 심화시키는 경향이 있다. 두드러진 사례로 중세의 대부업(그리고 유형이 같은 지금의 대부업)과 현대의 주류업을 들 수 있다.

고 넘어가야겠다. 이런 고려들은 개인적 능력에만이 아니라 재산의 사용에도 훨씬 덜한 정도이긴 하지만 적용된다.

소비의 측면에서는 여전히 다루기가 매우 까다롭기는 하지만 그래도 좀 더 과학적으로 다루기 쉬운 매우 중요한 문제가 하나 있다. 사적 사업체가 소비욕구를 개발하고 창출하고 유도하기 위해 경제적 자원을 사용한다는 우리에게 익숙한 사실, 즉 광고라는 현상이 그것이다.[158] 정보를 전달하는 광고든 설득만을 위한 광고든 간에 광고를 통한 가치증대는 다른 어떤 형태의 생산이나 '효용창출'과도 매우 유사하다. 그러한 가치는 대체로 다른 재화들에서 이전된 것인데, 경쟁상품들에 대한 적극적인 비방에서 나온 것이 아닌 경우에만 그것을 광고된 상품의 부가적 효용으로 간주돼야 할 것이다.[159]

---

[158] 사회가, 즉 조직이 됐든 안 됐든 공중이 소비를 공인된 종류로 유도하려고 하는 노력은 사적인 경쟁적 조직에 대한 연구의 범위를 벗어난다.

[159] 경쟁상품들에 대한 폄훼는 강도질과 같은 이유로, 그리고 금막대나 리쿼존(20세기 초 미국에서 약효가 과장되게 광고되면서 많이 팔린 의약품-옮긴이) 같은 것을 나눠준다고 하는 말도 안 되는 사기행위와 같은 이유로 고려에서 제외돼야 한다. 우리는 시장거래에 나타나지 않는 이해관계의 영향을 명시적으로 제거했음을 상기해야 할 것이다.

이 제안은 공상적인 것으로 들릴지 모른다. 하지만 나는 한편으로 상품의 의도된 목적에 비추어 그 효율성에 아무런 차이도 없는 물리적 형태와 겉모습에 속하는 요소(보기 좋은 색깔, 상품의 사용에 실제로 간섭이 되곤 하는 화려한 장식, 멋있는 용기 등)와 다른 한편으로 그럴 듯하게 들리는 이름이나 그 밖의 어떤 '과장'에 기인하는 매력의 요소라는 두 가지를 구분한다는 게 불가능함을 알게 됐다. 이런 것들은 소비자에게 상품들 사이의 차이를 만들어내는데, 교환체제에서는 소비자가 최종적인 심판자다. 그것들이 소비자에게 다르게 받아들여진다면 다른 것이다. 만약 소비자가 어느 한 종류를 다른 종류에 비해 더 기꺼이 사고자 한다면 그 종류가 다른 종류에 비해 우월한 것이다. 그 종류는 다른 종류가 가지고 있지 못한 '효용'을 가지고 있다. 나는 이런 효용이 사물 그 자체 안에 들어 있는지 아니면 사물과 관련된 사실에 들어 있는지가 어떤 실제적인 차이를 만들어낸다고 생각하지 않는다.

욕구를 창출하는 일은 물론 매우 불확실하고 요행에 좌우되므로 '위험하다'고 할 수 있다. 그러나 다른 변화들의 경우와 마찬가지로 활동의 결과를 예측할 수 있는 한 경쟁이 그에 따른 이득을 다른 분야의 이득과 같게 만드는 것이 자명하다. 그렇다면 체계 전체에 걸쳐 비용이 가치와 같을 것이고, 이는 곧 이윤을 사라지게 하는 조정의 조건들이 존재한다는 것이다. 욕구창출이 체감하는 수확의 원리에 따르고 그래서 그 과정이 결국은 더 이상 진행되지 않는 어떤 균형을 향해 나아가는 경향을 가지고 있는지, 아니면 욕구창출이 본래적으로 지속적 변화를 만들어내는 영속적 원인인지는 우리가 그 자체로 논의할 수 없는 문제다. 필자의 추측은 후자 쪽으로 기울어진다.

세 번째 진보 요인, 즉 현존하는 생산적 자원의 양과 관련하여 첫 번째 문제는 공급의 변화라는 관점에서 이런 자원을 분류하는 것과 관계가 있다. 우리는 위에서 그 차이들이 어느 정도는 전래의 3종분류의 노선을 따라 파악돼야 함을 보였지만, 그 차이들이 많이 과장돼왔다는 점과 전통적 노선에 따른 명확한 분류는 유지될 수 없다는 점을 강조하지 않을 수 없다.[160]

노동공급의 장기적 조건은 두 가지 요소로 구성된다. 하나는 인구인데, 이것은 이미 논의했다. 다른 하나는 넓은 의미로 본 교육이라는 요소다. 생산의 효율성을 증대시키는 결과를 가져오는 훈련은 물질적인 생산적 요소, 즉 자원을 현재의 소비적 용도에서 빼내어 사용함으로써 창출되는 자

---

[160] 공급의 변화는 쟁점이 되지 않고 수요에 의해서만 분배관계가 결정되는 단기적 문제의 관점에서는 그 어떤 분류도 타당하지 않음을 명심해야 한다.

본재와 비슷한 것임이 분명하다. 인구 그 자체도 위에서 언급했듯이 주로 노동을 해서 생존하는 사회적 계급의 경우에는 상당부분 금전적 이익에 대한 고려에 의존한다. 따라서 노동과 자본의 구분이 희미해지는 경향을 보인다. 사실 어느 정도의 구분은 남게 된다. 기술적 훈련은 그 소유자와 분리하여 판매되거나 사용을 위해 임대될 수 없고, 그 어떤 직접적인 의미에서도 그 소유자의 노동하는 생애를 넘도록 지속될 수 없다. 자본은 적어도 그 소유자의 인신에 덜 부착돼 있고(그것이 절대적으로 분리될 수는 없다는 데 주목하는 것이 중요하다) 영구적으로 기능할 수 있다. 게다가 교육에 대한 투자는 이익추구의 동기가 아닌 다른 것들로부터 더 많은 영향을 받으며, 그 결과로 다른 형태의 투자들과 수확이 같아지도록 하는 유효한 경쟁에 의해서는 그렇게 긴밀하게 조정되지 않는다.[161] 인간의 능력을 개선하기 위한 투자는 다소 오래된 제안이지만, 그렇다고 다른 형태의 투자들만큼 많이 진전된 것으로 보이지는 않는다. 그런데 다른 한편으로 그것은 매우 높은 정도의 불확실성에 종속된다. 결국은 노동 창출의 상이한 경우나 유형들 사이에도, 그리고 물질적인 생산재 창출의 상이한 종류들 사이에도 자원의 투자에서 나타나는 유형상 두 가지 종류 사이에 존재하는 차이만큼이나 큰 차이가 있는 것으로 보인다. 불확실성이 없고 경쟁이 지배하는 한 투자는 스스로 두 분야와 그 각각의 모든 부분에 걸쳐 순이득

---

[161] 인간의 잠재력 개발에는 자원을 수익성 있게 투자할 기회가 아주 많다는 사실이 간과되고 있고 그래서 같은 종류의 낭비적 투자가 아주 많이 이루어진다는 사실은 아마도 현존하는 사회에 대한 가장 진지한 비판 가운데 하나일 것이다. 그러나 잘못은 가족제도와 산업의 사적 기업조직이 분리될 수 있게 하는 그 어떤 의미에서도 후자보다 전자에 있다.

을 부단히 같아지게 만드는 방식으로 배분된다. 이는 다시 말해(비용은 단지 경쟁적 유인을 표시할 뿐임을 상기한다면) 불확실성이 없다면 비용과 가치는 체계 전반에 걸쳐 같게 되리라는 것, 즉 생산과 교환의 완전하고 이윤 없는 조직이 있게 되리라는 것이다.

자원의 투자를 포함해 모든 생산적 용역의 공급과 관련된 조건들에는 기본적인 유사성이 있다. 모든 경우에 생산력이 현재의 소비재를 만드는 용도에서 새로운 소비재소득의 원천을 창출하는 용도로 옮겨가게 된다. 따라서 어떤 생산적 용역에 대해서든 그 균형의 조건에 대해 논의하는 일은 모든 것이 같이 다뤄질 수 있을 때까지 미뤄야 한다. 이 경우의 일반적인 균형이론은 사실 이자의 장기이론이다.

고전학파 경제학자들은 토지 또는 자연적 요소들을 공급이 **주어진** 것으로 다루었다. 이 가정은 지대 이외의 다른 분배몫들을 설명하는 추리와는 다른 지대의 이론을 제시하기 위한[162] 토대이자 지대와 비용 사이에 특수한 관계를 설정하기 위한 토대였다. 토지를 고정된 공급이라는 묘사에 들어맞게 하기 위해 그것에 주어진 정의—토양의 원초적이고 고갈되지 않는 힘—는 사실 한계가 뚜렷하다. 이런 무조건적인 공급의 고정성이라는

---

[162] 차액지대이론은 오래 전부터 다른 분배몫들에도 똑같이 잘 적용된다고 인정됐다. J. B. 클라크의 '지대의 법칙에 의해 결정된 분배'와 J. A. 홉슨의 '세 가지 지대의 법칙'(《계간경제학지》 V권)을 보라. 그 결과로 차액지대이론이 다른 분배몫들 가운데 어느 것도 설명하지 못한다는 점은 그렇게 보편적으로 인정되지 않는다. 미국의 대학들에서 오랫동안 표준적인 교과서였던 책의 저자이자 장군 출신인 프랜시스 A. 워커가 제창한 분배이론이 결국은 각각의 요소는 다른 요소들이 지급을 받은 뒤에 남는 것을 얻는다는 명제를 다듬은 것에 불과하다는 점은 특히 주목할 만하다. 차액지대이론은 그것이 유의미한 형태로 진술되면 생산성이론과 같아짐을 보이는 것은 쉬운 일이다. 엘리의 《경제학의 개요》 3판 415-416쪽에 실린 A. A. 영의 논의를 참조하라.

독단적 관념이 나중에 단일세 선동에 토대가 됐다. 우리는 이 입장을 길게 논의할 수 없지만 그것이 완전히 잘못된 것임을 아주 간략하게나마 언급하는 데는 지면을 할애해야겠다. 새로운 자연자원의 발견, 취득, 개발이 개방적이고 경쟁적인 게임일 때에는 자원을 이 용도에 투입하든 다른 어떤 저 용도에 투입하든 거기에서 나오는 수확에 조금이라도 차이가 있을 가능성이 없음은 자명할 것이다. 뿐만 아니라 존재하는 그 어떤 격차도 우연의 결과여서 어느 분야든 다른 분야와 같은 정도로 선호될 가능성이 높거나, 그렇지 않다면 그 격차가 분야들의 심리적 매력에 어떤 차이가 있는 데 기인했을 것이다. 다시 말해 순이득의 관점에서 보면 그 격차는 어떤 다른 차이를 상쇄하는 것이다. 토지가 생산적 용도에 투입되게 된 역사적 과정 전체를 보면 그것이 '생산됐다'고, 다시 말해 다른 그 어떤 교환될 수 있는 재화에 대해서도 성립하는 방식과 완전히 동등한 방식으로 그것에 부여된 그것의 효용을 갖고 있다고 봐야 한다. 이는 물론 또다시 불확실성이라는 요인을 사상한 것이다. 실제 삶에서는 투기라는 커다란 요소가 도입된다. 그러나 이것이 토지를 전반적으로 다른 어떤 종류의 재화들과도 차별화한다고는 말할 수 없으며, 다만 토지의 경우에 특히 대규모로 그러한 결과를 만나게 되기는 한다.

근현대 사회에서는 새로운 형태의 생산적 자원이 매우 큰 중요성을 갖게 됐다. 그것은 특허가 부여됐든, 비밀로 유지되고 있든, 단지 생산의 전 분야에 '아직은' 사용이 확산되지 않았든 간에 특수한 생산의 방법 또는 배타적인 기술적 과정으로 구성된 것이다. 그러한 과정은 다른 어떤 요소와도 마찬가지로 소득의 원천이고, 처음에는 동일한 방식으로, 다시 말해 현재 자원의 투자(연구와 실험에 대한)에 의해 창출된다. 그것은 그러나 그 유지와 중복재생산의 비용이 아주 낮아서[163] 그 보유자의 인신에 내재된 것이 아닌 한 자유재가 되는 지점까지 증식시켜 사용하는 것이 이익이 된다는 점에서 대부분의 자본재와 다르다. 따라서 그것은 어떻게든 '독점'되지 않는 한 증강된 개인적 능력이라는 범주로 돌아가는 경향이 있다. 새로운 생산적 과정은 도박의 요소가 큰 조건들 아래에서 창출된다는 점에서 자연자원과 유사하지만, 그 작동의 결과가 예측될 수 있는 한에는 그것도 다른 분야들과 비교해 볼 때 투자수익의 동등성으로 나아가는 경향이 있다.

그러므로 우리는 새로운 생산적 능력을 창출하는 데 자원을 투자하는 보통의 간단한 경우, 즉 자본재의 경우로 눈길을 돌린다. 이와 관련하여 우리는 편의상 일반적인 경우를 논의하고, 그런 다음에 인간의 능력, 자연적 요소, 그리고 방금 언급한 생산적 방법으로 돌아가 그것들을 간략하게 살펴본다. 그 논증은 시간선호라는 주제 및 생산재의 구매와 판매를 다룬 앞 장의 논의와 밀접하게 연관될 것이며, 사실상 그 논의를 다시 꺼내 들고 계속 해나가는 것이라고 말할 수 있다. 우리는 이제 생산재가 더 이상 그 공급이 고정되지 않으며, 현재 소비재의 생산에서 다른 데로 자원을 돌리는 것을 통해 그러한 재화를 무한정 창출할 기회가 존재한다는 추가적

---

[163] 그러나 생각은 종종 가정되듯이 이런 비용에서 자유롭지가 않다. 그래서 A. S. 존슨('근현대 경제이론에서의 지대' 120쪽)은 생각은 자신을 무한정 증식하는 것이 '그것의 본성'이기 때문에 생산적이라고 간주될 수 없다고 주장한다. 만약 그렇지 않다면 교육이라는 문제가 간단한 것이 될 것이다! 그러나 아마도 우리는 그러한 특성이 생각에 전반적으로 확장되는 데서 어느 정도의 차별화가 있기를 바라야 할지도 모른다! 그런다고 하더라도 그 '자연적'인 경향이 방해를 받는다면 응용에 제한이 있는 생각은 다른 어떤 것이든 생산적이라고 일컬어지는 경우와 똑같은 의미에서 생산적일 것으로 보인다. (뒤의 Ⅵ장을 보라.)

인 복잡성을 갖게 됐다. 왜냐하면 개인의 입장에서 보면 현재 재화를 투자하는 것(그것을 생산적 요소에 지불하는 데 사용하는 것. 이렇게 되면 생산적 요소는 '선불'[164]에 의해 자유롭게 되어 새로운 설비를 만드는 데 투입된다)은 다른 개인들의 소유로 이미 존재하는 생산적 용역과 교환하는 것과 같기 때문이다. 그것은 동일한 결과를 확보하는 대안의 방법이다. 그러므로 관련된 동기에 대해 앞에서 개진한 논의가 지금의 경우에 적용된다. 다시 말해 그 논의는 자본형성의 동기에 대해 통상 전제되는 가정들에 부합한다. 우리는 앞에서 제시한 가설적 경우에는 존재하지 않았던 하나의 새로운 동기, 즉 창조를 할 기회의 중요성을 강조할 것이다. 우리는 그것 자체가 단지 창조된 것을 소유하려는 욕구와 뚜렷하게 구별되거나 적어도 그런 욕구보다 훨씬 더 강한 동기가 된다고 본다. 그러나 이 간략한 검토에서는 저축의 동기에서 복잡성을 더하는 요소들을 사상하고 새로운 생산적 설비를 단지 일종의 영속적인 가치소득(앞의 경우와 같이 언제든 판매를 통해 현금화될 가능성을 가진)만으로 다뤄야 할 필요가 있을 것 같다.[165]

---

164 자본을 '노동자에 대한 선불'로 보는 고전학파 저작자들의 견해는 노동뿐만 아니라 다른 생산요소들도 포괄하지 못한 오류(이는 그들이 내세운 노동이론의 관점에서는 당연한 것이다)를 제외하고는 올바른 것이다.

165 저축을 하는 동기의 세기가 예상되는 소득의 크기에 비례해 변화한다거나 그 크기와 어떤 단순한 규칙에 따라 연관된다는 것은 자본에서 소득을 확보하려는 욕구가 저축의 유일한 동기라는 독단적 관념을 넘어 훨씬 더 나아간 의문스러운 가정이다. 우리는 또 다시 편의를 위해 전래의 간단한 가정을 취해 이 기회에 이런 절차의 그 어떤 것의 타당성에 대해서도 심각한 의문을 제기해둔다. 우리가 보기에 자본을 저축하는 것은 사실상 미래에 더 많은 재화를 소비하려는 욕구를 단지 한 가지, 아마도 덜 중요한 한 가지로 포함한 주로 두 가지나 세 가지 동기의 결과인 것처럼 보인다. 사회 속 인간의 다른 행동들과 마찬가지로 그것은 대체로 기존의 사회적 관습, 모범, 의무, 풍습의 문제

그러므로 자본재에 대한 수요는 이미 논의한 미래소득에 대한 수요일 따름이다. 정적이고 보편적으로 알려진 기술을 가정한다면 모든 형태의 그러한 재화들은 필연적으로 그것들을 창출하는 데 필요한 투자와 관련해 균일한 생산성 수준을 유지할 것이고, 따라서 그것들은 하나의 동질적 부류로 다뤄도 된다. 산업에서 자본재에 대한 수요는 다른 그 어떤 생산적 요소에 대한 수요와 마찬가지로 이미 우리에게 익숙한 2중의 체감하는 생산성의 법칙에 종속되고, 그러한 재화들이 더 많이 생산될수록 물리적으로 측정한 재화들 자체를 기준으로 볼 때 그것들이 낳는 가치소득은 더욱 감소할 것이다. 그런데 투자자가 계산의 기반으로 삼는 것은 창출된 물리적 생산재가 아니다. 이런 것은 그의 계산에 들어가지 않는다. 그는 오로지 (a) 자신이 포기하는 현재 재화의 양(말하자면 가치)과 (b) 자신이 받게 될 가치소득의 크기 사이의 관계에 관심을 갖는다. 그러므로 우리는 이 경우에 4중의 체감하는 유효수요의 법칙을 갖게 된다. (1) 생산자 재화의 창출은 소비재를 만드는 데서 다른 데로 자원이 옮겨가는 현상을 수반하며,

---

일 뿐이다. 그렇다면 우리는 창조의 충동을 강조하지 않을 수 없다. 아마도 저축의 단일한 최대 원천은 사업에 대한 순전한 흥미나 사업을 키우려는 욕구 때문에 소득을 사업에 다시 투입하는 행동일 것이다. 이런 행동의 많은 경우에 소득을 늘리려는 욕구가 지배적인 동기가 아니라는 것은 사람들이 결코 수익성이 있을 것 같아 보이지 않는 기업에도 가장 번성하는 사업에 투자하는 경우와 같은 정도로 필사적으로 투자한다는 사실, 그리고 사회 속에서 이루어지는 재투자의 대부분이 그런 일의 과실을 스스로는 전혀 얻지 못할 법인기업 이사들에 의해 이루어진다는 사실로써 증명된다. 진실을 말한다면 인간의 삶에 진정한 동기가 되는 것은, 적어도 큰일을 하는 사람들의 진짜 동기는 그 성격상 이상주의적이라고 우리는 믿는다. 사업가는 예술가나 발명가, 정치가와 같은 심리를 기본적으로 가지고 있다. 사업가가 어떤 일에 뛰어들면 그 일에 빠져버리고 그 일이 곧 그 자신이 된다. 그는 그 일을 통해 자신의 인격을 표현한다. 즉 그는 자신의 계획에 따른 그 일의 성장과 완성 속에서 산다.

이러한 이전은 체감하는 물리적 수확의 원리에 구속을 받으며 일어난다. 일정하게 주어진 양과 종류의 소비재를 희생하는 것은 어떤 주어진 종류의 자본재를 창출하는 과정이 더 많이 진행될수록 그 자본재를 더 적은 양만큼만 창출하는 것을 가능하게 한다.[166] (2) 자원의 투자에 의해 보다 쉽게 증가하게 되는 생산재들은 그것들과 생산에서 결합하는 다른 요소들에 비해 상대적으로 증가할 것이 분명하며, 그 사용에서 체감하는 물리적 수확의 원리에 구속된다. (3) 상대적으로 증가한 요소들이 다른 상품들에 비해 특정한 상품들의 생산에 더 많이 투입되는 정도만큼 그 특정한 상품들은 다른 상품들에 비해 그 공급이 상대적으로 증가하고 그 가격이 상대적으로 떨어질 것이다. (4) 마지막으로, 현재 재화들이 미래 소득의 창출을 위해 점점 더 많이 희생되면 미래 소득이 점점 더 많아지면서 현재 소득에 대비한 미래 소득의 상대적 선호도가 떨어질 것이 분명하다.

다른 것들이 같다면 자원의 투자는 궁극적으로 가치소득의 양과 그것을 창출하기 위해 희생돼야 하는 현재 가치의 양이 체계 안의 모든 사람에게 동일하게 되는 균형의 지점에 이를 때까지 이루어지게 될 것이다. 어떤 주어진 양의 현재 재화를 희생함으로써 창출할 수 있는 소득이 새로운 저축을 유인하기에 충분한 매력을 가지고 있는 한 새로운 저축이 지속적으로 이루어지면서 어떤 주어진 양의 투자로 얻을 수 있는 가치소득의 양을

---

[166] 이 진술은 좁은 의미의 자본재 창출에만이 아니라 자원을 투자하는 다른 방법들-새로운 자연적 요소의 개발, 노동의 훈련과 기술의 개선-에도 적용될 수 있다. 인구수를 늘리기 위한 자원사용은 인구가 소비재 그 자체에 의존해 생계를 이어간다는 점과 생산형태의 변화가 전혀 개재되지 않는다는 점에서 예외적인 것처럼 보인다. 그러나 이런 활동은 매우 제한된 정도까지만 현재 재화와 미래 재화 간 계산된 교환의 문제다.

감소시킬 것이 틀림없다. 궁극적으로는 새로운 저축을 유발하지 않으면서 이미 저축된 자본을 기존대로 유지하기에 충분한 정도로만 투자의 생산물이 매력적인 지점에 도달하게 될 것이다. 물론 어떤 개인들은 이전에 저축한 자본을 소비하지만 다른 어떤 개인들은 저축과 투자를 하는 것도 그 둘이 상쇄된다면 언제든지 있을 수 있는 상황이다.[167]

이상은 이자에 대한 '절충적' 이론의 간략한 진술이다. 자본재를 창출하는 데 희생되는 현재 가치에 대한 창출되는 자본재 덕분에 생겨나는 연간 가치소득의 균형비율—추가적인 순전환(저축과 투자)이 전혀 일어나지 않을 때의 비율—이 이론적인 장기 이자율이다. 그것은 마셜이 말하듯이[168] 이자율이 부단히 접근하는 '경향이 있는' 양이다. 물론 '다른 것들'이 '동일'하다고 가정해야 한다. 그러나 이 경우의 본질상 다른 것들이 동일하지 않으며, 동일할 수도 없다. 투자가 일어나면서 거기에서 생겨나는 새로운 소득이 어떤 주어진 양의 저축이든 그것을 부단히 더 쉽게 만들고,

---

[167] 이 균형을 개별 소비재의 정상가격과 엄밀하게 유사한 것으로 간주해서는 안 된다는 경고를 하지 않을 수 없다. 소비재는 사용되면서 파괴된다. 소비재와 관련된 균형조건은 실제로 존재하는 그 재화의 양이 무시해도 좋을 정도로 적은 가운데 그것의 소비율과 생산율이 같아야 한다는 것이다(내구소비재는 물론 사실상 자본이다). 다른 한편으로 자본은 새로이 생산한 것을 과거의 순생산물 전체에 부가하면서 축적된다. 이 경우의 균형은 일정한 양이 지속적으로 존재하는 것인데, 이는 곧 현재의 생산과 소비가 균형 상태에서 단지 손모되는 부분을 대체하는 정도에 그친다는 이야기다. 이런 측면에서 자본은 그것에 대한 가치평가의 이론에서 금과 같다. 그것은 또한 우리가 논의하고자 하는 측면, 즉 균형 상태가 실제로는 무한정하게 먼 미래에 있고, 새로운 생산이 꾸준하고 확실하게 이루어지지만 기존의 공급에 비교하면 아직 그 양이 적으며, 따라서 상당한 시간 동안 생산의 조건들이 가치에 미치는 영향이 무시할 만한 정도에 그친다는 측면에서도 금과 같다.

[168] 《원리》 6판 536쪽.

이렇게 해서 점진적으로 새로운 자본의 공급과 관련된 조건들을 변화시킨다. 게다가 그러한 조정이 펼쳐지는 동안에 욕구와 취향이, 심지어는 첨단 기술 수준까지도 정적으로 유지된다고는 생각할 수 없다. 그 이론은 정확하게 이해된다면 논리적으로 건전하다. 그것은 이자율이 변화하는 경향이 없어지게 하는 조건들을 묘사하고 있고, 이자율의 미래 움직임을 예측하는 데 도움이 된다. 그러나 그것은 실제의 예측에서 고려해야 하는 사실들에 대해 매우 불완전한 관점만을 준다. 전쟁과 그 밖의 파국적인 사건들은 말할 것도 없고 특히 지출과 저축의 심리(부분적으로는 소득 크기의 문제)와 자유로이 재생산될 수 없는 요소들의 주어진 양에 일어나는 변화, 그리고 기술의 발전 등은 저축과 투자의 점진적인 증가에 기인하는 균형화의 경향만큼이나 실제로 흔하게 이자율에 큰 영향을 미친다.[169]

---

[169] 금융, 투기, 그리고 다양한 해외무역도 언급해야 하는데, 이런 것들은 아주 짧은 기간 동안 이자율을 완전히 지배할 수 있다. 당좌대부(콜론) 금리라는 현상이나 국제거래와 이자율의 관계라는 현상 등은 무시하고 넘어가더라도 은행금리라는 주제에 대해서는 한마디 해야겠다. 대출 확대를 통한 은행들의 새로운 통화 발행은 화폐적으로 자본의 새로운 공급을 창출하며, 다른 것들이 동일하다면 이자율을 낮추는 경향이 있다. 그 영향은 은행들이 주로 취급하지만 아마도 전적으로 취급한다고는 할 수 없는 단기대출에 주로 국한된다. 그러나 인플레이션이 실제 저축, 즉 현재 소비로부터 자본재 창출로의 소득 이전을 통해 그 영향을 끼친다는 점을 인식할 필요가 있다. 은행이 투자자에게 빌려준 새로운 통화는 사회 전체의 관점에서 보면 새로운 구매력이 아니다. 유통매개체(통화)의 총 실제 가치는 그것을 구성하는 단위들의 수와 독립적임은 이론에서 공리적인 것이다. 그러므로 인플레이션이 일어날 때에는 구매력이 창출되는 것이 아니라 단지 유통매개체의 종전 소유자에게서 떠난 통화가 새로운 통화로 수중에 들어와 그것을 처음으로 지출하게 된 사람에게로 구매력이 이전될 뿐이다. 역사에서 통화증발주의(인플레이셔니즘)와 그러한 이단의 끈질긴 지속이 수행한 엄청난 역할은 새로운 화폐를 지출하는 것의 영향이 이미 존재하는 화폐를 지출하는 것의 줄어든 영향보다 더 두드러진다는 사실에 토대를 둔 것이다. 그것은 우리에게 익숙한 유형의 오류, 즉 '보이는 것만 보고 보이지 않는 것은 보지 못하는 오류'의 또 한 경우다.

그러나 사업의 심리는 경제적 과정에서 근본적인 것이고, 그것은 매우 복잡하고 예

그러나 현재 제시돼 있는(예를 들어 마셜의 저작에서) 절충적 이론에 대해 제기해야 하는 가장 진지한 비판은 그것이 균형의 진정한 의미를 인식하지 못하고 있다는 것과 그것이 어떤 주어진 시간에 실제 조건들이 그러한 상태에 근접한다고 가정하고 있다는 것이다. 그 반대가 진실이다. 이 경우는 이미 논의한 인구의 경우와 유사하지만, 그보다 더 현저하고 중요하다. 새로운 투자가 일어나고 있는 사회에서 어떤 주어진 순간의 자본화율은 현재 재화들이 미래 소득으로 바뀌는 기술적 전환율이다. 그것은 새로운 투자의 '생산성'률, 즉 창출되는 자본재의 연간 가치 산출량[170]과 그것을 창출하기 위해 희생된 현재 재화들의 가치 사이의 비율이다. 전환의 가능성—저축과 투자의 가능성 또는 불충분한 유지보수를 통해 이미 존재하는 자본을 소비할 가능성—이 존재한다면 그렇지 않을 수가 없다. 저축

민하며 심지어는 뒤통수를 치는 것이라는 점도 강조돼야 한다. 인간의 행동에 관한 어떤 단순하거나 그럴 듯한 가정에 근거해 단지 인과관계의 추리만으로 정책에 대한 결론을 끌어내는 것은 쓸모없는 일일 것이다. 은행대출은 결국 그것이 공급하는 것보다 더 많은 자본수요를 창출할 수 있다. 그러나 사업의 조건들에 일어나는 변화 또는 경기순환이라는 복잡한 문제에 발을 들여놓는 것은 우리가 계획한 범위를 넘어선다. 이 분야의 몇몇 흥미로운 시사점은 H. G. 몰턴과 마이런 W. 왓킨스가 쓰고 1918년과 1919년에 《정치경제학지》에 실린 '상업금융과 자본형성'에 관한 일련의 글에서 찾아볼 수 있다.

[170] 불확실성이 존재하는 실제의 삶에서는 이것이 시장에서 일반적으로 예상되는 생산물이지만 그 뒤에 그 어떤 특수한 경우에든 실현되는 것과 같지는 않을 수 있다.

본문에서 제시된 생산성이론에 대한 올바른 진술은 그에 대한 반대론, 즉 자본의 생산물은 자본과 동질적이지 않고 따라서 자본 그 자체에 자본화 과정이 적용된 뒤가 아니면 그러한 비율이 존재할 수 없다는 페터 교수와 시간할인을 중시하는 학자들의 반대론을 비껴가는 것인 게 분명하다. 투자가 실행되기 전에는 자본과 그것의 예상되는 생산물이 완전히 동질적이며, 이자율은 아직 투자되지 않은 자본이 거래되는 시장에서 결정된다. 물론 일단 창출된 자본재는 자본화에 의해 그 가치가 평가되고 이런 작업에는 이자율이 전제되는데, 그렇다면 이자율은 자본재와 그것의 소득 간 관계의 영향을 전혀 받지 않는다.

과 지출의 심리는 어느 한 순간의 이자율에 상당한 영향을 미칠 수 없다. 자본의 공급은 단기간에는 이자율의 함수가 아니라 고정된 물리적 사실이다. 심리적 태도의 변화는 사람들로 하여금 조금 더 또는 조금 덜 저축(또는 소비)하게 할 수는 있지만, 그 영향은 사회 내 자본의 총공급과 총수요에 비교하면 중요하지 않을 것이다. 시간선호율은 새로운 자본이 축적되는 율(率)을 결정하며 미래 시기의 이자율에 영향을 미치지만 그 시점의 이자율에는 영향을 미치지 않는다. 전환의 가능성은 모든 개인으로 하여금 자신의 소득을 더 또는 덜 저축하거나 이미 저축한 자본을 더 또는 덜 소비하는 것을 통해 자신의 시간선호율을 현존 생산성률에 일치시키도록 압박하는데, 여기서 원인이 되는 것은 현존 생산성률이다.

어느 시점에든 다른 모든 것이 정적이라고 가정한다고 해도 균형조정을 가져오는 데 요구된다고 할 수 있는 시간에는 아무런 제한이 없다. 근현대 산업시기 전체에 걸쳐 사회적 조건들이 현재 상태와 같은(인간의 심리, 풍습, 그리고 특히 소수에게 소득이 집중되는 것을 포함해) 가운데 이자율은 균형수준보다 높았고, 이는 자본이 부단히 그리고 빠르게 축적돼 왔다는 사실로써 증명된다. 자본에 대한 수요와 그 밖의 다른 것들이 일정하게 유지된다고 할 때 균형에 도달하는 데 시간이 얼마나 걸릴 것인지는 실제 이자율과 균형 이자율 사이의 어떤 격차(소득의 증가와 저축의 심리적 비용 감소가 고려된)에든 대응해 사람들이 저축하는 율, 그리고 새로운 자본이 사회 안에 존재하는 다른 생산적 요소들에 적용될 때 체감하는 수확의 법칙이 작동하는 속도에 의존한다. 역사적으로 보면 물론 그동안 다른 것들이 결코 일정하지 않았기에—특히 인구 증가와 새로운 자연자원 개척을 통해 자본에 대한 수요가 빠르게 늘어났기에— 이자율이 놀라울 정도의 고정성을 나타냈다. 우리는 또한 기술의 개선이 일반적으로 노동과 토지를 절약시키고 자본에 대한 수요를 상대적으로 증가시키는 경향이 있다는 데도 주목해야 한다. 균형의 조건들은 우리가 정식화할 수 있지만, 그러한 조건들이 생겨나게 하는 사건들의 실제 경로 또는 그러한 조건들이 점유하는 시간의 길이는 아마도 순전한, 그리고 무익한 추측의 문제일 것이다. 실제로 균형으로 나아가는 그 어떤 진보적 과정이 있을 것이라고 믿을 필요는 전혀 없고, 그러한 진보적 과정이 일어나지 못하는 것이 이론 그 자체의 논리적 건전성을 해치는 것도 아니고 그 실용적 효용을 해치는 것도 아님은 말할 것도 없다.

위의 분석은 통상적인 의미의 이자율은 언급하지 않고 단지 자본화율, 다시 말해 현재 소비재와 소득재산 사이의 교환비율만을 언급하고 있는데, 그 자본화율은 투자의 기회가 열려 있는 곳에서 이루어지는 투자에 대한 투자의 생산성의 비율과도 같다. 이자를 붙여 자유로운 자본을 대출하는 현상을 불확실성이 없는 사회에서 만날 수 있을지는 분명치 않다. 자본 대부는 생산적 요소의 가치에 대한 소유를 구체적인 사물 그 자체에 대한 소유와 분리하는 제도 또는 수단이다. 이러한 분리에 대한 유일하게 중요하다고는 할 수 없어도 주된 동기는 요소의 가치에 일어날 미래의 변화에 관한 불확실성이다. 이 가치가 변화할 수 있는 곳, 또는 가변적이지만 그 변동을 예측할 수 있는 곳에서라면 요소의 판매가격은 그것을 사용하게 될 사람이 그것을 임차할 것인지 아니면 차입자금으로 매입할 것인지를 그 사람에게 완전히 무차별한 문제로 만드는 수준에 맞춰질 것이 틀림없다. 대부계약은 임대계약에 대한 하나의 대안이다. 생산자들은 자본을 빌려 투자하는 과정에서 그것을 노동자, 지주, 그리고 새로운 설비를 만들기 위한 자원을 제공하는 자본가에게 '선불'함으로써 그것을 생산적 재화로 전환시킨다. 자본의 원래 소유자로서는 화폐를 대여할 수도 있지만 자본을 스스로 투자하고 그렇게 해서 창출된 요소를 임대하는 것도 분명히 얼마든지 가능할 것이다. 미래가 완전히 미리 알려진 세계에서는 투자가 사실상 비용이 들지 않는 활동일 것이다. 그렇다고 하더라도 투자의 기능을 전문화하고 그것을 자본의 제공과 분리하는 것이 최소한의 불가피한 주의와 노고만으로 충분히 가능하리라고 가정하는 것이 합리적일 수 있다. 그렇다면 자본대부와 본연의 이자가 등장하게 될 것이고, 물론 이자율은 방금 논의한 자본화율이나 생산성률(투자비용이 꽤 된다면 투자비용 지출을 차감하고)과 같을 것이다.

일단 투자가 이루어지고 난 뒤에는 소득이 간단히 말해 재화의 가치산출에 관한 문제가 되고 그 요소의 가치는 자유로운 자본이 거래되는 시장에서 정해지는 이자율에 근거한 그 산출의 자본화에 의해 결정된다는 것을 우리는 이미 관찰했다. 그러나 자유로운 재생산이 가능한 생산적 재화의 경우에는 이런 요소의 가치가 결코 생산의 비용과 현저하게 달라질 수 없다. 자본재들은 사실 수요의 변화에 맞춰 공급을 조정하는 데 소요되는 시간의 길이에서 서로 크게 다르다. 투자를 통한 재생산이 전혀 가능하지 않은 요소가 있다면 그런 요소는 토지에 대한 고전학파의 묘사에 부합한다. 그런 요소는 실제로는 사실상 무시해도 좋을 정도에 불과하고 장기에는 토지가 다른 어떤 자본재와도 비슷하게 될 것이라는 게 필자의 견해다. 탐사와 개발의 활동에 대한 투자는 다른 분야들에 대한 투자와 경합할 것이고, 모든 기본적인 측면에서 다른 생산비용들과 비슷하다. 상대적으로 공급이 신축적인 재화와 비신축적인 재화를 구별하고 후자에 대해 특수한 소득범주(마셜의 '준지대')를 인정하는 것은 편리한 방편일 수 있다. 불확실성이 없다면 그러한 구별은 물론 부적절하다.

우리는 정적상태를 논의하면서 불변이라고 가정한 요인의 목록에 아직 남아있는 항목들을 간략하게 다뤄야 한다. 네 번째 요인은 생산적 용역에 대한 소유권의 분배다. 여기에서 주목해야 할 것은 단지 두 가지인데, 하나는 그 상태가 재산의 경우와 아주 똑같은 방식으로 개인의 능력(노동)에도 영향을 미친다는 것이고, 다른 하나는 그와 관련된 사실들이 **완전히** 사회적 제도에 의존한다는 것이다. 우리가 물려받은 재산에서 나오는 소득이든 물려받은 능력에서 나오는 소득이든 그것에 대한 권리의 관점에서 생각을 하는 것은 단지 우리가 사회적 제도에 익숙해져 있기 때문일 뿐이다. 현재 소득을 투자하는 것을 통해 자신의 인신이나 생산된 자본재의 측면에서 생산적 능력을 발전시켰거나 자연자원의 발견과 개발을 통해 생산적 능력을 발전시킨 개인에게 그의 평생 동안 만에라도 완전한 소유권(거의 무제한한 통제의 권리와 함께 소득 전부에 대한 권리까지)이 부여되는 것이 조금이라도 더 필연적인 것도 아니다.[171] 우리가 물려받은 개인적 능력의 경우에는 재산권을 당연시하는 반면에 물려받은 물질적 재화가 산출

---

[171] 자원의 투자가 이루어지는 네 번째 거대한 분야, 즉 연구와 실험을 통한 생산방법 개선(우리는 인구의 수적 증가는 포함시키지 않는다)의 경우에 그러한 진전을 이룬 사람에게 그 개선에서 나오는 소득에 대한 영구적인 권리가 부여되지 않는다는 것은 주목할 만하다. 개인은 자신의 생각에 대해 그것을 비밀로 유지할 수 있거나 그것이 복제되는 것을 예방할 수 있는 동안에는 독점권을 유지할 수 있지만, 이런 일은 어떤 길이의 시간에든 일반적으로는 전혀 실행될 수 없다. 특정한 종류의 기술적 발명의 경우에는 사회가 특허라는 형식의 일시적인 독점권을 부여하고 보호한다. (미국에서는 이런 일시적인 독점권에 대해서조차도 그 활용의 방법을 제한하는 경향이 점점 강해지고 있음을 우리는 보게 된다. 끼워팔기 계약을 금지한 것을 보라.)

하는 것에는 '불로소득'이라는 낙인을 찍으면서 우리의 사고 속에서 두 개의 범주를 분리해야 한다는 것은 도저히 납득되게 설명할 수 없는 이야기인 것으로 보인다. 사회는 모든 종류의 생산적 능력이 발달하면서 그것에 관심을 가진 사람들에 의해 진지하게 사용되도록 고무하기 위한 방법을 항상 찾아야 할 것이다(사회가 한 세대에서 다른 세대로 통제의 연속성을 확보하는 데서 항상 가족관계를 인정해야 할지도 모르는 것처럼). 이런 일을 하는 데서 다른 방법들도 많이 생각해볼 수 있지만, 그런 방법들의 실제 이용가능성은 여기서 논의할 주제가 아니다. 사회는 지금 통제와 소득이라는 양 측면의 소유권을 제한하는 데서 빠르게 진보하고 있다는 점에 주목해야 한다. 재산의 사용을 둘러싸고, 그리고 개인이 일하는 데 동의할 수 있는 조건들을 둘러싸고 점점 더 많은 제약이 가해지고 있고, '사회적'인 목적을 위한 과세가 소득에서 점점 더 많은 부분을 떼어가고 있다.

이번에는 지리적 분포에 대해 이야기할 차례다. 이 도외시돼온 주제에 대해 많은 이야기를 할 수도 있겠지만, 지면의 한계와 이 저작의 계획이 그렇게 하는 것을 허락하지 않는다. 인구의 집중만 해도 인구가 어디에 집중되는지, 즉 도시에 집중되는지 농촌에 집중되는지와 무관하게 관련되는 범위가 넓고 매우 흥미로운 문제다. 이민의 유입과 유출, 그리고 내부이주는 분명히 중요하고 복잡한 문제다. 이 분야에서도 우리는 모든 위치의 이점이 동등해지는 궁극적 균형의 상태를 인식할 수 있는데, 여기에서도 이론적 목표지점으로 다가가는 전진의 속도는 그 어떤 특정한 시간에든 우리가 그 목표지점에서 이격돼있는 시간간격에 비교하면 느리다. 이와 관련해서는 욕구의 변화가, 그리고 사적 이득의 동기에서 욕구를 변화시키려고 하는 활동이 특히 중요하다. 미국의 경제사뿐 아니라 정치사도 부동산 투기에 의해, 그리고 대체로 그 파생물인 저리자금 논란에 의해 좌우돼 왔다는 것은 지나친 말이 거의 아니다. 물론 인구의 실제 분포는 대체로 자연의 생산적 자원 분포에 의해, 그리고 수송과 관련된 나라의 지형에 의해 결정되고, 부분적으로는 단지 주거 목적상 위치의 소망스러움에 의해서도 결정된다. 그러나 소비와 사회적 동기에 대한 고려만으로도 사람들이 모든 규모와 밀집도의 집단들로 모이게 되며, 심지어 물리적 조건들이 절대적으로 균일한 세계에서도 그렇게 됨을 관찰하는 것은 흥미롭다.

   정적인 조건에는 마지막으로 정적인 기술과 지식 일반이 포함되는데, 이것은 과학적 담론의 주제로서는 그 무엇보다도 가장 다루기 어려운 것 가운데 하나다. 지식의 증가를 겨냥한 활동은 매우 생산적일 **수 있지만**, 그 결과를 특정한 경우에 예측할 수 있는 것으로 생각하려고 하는 것은 상상력에 너무나 커다란 긴장을 초래한다. 그러나 우리는 규모가 큰 집단에서는 예측가능성에 접근할 수 있다. 많은 분야에서 활동의 규모가 충분히 큰 곳에서는 이미 어느 정도 '지능적으로' 연구가 수행될 수 있다. 추가적인 노력으로 얻을 수 있는 보상 또는 보상의 가능성이 더 이상 생산적 에너지를 이 분야로 유인하기에 충분하지 않은 곳에서 이루어질 균형의 상태를 진지하게 이야기하는 것도 거의 공상적인 태도로 보일 것이다. 그러나 여기에서도 결과가 예측될 수 있다면 투자의 전 분야에 걸쳐 수확의 동등성이 확보되도록 자원이 배분될 것이고, 실현된 모든 가치는 그것을 창출하는 데 들어간 비용과 꼭 같게 될 것이 분명하다. 이 분야에서는 불확실성이 실제로 진보의 불가피한 부수물이다. 그렇지만 예측가능성에 접근하는 길이 하나 있는데, 그것은 진보의 정도에서의 변동과 무관한 예측불가능성의 정도에서의 변동이며, 이 두 요인은 그 효과가 매우 상이하기 때문에 인과관계 분석에서 분리돼야 한다.

　이로써 진보적 변화의 목록은 완성된다. 모든 경우에 산업의 생산물을 창출하는 데 인과적으로 관련된 요소들 사이에 그 생산물이 완전하고도 남는 것 없이 분배되는 데 필요하고도 충분한 조건은 완전경쟁 그 자체 외에 추가로 생산자들의 계산과 관련이 있는 시간에 걸쳐 변화가 예측될 수 있다는 것이다. 자원의 사용에 따른 결과가 예측될 수 있는 곳에서는 경쟁이 그 어떤 생산적 자원이라도 그것의 모든 사용자로 하여금 그들 각각이 지불할 수 있는 것 모두를 지불하도록 강요할 것이고, 바로 이것이 산업의 총 생산물에 대한 그 생산적 자원의 특정한 순기여다. 변화의 법칙이 알려져 있다면 그 어떤 종류의 변화도 무이윤 조정에 간섭하지 않는다.

Ⅵ장 완전경쟁의 부차적 전제조건들

2부에서 우리는 사유재산과 자유교환에 입각한 사회조직의 이론적 경향들이 지닌 정확한 의미와 특히 그러한 경향들의 실현에 필요한 조건들을 밝혀낼 목적으로 완전경쟁 사회의 분석적 구축을 시도해왔다. Ⅲ장에서 먼저 열거한 추상적 조건들은 부분적으로는 실제 삶으로부터의 괴리를 나타내지만 이는 정도의 차이일 뿐이며, 부분적으로는 금전적 조직의 근본적인 특성으로부터의 임의적 추상인데 이는 그 구성요소들에 대한 별도의 연구를 목적으로 한 것이다. 후자의 유형에 해당하는 추상적 조건들은 Ⅳ장과 Ⅴ장에서 다뤘고, 지금까지의 그 결과는 완전경쟁 체제의 기본요소들에 대한 개괄적인 그림이다.[172] 그러므로 필자가 더 나아갈 준비가 됐거나 그러는 것이 바람직하다고 느끼는 바를 기준으로 말한다면 연구의 첫

---

[172] 이 진술에는 하나의 중요한 예외가 있다. Ⅰ장과 Ⅱ장에서 살펴보았듯이 개별 사건에 관한 불확실성의 존재가 반드시 경쟁의 작동을 방해하거나 그 이론적 결과인 생산적 요소들에 대한 산업 생산물의 잔여 없는 분배의 실현을 가로막는 것은 아니다. 어떤 특수한 경우의 불확실성이 측정될 수 있다면 충분한 수의 경우들을 집단화 또는 모아주기 하는 것을 통해 그 불확실성을 사실상 제거함으로써 집단 전체와 관련해 확실성을 확보할 수 있을 것이다. 이 점은 위험과 불확실성의 일반이론이 제시되기(Ⅷ장을 보라) 전에는 다뤄질 수 없다.

번째 목적, 아니 예비적인 목적은 달성됐다. 두 번째의 보다 근본적인 목적은 이 이상적인 완전경쟁을 일상적 삶의 사실들에 대조시키는 것, 전개된 일반적 원리들의 한계를 검토하는 것, 그리고 세세한 경험적 자료를 가지고 그 원리들을 보완해야 하는 방향을 탐색하는 것이며, 이런 목적이 달성된 뒤에야 완전히 적용될 수 있는 결론들이 도출될 수 있을 것이다.

그러나 어떤 높은 수준까지 철저하게 이 분야를 다루는 것은 필자의 의도가 아니다. 단지 이론적 단순화의 결과들 가운데 하나만이 자세히 연구될 것인데, 그것은 완전한 지식의 가정이다. 이 논문의 3부는 불확실성의 의미와 결과에 대한 논의, 경제적 행동이 근거하는 믿음과 견해의 불완전성과 부정확성에 대한 논의에 바쳐질 것이다. 그러나 하나의 배경으로서 그 밖의 사상된 요소들을 다소 간략하게나마 주목해보는 것이 바람직하다.[173]

IV장에서 논평한 순수한 분배이론에 대한 반대론 가운데 다수는 이런 필요한 과학적 이상화와 관련이 있으며 이론의 일반화가 도달할 수 있는

---

[173] III장에서 (2)번과 (5)번으로 설정한 것-사람들이 완전히 합리적이라는 것과 그런 사람들 사이에 완전한 상호 의사소통이 있다는 것-은 3부에서 취급하게 될 완전한 지식이라는 문제의 두 측면인 게 분명하다. 현재의 장에서는 우리가 특히 (3)번과 (4)번-이는 형식상 활동의 자유와 완전한 이동성인데, 완전한 분할가능성을 내포한다-, (6)번과 (7)번-독점과 약탈-에 관심을 갖는다. (8)번, (9)번, (10)번, (11)번은 이미 검토했지만, (8)번 항목에서 첫 번째로 언급한 것, 즉 개인적 욕구와 대비되는 사회적 욕구가 지닌 관계들에 대해 추가적인 언급을 좀 하게 될 것이다. 우리는 IV장에서 완전한 이동성을 확보하는 데 필요한 생산과정의 시간적 무한성이 한 가지 측면에서 다뤄졌음을 여기에서 주목할 수 있다. 이에 더해 그 시간적 무한성은 생산적인 힘들을 특정한 용도들에 투입된 상태로 일정 시간 동안 유지시켜 재조정의 속도를 지연시키는데, 그렇지 않다면 용도들을 변화시키는 것이 이득을 가져다줄 것이다. 그러나 이것이 최종 결과, 즉 조정이 이루어졌을 때 그 조정의 성격에 영향을 미치지는 않는다. 중간의 영향에 대한 얼마간의 논의가 이윤에 대한 연구와 관련해 필요하며, '마찰'이라는 주제 전체는 불확실성에 대한 논의를 통해 이윤에 대한 논의로 나아갈 길을 닦은 뒤에 다룰 것이다.

완전성과 정확성에 대한 제약으로 실제적인 의미를 갖는다는 것은 쉽게 보일 수 있다. 그러므로 그것들은 순수한 분배이론에 대한 타당한 반대가 아니며, 단지 과학적 추리의 본질적 성격 및 일반적 원리의 의미와 용도를 파악하는 데 흔히 실패하기 때문에 그렇게 개진된 것이다. 이 점은 첫 번째로 주목해야 할 점, 즉 다뤄지는 모든 요소의 크기가 연속적인 가변성을 갖는다는 가정에 특히 적용될 수 있다. '한계단위'의 크기라는 문제는 산업조직의 신축성이라는 문제와 서로 연관되는 것이 분명하므로 그 두 가지는 함께 검토돼야 한다. 우리가 생산적 기능을 하는 것들을 '생산요소'들로 합치는 부당한 절차를 포기하고 경쟁하는 단위들을 그 자체로 다룬다면 이 문제는 실제적인 중요성을 갖게 되고 이론의 적용에 유효한 제약이 된다. 특히 우리가 여기에서 각별히 관심을 갖는 노동의 경우에 인간 개인은 매우 유효한 단위다. 인간 개인은 하나의 단위로서 협상을 할 뿐 아니라 상이한 설비들 사이에 실질적으로 분할될 수 없으며, 그가 어떤 짧은 시간 동안에든 종사할 수 있는 직업의 범위도 역시 매우 협소하게 제한된다. 인간 개인은 또한 높고도 놀라운 정도로 독특할 수 있다. 인간 개인은 감지할 수 없을 만큼 미세한 차이로 완전경쟁에 따른 귀속이 요구하는 정도까지 한 변종에서 다른 변종으로 항상 변화할 수가 없다. 인간 개인이 유사한 개인들의 집합에서 무시해도 좋을 만한 일부가 되게 할 정도로 개인의 수가 (변종의 수에 대한 비율로 볼 때) 거의 언제나 많지는 않다.[174]

....

174 인간 개인이 특정한 설비의 생산력을 구성하는 그것의 미세한 일부일 필요는 없다. 귀속의 과정은 상이한 요소들을 대상으로 한 설비들의 경쟁을 통해 실행된다. 다수의 설비들이 존재하고 거기에서 어떤 특정한 유형의 요소들이 하나의 무차별한 범위 안에 있다면 모든 유사한 요소들의 소득은 정확하게 결정될 것이다.

자연적 요소의 규모가 상당히 큰 결과로 경제조직 전체의 신축성은 제한되며, 그래서 생산성이론에 대해 J. A. 홉슨 씨와 비저 교수가 제기한 비판이 많은 개별적 경우에 상당한 정도로 옳다. 서로 매우 유효하게 보완하고 있지만 다른 데서는 유효하게 수요되지 않는 소수의 다소 독특한 요소들로 구성된 생산조직이 많이 있다. 그러한 경우에는 경쟁이 그 집단의 산출 전부를 그 구성원들 사이에 분배하는 수단을 제공하지 않는다. 그 산출 가운데 상당한 부분은 그 특수한 조직의 특이한 유효성에 기대어 자동적 분배에 저항하고 공동생산물로 남아 있게 된다. 많은 동업관계가 이런 점을 예시한다. 귀속이 집단에 대해 이루어지면서 그것에 합당한 소득을 주지만 그 안에서 정확한 분배를 하지는 못한다. 동업관계의 경우에는 구성원들 사이의 이런 분배가 일반적으로 윤리적 근거 위에서, 또는 순전한 개인적 힘인 '협상능력'을 토대로 해서 이루어진다. 산업 전체로 보면 조직을 구성하는 부분들에 경쟁을 통해 할당되는 것을 초과한 조직의 특별한 생산물은 적어도 그 대부분이 기업가에게 돌아간다. 그런 과정에서 협상능력이나 전략적 입장이 언제나 큰 역할을 한다는 점을 감안해도 그렇다.

체감하는 수확의 법칙을 다루는 데서도 동일한 요인들이 특이한 난점을 발생시킨다. 어떤 요소가 그 물리적 본성이나 어떤 특수한 환경 때문에 상대적으로 큰 덩어리로만 사용될 수 있어서 하나의 경쟁적 조직에서 단지 소수만, 어쩌면 단지 하나만 사용된다면 그 특수한 결합의 기술적 특성이 어떤 지점들에서 '법칙'에 대한 명백한 예외를 초래할 수 있다. 이런 기술적 특성은 그 하나의 요소를 감소시킬 수 없고 최신의 비율은 다른 요소들을 증가시켜야만 확보될 수 있다는 이유만으로도 곡선의 특정한 부분에서 분명히 나타날 수 있다. 두드러진 사례는 철도의 경우이며, 그 주된 긴요한 '요소'는 선로부설권이다. 만약 수송에 대한 수요가 매우 커서 무한한 수의 선로가 요구된다면 그 곡선이 평탄해지며 궁극적으로는 설비의 다른 요소들에서 비롯된 증가하는 비용이 나타날 것이다. 가스나 물을 공급하는 시설에서 주관(主管)의 경우도 특정한 규모에 도달하기까지는 마찬가지이며, 이밖에도 유사한 경우가 많이 있다. 제한된 가분성이라는 사실은 다양한 규모의 설비들 사이에 나타나는 모든 운영의 경제성 차이의 원인이다. 설비의 운영에서 특정한 요소의 양이 연속적으로 가변적이지 않다면 최선의 비율을 얻기 위해서는 다른 것들이 그것에 비례해 변화해야 하며, 이로 인해 공장 전체의 규모에 제약이 가해지게 된다. 이런 규모의 문제 가운데 대부분은 아니더라도 다수는 궁극적으로는 상대적으로 불가분한 단위인 인간의 문제로 귀착된다.

약탈적 행동, 즉 생산이 아닌 획득에 대해 논의하기 위한 예비적 단계로 우리는 생산성 분석의 윤리적 함의라는 문제를 다시 언급해야 한다. 경제적 현상에 대한 과학적 설명에서 생산성의 순전히 인과적인 의미가 완전히 다른 영역에 속하는 사회적 또는 도덕적 쟁점들과 혼동되기 쉽다. 우리는 분배에 관한 특정생산성 이론의 의미에서는 '생산하다(produce)'라는 단어가 일반적인 과학적 담론에서 사용되는 '원인이다(cause)'라는 단어와 정확하게 똑같은 방식으로 사용된다고 말해왔다. 그런데 통상의 대화에서 '원인이다'라는 단어 그 자체가 모호한 탓에 경제적 동의어와 관련해 혼동이 일어나는 것이 당연하다. 예를 들어 비사회주의 학파 경제학자들의 느슨한 용어법에서 시사점과 정당화 논리를 얼마든지 얻을 수 있는 사회주의자들은 모든 부가 노동에 의해 '생산된다'

고 주장해왔다. 우리는 이와 관련해 스미스와 리카도라는 이름을 언급하는 것만으로도 충분하지만, 오늘날의 저작자 중에서 찾아본다면 타우시그 교수가 똑같은 관행의 예가 되는데 그는 노동이 모든 부를 생산하지만 그 모두에 대한 권리는 갖지 못할 수도 있다고 명시적으로 진술한다.[175] 우리는 그 반대가 더 정확하다고, 다시 말해 노동은 모든 부를 '생산'하지는 않지만 이상적인 토대 위에서는 그 모두에 대한 권리를 가질 수 있다고 말해야 한다.

특정한 사건들 사이의 인과관계에 대한 그 어떤 주장도 언제나 (이미 지적했듯이) 어떤 특별한 인간적 관심 또는 '편향'에 근거해서 이루어진다고 본다면 그런 식의 용어법에 대한 정당화 논리가 많이 있겠지만, 이는 인과적 용어를 더욱 정언적으로 사용하는 것으로 그 '과학적' 사용에서 분명하게 벗어난 것일 뿐이다. 그러다 보니 일상적인 대화에서 요리사가 음식을 '만든다'고 말하고, 기관사가 기관차의 연료조절판을 여는 것이 열차가 출발하는 '원인'이라고 말하며, 기관사가 신호를 보지 못한 것이 열차사고가 일어나 승객들이 죽은 '원인'이라고 말하는 것이 아주 적절하다. 이와 비슷하게 어떤 목적을 위해서는 요소들의 한 작은 집합이 큰 설비의 생산물을 거의 전부 만들어낸다고, 즉 '다른 것들이 동일하다면' 생산물이 그 요소들의 협력에 의존한다고 말할 수 있다.

그러나 과학적 경제학은 '생산하다'라는 단어를 이런 의미로 사용할

---

[175] 미국경제학회의 22차 연례회의에서 발표된 '한 임금이론의 개요'라는 제목의 논문. 회보 143-144쪽 주석을 보라.

수 없는 것이 틀림없이 자명하다. 어떤 생산적 용역의 생산물은 과학적 목적을 위해서는 우리가 그것이 무엇이라고 정의한 것일 수밖에 없다. 그것은 곧 문제의 용역에 실제로 의존하는 것, 다시 말해 그 용역을 사용에서 철회할 경우에 수반될 조직의 변화를 감안하고 볼 때 현존하는 대로의 사회적 상황 속에서 그 용역의 도움을 받아야 생산**될 수 있는** 반면에 그 용역 없이는 생산**될 수 없는** 것이다. 이로부터 당연히 도출되는 결론은 우리가 '생산요소'라는 단어를 물리적으로 상호 교환될 수 있는 것들의 한 집합이라는 아마도 합당한 의미로 사용한다고 하더라도 어떤 한 경제적 '생산요소'의 '생산물'을 이야기하는 것이 적절하지 않을 수 있다는 것이다. 총칭해서 '노동', '토지', '자본'의 생산물을 이야기하는 것은 훨씬 더 부당하고 의미 없는 용어사용일 가능성이 있다. 유일하게 특정한 생산물로 인식될 수 있는 것은 한 명의 인간 개인이나 한 대의 기계, 또는 한 조각의 토지(또는 유동적 자본)와 같이 있는 그대로의 어떤 단일한 생산적 요소의 생산물이며, 그 요소는 실제로 그것을 얻기 위한 협상이 이루어지고 나서 생산과정에 사용된다(그리고 완전경쟁이 실현되기 위해서는 그것이 규모에서 무시할 만한 정도여야 한다).

그러나 더욱 중요한 것은 경제적 생산성에 그 어떤 종류든 도덕적 의미가 있다고 생각하는 오류다. 경제적 생산성은 물리적이고 기계적인 속성으로, 사람이 그것을 가질 수 있는 것과 아주 똑같이 타당하게 생명 없는 객체도 그것을 가질 수 있고 사람의 도덕적인 행동만이 아니라 도덕과 무관하거나 심지어 비도덕적인 행동도 그것을 가질 수 있다. 인과관계와 응당한 보상의 혼동은 용납할 수 없는 실수로, 이에 대해서는 생산성이론가들도 면책될 수 없지만[176] 아마도 궁극적으로는 근현대 사회의 부르주아 심리에 그 책임을 돌려야 할 것이다. 경쟁적 체제가 안정의 조건이라는 과학적 의미에서는 물론 '이상적'이지만 우리는 그것의 '자연적' 조정이 그 어떤 도덕적 의미를 갖는다는 생각은 경계해야 한다. 그것을 '최선의 가능한' 제도라고 일컫는 것은 단지 논점회피이거나 단어오용이다. 자연적인 제도는 오로지 재화의 수요와 공급, 그리고 특히 생산적 능력의 기존 분배에 관한 조건들이 주어져 있는 가운데 변화를 일으키도록 하는 유인이 누구에게도 없는 제도일 뿐이다. 만약 우리가 특정한 것에 대한 개인적 욕구가 정말로 얼마나 행동을 지배하느냐는 문제를 건너뛰고, 모든 사회적 관계에 대한 욕구와 다른 개인들(절대적으로 의존적이지는 않은)에 대한 관심이라는 범주 전부를 마찬가지로 무시하고, 더 나아가 어떤 교환이든 그것과 직접 관련된 당사자들의 이해관계 외에는 그 어떤 이해관계도 관여하지 않는다고 가정한다면(이 점은 우리가 곧 살펴볼 것이다) 그 결과는 상호작용하는 개인적 자기이익 도모하기의 기계적 균형일 뿐이다.

뱀의 꼬리가 항상 뱀의 입 안에 있다는 것, 즉 경쟁체제가 돌려주는 경향이 있는 것은 정확히 그것에 자연적인 것이든 획득된 것이든 부여된 것

---

[176] 특히 J. B. 클라크 교수. 위의 143쪽을 참조하라. J. M. 클라크 교수의 양보(앞에서 든 글에서)는 내가 보기에 부분적인 데 그치는 것 같다. 나는 타고난 개인적 능력-이것은 인류의 나머지 모두가 이상화되지 않는 한 그 생산물에 대한 금전적 수요로 측정한 능력은 아닌 것이 분명하다-에 따른 분배에 도덕적으로 이상적인 것은 전혀 없다고 보며, 그러한 분배는 현재의 질서보다 훨씬 더 많은 불평등, 비참, 절망을 낳을 것이라는 의견을 제시한다. 또한 추상적으로 볼 때 타고난 능력과 도덕성 사이에서는 그 어떤 연관성도 내게는 보이지 않는다. 물려받은 능력이 물려받은 재산보다 도덕적으로 더 나은 그 어떤 근거를 갖고 있겠는가?

이든 인간적 동기와 인간적 능력의 형태로 투입된 것과 꼭 같으며 그 자체 안에 어떤 것이든 도덕적 속성은 없다는 것을 우리가 명심하는 것이 긴요하다. 실제 삶에서는 재산의 소유가(또는 우월한 훈련이) 저축이나 발명의 증표, 또는 사회적 진보에 대한 어떤 기여의 증표로 여겨진다. 그러나 이런 기여와 그 과실 전체에 대한 영구적인 권리의 사이에는, 그리고 이런 기여와 그런 권리를 자신의 상속인이나 지명양수인에게 영구히 부여하는 것의 사이에는 기술적 동등성(도덕적 동등성은 말할 것도 없고)이 없는 것이 분명하며, 특히 우리가 이런 종류의 모든 활동에 끼어드는 순전한 운이라는 커다란 요소를 고려하면 더욱 그렇다. 기여에 대한 보수가 윤리적일 수 있는 유일한 의미와 유일한 정도는 기여가 이루어지게 하기 위해 보수를 지급해야 할 필요성이라는 의미와 그 정도다. 이러한 관점에서 현존하는 체제의 대부분을 방어해주는 유일한 것은 실현 가능한 대안을 제시하는 일의 어려움이다.

우리는 이제 다시 위에서 언급한 점, 즉 개인들 사이의 계약에 나타나지 않는 외부 이해관계가 그 계약의 영향(시장의 직접적 경쟁을 통하는 것 이외의)을 어느 정도나 받느냐는 문제를 간략히 살펴봐야 한다. 주어진 조건들 아래에서 개인적 이해관계의 조화를 만들어내는 데서 경쟁적 자유계약이 갖는 기계적인 유효성만을 놓고 보면 그 유효성은 대체로 이 문제에 대한 답변에 의존한다. 분명한 것은 외부자들이 유리하거나 불리한 영향을 받을 수 있다는 점이다. 전자의 경우에는 자발적인 계약들이 사회적 이익(개인적 이익의 총합)의 극대치가 확보되기에 충분한 정도까지 나아가지 않는 반면에 후자의 경우에는 그 이상으로 과도하게 나아간다. 이런 사실들은 사회적 개입의 필요성의 가장 중요한 원천이 된다. 사법행정은 물론이고 통신과 교육과 같은 다수의 사회적 용역은 개인에게 돌아가는 특수한 편익에 더해 공동체에도 보편적인 편익을 제공하므로 혜택을 부여함으로써 촉진하거나 실제로 공공기관이 인수해 수행해야 하며, 그렇게 하지 않으면 극대 편익의 지점까지 전개되지 않을 것이다. 우리 사회에서 그 반대 경우로 우리에게 가장 익숙한 예는 이웃에 해를 입히거나 입힌다고 생각되는 목적을 위한 토지의 사용과 관련된다. 토지 위의 개선과 산업적 발전이 일반적으로 이웃한 재산에 편익을 가져다준다는 것도 거의 마찬가지로 중요하며, 이런 편익을 평가하는 어떤 실행할 수 있는 방법이 있다면 그러한 개선과 발전이 훨씬 더 쉽게, 그리고 불공평을 덜 초래하는 방식으로 이루어질 수 있을 것이다. 이 말은 보상되지 않는 대규모 가치이전을 낳는 공적 또는 준공적 사업에 특히 잘 들어맞는다. 실제로 개인들 사이의 어떤 계약이 직접적인 당사자 이외의 많은 사람에게 좋게든 나쁘게든 영향을 끼치지 않을 수 있을지 의문이며, 그 가운데 많은 계약이 '사회'에 폭넓은 파급영향을 끼친다.

　우리는 이 간략한 소묘에서는 사람들이 욕구하는 것의 대부분이 사회의 다른 구성원들에게 직접적으로 관련된다는 사실의 근본적인 중요성을 언급하고 주장할 수 있을 뿐이다. 사람은 결국은 '정치적 동물'이다. 그래서 자기가 좋아하는 사람의 계획을 촉진하고 그렇지 않은 사람의 계획을 언제나 상대적으로, 대개는 절대적으로, 최악의 경우에는 새커리의 표현을 빌리면 "그는 외국 놈이다. 벽돌을 반으로 깨서 그에게 던져라!" 또는 "검둥이를 죽여라!"라고 할 만큼 폭넓게 다양한 정도로 방해하는 것에 대한 모든 종류의 관심이 개인적 필요와 똑같은 중요성을 갖는다. 경제현상을 '과학적'인 방식으로 다루는 사람들은 누구든지 물질적인 것을 지향하기보다 사회적 관계의 형태를 지향하는, 그래서 다른 사람들을 고려하는 동기와 욕구가 지닌 상대적 중요성을 분명히 과소추정한다.

경제체제의 도덕적 성격이라는 문제의 극단적인 측면은 적극적인 약탈 활동과 관련된다. 베블런의 뒤를 이어 대번포트는 노동에 대한 수요의 일부가 되는 주먹패, 암살자, 방화자의 고용, 도둑과 그가 사용하는 도구의 생산성 등을 중요하게 거론하면서 (사적) 취득과 (사회적) 생산의 대조를 강조했다. 절도와 자유계약, 또는 약탈과 자유계약을 구분하는 것이 그렇게 구분하는 성향을 지닌 사람에게는 대부분의 경우에 정말로 매우 어려운 것은 아니며, 계약에 의한 조직의 이론을 다룰 때 그런 것들과 관련해 이야기할 필요가 있는 것은 그런 것들은 그런 조직의 바깥에 있는 게 분명하다는 것이다. 현존 체제에 대한 비판자의 비난 가운데 대부분은 결국 개인이 자기에게 좋은 것을 원하지 않고 자기가 원하는 것을 원한다는 데 대한 항의이며, 이때 개인에게 좋은 것이 무엇인지는 비판자가 판단한다. 그리고 비판자는 자기가 판단을 내리는 데 근거가 된 자기의 선호 말고 다른 어떤 기준을 제시하라는 요구를 받는다고 느끼지 않는다. 우리가 이런 종류의 태도를 덜 취하는 대신에 자유계약이 개인적 이익을 조화롭게 촉진하고 사회적 이상을 실현하게 될지 아닐지를 좌우하는 기준들을 정식화해서 그렇게 되거나 안 되게 하는 조건들을 알아내려는 노력을 좀 더 진지하게 기울이는 것이 과학의 진보를 위해 바람직할 것이다. 더 나아가 다소간 합당하게 조직의 형태 탓으로 돌릴 수 있는 해악과 자연이나 인간본성에 내재하거나 조직의 형태와 무관하게 조직 그 자체에 내재하는 해악을 구별하려는 시도를 어느 정도 하고, 교환체제를 비판할 때에 우리가 생각해볼 수 있는 다른 어떤 체제가 변화나 개선을 실현할 기회를 조금이라도

제공하겠느냐는 문제를 염두에 두고서 비판하려는 시도도 어느 정도 하는 것이 가장 바람직하다.[177]

---

[177] 대번포트의 《기업의 경제학》 IX장, 특히 127쪽을 보라. 아울러 L. H. 헤이니의 '사회적 관점'(《계간경제학지》 XXVIII권 319-321쪽)을 참조하라.

　소매치기의 경우는 실제적인 난점을 전혀 제기하지 않는데다가 진지하게 취급될 것 같지도 않지만, 생산성의 기준을 정의하기가 매우 어려운 다른 경우가 많이 있다. 예를 들어 도박은 분명히 모호하다. 도박을 하는 사람들이 자기 분수를 알고 '공정한' 게임을 재미로 즐기면서 그러한 여흥에 지출을 할 능력을 초과하는 위험은 지지 않는다고 한다면 물주의 이득이 그 생산물을 나타낸다고 나는 말할 것이다. 모두가 이기는 데만 관심을 갖고 자기가 이길 것으로 기대하면서 게임에 나선다면 그 활동은 생산적이지 않으므로 부의 생산이 아닌 부의 이전을 만들어낸다고 나는 생각한다. 부의 이전이 부의 생산과 구별되는 것으로 존재함이 인정돼야 하는 것은 의심할 나위가 없으며, 그렇지 않다면 선물을 받는 것도 생산적인 일로 분류해야 할 것이다!

　속임을 당하는 것과 비뚤어진 취향을 만족시키는 것 사이에 분명한 구분선을 긋기란 불가능하기 때문에 그 밖의 다른 경우들은 다루기가 훨씬 어렵다. 그 어려움은 각자가 '정말로' 원하는 것이 무엇인지를 말하기가 궁극적으로 불가능하다는 데 있다. 각자가 자신이 얻는 것과 자신이 주는 것이 무엇인지를 알고-'강압'(대안들의 인위적인 조작)이 전혀 없고- 실제로 자신의 진정한 욕구를 충족시킬 수단을 얻게 되는 경우에는 그 게임이 경제학적 의미에서 효용의 생산이라고 봐야 한다. 그러나 우리가 '노골적인' 사기라고 부를 수 있는 것은 강요된 이전과 마찬가지로 교환관계의 바깥에 있는 것으로 분류돼야 한다. 위스키, 특허가 부여된 의약품, 부도덕한 문학작품이나 예술품 등을 원하고 그런 것을 얻기 위해 돈을 지불할 의사가 있는 사람들에게 그런 것을 파는 사람은 생산적이지만, 금도금을 한 납덩어리를 순진한 시골사람들에게 금막대라면서 파는 사람은 분명히 그렇지 않다. 구매자가 그 금속이 납인지 금인지를 전혀 구별할 수 없어서 그것이 무엇인지를 결코 알아낼 수 없는 처지에 있다면 그 활동을 분류하기가 어렵긴 하지만, 우리는 그가 만약 사실을 알았다면 자신이 얻은 것을 훨씬 적은 돈을 주고도 얻었을 것임을 고려해야 한다. 보석이나 골동품의 모조품을 진품인 줄 알고 구매했는데 그 차이를 결코 알지 못하는 사람은 정말로 속임을 당한 것일까? 리쿼존이나 페루나(20세기 초 미국에서 약효가 과장되게 광고되면서 많이 팔린 의약품-옮긴이)를 구매한 사람이 실제로 앓던 병(실제의 병이나 상상의 병)이 나았다면! 그리고 그렇게 되지 않았다면! 그가 정말로 구매한 것은 약인가, 아니면 치료인가?

　행동에 대한 모든 과학적 사유에는 욕구가 주어진 실체로 전제되고, 욕구를 만족시키는 교환조직에는 욕구의 특성이 알려져 있음이 전제된다는 이미 종종 언급한 관찰로 우리는 되돌아갔다. 변덕스러운 행동이나 실험적인 행동은 과학적 논의의 대상으로 적당하지 않다(이는 대규모 집단에서의 예측에 해당하는 경우가 아닌 한 그렇다는 이야기인데, 그런 경우에 대한 검토는 뒤로 미룬다). 추상적인 논리의 언어에서는 a가 논의 경제질서의 도덕적 측면과 독점이라는 문제 사이에는 밀접한 관계가 있다. 이 주제는 이윤의 이론에서 특히 중요성을 갖는다. 왜냐하면 이윤은 맥베인과 클라크 학파의 경우에서 이미 지적됐듯이 종종 전적으로나 부분적으로 독점이득으로 치부됐기 때문이다. '독점'은 현재 우리의 목적상 별도로 구별되는 것으로 놔둬야 하는 것들을 포괄하는 데 사용되는 단어인데, 그 의미를 먼저 분명히 해야 한다. 독점은 일반적으로 상품의 공급에 대한 통제로 정의된다. 흔히 저질러지지만 치명적인 오류는 공급에 대한 통제와 자연적 제약 사이의 혼동이다. 우리는 예들 들어 지대를 독점소득으로 부르는 것을 심각한 단어오용으로 규정하는 것으로 충분하며, 이 문제로 그 이상 길게 쉬어갈 필요가 없다. 심지어는 J. S. 밀도 독점을 제약으로 정의하는 오류에 빠졌는데, 이런 오류는 어떤 생산적 자원이든 그 '희소성'에 기인한 모든 소득을 사실상 독점수익이라고 부른 F. B. 홀리 씨에 의해 극단적인 형태로 예시됐다. 그런데 이제는 분배의 관점에서 본 모든 소득은 그것을 생산하는 요소의 희소성에 의존하고 게다가 다 똑같은 방식으로 의존하므로 그러한 묘사의 무의미함이 분명해졌다. 그리고 물론 독점이득으로 불리든 그렇지 않든 간에 '희소성에 따른 소득' 일반에 대해서도 같은 말을 할 수 있다. 자유로운 경쟁 아래에서는 질적으로나 양적으로나 그 밖에 다른 종류의 소득은 전혀 존재하지 않으며, 그러한 명명은 그 어떤 것도 구별하지 못할 뿐 아니라 조금이라도 의미 있는 방식으로

의 처음부터 끝까지 a로 유지돼야 한다. 이는 불변이라고 합당하게 말할 수 있는 상태로 유지되거나 어떤 알려진 법칙에 따라 변화한다면 가능하다. 방금 말한 두 번째 대안은 첫 번째 대안으로 되돌려진다. 왜냐하면 그러한 변화는 변화하는 것의 어떤 불변하는 내적인 속성이 그렇게 표현된 것일 뿐이라고 생각할 수 있기 때문이다.

묘사하지도 못한다.

독점에 대한 철저한 논의에 들어가는 것은 우리의 현재 목적에 속하지 않으며, 우리는 그런 현상의 통상적인 유형을 매우 간략하게만 살펴보고 넘어가도 된다. 애초의 의미에서 그 단어는 어떤 특정한 상품을 생산하거나 판매할 배타적인 권리를 가리켰고, 기본적으로 법률적인 개념이었다. 근현대 산업에서 그런 유형의 '합법적' 대표는 특허가 부여된 소비품목이지 특허가 부여된 생산과정(기계 등을 포함한)이 아닌데, 이에 대해서는 나중에 고찰할 것이다. 독점은 또한 순전한 재무적 능력에만 근거할 수도 있고 지역적 염가판매 위협, 매매 거부, 그리고 그 밖의 다른 형태를 가진 '불공정한 경쟁'에 근거할 수도 있다. 독점은 사실상 다른 사람들이 소유한 재산에 대한, 그리고 더 나아가 그들의 인신까지에 대한 통제에서 갖는 발언권이며, 따라서 부분적 소유권이라고 할 수 있다. 물론 자유경쟁은 모든 각각의 생산적 요소나 자연적 단위에 대한 완전하고 분리된 소유권과 그 각각의 최대가치 산출을 확보하기 위한 그 각각의 활용을 내포한다. 경쟁에 대한 어떤 종류든 격심한 간섭은 이런 가정과 명시적으로 배치되며, 대체로 독점으로 명명될 수 있다.

동일한 독점 범주(소비재에 대한 통제)에 우리는 근현대 경제학적 세계에서 두드러지는 두 개의 다른 변종을 포함시킬 수 있다. 하나는 '매점'이다. 매점에서는 단지 일시적인 통제만 확보되는데, 실제로는 그것이 그 시점에는 추가적인 생산으로 급속하게 증가될 수 없는 기존 재고를 판매하는 시간에 대한 통제와 같다. 다른 하나는 상표, 상호, 광고구호 등의 사용이며, 우리는 이미 수립된 명성을 가진(그 실제 근거가 무엇이든 간에) 전문가의 용역도 여기에 포함시킬 수 있다. 구매자는 자신의 욕구에 대해 판단을 하는 당사자이므로 만약 상품의 이름이 그에게 어떤 차이를 느끼게 한다면 그것은 그에게 해당 상품의 한 특이성이 되는데, 이는 경쟁상품들에 비교해 그 상품이 물리적 성질에서 아무리 유사하다고 해도 마찬가지다. 그래서 물리적으로 동등한 재화들과의 차이가 수중에 넣고자 하는 것에 대한 신뢰의 측면에서 매우 실제적인 것일 수 있다. 그렇다면 그러한 재화는 생산자에 의해 공급이 통제되는 상품이 되며, 생산자나 브랜드가 다른 것들과의 경쟁은 다소간 유사한 재화로 상품을 대체하는 경우가 되는데 독점자라면 언제나 이런 경우를 염두에 두었다.

 묘사된 범주의 독점은 경제적 인과관계나 기계적 인과관계의 의미에서 '생산적'인 게 분명하다. 그것은 별개의 한 생산적인 요소로도 간주될 수 있는데, 이런 경우에 그것은 사업상 완전한 자격을 갖춘 재산이며, 소득을 기준으로 다른 재산과 교환될 수 있다. 이때 소득의 안전성에 대한 참작이 이루어질 텐데 이런 참작은 아마도 독점을 기피하는 쪽보다는 선호하는 쪽으로 이루어질 가능성이 높다. 그런가 하면 어떤 소비재에 대한 독점이 그것을 생산하는 요소들에 부여하는 생산성은 다른 용도로 사용되는 물리적으로 동일한 요소들에 부여하는 생산성을 능가한다는 견해를 우리가 취할 수도 있다. 이런 요소들이 독점된 재화를 생산하는 것을 어떤 방식으로든 금지당하는 것은 해당 재화를 생산하는 물리적 능력의 부재와 그 효과가 같으며, 그 재화는 상표가 붙은 품목과 마찬가지로 물리적으로는 아무리 유사하더라도 경제적으로는 구별된다. 독점이 특허의 성격을 갖고 있고 재화를 생산하는 공장과 별도로 자유로이 판매될 수 있다면 그것을 그 자체로서 하나의 생산적 요소로 다루는 것이 더 낫다.

 다시 말하면 독점은 상호교환이 가능한 단위들의 한 집합이라고 물리적으로 정의된 어떤 생산적 요소의 공급에 대한 배타적인 통제에 그 핵심이 있다고 볼 수 있다. 그러한 독점을 획득하도록 하는 유일한 유인은 앞에서 든 유형 가운데 하나, 즉 어떤 소비재의 공급을 제한할 능력을 확보하려는 욕구다. 어떤 종류의 생산적 요소든 그것에 대한 통제는 물론 그 요소의 사용에 의존하여 생산되는 상품의 공급에 대한 통제도 가져다주며, 이런 통제는 다른 용도에 그 요소가 사용되는 것은 자유롭게 놔두면서 어떤 특정한 상품을 만드는 데는 그 요소가 전혀 사용되지 못하게 하거나 그 사용을 제약할 수 있는 힘을 통해 작동된다. 독점자가 이런 재화를 스스로 생산하든 자신이 독점한 요소를 다른 사람에게 임대하든 간에 그는 최종 상품에서 나오는 순수입의 증가분 전부를 제약받는 요소와 제약하는 작용을 하는 요소에 대한 지대로서 확보할 수 있다. 이 경우에 또한 요소의 사용에 대한 제약은 그 근거가 무엇이든 사실상 물리적 특이성과 동등하고, 그 요소의 인과적 생산성은 그것의 일부가 없어지거나 어떤 무능화되는 변화를 거치거나 한 것과 마찬가지로 그 제약에 의해 증가된다. 이 경우의 인과적 측면을 사회정책의 문제와 분리해야 한다고 또다시 주장할 필요는 없을 것이다.

다소 다른 하나의 경우는 생산조직의 특이하게 효과적인 방법이나 체계에 대한 배타적인 통제다. 특허에 의해 보호되거나 비밀로 유지되는 특수한 생산과정의 생산성은 다루기 어려운 문제다. 경제학 문헌에서 그것을 다룬 논의는 '생산적인 생각'은 토지, 노동, 자본과 더불어 언제나 존재하는 하나의 독립적 요소라고 주장한 라베르뉴[178]의 논의에서부터 스스로

---

[178] 베르트랑 라베르뉴, 《경제학적 시장의 이론》, 파리, 1910.

무한히 증식하는 것[179]이 생각의 본성이므로 생각이나 방법은 생산적인 것으로 간주될 수 없다고 주장한 A. S. 존슨의 논의에 이르기까지 다양하다. 여기서 또다시 가장 중요한 시금석은 해당하는 경우의 사실들일 수밖에 없다. 방법이나 생각이 생산물을 그것에 귀속되게 할까? 이는 대체로 방법이나 생각이 판매될 수 있어서 자본가치를 갖게 되는가 여부의 문제다. 판매될 수 있다면 그것은 경제적 인과관계의 의미에서 생산적이다. 판매될 수 없다면 그것은 그 소유자의 생산성 속에 들어있는 한 요소를 나타낼 것이고, 그 산출은 임금이라는 형태로 그에게 돌아갈 것이다. 그것이 소득의 원천이 돼야 '하느냐'는 도덕적 문제는 물론 또 다른 문제다. 한편으로, 최고로 많은 사회적 이득이 실현되려면 최선의 방법 사용이 가장 신속하고 보편적으로 확장되는 게 필요할 것임은 자명해 보이고,[180] 이것이 이론적으로 거의 비용 없이 이루어질 수 있다는 것이 중요한 의미를 갖는다. 다른 한편으로, 정의와 편의 둘 다가 일을 하는 더 나은 방식의 **창안**에 대한 공정한 보상을 요구한다는 것도 마찬가지로 자명하다. 이런 용역에 대한 보상을 그 사용의 일시적 독점에 대한 보상보다 더 많이 제공하는 것은 정치적 발전의 문제일 것으로 보인다. 그러나 이런 탐구는 진보의 이론에 속하며, 사회정책의 문제로서 현재 연구의 범위를 벗어난다.

그러나 방법은 생산적인 것으로 인정돼야 한다고, 다시 말해 그것과 연결하여 사용된 요소들에 우월한 생산성을 부여하는 것으로 인정돼야 한

---

[179] 《근현대 경제이론에서의 지대》 120쪽 주석.

[180] 희구되는 것은 최대로 가능한 상품소비라고 가정한다. 희구되는 것이 최대의 행복이라면 이 경우가 그렇게 분명하지 않으며, 최대의 '복지'라는 문제는 우리를 훨씬 더 큰 불확실성에 빠지게 한다.

다고 우리는 또다시 주장하지 않을 수 없다.[181] 임의적인 제약은 여기에서도 물리적인 제약과 인과적으로 동등하다. 다만 방법이나 생각은 그 사용이 제약되지 않는 경우에 비해 재화 생산성이 낮아질 뿐이다(교환가치 생산성은 더 높아진다). 그 어떤 생산적 재화에 대해서도 동일한 역설이 성립한다. 그것이 무한히 증식되면 물리적 단위로는 더 많은 재화를 산출하겠지만 가치는 전혀 갖지 못하게 된다. 생산의 방법에서 유일하게 다른 점은 그것이 (일단 실행된 뒤에) 많은 비용 없이 무한히 증식될 수 있다는 것인데, 이는 (아마도) 사회정책의 관점에서는 중요한 특징이겠지만 사물에 대한 인과적 설명의 관점에서는 중요하지 않다. 그리고 우리는 또한 사회정책에 관한 결론에 도달하기를 시도할 때에는 교환가치의 사회적 총합에 대한 추리의 위험을 명심해야 하고, 경제적 효용과 같은 그 어떤 개념의 관점에서든 인간의 복지에 대한 모든 추리의 극단적인 기만성을 더욱 더 명심해야 함을 주장하지 않을 수 없다.[182]

---

[181] 생산성에 대한 이 두 가지 견해의 차이를 과도하게 강조하는 데는 위험이 있다. 모든 생산은 공동생산임을 상기한다면 특정한 요소의 개별적 생산성은 그게 어떤 것이든 궁극적으로는 그것과 연결하여 사용된 다른 요소들에 부여된 우월한 생산성을 의미하는 것이 분명하다.

[182] 여기서 '전유(專有)의 가능성'이나 경쟁적 권리주장이라고 부를 수 있을 만한 것을 경제적 생산성의 한 조건으로 설정하는 데에는 혼동이 내포돼 있음을 말해두는 것이 적절해 보인다. 생산성은 제약의 문제다. 어느 한 요소가 그 사용을 필요로 하는 수요에 비해 상대적으로 제약돼 있다면 그것은 누군가에 의해 전유될 것이 틀림없고, 그가 그것을 관리하면서 누가 그것을 사용하게 되고 누가 그것을 사용하지 못하느냐를 결정하게 된다. 그리고 전유에 의해 어떤 객체에 부여된 그 어떤 생산성도 그 사용에 대한 제약을 통해, 그리고 그러한 제약과 연결되어 나타날 것이 틀림없다. 그래서 영 교수(R. T. 엘리 등 엮음, 《경제학의 개요》, 1908, 555-556쪽)는 영국 정부가 지브롤터 해협을 사용하는 데 요금을 부과하면 그 해협이 생산적인 재산이 될 것이라고 주장한다. 그러나 그 사용의 규모를 줄이지 않으면서 그 사용에 요금을 부과할 수는 없을 것이니,

위에서 채택한 입장, 즉 독점이 생산적이라는 입장은 독점자가 단지 다른 요소들에 의해 창출된 생산물을 전유할 뿐이라는 J. B. Clark 교수 및 그의 추종자들이 내세우는 이론과 정반대다. 그러나 독점소득이 '그 실제 생산자들로부터 빼돌려진다'[183]고 이야기된다면, 다시 말해 '그것을 창출하는 요소에 의해 확보되지 않는다'[184]는 의미에서 '착취적'이라고 불린다면 '창출'과 '생산'이라는 단어가 그 올바른(인과적) 의미로 사용되지 않은 것이다. 상품의 생산에 필수적인 요소에 대한 어떤 통제에 근거하는 경우를 제외하고는 독점이 불가능하고, 여분의 생산물은 그런 필수적인 요소에, 또는 통제를 가능하게 하는 조건이 상황의 나머지 다른 조건들로부터 분리될 수 있다면 그 조건에 정당하게 귀속된다.

생산적 요소의 독점은 몇 가지 이유에서 지금까지 실제의 상황에서 제한된 중요성만을 가져왔다. 대부분의 생산적 자원은 제한된 정도로만 전문화돼 있고, 폭넓은 대체물들의 유효한 경쟁에 직면한다. 그리고 지금까지 저개발 단계에서 급속히 변화해온 세계의 상태에서는 대부분의 요소들이, 심지어는 가장 전문화된 유형의 요소까지도 새로운 발견을 통해 공급

그것은 단지 독점의 한 경우일 것이다. 이런 혼동과 그 밖의 몇몇 다른 혼동이 세계의 축적된 지식은 세계의 가장 중요한 '자본'인데 단지 사적으로 활용되지 않기 때문에 가치를 갖지 않는다는 베블런의 주장에 내포되어 있다('자본의 본성'에 관한 글들, 《계간 경제학지》 XXII권 917쪽 이후와 XXIII권 104쪽 이후). 그것이 활용되는 것은 오로지 그 사용에 제약을 가하는 것, 즉 독점에 의해서만 가능할 것이다. 자본이 기술적 지식의 세계적 기금에 대한 접근을 제약하는 것으로서 유의미하다는 관념은 터무니없다. 왜냐하면 이미 지적했듯이 생산은 공동생산으로 이루어지고 어떤 것이든 그 생산성은 다른 것들에 부여된 생산성으로 간주될 수 있기 때문이다.

183 윌렛.

184 존슨, 106쪽과 107쪽.

이 신속하고 불규칙적으로 증가해왔고, 탐사와 개발 작업에 대한 적정한 지출을 통해 공급을 의도적으로 증가시키는 것이 가능했다. 마지막으로, 통합적인 통제를 확보하는 데 필요한 대규모 조직의 기법은 그동안 미숙하고 불완전했는데, 그런 동안에도 여론의 반대는 점점 더 그 세력이 강해졌다. 이와 관련해 절대적으로 자유로운 경쟁의 함의를 탐구하는 것은 다소 흥미로운 일이다.

조직비용은 자연적으로 낮은 수준으로 떨어지는 경향이 있음을 고려하면 완전한 상호 의사소통이 있다면 담합이 없으리라는 가정은 대단히 비현실적이다. 정적인 조건들(모든 요소의 기존 재고가 고정돼 있고 알려져 있다는 것을 포함해) 아래에서는 독점이 크게 진전되는 것이 분명히 불가피할 것이다. 조직된 사회적 간섭이 없다면 제반 조건들이 마르크스주의 사회주의자들이 주장한 결과, 즉 일반적인 독점에, 아니면 적어도 경쟁적 조직체계의 완전한 붕괴를 내포할 정도로 확산된 독점에 접근할 것이라고까지 가정하는 것이 불합리하지 않다.

유효한 경쟁에 하나의 조건인 한계 단위의 무시할 만한 크기라는 요구조건으로 돌아가는 추가적인 고려는 이런 견해를 강화하는 경향이 있다. 독점의 통상적인 의미에서 통제의 집중은 거의 완전하지 않은 한 이익이 되지 않는다. 그러나 조직비용이 부재하거나 작다면 협상단위의 크기를 증대시키게 하는 지속적인 유인이 존재할 수 있다. 분배에 관한 생산성이론에 대한 반대자들 가운데 일부가 주장하듯이 협상단위가 클수록 이론상 그것에 의존하는 생산물의 양이 더 큰 비율로 커지는 것이 사실이며, 이런 사실은 아주 작은 규모로도 결합을 하도록 하고 그 단위의 규모를 무한히 증대시키도록 하는 작은 유인이 된다. 어떤 결합을 구성하는 단위들이 각각 별도로 협상했다면 얻을 수 있었을 보수를 초과하는 그 결합의 추가적인 보수는 독점의 경우에서와 같이 소비자들로부터 뽑아낸 지출 증가분에서 나오는 것이 아니라 그 영향을 받은 요소와 연결하여 사용된 다른 요소들의 몫에서 나올 것이다.

이 논증은 J. B. 클라크 교수에 의해 우리에게 익숙해진 방법, 즉 특정 생산성을 설명하는 '정량추가 방법'에 의거하여 그래프로 보일 수 있다. '생산요소'라는 말로 우리가 의미하는 것이 온갖 정도의 이질성을 가진 것들을 경쟁과정이라는 맷돌에 집어넣고 그 맷돌을 돌려서 그것들을 가치생산성 단위들로 환원시킴으로써 얻어진 일종의 노동 또는 자본의 반죽이 아니라 단지 물리적으로 상호 교환되는 것들의 한 집합이기만 하다면 이 분석에 오류가 없다. 그 방법이 순전히 논리적인 도구이며 결코 생산적 용역이 실제로 평가되는 과정을 나타내지 않는다는 것도 우리는 기억해야 한다. 그런 다음에 우리가 하나의 정적인 사회를 상상하고 그러한 서로 경쟁하는 요소들의 한 집합에 우리의 시선을 고정한다면 그것을 구성하는 상이한 단위들 또는 구성요소들이 우리에게 익숙한 그림에서 하강하는 것으로 표시되는 체감하는 생산성의 곡선을 따라 위치하게 된다고 간주해도 된다는 것을 알게 된다. 그 곡선은 체감하는 효용의 곡선 또는 체감하는 수요가격의 곡선[185]과 마찬가지로 순전히 가설적인 것이다. 각 점의 세로좌표는 대응하는 가로좌표와 '자연적'인 선을 따라 재조직된 생산이 제시해주는 수로 요소의 총수가 축소된다면 그 요소의 계열에서 **각** 단위의 생산성이 **어떻게 될지**를 보여줄 뿐이다. 그것은 그 시점에서의 생산성 차이

---

[185] III장을 참조하라.

를 나타내는 것도 아니고 **그 밖의 다른 어떤 것**도 나타내지 않는다. 우리는 또한 알려진 조건들의 영역 속에 있는 매우 제한된 범위에 대해서만 그러한 곡선을 그려낼 수 있지 그런 범위를 넘어서는 그럴 수 없으며 그것의 그 어떤 상당한 확장(어떤 중요한 생산적 용역에 대해서든)도 우리를 곧바로 순전한 공상의 영역으로 데리고 간다는 사실에 대해서도 더 이야기하지 않고 그냥 넘어간다.

그러나 그런 난점들을 무시하고 그려진 곡선만을 머릿속에 떠올려보면 이론적 귀속 아래에서는 그 어떤 경쟁하는 요소들로 구성된 집단이든 그 각각의 구성원은 가장 덜 중요한 위치를 차지하고 있는 것에 직접적으로 의존하는 부분을 얻게 되며, 그것은 궁극적으로 어떤 것에든 '의존'하는 부분의 전부일 게 자명하다. 그러나 그러한 요소가 둘 이상 결합하여 각각 별개로가 아니라 하나의 단위로 경쟁을 하게 된다면 그것들은 그 계열의 보다 낮은 끝에 위치하는 단위의 생산물 전부를 얻을 수 있고, 그것은 그것들 각각의 별도 '한계'생산물보다 클 것이다. 그러므로 완전경쟁 아래에서는 **그것들이 결합하여** 하나의 단위로 협상에 나설 것이고, 동일한 유인이 그것들로 하여금 독점의 결과에 이르기까지 계속 결합하도록 압박할 것이다.

그 상황은 전통적인 그림을 보면 쉽게 이해된다. 곡선 CD가 한 계열의 연속적인 요소들 또는 실제로 합쳐질 수 있는 요소의 단위들이 지닌 상대적 중요성을 나타낸다고 한다면 완전경쟁 아래에서는 각각의 모든 단위가 생산물 DE를 얻고, 특정한 집단 E'E는 FDEE'를 얻을 것이다. 이제 이 EE' 단위들이 결합하여 하나의 집단으로서 한계화한다면 그것들은 그 내신에 D'DEE'를 얻을 수 있어서 앞의 경우보다 D'DF를 더 얻게 된다. 그

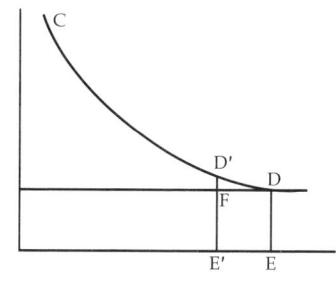

집단의 소유자는 그 집단 안에 있는 어떤 단위가 그 집단의 밖에 있는 (한계)단위로 대체되는 것을 막을 수 있고, 그래서 그 집단 구성원들의 한계생산물 전부보다 더 많은 생산물을 그 집단의 사용에 의존하게 만들 수 있다. 결합 바깥의 유사한 요소들은 단지 임금 DE만을 얻을 것이고, 우리의 합쳐진 덩어리가 수령하는 잉여소득은 소비자들에 대한 생산물 가격의 상승에서 나오는 것이 아니라 그 덩어리가 결합한 요소들의 몫에서 나올 것이다. 그 '덩어리'의 사용자들은 이전보다 그 요소를 더 많게도 더 적게도 사용하지 않으며, 생산물을 더 많게도 더 적게도 만들어내지 않는다. 그러므로 그들은 같은 공급을 같은 가격으로 판매할 것이 틀림없다. 그러나 다른 요소들은 그들의 용역에 대한 대가를 적게 받도록 강요받는데, 이는 그 덩어리가 한계로부터 한 번에 한 단위씩 대체될 수 없고 단지 한 번에 동일한 수의 한계 단위들만큼만 대체될 수 있기 때문이며, 후자의 이동은 곡선을 따라서 그것들의 가격을 상승시킬 것이다. 단지 '마찰'(인간적 제약)만이 실제 사회에서 이것을 방지하는데, 이것은 곧 '기업가 기능의 체감하는 수확'이다.

이런 과정이 실제로는 그것을 멈추기 위해 뭔가를 해야 할 때까지 진행되지 않으리라는 것은 언급할 필요가 없다. 결국 이론적으로 완전한 경쟁이라는 개념에는 어떤 헤겔적인 자기모순이 있는 것 같다. 그 결말이 어떤 것일지에 대해 추측하는 것은 무익하지만, 그것이 상황에 따라 윤리, 정치권력, 또는 완력에 틀림없이 근거한 어떤 종류의 사회적 통제 아래에 있는 어떤 임의적인 분배체제일 것이 틀림없다—이런 결론에는 사회나 사회 속의 누군가가 '만인에 대한 만인의 투쟁'으로의 회귀를 막기에 충분한 지능과 힘을 가지고 있다는 가정이 필요하다. 인간 개인이 하나의 전체로서의 사회가 법률적, 도덕적 구속의 도움을 받아서 안심하고 그에게 소유하기를 허용할 수 있는 정도보다 훨씬 더 큰 산업권력을 자기 자신의 이익을 위해 휘두르는 것은 보통은 불가능한 것으로 확인돼왔고, 이런 사실로 인해 경쟁적 산업이 지금도 그렇지만 그동안에도 구제돼왔다. 이런 유익한 제약이 그 구제의 역할을 얼마나 오랫동안 계속 할 것이라고 믿어도 되는지는 현재의 사업활동 발전에 비추어 다소 의문을 불러일으킨다. 우리가 여기에서 이러한 주제에 대해 특별히 관심을 갖는 것은 아니지만 이상적인 완전경쟁 체제에 대한 논의와 관련하여 지적해둘 만한 가치가 있다고 여겨지는 것은 있는데, 그러한 체제는 내재적인 특성이 자멸적이어서 실제 세계에는 존재할 수 없다는 것이 그것이다. 완전경쟁은 동시적으로 독점을 촉진하고, 자유계약을 통한 조직을 불가능하게 만들고, 사회에 권위적인 체제를 강요하게 될 조건들을 특히 인간적 제약의 존재와 관련해 내포한다.[186]

---

[186] 협상단위의 규모 증대를 통한 이득이 초래하는 결합으로의 유인에 더하여 또 하나의 경향이 같은 방향으로 작용할 수 있다. 어떤 중요한 생산적 용역의 공급 가운데 전부는 아니더라도 그 상당한 부분의 소유자에 대해 그 사용을 제한하고 그렇게 해서 그 생산물의 가치를 증대시키는 것이 이익이 될 수 있는 경우가 많이 있다. 어떤 공급 가운데 일부의 소유자가 그 일부 가운데 어떤 한 부분을 사용되지 못하도록 붙잡아둬서 이득을 취할 수 있을지 여부는 그가 보유하고 있는 부분이 공급에서 차지하는 비중에 의존하며, 경쟁하는 원천으로부터 획득할 수 있는 공급의 신축성과 그 생산물에 대한 수요의 탄력성에도 의존한다. 실제적으로 모든 사업은 부분적인 독점이라는 사실을 고려할 때 경제학의 이론적 논의가 그토록 전적으로 완전독점 및 완전경쟁과 관련돼왔다는 점

생산성의 의미와 관련해 국가의 경제적 가치라는 문제를 제기하는 것이 흥미로울 것이다. 정치조직을 통해 작용하는 사회 그 자체가 하나의 경제적 개인으로 스스로 나서서 그 자신의 용역에 대해 '수요자가 부담할 수 있는 최고의 가격'을 부과한다면 우리의 경제적 삶에 대한 그 효과는 어떤 것이 될까? 분명히 정부는 절대적으로 필요불가결한 상품에 대한 독점권을 가지고 있다. 재산에 대한 보호와 계약의 강제가 없다면 사업활동은 전혀 이루어지지 못할 것이다. 여기에서 이런 흥미롭지만 미묘한 문제를 길게 다루는 것은 불가능하지만, 정부가 가져갈 수 있는 것, 즉 그 경제적 생산물에는 거의 한계가 없는 것으로 보인다.[187] 필자는 계약관계에 대한 사회적 간섭을 주장하는 대부분의 제안들에 대해서보다 경제적 평등을 더 많이 확보하기 위한 과감한 조세 프로그램의 가능성에 대해서 훨씬 더 낙관적이다.

    은 주목할 만하다.
     이론적인 조건들 아래에서 자유경쟁에 치명적인 또 다른 경향에 주의를 돌릴 수 있다. 그것은 신용팽창이라는 문제다. 모든 형태의 마찰이 제거된다면 교환의 매개로서 그 어떤 종류든 상품을 신용으로 대체하는 데는 거의 한계가 없을 것으로 보이며, 어떤 안정적인 가치기준을 수립하기가 불가능할 것이 분명하다.

187 일부 저작자들, 특히 홉슨이 중요시한 '경제적 잉여'에 대해서는 위(234쪽 주석)에서 한 말이 적용될 수 있다. 어떤 용역이든 그 수행을 확보하는 데 필요한 지급은 그 용역이 얼마나 희구되느냐에 의존한다. 이 문제는 인간의 유한한 생명과 유산상속이라는 사실에 의해 훨씬 복잡해지지만, 일반적으로 용역의 규모를 줄이지 않고는 가용한 잉여가 있을 수 없다. 이 말은 독점돼있거나 고도로 전문화된 요소에는 들어맞지 않으며, 보수가 절대적으로 워낙 높아서 그것을 낮추면 그것을 대가로 제공되는 용역의 규모가 확실하게 늘어나게 될 경우도 많이 있는 것은 의심할 나위가 없다.

3부 | 위험과 불확실성을 통한 불완전경쟁

Ⅶ장 위험과 불확실성의 의미

가치평가의 개인적 심리에서 출발하고 단계적으로 새로운 요인들을 추가해서 우리는 이제 완전경쟁에 필요한 고도로 단순화된 조건들 아래 가치평가와 분배를 내포한 경쟁적 산업사회를 구축했다. 설정된 과감한 가정들은 모든 교란하는 영향으로부터 자유로운 상태에서 작동하는 힘들의 작용을 보이기 위해 필요했고, 전제들이 불가능한 것인 만큼 관련된 원리들은 조작되거나 변경이 가해진 것이 아니라 단지 순수하고 격리된 상태로 제시된 것일 뿐이다. 완전경쟁의 달성에 전제조건으로 요구되는 현실의 단순화 가운데 으뜸가는 것은 그동안 줄곧 강조돼왔듯이 경쟁적 체계의 모든 구성원이 사실상 전지하다는 가정이다. 이번 장의 과제는 이 가정의 의미를 더욱 완전하게 탐구하는 것이다. 우리는 지식이론의 영역을 간략하게 살펴보고 그 본질과 한계, 그리고 지식과 행태의 관계에 대한 우리의 관념을 명확히 해야 한다. 그렇게 해서 얻어진 통찰을 토대로 삼아야만 지식의 불완전성과 연관된 경제적 현상들의 폭넓은 집합을 조명하는 것이 가능할 것이다.

앞의 논의에서 이미 거론한 특정한 점들을 회상하는 것을 통해 문제를 가시적으로 설정하고 그 의미를 분명히 할 수 있을 것이다. 경쟁의 실패와 이윤의 등장은 경제적 조건들의 변화와 연관되지만 그 연관성은 간접적이라는 점이 Ⅱ장에서 지적됐다. 왜 그러냐면 기업가들이 정해진 율을 대가로 생산적 용역을 제공받기 위한 계약을 먼저 체결하고 나서 생산물이 만들어진 뒤에 그것을 시장에서 판매하는 것을 통해 그 용역을 사용한 목적을 실현한다는 사실에서 이윤이 생겨나기 때문이다. 그렇기에 생산적 용역에 대한 경쟁은 예상에 토대를 둔다. 생산적 용역의 가격은 생산의 비용이므로 조건들의 변화는 예상을 뒤흔들어 그렇지 않다면 경쟁에 의해 같아지게 되는 비용과 판매가격 사이에 괴리를 만들어냄으로써 이윤을 발생시킨다. 만약 모든 변화가 보편적으로 알려진 불변의 법칙에 따라 일어난다면 그것이 일어나는 시점보다 불특정한 기간 이전에 예측될 수 있을 것이고, 기여하는 요소들에 대한 생산물 가치의 완전한 배분을 뒤흔들지 않을 것이며, 이윤(또는 손실)이 발생하지 않을 것이다. 그러므로 우리의 문제를 이해하는 데 긴요한 것은 변화 그 자체가 아니라 변화의 한 결과로 우리가 미래에 대해 갖는 불완전한 지식이다.

또 다시 말하지만 Ⅲ장과 Ⅳ장에서 완전경쟁이 실현되게 하려면 정적인 조건들을 가정해야 할 필요가 있음이 파악됐다. 그러나 명시적으로 진술했듯이 이 가정은 그것으로부터 미래가 미리 알려질 것이라는 결론이 당연히 도출되기 때문에 설정된 것이지, 그것 자체를 명제로 내세우기 위한 것이 아니다. 모든 변화가 알려진 법칙에 따라 일어날 수 있다고 **생각하는 것은 가능**하고, 실제로 많은 변화가 충분한 규칙성을 보이며 일어나서 대체로는 실질적으로 예측가능하다. 그래서 우리의 연구에서 변화의 효과와 미래에 대한 무지의 효과를 분리하는 것이 정당화되고 필요하다고 간주된다. 이에 따라 Ⅴ장은 불확실성이 없는 상황에서 나타나는 변화 그 자체의 효과에 대한 연구에 바쳐졌다. 여기서 확인된 것은 그러한 조건들 아래에서 생산적 용역들에 대한 생산물 가치의 분배 또는 귀속은 언제나 완전하여 남기는 게 없으며, 따라서 이윤이 없다는 것이었다.

또한 Ⅱ장에서 논증하기도 했지만, 모든 대안적 가능성들이 알려져 있고 그 각각이 발생할 확률을 정확하게 확인할 수만 있다면 발생할 특정 사건들을 예측할 수 있다는 것이 완전한 무이윤 귀속에 필요하지 않다. 사업가는 비록 개별 모험사업의 결과를 미리 알 수는 없다고 하더라도 만약 모든 가능한 결과의 확률에 대한 수량적 지식을 얻을 수 있다면 사업을 벌이면서 자신의 경쟁적 가격제시를 미래에 대한 정확한 예지에 근거하게 할 수 있을 것이다. 왜냐하면 다수의 모험사업(그 자신의 사업에서만이든 사업 일반에서든)에 토대를 두고 계산을 하는 것을 통해 손실을 고정비용으로 전환시킬 수 있기 때문이다. 그러한 특수한 비용은 물론 완전한 비중을 두고 고려해야 하는 것이긴 하지만, 다른 어떠한 필요한 지출과 마찬가지로 단지 비용일 뿐일 것이며 비용과 판매가격의 차이인 이윤을 발생시키지 않을 것이다. 그러한 상황은 다소 더 순수하거나 덜 순수한 형태로 일상의 삶에 흔히 나타나는 것이기도 하고, 그것에 대처하기 위한 다양한 수단들이 근현대 사업조직의 중요한 한 측면을 이룬다. 이런 수단 가운데 보다 중요한 것들의 일부는 나중에 거론하면서 간략하게 논의할 것이다. 지금은 우리가 지식에는 어떤 의미에서 정도의 차이가 있으며 실제적인 문제는 지식이 전적으로 있느냐 없느냐보다 오히려 지식의 정도에 관련되는지 모른다는 사실을 강조하는 데 관심이 있다.

이와 관련된 삶의 사실들은 표면적인 의미에서 두드러지게 명백하고 흔히 관찰되는 것이다. 그것이 우리가 살고 있는 변화의 세계이고 불확실성의 세계다. 우리는 미래에 관한 **무엇인가**를 알아야만 살아갈 수 있다. 그런가 하면 삶의 문제들, 또는 적어도 행동의 문제들은 우리가 아는 것이 별로 없다는 사실로부터 발생한다. 이는 활동의 다른 영역들에 대해서와 마찬가지로 사업에 대해서도 들어맞는 말이다. 그러한 상황의 핵심은 더 많거나 적은 근거와 가치를 지닌 **견해**에 따른 행동, 다시 말해 완전한 무지나 완전한 정보가 아니라 부분적인 지식에 따른 행동이다. 우리가 경제체제의 작동을 이해하려고 한다면 불확실성의 의미와 중요성을 살펴봐야 하고, 이런 목적을 위해서는 지식 그 자체의 본질과 기능에 대한 어느 정도의 탐구가 필요하다.[188]

---

[188] 경제학에서 불확실성과 위험이라는 문제는 물론 새로운 것이 아니다. 관련 문헌에 대한 다소간의 언급은 이미 했다. 그것은 세 가지 연관된 주제별로, 즉 (1) 보험, (2) 투기, (3) 기업가 기능과 관련하여 인식되고 논의돼왔다. 세 번째로 든 것을 완전하게 다루기 위해서는 이 연구의 역사적 부분에서 인용했던 독일의 저작들을 살펴볼 필요가 있다. 영국의 경제학은 장기적 경향 또는 '정적인' 경제학에 너무 외곬으로 몰두해왔기 때문에 이 문제에는 충분히 주목하지 않았다. 불확실성에 대한 매우 일반적인 논의를 알고자 한다면 이미 인용한 저작들에 더해 로스의 '생산의 한 요인으로서의 불확실성'(《미국학술원 연보》 Ⅷ권 304쪽 이후)을 보라. 또한 다음 저작들도 보라. T. E. 클리프 레슬리, '경제적 세계에서 아는 것과 알 수 없는 것', 《정치경제학 소논문집》 221-242쪽; F. 래빙턴, '이자율과의 관계에서 본 불확실성', 《경제학지》 XXII권 398-409쪽과 '투기에 대한 사회적 관심', 같은 학술지 XXIII권 36-52쪽; A. C. 피구, 《부와 복지》 V부; 존 헤인스, '하나의 경제적 요인으로서의 위험', 《계간경제학지》 1895년 7월.

    지식의 이론에 대한 이 피상적인 개괄에서 철학적 문헌까지 확장해 언급하는 것은 중요하게 여겨지지 않았다. 설명되는 이론이 얼마간의 유보조건을 가지는 기능적 또는 실용적 견해임은 누구에게나 분명할 것이다. '유보조건'을 추가한다는 의미에서 우리가 지적해 두어야 할 것이 있다. 그 논의의 논조는 우리가 지금 염두에 두고 있는 목적상 관심을 갖는 것은 행동과 관련된 의식과 지식의 기능이라는 사실의 결과일 뿐이며, 그 글의 문구 그대로를 실재하는 것들의 궁극적인 본성에 대한 그 어떤 견해나 그 밖의 다른 어떤 철학적 입장을 표현한 것으로 받아들여서는 안 된다. 필자는 사실 논리에서 철저한 경험주의자인데, 이는 곧 이론적 추리에 관한 한 경험의 아주 직접적인 사실들을 넘어서는 모든 문제에 대해 불가지론자라는 것이다.

지식과 행태를 연구하기 위한 첫 번째 자료는 의식 그 자체라는 사실이다. 분명히 이성의 보다 높은 정신적 작동은 단지 정도에서만 다를 뿐이고, '지각'의 최초 점화에 내재된 것의 정교화일 뿐이다. 기능적 관점에서 보면 정신의 본질은 그 전망하는 특성에 있는 것 같다. 삶은 외부적 공존과 배열에 대한 내부적 적응으로 묘사돼 왔다. 식물적 또는 무의식적 차원에서는 내부적 변화가 외부적 변화와 동시에 일어난다. 동물적 또는 의식적 삶의 경우가 지닌 근본적인 차이는 어떤 상황이 구체화하기 전에 그 상황에 반응할 수 있다는 것이다. 그것은 '사물이 다가오는 것을 볼' 수 있다. 이것이 생물학적 의미에서 복잡한 신경체계 전체가 '지향하는' 것이다. 유기체가 스스로 환경에 적응하는 재조정은 시간을 필요로 하고, 유기체가 더 멀리 앞을 '내다볼' 수 있을수록 스스로 더 충분하게 적응할 수 있고 더 완전하고 유능하게 살아갈 수 있다.

의식 그 자체가 유기체와 정확하게 어떤 관계에 있는지는 수수께끼이며 불가해한 것으로 남을 것이라는 데는 의심할 여지가 없다.[189] 우리가 복잡한 적응을 발견하는 곳에서는 어디에서나 의식을 발견하거나 적어도 그것을 추리해내지 않을 수 없다는 것은 엄연한 사실이다. 과학은 의식이 위치하는 자리를 찾을 수 없고, 그것이 인과적 배열 속에서 수행하는 역할도 알아낼 수 없다. 그것은 우발적 부수현상 같은 것이다. 재조정에 대한 설명은 필연적으로 시간적 순서 속의 자극과 반응의 관점에서 이루어진다. 그러나 우리 자신의 경험을 돌아보면 우리가 과거의 자극에 반응하는 게

---

[189] E. 뒤부아레몽의 탁월한 강연문 '자연 인식의 범위에 대하여'와 '세계의 수수께끼 7가지'를 보라.

아니라 어떤 미래 상황의 '심상(心象)'에 반응한다는 것을 알게 된다. 그리고 상식 즉 의식의 관점에서 볼 때 심상은 적응이 그 어떤 직접적인 자극과도 분리된 곳에서는 언제나 존재하고 또 작동한다. 다시 말해 그것은 '자발적'이고 전망적이다. 모든 유기체의 반응은 미래 상황과 관련되는 것임은 자명하며, 삶과 활동의 유형이 '보다 고차원일수록' 더 먼 미래의 상황과 관련된다. 기계론적 과학이 과거 원인의 관점에서 반응을 설명하는 데 아무리 성공적이라고 하더라도 상식으로서는 반응을 의식 속에 있는 미래 상황에 의해 촉발된 것으로 생각하는 것이 거부할 수 없을 만큼 편리할 것이다. 의식의 역할은 유기체에게 이런 미래에 대한 '지식'을 주는 것이다. 우리가 볼 수 있는 모든 것에도 불구하고, 또는 과학이 우리에게 말할 수 있었던 모든 것에도 불구하고 우리가 그동안 의식이 없는 자동기계였을 수도 있겠지만, 이제는 그렇지 않다. 적어도 말을 하는 사람은 그렇지 않으며, 그런 사람은 자신과 똑같은 모습을 가지고 똑같은 행태를 보이는 다른 사람들도 데카르트의 생생한 용어를 사용하면 그 자신의 것과 똑같은 '내면'을 가지고 있다고 생각하지 않을 수 없다. 우리는 세계에 반응하기 전에 세계를 **지각**하고, 우리가 지각한 것에 반응하는 것이 아니라 언제나 우리가 **추리**한 것에 반응한다.

의식적 행태의 보편적 형태는 따라서 현재 상황으로부터 추리된 미래 상황을 변화시키기 위한 의도적 행동이다. 그것은 지각과 이에 더해 **이중**의 추리를 내포한다. 우리는 우리가 간섭하지 않는다면 미래 상황이 어떠할 것이며, 우리가 하는 행동에 의해 그것에 어떤 변화가 일어날 것인지를 추리해야 한다. 다행인지 불행인지 이런 과정들 가운데 오류가 없는 것, 또는 정말로 정확하고 완전한 것은 없다. 우리는 현재를 있는 그대로와 그

총체성으로 지각하지 않을 뿐 아니라 그 어떤 높은 신뢰도가 확보되도록 미래를 현재로부터 추리하지도 않고, 우리 자신이 하는 행동의 결과를 정확하게 알지도 못한다. 이에 더해 고려해야 할 네 번째 오류의 원천이 있다. 우리는 행동을 실행할 때 정확하게 그 행동을 상상하고 의도한 그대로 실행하지 않는다. 이런 과정들에 존재하는 오류는 아마도 그 과정들 자체가 지닌 근본적인 수수께끼의 한 측면일 것이다. 그것은 그 과정들이 갖고 있는 비기계적 성격의 한 징조인 것으로 보인다. 왜냐하면 일반적으로 말해 기계는 실수를 저지르지 않기 때문이다. (우리 자신이 만들어낸 조잡한 기계로부터 유기적 체계를 구성하는 무한히 더 예민하고 복잡한 생리화학적 복합체에 대한 어떤 결론을 끌어내는 것이 합당하지 않을 수는 있겠지만.) 어쨌든 오류에 빠지기 쉽다는 사실은 우리에게 뼈저리게도 너무나 익숙한 것이며, 여기서 우리의 관심을 끄는 모든 것이다. 지각기능은 생명의 낮은 형태 중 일부에서보다 생명의 높은 형태에서 덜 정확하고 덜 믿을 만한 경우가 종종 있는 것 같다는 데 주목하는 것은 흥미롭다. 적어도 문명인은 이런 측면에서 원시인과 고등동물에 비해 취약한 경우가 종종 있다. 더 높은 추리능력은 지각기능을 상당한 정도로 대체할 수 있고, 우리가 추리능력을 발전시켜오는 과정에서 감각의 예리함과 관련해서는 입지를 잃은 것이 틀림없다.

    더 나아가 지각과 이성은 명확하게 구별되지 않는다는 점이 인정돼야 한다. 우리의 지각기능은 고도로 교육되면서 숙련되어 있고, 가장 단순한 상황에서 의식에 있게 되는 것은 신경 말단의 기관들로부터 직접 전달된 것이라기보다는 오히려 추리의 생산물, 상상의 구축물이다. 이성적인 동물은 의식적인 동물과 정도에서만 차이가 난다. 다시 말해 이성적인 동물은 **더 많이** 의식적이다. 이성적인 동물이 더 많이 추리하거나 더 많이 지각한다고 우리가 말하든 말든 그것은 중요하지 않다. 과학적으로는 우리가 정신의 내용물을 감각자료와 상상자료로 분해할 수 있지만, 적어도 실제적인 차이라는 측면에서는 의식 그 자체의 관점에서 둘 사이에 차이가 거의 없다. 감각 속에 성찰의 객체가 전혀 없는 경우에 해당하는 좁은 의미의 '사고'에서도 경험 그 자체가 상당한 정도로 그와 같다. 의식의 기능은 추리하는 것이고, 모든 의식은 대체로 추리적, 이성적이다. 이 말로써 우리가 의미하는 것이 무엇인지를 다시 이야기한다면, 감각에 없는 것들이 행동을 지시하는 작용을 하고 이성과 모든 의식은 전망적이라는 것이다. 또한 그러한 현상에서 본질적인 요소는 그것이 자동기계적인 정확성을 갖지 않는다는 것, 즉 그것이 오류에 빠지기 쉽다는 것이다.

어떤 유기체와 물리적 관계에 있지 않고 심지어는 존재하지도 않는 어떤 상황이 그 유기체에게 영향을 준다는 진술은 물론 어떤 의미에서 추상적이다. 다시 말해 그 영향은 그 유기체가 그 시점에 접하고 있는 어떤 상황을 통해 작용하는 간접적인 것이다. 그러므로 이미 지적했듯이 의식적 관계의 형태를 무시하고 반응을 실제로 존재하는 원인의 기계적 결과로 해석하는 것이 이론적으로는 언제나 가능하다. 그러나 실제로는 우리가 물리적으로 존재하는 상황이 아니라 의식에 존재하는 상황을 지배적인 원인으로 간주해야 한다는 것이 여전히 옳은 말이다. 새로운 '행태'의 과학을 지나치게 열렬하게 신봉하는 사람들의 성급한 진술에도 불구하고 그것이 심리학(이것은 그것과 매우 다른 것이지만)이나 지식이론을 그 역사적 형태와 같은 어떤 형태로서 언젠가 대체할 것이라고 가정하는 것은 얼토당토않다.

존재하지 않는 어떤 상황이 실제로 존재하는 어떤 것을 통해 작용할 가능성은 그 둘 사이에 존재하는 어떤 종류의 믿을 만한 관계를 조건으로 한다. 모든 지식과 사고에 대한 이런 상정은 '인과관계'의 '법칙'이나 '원리', 자연의 '균일성'이나 '규칙성' 등으로 다양하게 정식화돼왔다. 우리가 형이상학적 해석이 아니라 표면적 사실을 이야기하고 있음을 상기한다면 모든 추리는 유비추리(類比推理)의 원리에 토대를 둔다고 말할 수 있다. 우리는 지금까지 타당했던 현상들 사이의 연관 또는 연합이 앞으로도 그러리라고 가정하는 것을 통해 있는 것에서 없는 것을 알아내고 현재에서 미래를 알아낸다. 다시 말해 우리는 과거에 의거해 미래를 판단한다. 경험은 우리에게 현상들 사이에 특정한 시간과 공간 관계가 어느 정도 믿을 만한 정도로 존속함을 가르쳐주었다. 현상들 사이의 공존과 배열에 관한 이런 균일성이론은 철학자의 입장에서는 사고와 전망적 행동의 공준을 꽤 만족스럽게 진술한 것이다. 그러나 보다 피상적인 상식의 관점에서는(따라서 지금과 같은 연구의 관점에서는) '현상'이라는 용어가 다소 모호하여 잘 포착되지 않으며, 보다 편리한 정식화가 가능해 보인다. 상식은 객체들의 세계 또는 단순하게는 '사물들'의 세계라는 차원에서 작동한다. 따라서 '**불변하는 행태양식**을 드러내는 사물들'이라는 관념이 현상들 사이의 관계가 나타내는 균일성이라는 관념에 비해 더 나은 '개념 범주'인 것으로 보인다. 철학자에게는 이것이 불만족스러울 수 있고, 그런 철학자는 곧바로 사물들이란 단지 그 행태양식들이 합해진 것일 뿐이며 그러한 분리가 정말로 가능한 경우는 없다고 항변할 것이다. 그것은 로크를 그토록 어리둥절하게 만든 속성(屬性)과 기체(基體)라는 오래된 수수께끼인데, 여기에서 물론 기체는 비판적인 정밀관찰 아래에서는 증발하는 경향이 있다. 그러나 이런 약점은 뒤에서 논의하겠지만, 우리가 그 개념을 사용하려고 하는 데서는 오히려 강점의 원천임을 입증할 수 있다.

그렇다면 우리는 지식에 전제조건이 되는 우리 나름의 정칙을 이런 형태로 갖게 된다. 세계는 **사물들**로 이루어져 있는데 그것들은 **동일한 상황 아래**에서는 언제나 **똑같은 행태**를 보인다. 어떤 특수한 상황에서든 추리나 예측의 실제 문제는 이 세 가지 요인 가운데 앞의 두 개를 중심으로 제기된다. 그것은 다시 말해 우리가 어떤 사물들을 다루고 있는가, 그리고 그것들의 행태에 조건이 되는 상황은 무엇인가다. 이런 두 가지 사실들의 집합에 관한 지식으로부터 어떤 행태가 예상되는지를 말하는 것은 가능할 게 틀림없다. 이미 지적했듯이 주된 논리적 문제는 '사물'이라는 개념에 있다. 왜냐하면 어떤 특수한 사물의 행태에 조건이 되는 '상황'은 다른 사물들과 그것들의 행태로 구성되는 것이 자명하기 때문이다. 동일한 상황 아래에서 동일한 사물들은 똑같은 행태를 보인다는 가정은 그러므로 우주가 얼마나, 그리고 어떤 의미에서 불변의 동일성(행태양식)을 보존하는 그러한 '사물들'로 실제로 구성됐느냐는 단일의 문제를 제기한다. 통상적인 경험의 객체들은 이런 묘사에 꼭 들어맞지 않는다는 것이 명백하다. 인간이나 동물과 같은 '사물들'은 분명히 그렇지 않고, 아마도 바위나 행성조차도 엄격한 의미에서는 그렇지 않다. 사실이 이론으로부터 이런 표면적인 괴리를 보여주는 이유는 우리가 일상적으로 경험하는 '사물들'은 '궁극적'인 사물이 아니라 진정으로 불변하는 사물들의 복합체라는 데 있다는 추가적인 가정이 과학의 토대가 되고 있다. 그리고 과학의 진보는 대부분 가변적인 복합체를 **분석**해서 불변의 구성요소들로 나아가는 것으로 이루어지며, 그런 과정에서 지금 우리는 전자(電子)에까지 이르렀다.

그러나 세계에 대한 **유용한** 지식은 세계가 시간이 지나도 불변의 동일성을 유지하는 단위들로 이루어졌다는 가정보다 훨씬 더 많은 것을 요구한다. 객체들이 아무리 불변이라고 하더라도 모두 다르다면 유한한 지능으로 다뤄야 할 객체가 너무 많다. 우리는 다수의 사물들 사이에 동등한 유사성이 있다는 추가적인 정칙을 필요로 한다. **동일한** 사물은 언제나 똑같은 행태를 보인다는 것만이 아니라 **동일한 종류**의 사물도 똑같은 행태를 보이며, 그래서 사실상 실제로 다룰 수 있는 유한한 **종류**의 사물들이 존재한다는 것도 가능해야 한다. 그러므로 사고와 사고의 이론에서 **분류**가 언제나 기본적인 역할을 수행하는 것이다. 세계를 다루는 우리의 제한된 지능에 비추어 객체들의 행태에서 지각된 유사성으로부터 추리해서 직접적으로는 관찰되지 않는 측면들에서의 유사성에 도달하는 것이 가능해야 한다. 다시 말해 우리는 사물들의 성질이 자연 속에서 제멋대로 뒤바뀌거나 결합되지 않고, 집단을 이룬 것들의 수가 제한되어 있거나 연합의 항상성이 있다고 가정해야 한다. 이것이 논리학 연구자들에게 익숙한 '종류의 실재성'이라는 정칙이다.

그러나 이것으로도 충분하지 않다. **모든** 측면에서 유사하거나 상당히 동일한 사물들의 집합화로 객체의 분류가 제한된다고 해도 여전히 지능이 파악해야 할 사물의 **종류**가 헤아릴 수 없을 정도로 많을 것이다. 유사성이 실제적으로 완전한 정도, 즉 보통의 관찰에서 동일성으로 인식되는 정도를 기준으로 하고 보면 우리의 집합들은 크기가 너무나 작고 수가 너무나 많을 것이다. 이런 토대 위에서 분류가 충분히 수행됨으로써 우리의 문제를 다룰 수 있을 정도까지 단순화하는 데 상당한 도움이 될 것인지 의문이다. 그것은 그러한 종류의 세계가 아니다. 그리고 지능이 쉽게 고려할 수 있는 크기 등과 같은 정도의 차이를 사상한다고 해도 역시 같은 말이 여전히 적용될 것이다. 우리의 세계에서 지능적으로 살기-즉 미래 사실들에 우리의 행동을 적응시키기- 위해서는 어떤 측면들에서 유사한 사물들이 어떤 다른 측면들에서도 유사한 행태를 보일 것이라는, 그 외의 또 다른 측면들에서는 매우 다르더라도 그럴 것이라는 원리를 우리가 사용해야 한다. 우리는 사물들을 남김없이 다 분류할 수는 없지만, 우리가 염두에 둔 목적이나 문제에 따라 사물들을 어느 때에는 어떤 하나의 공통 성질(행태양식)을 토대로, 어느 때에는 또 다른 공통 성질을 토대로 같은 것으로 취급하면서 다양하게 이런저런 집합을 취해야 한다. 따라서 환경에 대한 실용적인 추리를 하는 데 유효한 가정은 사물들 사이에 존재하는 성질, 즉 **닮은 양태**의 유효한 수이지 사물들 사이에 존재하는 종류의 유효한 수가 아니다. 후자의 것은 우리가 가지고 있지 않다. 다시 말해 사물들에 대한 우리의 반응에 영향을 끼치는 그것들의 성질은 우리의 지능이 파악할 수 있기에 충분할 정도로 그 수와 연합의 양식들이 제한적이어야 한다.

행동에 기본이 되는, 우리 삶의 환경에 관한 이런 사실들을 우리는 다음과 같은 명제들로 요약할 수 있다.

1. 세계는 감지되는 성질과 직접적으로 감지되지 않는 행태양식의 총합인 객체들로 구성돼 있는데 그 객체들은 사실상 무한히 다양하다. 그리고 우리가 특수한 행동상황에서 기능하는 객체들의 수와 그것들의 가능한 다양성을 고려한다면 무한한 지능만이 모든 가능한 결합을 다 파악할 수 있으리라는 것은 자명하다.
2. 유한한 지능이 세계를 다룰 수 있는 이유는 다음과 같다.

a. 구별되는 성질과 행태양식의 수는 제한돼 있고, 자연의 무한한 다양성은 객체들의 속성 간 상이한 결합에 기인한다.
b. 사물들의 성질은 꽤 불변으로 유지되기 때문이다. 그리고
c. 그것들에 실제로 일어나는 변화는 꽤 불변이면서 확인할 수 있는 방식으로 일어난다.
d. 감지되지 않는 사물의 성질과 행태양식은 감지되는 성질과 적어도 꽤 균일한 방식으로 연합된다.

a는 정도의 차이보다 종류의 차이를 언급한 것이라는 데 주목해야 하며, 따라서 우리는 다음 3번 명제를 추가해야 한다.

3. 사물의 양적인 측면 및 양을 다루는 지능의 힘은 그런 상황에서 하나의 기본적 요소다.
4. 특정한 성질들과 관련해서는 객체들이 단지 정도**에서만** 다르고, 질량과 공간적 크기는 사물들의 **보편적** 성질로서 종류의 차이를 드러내지 않는다는 것도 기본적이다.
5. 4번과 같은 원리를 따라가면 가장 중요한 성질 가운데 다수는 매우 큰 집합들에 공통되며, 따라서 행동에 가장 중요한 성질은 그 종류가 매우 적다. 고체·액체·기체나 생물·무생물 등 큰 분류의 단순성은 세계가 이해될 가능성을 실제로 만들어내지는 않더라도 크게 증대시킨다. 그리고 일반성의 순서로 속성들의 위계[190]가 존재하는데,

---

[190] 콩트의 《과학의 분류》를 참조하라.

그 최하위에는 우주 안에서 각각의 명명될 수 있는 사물을 다른 모든 사물로부터 어떤 행태양식과 정도의 측면에서(단지 상황만이 아니라) 아마도 구별되게 함으로써 그것에 개별성을 부여하는 경미한 특이성이 있다.

6. 우리 자신의 외부에 있는 '객체'인 사람과 동물의 내부에 있는 의식이라는 사실이 수행하는 역할에 대한 형식적 주장을 하지 않고는 지능적 행태의 가설들은 매우 불완전할 것이다. 행태주의자들의 주장에도 불구하고 우리가 입가 주름의 모양, 눈빛이나 눈의 '반짝임', 날카롭거나 부드러운 목소리로부터 도출하는 예상 행태에 대한 추리는 그런 물리적 특징들 그 자체로부터, 또는 그런 특징들만으로부터 이루어지는 것이 아니라 사유의 대상인 '객체'의 '마음' 속에서 진행되는 것에 대한 '동정적 내성(同情的 內省)'[191]을 통해서 이루어지며, 이런 신비한 해석의 능력이 없다면 그런 추리가 불가능할 것이다. 과학자가 그 반대를 주장할 가능성은 항상 있다. 왜냐하면 과학자로서는 그렇게 주장하는 것이 우리가 정말로 스스로 의식적이지는 않음을 증명하는 것과 마찬가지로 가능하기 때문이다. 그러나 상식은 이런 결론에 대해서도 앞의 결론에 대해서와 마찬가지로 온당하게 반기를 든다.

7. 우리가 세계뿐만 아니라 우리 자신도 알아야 한다는 것은 말할 나위도 없다. 그러므로 우리는 우리 자신의 운동력 등에 대한 감각도 목록에 올려야 한다.

---

[191] 쿨리 교수의 묘사적 표현. 《사회조직》 I 장을 보라.

여기서 삼단논법과 논리학 이론에서 그것이 차지하는 위상에 대해 이야기하는 것은 아마도 불필요할 것이다. 밀과 벤 같은 경험주의 논리학자들이 그 주제를 충분히 논의해서 삼단논법 자체에는 진정한 추리가 들어있지 않으며 추리는 전제조건들을 정식화할 때에 일어난다는 것, 그리고 추리는 상이한 용어들로 의미를 표현하는 술어(述語)들 사이의 어떤 불변하는 사실적 연관성에 대한 인식으로 이루어짐을 보였다.

우리는 여기에서 오히려 논리학자들이 만들어낸 지식의 이론은 주로 **정확한** 지식의 이론, 엄격한 증명의 이론임을 지적하는 데 관심을 갖는다. 비합리적으로 되는 것, 그리고 논리적 과정의 타당성에 의문을 제기하는 것이 다소 유행이 됐고, 특히 베르그송이 인기를 끌게 된 뒤로 그랬다. 필자가 보기에 이 입장에 많은 근거가 있지만 그 함의는 오해되기가 매우 쉬운 것 같다. 내 생각에는 다른 어떤 방법으로도 세계를 이해하기란 불가능하다. 그러나 세계가 도대체 얼마나 이해될 수 있는 것인가에 대해서는 많은 의문이 있다. 이런 의문은 어느 하나에서 다른 하나로 추리가 이루어지는 데 토대가 되는, 자연적 객체들이 나타내는 행태의 균일성과 그들 사이에 지속적으로 존재하는 유사성에 관한 사실의 문제로 여겨질 것이다. 베르그송적인(다시 말해 헤라클레이토스적인) 의미의 '진정한 변화'가 있는 한 추리는 불가능한 것이 분명해 보인다. 이에 더해 우리는 더욱 의문스러운 가정을 해야 하는데, 그것은 각각 하나의 전체로 본 객체종류들의 수가 우리가 다룰 수 없을 정도로 많다는 점을 감안해서 단순성(실용적인 유한함)을 기하기 위해 기대야 하는 상황요소들 또는 기본적인 종류의 객체성질들이 하나의 '결합'(즉 하나의 객체)과 또 하나의 그것 사이에서 달라지지 않는다는 것이다. 이 가정은 어떤 연관성 속에서는 타당하다는 데 의심의 여지가 없다. 따라서 무게, 관성 등은 생명이 없는 객체에서나 생명이 있는 객체에서나 같은 것이 틀림없다. 그러나 '생명이 있다'는 성질이 생명이 있는 두 종류의 사물 사이에서 언제나 정말로 동일한지는 의문의 여지가 있다. 이런 일반적인 속성들이 균일하지 않아서 그것들로 표현되는 종류 속의 객체들 모두에 대해 똑같은 확정적 의미를 부여할 수 없다면 그 종류의 어느 한 구성원으로부터 다른 한 구성원으로 추리를 하는 것은 타당하지 않을 것이 분명하다. 다시 말해 타당한 분류는 어떤 측면에서의 동일성을 가정한다. 우리가 사물들에 유사성을 부여해서 그것들을 하나로 분류하고 어느 하나의 행태로부터 다른 하나의 행태로 추리를 하는 데 근거로 삼는 것이 항상 이런 성격을 가지리라는 것이 절대적으로 확실하지는 않다. 하나의 사물이 다른 하나의 사물을 시사하는 힘은 대단히 모호한 경우가 많고, 타당한 추리를 떠받칠 어떤 공통된 실제적 성질을 갖고 있는 데 토대를 두지 않은 것일 수도 있다.[192]

그러나 지식에 대한 실제적 제약의 근거는 매우 다양하다. 우주는 궁극적으로 알 수 없는 것일 수 있지만(물론 우리는 사실의 통상적인 경험을 초월하는 문제가 아니라 단지 객관적인 현상인 행태에 대해서만 이야기하고 있다) 지식을 통해서는 그것을 다루는 우리의 실제 능력을 훨씬 넘는 정도까지 알 수 있는 것은 분명하므로 우주 속의 실제 일관성 결여에 기인하는 지식의 그 어떤 제약도 무시할 수 있다. 대부분의 사람들은 우리의 행동 가운데 얼마나 작은 부분이 우리가 다루는 사물들에 대한 정확하고 철저한 지식에 조금이라도 기초가 되는지를 처음으로 진지하게 검토한다

---

[192] 제임스가 쓴 《심리학》 XXII장의 '유사성에 의한 연합'에 관한 부분을 보라.

면 아마도 놀라고 말 것이다.

정확한 규정이 이론적으로 가능한 것은 우리의 관심이 어떤 한 객체의 행태 중에서 그 객체의 크기, 질량, 강도, 탄력성 등 물리적 속성에 의존하는 매우 좁은 측면의 행태로 제한됐을 때뿐이며, 그런 규정이 실제로 이루어질 수 있는 것도 정교한 실험실 기법에 의해서일 뿐이다. 삶의 통상적인 결정들은 거칠고 피상적인 성격의 '추정'에 근거해서 내려진다. 일반적으로 우리가 미래 상황과 관련하여 행동할 때 그 미래 상황은 무한하게 많은 객체들의 행태에 의존하고 아주 많은 요인들의 영향을 받으므로 그것들 모두를 고려하기 위한 진정한 노력은 기울여지지 않으며, 그것들 각각의 별도 중요성을 추정하고 합산하려는 노력은 그보다도 훨씬 덜 기울여진다. 수학적인(철저하고 양적인) 연구와 같은 것은 단지 매우 특수하고 결정적인 경우에 대해서만 이루어질 수 있다.

통상적인 실제 결정들이 내려지게 하는 정신작용은 매우 모호하며, 논리학자도 심리학자도 그것에 큰 관심을 보이지 않아온 것은 놀랄 만한 문제다. 아마도(필자는 이런 견해로 기울여져 있다) 그 주제에 대해 이야기할 것이 정말로 매우 적기 때문일 것이다. 예언은 그것이 근거하는 기억 그 자체와 상당히 같은 것 같다. 우리는 어떤 사람의 이름을 머리에 떠올리거나 기억에서 빠져나간 어떤 인용구를 암기하고 싶으면 그렇게 하기 위한 작업에 들어가지만, 원하는 생각은 종종 다른 어떤 것을 생각하고 있을 때 머리에 떠오르거나 전혀 머리에 떠오르지 않기도 하는데 어느 경우에나 그 작용에 대해 우리가 이야기할 수 있는 것은 거의 없다. 즉 그렇게 할 '기법'이 거의 없다. 그러므로 우리는 어떤 특성한 상황에서 무엇을 예상해야 하는가, 그리고 그에 따라 우리 자신의 행동을 어떻게 해야 하는가를 결정하려고 할 때 부적절한 정신적 방황을 많이 하게 될 가능성이 높고, 우리가 가장 먼저 알게 되는 것은 이미 우리가 마음의 결정을 했고 우리의 행동경로가 정해졌다는 것이다. 우리의 마음속에서 그 사이에 벌어진 일은 의미가 거의 없는 것 같고, 과학자가 연구를 할 때 사용하는 논리의 형식적 과정과 유사한 점도 거의 없는 것이 분명하다. 우리는 두 과정 가운데 전자는 추리된 지식이 아니라 '판단', '상식', 또는 '직관'임을 인정함으로써 그 둘을 대조시킨다. 거친 유형의 분석이 일부 끼어드는 것은 틀림없지만, 대체로 보면 우리는 대개 과거의 경험 전체로부터 '추리'를 하며, 이는 측량도구가 수중에 없을 때 거리, 무게, 또는 그 밖의 다른 물리적 크기를 추정하는 것과 같은 본질적으로 단순한(분석될 수 없는) 문제들을 다루는 것과 어느 정도 같은 방식이다.[193]

 추리에 대한 이상의 논의는 술어들의 연합이 균일함에 근거하고 보편적 명제로 정식화될 수 있는 이상적인 추리, 다시 말해 완전한 추리와 관련된다. 형식적 연역 논리의 이론은 물론 동일한 주어에 **때로는** 두 개의 술어가 속한다거나 두 종류의 객체가 겹친다고 주장하는 추리, 즉 '특칭' 명제ー'간헐적' 명제가 더 나은 용어일 것 같다ー라는 어울리지 않는 이름으로 불리는 것으로부터의 추리도 그동안 늘 인정해왔다. 과학의 목표는 언제나 이런 형식의 주장을 제거하는 것, 다시 말해 보편적 연합과 관련된 객체의 과거 역사에서 어떤 다른 일반적 사실을 찾아내는 것을 통해 그 특성의 발생과 비발생을 '설명'하는 것이다. 그러나 과학적으로도 이렇게 할

---

[193] 마셜은 사업 경영자의 결정은 지식보다는 '훈련된 본능'에 의해 안내된다고 말한다 (《원리》 6판 406쪽).

수 없는 경우들의 종류가 많으며, 일상적인 비과학적 사고의 거친 작용이 그런 형식을 매우 일반적으로 사용한다. '**어떤** X는 Y다'라는 거친 형식에서는 그러한 일반화가 과학적 정신의 소유자에게 매우 불만족스러우며, 추가적인 탐구를 자극하는 것과 출발점으로서가 아니고는 실제적으로 무용하다. 그러나 아주 흔히 그렇듯이 개선을 하기가 불가능하거나 실행되기 어려울 때에는 자료들을 상당한 정도의 과학적 효용을 지니는 형식으로 정렬할 수 있다. 이것은 X가 Y와 연합된 경우들의 수적 비율을 확인하는 것에 의해 수행되며, 이것이 우리에게 익숙한 확률 판단을 낳는다. 이를테면 X의 90퍼센트가 Y라면-즉 성질 X라는 특징을 가진 객체들 가운데 그런 비율에 해당하는 부분이 성질 Y도 보인다면- 그러한 사실은 행동에 대해 그 연합이 보편적인 것처럼 보이는 경우와 거의 같은 수준의 중요성을 가질 수 있는 것이 분명하다.[194]

더 나아가 비율이 100퍼센트에 근접하지 않는다고 하더라도, 즉 비율이 단지 절반이나 그 미만이라고 하더라도 같은 사실이 들어맞을 수 있다. 만약 어떤 한 종류의 경우들에서 주어진 결과가 확실하지 않거나 개연성이 극도로 높지 않고 단지 우발적이라면, 그러나 그 발생의 수적 확률이 알려져 있다면 문제의 상황과 관련된 행동은 지능적으로 지시될 수 있다. 이미 보았듯이 사업활동은 이 점을 완전하게 예시해준다. 따라서 만골트

....

[194] 속성 X와 Y의 정도 변동이 고려되는 경우라면 그 문제는 확률이론에서 더 발전한 상관관계의 통계적 이론을 적용하는 것을 통해 다뤄야 한다. 특히 K. 피어슨과 F. Y. 에지워스의 저작을 보라. 초보적인 논의는 통계학에 관한 그 어떤 논문에서도 찾아볼 수 있을 것이다. 일반 독자에게는 A. L. 볼리의 《군과 급수의 측정》이 특히 도움이 될 수 있다. 개략적인 개념은 엘더턴의 《통계학 입문》에서 얻을 수 있을 것이다. 현재 장(章)의 토대 전부에 대해서는 피어슨의 《과학의 문법》 IV장과 V장을 참고하면 된다.

가 제시한 사례에서 용기로 사용되는 병이 깨지는 것은 샴페인을 생산하는 사업에 그 어떤 불확실성이나 위험요소를 끌어들이지 않는다. 그 어떤 생산자의 활동에서도 실제로 일정하고 알려진 비율만큼은 병이 깨지므로 그 비율이 높거나 낮거나 간에 그것은 특별히 문제가 되지 않는다. 그 손실은 노동이나 재료, 또는 다른 어떤 것에 대해서든 이루어지는 지출과 마찬가지로 그 산업에서 고정비용이 되고 소비자에게 전가된다. 그리고 개별 생산자는 문제의 우발성이 초래하는 효과의 항상성을 확보하기 위해 충분히 많은 수의 그러한 사고의 경우들을 다루지 않겠지만, 다수의 생산자들을 끌어들인 조직을 통해서는 그러는 것과 동일한 결과를 쉽게 실현시킬 수 있다. 이것은 물론 우리에게 익숙한 화재손실의 가능성으로 예시되듯이 보험의 원리다. 어떤 특정한 건물이 불에 타버릴 것인지 여부는 누구도 말할 수 없으며, 대부분의 건물 소유자들은 그런 손실을 항상적인 것으로 축소하기에 충분한 규모로 활동하지 않는다(비록 일부는 그렇게 한다고 하더라도). 그러나 잘 알려져 있듯이 보험의 효과는 이런 기반을 확장해 다수 사람들의 활동을 감당하며 우발성을 고정비용으로 전환시킨다. 경우들의 집합화가 직접적으로 영향을 받는 사람들의 상호적 조직을 통해 이루어지는지, 아니면 외부의 상업적 기관을 통해 이루어지는지는 이 원리에 아무런 차이도 만들어내지 않는다.

　지능적으로 행동을 지시하는 데 따르는 실제적 어려움은 추리가 결정적인 대신에 조건적인 경우에 크게 증대된다. 술어들 사이에 어떤 한 연합을 수립하는 데 따르는 어려움은 그 연합이 보편적인 경우에 매우 크며, 그것이 워낙 크기 때문에 우리가 이미 보았듯이 실험실이나 '현장'에서 광범한 연구를 정당화하는 매우 특별한 중요성을 가진 긴요한 경우들을 제외하고는 결코 정확성에 어느 만큼이든 접근하는 정도까지 이루어질 수 없다. 연관이 가끔씩 있는 경우에는 믿을 만한 연관을 증명하기가 훨씬 더 어렵고, 그 연관이 일어나는 경우들의 정확한 비율을 확인해야 하는 추가적인 문제가 있다. 엄격한 과학적 절차가 배제되는 일상의 문제와 관련해서는 그러한 어려움과 오류의 가능성이 물론 훨씬 더 큰 정도로 증폭된다. 우리는 연합요소, 함의, 효과가 알려진 요인들만 '추정'해야 하는 것이 아니라 그에 더해 그 (추정된) 요인들(직접적으로 지각될 수 있는 속성이나 행태양식들)과 그런 경우에 우리의 행동에 대한 통제에 연관되는 추리된 요인들 사이의 연합이 어느 정도나 믿을 만한지도 '추정'해야 한다. 삶의 실제 결정 가운데 대부분은 이런 훨씬 더 취약하고 불확실한 성격을 지닌 '추리'(그렇게 불릴 수 있다면)에 근거를 두지 앞에서 서술한 것들에도 근거를 두지 않는다. 우리는 어느 한 상황에서 주어진 요인들을 추정해야 하며, 또한 그것들 가운데 어느 것이든 가정된 정도로 존재**한다면** 그것으로부터 그 어떤 특수한 결과라도 초래될 가능성도 추정해야 한다.

   논리적 정확성을 위해서는, 그리고 상이한 종류의 상황들과 실제로 그것들을 다루는 방식을 이해하기 위해서는 추가적인 구분이 이루어져야 한다. 그것은 경제적 문제에 대한 논의에 광범한 영향을 가져오지만 많이 무시되는 구분이다. X들의 어떤 주어진 수적 비율은 Y들의 그것이기도 하다는 형태의 확률 판단에 도달하는 데는 두 가지 기본적으로 상이한 방법이 있다. 첫째 방법은 선험적 계산을 통하는 것으로, 운에 좌우되는 게임에 적용될 수 있고 실제로 사용된다. 이것은 확률을 논리적, 수학적으로 다루는 경우에 통상적으로 가정되는 경우의 유형이기도 하다. 이런 유형과 뚜렷하게 대조되는 것으로 계산이 불가능하기 때문에 통계학을 실제의 경우들에 적용하는 경험적 방법을 통해서만 결과에 도달할 수 있는 매우 다른 문제의 유형이 있다. 첫째 유형의 확률에 대한 하나의 예시로 우리는 완전한 주사위를 던지는 경우를 들 수 있다. 주사위가 정말로 완전하고 그렇다고 알려져 있다면 그것이 어느 한 면 또는 다른 면에서 멈출 확률을 확인하기 위해 그것을 수십만 번 던지는 수고를 하는 것은 우스꽝스러운 일일 뿐일 것이다. 그리고 그러한 실험이 수행됐다고 하더라도 그 결과는 실제 확률을 조금이라도 조명해주는 것으로 받아들여지지 않을 것이다. 수학자들은 어떤 주어진 횟수의 투척으로부터 결과들의 어떤 제시된 분포든 그것이 나올 확률을 쉽게 계산할 수 있지만, 어떤 유한한 횟수의 투척도 개연성 있는 분포에 대해 **확실성**을 가져다주지 않을 것이다. 다른 한편으로 이미 언급된 경우, 즉 어떤 하나의 건물이 불에 타버릴 가능성을 생각해보라. 어떤 주어진 지역에서 주어진 시간 동안 우발적으로 불에 의해 파괴될 건물들의 비율을 선험적 원리로부터 계산하기를 제안하는 것은 주사위 투척의 통계를 내는 것만큼이나 우스꽝스러운 일일 것이다.

이런 구분이 현재 우리의 목적에 대해 갖는 함의는 수학적 또는 선험적인 첫째 유형의 확률은 실제 사업에서는 결코 만나게 되지 않는 반면에 둘째 유형의 확률은 대단히 흔하다는 것이다. 어떤 사업상 '위험요소'와 관련해 서로 다른 가능한 결과들이 분포할 비율을 미리 계산하는 것이 어느 정도로든 가능하다고 보고 그 사업상 '위험요소'를 생각하기는 어렵다.[195] 이것이 다뤄져야 한다면 경험의 결과들을 헤아리는 것을 통해 다

---

[195] 제비뽑기로 회수할 채권을 결정하는 것이 하나의 예시가 된다. 독일에서는 채권 보유자들이 이런 가능성에 대비한 보험에 드는 경우가 많다.

뤄야 한다. 여기에서 '다뤄져야 한다면'이라는 말은 중요한 유보조건으로서 곧 논의될 것이다. 아주 많은 위험요소들이 통계적 집합화를 통해 상당한 정도의 확실성으로 환원될 수 있음이 분명하다―하지만 동등하게 중요한 하나의 범주는 그렇게 될 수 없는 것도 분명하다. 우리는 그러나 두 가지 다른 사실에도 주목해야 한다. 첫째, 통계적 취급은 근접하게 정확한 양적 결과를 가져다주지 않는다. 운수에 좌우되는 기계적인 게임과 같은 단순한 경우에서조차 이미 관찰했듯이 통계적 취급은 무한한 수의 경우들에 못 미치는 것으로서 결코 최종적인 것이 아닐 것이다. 게다가 선험적 방법이 적용될 수 없다는 사실은 자료 속의 훨씬 더 큰 복잡성과 연결돼있는데, 그 복잡성은 다시 함께 집합화된 경우들 속에서 동등한 정도의 동질성을 확보하는 일의 어려움, 사실상 불가능함을 수반한다. 이 점은 나중에 보다 완전하게 탐구될 것이다. 두 가지 방법과 관련해 둘째로 언급할 사실은 사업에서 만나게 되는 위험요소나 확률은 어떤 적은 정도의 이론적 취급을 허용하여 경험자료의 적용을 보완한다는 것이다. 따라서 건물에 대한 화재위험에서는 경우들이 실제로 동질적이지 않다는 사실이 계산의 사용은 아니더라도 판단의 사용을 통해 부분적으로 상쇄될 수 있다. 어떤 특수한 경우의 '진정한 위험'이 집합 전체의 그것보다 큰가 작은가, 그리고 얼마나 그러한가는 어느 정도는 정확하게 말할 수 있다. 이런 절차는 그러나 조심해서 다뤄야 한다. 표준적인 유형으로부터의 이탈들을 계산한 것과 유형들을 보다 미세하게 분류한 것 사이에 궁극적인 분리가 있는지가 분명하지 않다. 그러나 형식의 차이는 있으며 보험회사들은 두 가지 관행을 부단히 따르는데, 그것은 집합들을 가능한 한 정확하게 정의하는 관행과 한 종류 안에서 적용되는 상관계수를 사실상 언제나 존재하는 특수한 상황에 따라 수정하거나 조정하는 관행이다.

이처럼 우리는 확률 판단에 내포된 추리에는 논리적으로 상이한 두 가지 유형이 있다는 것을 알게 된다. 우리는 간명함을 기하기 위해 이 두 가지 유형을 각각 '선험적'인 것과 '통계적'인 것이라는 이름으로 언급하겠다. 상식의 거친 용어에 채용된 그 두 가지 개념 사이의 관계는 많이 혼란스럽고 그 관념 자체가 흐릿하기 때문에 둘 사이의 대조를 강조하는 것이 중요하다. '진정한 확률'의 정확한 의미는 곧 보다 자세히 검토돼야 하겠지만, 우리는 진정한 확률의 관점에서 두 종류의 경우에 대한 우리의 느낌에 차이가 있음을 알 수 있다. 주사위를 던져서 6을 얻을 확률은 어떤 특정한 횟수의 투척에서든 어떤 일이 실제로 일어나는지와 무관하게 '진정으로'는 여섯 중 하나임이 분명해 보인다. 그러나 어떤 특정한 건물이 어떤 특정한 날에 불타버릴 가능성이 '진정으로' 어떤 구체적으로 부여된 값을 가진다고는 누구도 자신 있게 주장하지 못할 것이다. 첫 번째 진술은 어떤 특정한 경우와 관련해 직관적인 확실성을 갖고 있지만, 두 번째 경우의 진술은 어떤 한 집합과 관련된 경험적 일반화일 뿐이다. 그 차이는 부분적으로는 우리의 사고 속 습관의 문제이고 어느 정도까지는 환각적인 것일 가능성이 있지만, 그럼에도 불구하고 우리의 사고 속에서는 그것이 실제적이고 기능적이다. 그 문제에는 사실 일종의 논리적 역설이 있다. 운에 좌우되는 게임에서의 확률이 의문스럽다면 다수 경우들의 경험적 시도 외에는 다른 시금석이 없고, 어떤 상황에서는 주사위가 '조작'됐을 **가능성이 있다**고 우리는 결론을 내려야 한다. 이것은 그 자체가 하나의 확률 판단일 것이 틀림없고, 주사위의 구성과 제작에 대한 우리의 무지라는 사실에 의존할 것이다. 이런 무지가 있다면 수학자가 주사위가 잘못된 것일 확률을 말할 수 있을 것이며, 그 확률은 투척의 그 어떤 주어진 횟수와 그 결과의 분포에 의해서든 제시될 것이다.

선험적 확률과 통계적 확률의 실제적 차이는 집합된 경우들의 분류가 정확한지에 의존하는 것으로 보인다. 주사위의 경우에 이루어지는 연속적인 투척들은 화재위험에 노출된 상이한 건물들에 대해서는 단정할 수 없는 정도로, 그리고 그러한 의미에서 '서로 같다'고 간주된다. 물론 보험계리사의 입장에서는 가능한 최대의 동질성을 확보하기 위해 집합을 하위집합들로 나누는 등 자신의 분류를 더욱 정확하게 하려는 노력을 부단히 기울인다. 그러나 우리는 이런 과정이 특정한 경우에 진정한 확률이라는 관념을 적용할 수 있게 할 정도까지 진행된다고는 생각하기가 어렵다.

동질적인 집합이라는 관념에 추가적인 난점이 있는데, 이는 역설이라고 할 만한 것이다. 이 점은 통계학에 관한 논문들에서 많이 언급되고 있어서 학생들이 비동질적인 집합 속의 분포로부터 결론을 끌어내서는 안 된다는 경고를 받고 있다. 아마도 가장 익숙한 예는 인구집단의 연령과 성별 분포일 것이다. 하나의 예(시크리스트에 의해 사용된)는 필리핀에서의 미국 병사 사망률인데, 이것은 미국에서의 일반 인구 사망률보다 낮았다. 여기에서 건강에 대한 환경의 적합성을 추리하는 것이 오류인 이유는 물론 '일반 인구'가 동질적인 집합이 아니라 '자연적으로' 서로 간 사망률 차이가 큰 다양한 연령, 성별, 인종, 직업의 부류들로 구성된 집단이라는 데 있다. 우리를 곧바로 확률에 관한 논리적 문제의 핵심으로 끌고 들어가는 역설이 있다. 그것은 우리가 만약 **절대적으로** 동질적인 집합을 가지고 있다면 그 결과에서 균일성을 갖게 되지 확률을 갖게 되지는 않는다는 것인데, 이를 다르게 말하면 우리는 자연의 궁극적인 균일성, 즉 사물 속 동일성의 지속이라는 독단론을 기각해야 한다는 것이다. 자연법칙이라는 관념이 타당하다면 정확하게 똑같이 생기고 환경도 동일한 사람들은 모두 동시에 죽게 될 것 같고, 어떤 특정한 기간에든 그 기간에 모두가 죽거나 아무도 죽지 않거나 둘 중 하나일 것이며, 그래서 확률이라는 관념이 무의미하게 된다. 주사위의 경우에도 마찬가지다. 만약 우리가 지식을 가능하게 하는 가설들을 믿는다면 똑같이 만들어지고 똑같이 투척된 주사위들은 모두 똑같이 떨어질 것이고, 그것으로 끝이다.

그러나 비유적으로 말해 이런 현상들 가운데 어느 것이든 개별적인 경우에 쉽게 예측될 가능성은 사실상 전혀 없다. 확률 추리의 바탕에 깔린 근본적인 사실은 우리의 무지라고 일반적으로 가정된다. 개별 경우의 모든 결정적인 조건을 절대적으로 정확하게 측정하는 것이 가능**하다면** 우리는 개별 경우의 결과를 예측할 수 있겠지만, 많은 경우에 우리는 이렇게 할 수 없는 것이 두드러지게 분명하다. 전형적인 보험의 상황, 즉 사망의 가능성과 화재손실의 경우에는 그렇게 제안되지 않을 것이 분명하고, 도박을 하는 도구의 경우에도 아마도 그럴 것이다. 우리가 특정한 경우에 자료에 대한 필연적인 무지와 오로지 사실로서의 무지를 구분해야 하느냐는 문제가 생겨난다. 단지 속에 들어 있는 공들의 경우를 들어보자. 어느 한 사람이 거기에 빨간색 공들과 검은색 공들이 있다는 것은 알지만 그 각각의 수는 모른다. 다른 한 사람은 그 수가 빨간색 공은 3개이고 검은색 공은 1개임을 안다. '첫 번째 사람'에 대해서는 빨간색 공을 꺼낼 확률이 50 대 50이라고 주장할 수 있지만, 두 번째 사람에 대해서는 그것이 75 대 25다. 또는 확률이 '진정으로는' 후자의 율이지만 첫 번째 사람은 단지 그것을 알지 못하고 있는 것이라는 주장도 가능하다. 실제로 돈을 건다든가 하는 행동에 관한 결정과 관련이 있다면 첫 번째 사람은 가능성이 반반이라는 가정에 입각해 행동할 수밖에 없음을 인정해야 한다. 그리고 만약 진정한 확률 추리가 전개되어 그 결론에 이른다고 할 때 지식이 완전하다면 '진정으로는' 확률이 전혀 존재하지 않고 확실성이 존재할 것이다. 진정한 확률의 이론은 만약 그것이 타당하려면 무지라는 사실에만이 아니라 요인들에 내재된 불가지성에도 근거해야 할 것으로 보인다. 그리고 그럴 때에도 우리는 항상 경험적인 사실들을 들여다봐야 하는데, 왜 그러냐면 어느 한 경우의 미지의 원인들이 상이한 경우들 사이에 무차별의 법칙에 따라 스스로 분포될 것이라고 곧바로 가정하는 것은 소용이 없을 것이기 때문이다. 우리는 논리적인 궁지로 되돌려진 것으로 보인다. 지식에 대한 가설들은 일반적으로 어떤 집이 불에 타버릴 것인지, 어떤 사람이 죽을 것인지, 그리고 투척된 주사위의 어떤 면이 위로 올라올 것인지는 진정으로 사물의 본성에 따라 결정된다는 결론을 수반한다. 그러나 우리가 실제로 사용하는 논리는 그 결과가 진정으로 불확정적이며 미지의 원인들이 실제로 무차별의 법칙을 따른다고 가정한다. 우리가 호소하도록 강요되는 분포의 현상적 항상성은 이런 추리를 전반적으로 정당화하지만, 우리의 사고 속에서 그 실제 근거가 되지는 않는다. 무차별이 없다고, 즉 결과가 '편향'을 보인다고 알게 되는 곳에서는 우리가 언제나 어떤 확인할 수 있는 원인이 작용한다고 가정하며, 전반적인 경험의 결과는 이런 가정도 정당화한다.

우리의 확률 추리와 관련해 다소 흥미로운 점이 또 하나 있다. 확률의 수학적 이론을 살펴보면 그 논의는 언제나 완전한 결정과 완전한 무차별 사이의 중간지대는 없다는 가정 위에서 전개됨이 드러난다. 다시 말해 어떤 형태의 문제에서든 **기본적인** 확률들은 언제나 같아야 한다. 만약 어떤 특정한 결과의 가능성이 절반보다 크거나 작다면 그 결과를 낳는(또는 낳지 않는) 가능한 대안들이 다른 종류의 가능한 대안들보다 훨씬 많이 존재하는 것이 자명하다고 간주된다. 그리고 대안들 자체는 서로 **동등하게 가능해야** 한다. 확률의 수학적 이론 전체는 대안들의 수를 알아내기 위해 순열과 조합의 원리를 단순히 적용하는 것임이 분명하다. 대안들 사이의 절대적 무차별은 당연한 것으로 취급된다. 결과가 대안들 사이의 완전한 무차별을 보이지 않는 경우에는 언제나 그것이 단순하지 않다고 가정되고, 그것을 서로 동등하게 가능한 것들의 조합으로 환원하기 위해 추가적인 분석이 적용된다. 그리고 경험은 이렇게 가정하는 것도 승인한다.

그렇다면 우리는 우주 그 자체에 진정한 불확정성이 존재함을 가정해야 하는가? 그렇다는 것이 쿠르노의 견해였으며, 확률에 관한 저작자들 사이에 공통된 순전한 무지(無知)의 이론은 부적합하고 지탱될 수 없는 것으로 보인다. 그것이 들어맞는 경우들은 확실히 존재하고, 이미 언급된 경우도 그중 하나다. 그 경우에 단지 속에 빨간색과 검은색이라는 두 가지 색깔의 공들이 있다는 것만 알고 그 각각의 수는 모르는 사람에게는 빨간색 공을 꺼낼 확률과 검은색 공을 꺼낼 확률이 똑같다.[196] 그러나 그 각각의 수를 아는 사람의 경우는 이와 다른 것으로 보인다. 독단적 결정론자라면 결과를 결정하는 원인들이 존재하면서 작용한다고 언제나 주장할

---

[196] 어빙 피셔 교수는 특히 확률이 무지에만 기인한다는 해석을 고수한다. 《자본과 소득의 본성》 XVI장 1절을 보라.

수 있겠지만, 상식은 이에 만족하지 않는다. 이런 미지의 원인들이 진정으로 무차별하지 않은 한 경험이 확률의 계산을 정당화하는 일이 어떻게 '일어나는가'? 우리는 결과에서 '편향', 즉 확률이론에 근거한 예상과의 괴리를 발견할 때에는 언제나 무차별하지 않은 어떤 원인의 존재를 가정하며, 이런 절차는 그 결과에 의해 정당화된다. 우리가 측정할 수 있거나 일관되게 작용할 것 같은 상황을 모두 제거했다고 확신할 수 있을 때에는 다수의 시도를 하면 측정되거나 제거되지 않은 요소들이 실제로 무차별하다는 가정에 부합하게 결과들이 나올 것이라고 가정하는 데 자신감을 느낀다. 그리고 단지 우리가 이런 식으로 느끼는 데 그치는 것이 아니라 '그대로 된다'.

운에 좌우되는 게임에 확률이 흔히 적용되는 방식을 보면 임의로 뒤섞은 카드 한 벌에서 한 장의 카드를 꺼내는 것, 임의로 다수의 공을 넣어둔 단지에서 한 개의 공을 꺼내는 것, 바퀴나 동전, 주사위에 충격을 가하는 것과 같이 인간 유기체 그 자체의 어떤 행동에 관련된다는 점을 관찰하는 것은 흥미롭다. 그런 사실은 저 다른 오래된 논란거리, 즉 의지의 자유와 연관성이 있음을 시사한다.[197] 진정한 불확정성이 존재한다면, 그리고 그것의 궁극적인 자리가 인간(또는 어쩌면 유기체)의 육신 활동에 있다면 어떤 의미에서는 행동에서의 자유라는 관념으로 들어가는 문을 여는 것이 가능하다. 그리고 행태에서 의식이 하는 역할이라는 수수께끼를 고려하고 부수현상이론에 대해 상식이 느끼는 거부감도 고려한다면 우리가 더 나아가 '정신'이 적어도 어떤 불가해한 방식으로 행동을 만들어낼 가능성을 주

---

197 E. 보렐의 《우연》 196-197쪽 참조.

장하는 것이 정당화된다고 느껴진다. 그러한 인정이 실천적인 윤리에 대해 정확히 어느 만큼의, 또는 어떤 종류의 중요성을 가질 수 있는가는 또다른 문제인데, 여기에서는 이 문제를 다루지 않고 넘어가야겠다. 물론 우리는 몬테카를로의 룰렛 휠들이 보여주는 모든 회전 결과의 정확한 분포가 원시성운 안의 어딘가에 숨겨져 있지 **않음**을 증명할 수가 없고, 최종적으로 호소할 곳은 '내재적 합리성', 즉 사실들에 부합하는 가장 단순한 정식화에 대한 뿌리 깊고 필연적인 지능의 선호임에 틀림없다. 그리고 이에 대해서는 사실 의견의 차이가 있을 수 있는데, 이런 의견의 차이가 이의제기의 원천이 되지는 않는 것으로 보인다.[198]

다른 유형의 '상식'이 있을 수 있다(그것은 매우 특이한 것이기 때문에 그렇게 불린다고 어떤 익살꾼은 단언했다). 필자가 보기에 무지의 이론 또는 '불충분한 이유'의 이론은 단순한 지능의 감각에는 옳지 않다. 우리는 동전을 던지면 왜 앞면 또는 뒷면이 나오는지 그 이유를 우리가 알지 못한다고 느끼기만 하는 것이 아니다. 우리는 적극적인 의미에서 **이유가 없다**는 것을 알고, 오로지 이런 조건 위에서 우리는 그 어떤 자신감을 갖고서

---

[198] 칼 피어슨의 《죽음의 확률과 기타 진화에 관한 연구》에 들어있는 논문 '몬테카를로 룰렛의 과학적 측면'을 보라. 복잡한 가설보다 단순한 가설에 끊임없이 호소해야 할 필요성은 푸앵카레의 저서 《과학의 기초》에 실린 논문 〈과학과 가설〉의 '확률'에 관한 XI장에서 탁월하게 다루어졌다. 같은 책에 실린 논문 〈과학과 방법〉의 IV장에 들어있는 작은 원인과 큰 결과의 관계에 대한 푸앵카레의 매혹적인 논의도 보라. 푸앵카레는 작은 변화에 대해 그 어떤 연속적인 분석적 함수도 변수와 같은 비율로 변화한다는 수학적 원리를 동등한 확률 이론의 토대로 삼는다. '내재적 합리성' 이론은 터무니없지는 않더라도 마찬가지로 불만족스러운데(왜냐하면 어떻게 어느 하나의 사물이 '내재적으로' 다른 사물보다 더 개연성이 있다고 할 수 있겠는가?), 이런 이론은 밸푸어의 《유신론과 인본주의》 VII강 '계산할 수 있는 확률과 직관적인 확률'에서 다른 관점에서 전개됐다.

라도 확률 판단을 하는 것이다. 그리고 더 나아가 이미 주장했듯이 이유가 없다는 조건 위에서만 경험의 결과들이 판단을 확인해줄 것이고, 실제로 그러는 것이다. 수학적 의미에서 본 확률의 과학 전체는 궁극적인 대안들이 정말로 서로 **동등한 개연성**을 갖고 있다는 독단적인 가정에 근거하고 있으며, 이것은 필자가 보기에 진정한 불확정성을 의미하는 것으로 보인다.[199]

확률을 '언제나 하나의 추정'이라고 보는 어빙 피셔의 견해는 그러나 두 가지 해석 위에서 조건부로 타당하다. 첫째로, '추정'이라는 용어가 충분히 폭넓게 해석된다면 그것은 이론적으로 보존될 수 있다. 동전이나 주사위를 던지면 다른 면이 아니고 특정한 한 면이 나오게 하는 그 어떤 원인도 부재하다는 우리의 선험적 판단과 이와 동등한 확률에 대한 '추정' 사이에 아무런 차이가 없다면 두 견해 사이에 아무런 대립도 없다. 이것은 그러나 상식(현재 필자의 유형)에는 거슬린다. 우리는 운에 좌우되는 게임의 상황에 관한 '필연적 확실성'을 경험하는 것으로 보이는데, 그것은 수학의 공리들에 대한 우리의 확신과 같은 수준이지만 '추정'과는 아주 다르다. 예를 들어 우리가 내기에 나서기 전에 다수의 검은색 공과 빨간색 공을 담고 있는 단지의 속을 들여다볼 수 있도록 허용되지만 그 공들을 세는 것은 허용되지 않는다고 가정하자. 이는 정확한 의미의 확률에 대한 하

---

[199] 이 쟁점에 대해 참고문헌 안내와 함께 간략하게 서술된 탁월한 논의로 독자들에게 안 피셔, 《수학적 확률이론》 I장 '일반적 원리와 철학적 측면'을 추천한다. 필자의 입장은 피셔가 취한 입장과 같으며, 그는 수학자들 사이에서 흔히 볼 수 있는 오래된 견해인 '불충분한 이유'의 원리에 '납득할 만한 이유'의 원리를 대치시켰다. 라플라스의 《철학적 확률이론에 관한 논문》도 비교해보라.

나의 추정을 낳는다. 그것은 두 가지 색깔의 공들이 존재한다는 것만 알고 그 수에 대한 지식이나 의견, 또는 공들을 정확히 세는 것에 의해 얻어지는 진정한 확률에 대한 정확한 지식은 가지고 있지 않다고 할 때 우리의 행동에 근거가 되는 단순한 의식이나 무지와는 매우 다른 어떤 것이다. 둘째로, 우리는 실제 경우들 가운데 매우 큰 비율의 경우들에서 행동의 실제 근거가 추정임을 받아들여야 한다. 그런데 이런 두 가지 해석 가운데 어느 것도 확률을 추정과 동일시하는 것을 정당화하지는 않는다.

하지만 사업위험을 연구하는 사람이 관심을 갖는 확률은 하나의 추정**이다**. 다만 그것은 어떤 의미에서는 지금까지 검토한 가설들 가운데 어느 것과도 다르다. 이런 새로운 관점에서 문제를 논의하기 위해서는 우리가 잠깐 행동의 논리에 관한 일반적인 원리들로 돌아가야 한다. 우리는 위에서 행동에 대한 결정에 근거가 되는 견해를 형성하는 데서 추리의 정밀과학이 서 있을 자리가 거의 없다는 것과 그 경우의 내재적 논리가 철저한 분석 또는 선험적이거나 통계적인 확률 판단에 토대를 둔 예측이라는 것을 강조했다. 우리는 대체로 추리보다는 추정에, 논리적 추론이 아니라 '판단'이나 '직관'에 근거하여 행동한다. 그런데 추정이나 직관적 판단은 확률 판단과 다소 비슷하지만 이미 묘사한 확률 판단의 어느 유형과도 매우 다르다. 두 종류 사이의 관계는 사실 놀라울 정도로 복잡하고, 확률 판단 그 자체와 마찬가지로 논리적 역설로 가득 차 있다. '확률'이라는 용어가 추정에 적용될 수 있으려면-그리고 그러한 용어사용법은 워낙 뿌리 깊게 자리 잡아서 그것으로부터 벗어날 가망성이 전혀 없다- 그 속(屬) 아래 제3의 종(種)이 인정돼야 한다. 그러한 제3의 확률 유형은 이미 논의된 두 개의 유형과 더불어 분류의 도식에 아주 잘 들어맞는다. 우리는 한편에 '선험적' 확률이 있고 다른 한편에 '통계적' 확률이 있는데 둘 사이에 근본적인 차이가 있다고 주장했다. 전자의 경우에는 '가능성'이 일반적 원리들에 근거해 계산될 수 있는 반면에 후자의 경우에는 그것이 경험적으로만 결정될 수 있다. 이런 구별은 경험적인 대수의 법칙이라는 토대 위에서 전자를 후자로 환원시키고 사실상 진정한 불확정성을 받아들이는 벤과 에지워스 같은 저작자들의 견해[200]와 반대되는 것이다. 우리는 이미 이와 관련된 분류의 정확성이라는 문제를 제기하면서 운에 좌우되는 게임에서의 '경우들'. '투척들', '시도들'은 삶이나 화재의 위험요소에 관해 예측될 수 있는 것보다 더 높은 의미에서 동질적인 집합을 형성함을 제시했다. 이런 견해와 우리의 전체 이론은 보다 세밀한 분류를 통해 완전한 동질성을 확보하려는 시도에 의해 확인되는 경향이 있다. 이런 노력의 최종 결과는 진정으로 불확정적인 요인들은 경우에 따라 다르게 되는 집합들일 것이다.

그렇다면 분류의 관점을 취하여 우리는 확률 상황의 세 가지 상이한 유형을 분리하는 다음과 같은 단순화된 도식을 확인하게 된다.

1. 선험적 확률. 진정으로 불확정적인 요인들을 제외하고는 완전히 동일한 경우들의 절대적으로 동질적인 분류. 이러한 확률의 판단은 수학의 명제들과 같은 논리적 수준에 위치한다(이것은 또한 '궁극적으로는' 경험으로부터의 귀납으로 간주될 수 있고, 필자는 그렇게 간주한다).

---

200 '우연의 철학', 《마음》, 9권, 1884.

2. 통계적 확률. 동등한 개연성을 가진 대안들의 다양한 조합으로 분석될 수 없는 속성들 사이의 연합 빈도에 대한 경험적 평가. 과거에 발견된 비율들이 미래에도 성립할 것이라는 그 어떤 높은 정도의 확신도 여전히 불확정성에 대한 어떤 선험적 판단에 근거함이 강조돼야 한다. 두 가지 복잡화 요인이 분리된 상태로 유지돼야 한다. 첫째는 진정으로 불확정적이지 않은 요인들을 모두 제거하는 것의 불가능성이고, 둘째는 동등하게 개연성이 있는 관련된 대안들을 열거하는 것과 선험적 계산에 의해 확률을 평가하기 위한 그것들의 조합 양식을 판별하는 것의 불가능성이다. 이런 유형의 주된 차별적 특징은 그것이 경우들의 경험적 분류에 토대를 둔다는 것이다.
3. 추정. 여기서 차별점은 경우들을 분류하는 데 **그 어떤 종류의 타당한 근거도 없다**는 것이다. 확률의 이런 형태는 가장 중대한 논리적 난점들과 관련되어 있고 그것에 대한 매우 만족스러운 논의는 이루어질 수 없지만, 다른 두 유형에 대한 그것의 차별점은 강조돼야 하고 그것의 복잡한 관계들 가운데 일부는 지적돼야 한다.

우리는 추정이나 판단이 '그릇될 가능성이 있다'는 것을 안다. 때로는 이 '그릇될 가능성'의 크기를 대략적으로 측정하는 것이 가능하지만, 보다 일반적으로는 그렇지 않다. 일반적으로는 추정의 값에 대한 그 어떤 측정도 단지 경험적인 것임이 틀림없어서, 경우들의 목록을 작성하고 그리하여 그것을 두 번째 확률, 즉 통계적 유형으로 환원시키는 것에 의해 확보된다. 사실 우리가 주목했듯이 경우들의 전적으로 동질적인 분류는 통계적 확률을 다루는 데서 실제로는 결코 가능하지 않기 때문에 모든 분류가 배제되는 이 세 번째 유형이 통계적 확률과 괴리되는 것은 단지 정도의 문제일 뿐이다. 한쪽 극단에 있는 삶이나 화재의 위험요소들의 완전히 동질적인 집합으로부터 다른 한쪽 극단에 있는 절대적으로 독특한 판단 내리기에 이르기까지 모든 점진적 차이가 존재한다. 여기서 모든 점진적 차이란 이상적인 양쪽 극단 자체는 제외한 표현임을 우리는 말해야겠다. 왜냐하면 앞의 경우에 실제로는 완전히 동질적인 종류들을 결코 확보할 수 없고, 뒤의 경우에는 어떤 한 판단에서 오류를 저지를 확률을 측정하기 위한 비교의 토대가 **없게** 되는 일이 아마도 결코 없을 것이기 때문이다.

하지만 '어떤 하나의 추정과 연관된 확률'과 '보험에 의해 다뤄지는 현상과 관련된 확률' 사이의 이론적 차이는 매우 중요하며, 판단 내리기의 거의 어떤 경우에도 분명하게 감지된다. 예시로 어떤 것이든 전형적인 사업 결정을 들어보자. 한 제조업자가 자기 공장의 생산능력을 늘리는 데 거액의 투자를 하는 것이 좋을지를 검토하고 있다. 그는 다소간 측정이 가능한 다양한 요인들을 가능한 한 잘 고려하면서 어느 정도 그 제안을 '계산'해보지만 최종 결과는 그 어떤 제안된 행동경로에 대해서든 그 개연성 있는 결과에 대한 '추정'이다. 그 판단에서 오류(엄격하게 말하면 어떤 지정된 정도의 오류)의 '확률'은 어떠할까? 그러한 확률을 선험적으로 계산하는 것이나 다수의 경우들을 연구하는 것을 통해 경험적으로 그것을 측정하는 것을 이야기하는 것은 분명히 무의미하다. 기초적이고 두드러지는 사실은 문제의 '경우'는 전적으로 독특해서 우리가 관심을 가진 경우의 그 어떤 진정한 확률에 관한 값에 대한 그 어떤 추리에든 근거가 될 만큼 충분한 목록을 만드는 것이 가능한 다른 경우들 또는 그럴 정도로 충분한 수의 경우들은 존재하지 않는다는 것이다. 똑같은 이야기가 대부분의 행동에 적용되며, 사업상 결정에만 적용되는 것이 아님은 분명하다.

그러나 그러한 경우에 확률에 대한 어떤 판단이 실제로 이루어지는 것은 사실이며, 이런 사실은 아무리 강조해도 지나치지 않다. 사업가 스스로가 자신의 행동이 가져올 결과에 대해 자신이 형성할 수 있는 최선의 추정을 형성할 뿐만 아니라 자신의 추정이 정확할 확률도 추정할 가능성이 높다. 확실성의 '정도', 다시 말해 결론에 도달한 뒤에 그 결론에 대해 느끼게 되는 신뢰의 '정도'는 매우 큰 실제적 중요성을 가지므로 무시할 수 없다. 어떤 견해에 따르는 행동은 그 견해 자체의 유리함에 못지않게 그 견해에 대한 신뢰의 양에도 의존한다. 이런 마음속 저울질의 궁극적인 논리 또는 심리는 모호하며, 과학적으로 측량하기가 불가능한 삶과 정신의 수수께끼 가운데 한 부분이다. 우리는 단지 사물들에 대해 다소간 정확한 판단을 형성하는 지능적 동물의 '능력', 즉 가치에 대한 직관적인 감각에 의지해야 한다. 우리는 그렇게 생겨먹은 존재여서 우리에게 합리적으로 보이는 것은 경험을 통해 확인될 가능성이 높고, 그렇지 않다면 우리는 이 세계에서 전혀 살아갈 수 없을 것이다.

상황 속에서의 실제 심리에 충실한 태도는 이 두 가지 별개의 판단 내리기, 즉 추정의 형성과 그 가치에 대한 추정을 인정할 것을 요구한다고 우리는 주장해야 한다. 그러므로 우리는 단지 하나의 추정, 즉 확률 자체에 대한 주관적인 느낌만 존재한다는 어빙 피셔의 주장[201]에 반대할 수밖에 없다. 사람은 어떤 사건의 가능성에 대한 자신의 추정이 정확한 추정일 가능성에 대한 추정에 근거해 행동을 할 수 있다. 결정이 내려진 뒤에는

....
[201] 《자본과 소득의 본성》 266쪽을 보라.

분명히 그 사람이 어떤 특정한 결과가 실현될 것이라는 특정한 정도의 신뢰 속에 모든 것을 뭉뚱그려 넣을 가능성이 높고, 실제로는 더 나아가 그 결과 자체가 하나의 확실성이라고 가정할 수도 있다.

두 종류의 난점이 우리의 두 번째와 세 번째 확률 유형, 즉 경우들의 경험적 분류에 근거한 확률 유형과 분류에는 전혀 의존하지 않고 단지 추정에 대한 추정일 뿐인 확률 유형 사이의 관계를 모호하게 만드는 경향이 있다. 먼저 경험의 세계에서는 어떤 두 개의 사물이 절대적으로 똑같다는 것 이상으로 절대적으로 독특한 것은 없다. 따라서 기준을 낮추어 유사성에 대한 충분히 느슨한 해석이 수용된다면 종류들을 형성하는 것이 언제나 가능하다. 그렇다면 위에서 언급한 경우에 성공적인 공장 확장의 비율과 성공적이지 않은 공장 확장의 비율에 대해 묻는 것이 **완전히** 무의미할 수도 있고 그렇지 않을 수도 있다. 이 특수한 경우에는 누구든 행동의 근거를 이런 방식으로 성공에 도달할 가능성에 대한 판단에 둘 것이라고 상상하기가 어렵지만, 다른 상황들에서는 그 방법이 어느 정도 타당성을 갖는다고 생각할 수 있다. 행동에 대해서는 단지 무지에 근거한 확률 판단이 내려질 판단 가운데 최선의 것이라면 그것이 결정적일 수 있음을 우리는 명심해야 한다. 그러나 우리가 상정한 사업 경영자의 입장에 있는 사람이 **스스로 보기에** 성공의 확률인 것을 '유사한' 경우들의 통계에 의해 제시된 것으로 간주하거나 순전한 무지라는 사실에 근거한 각각 동등한 가능성들에 의해 제시된 것으로 간주할지는 의문이다. 확실해 보이는 것은 어느 종류의 계산보다도 그 자신의 판단의 가치에 대한 그 자신의 추정에 훨씬 더 큰 무게가 실릴 것이라는 점이다.

훨씬 더 흥미로운 복잡화 요인이자 훨씬 더 실제적인 중요성을 갖는 것은 완전히 상이한 근거 위에서 유사한 경우들의 종류를 형성할 가능성이다. 다시 말해 우리는 객관적으로 다소간 유사한 상황들에서 다른 사람들의 결정을 취하는 대신에 모든 종류의 상황에서 동일한 한 사람의 결정들을 취할 수 있다. 이런 절차는 매우 광범위한 정도로 사실상 추종되고, 그러한 확률 판단이 명확한 통계적 결정의 형태로 이루어지지 않는다 해도 놀라울 정도로 많은 수의 결정이 실제로 그러한 확률 판단에 토대를 둔다는 것은 논박할 여지가 없다. 다시 말해 사람들은 경험을 토대로 해서 올바른 판단을 형성할 자신의 능력에 대해 어느 정도 타당한 견해를 형성하는 것이 사실이며, 이와 관련해서는 다른 사람들의 능력에 대해서도 그렇다. 물론 분류의 두 가지 근거가 다 어느 정도는 고려된다. 다시 말해 어떤 상황의 결과가 A가 예측한 것일 확률에 대한 추정(A의 추정이든 다른 어떤 사람의 추정이든)은 판단을 형성할 A의 능력에 대한 완전히 일반적인 추정에 근거하지 않고, 어느 정도 한정된 예측 분야에서의 그의 능력에 대한 추정에 근거한다. 독자에게는 정확한 판단을 형성할 이런 능력(다소간 확장되거나 제한된 분야에서의)이 어떤 한 사람을 사업에 쓸모 있게 만드는 주된 사실이라는 생각이 곧바로 들 것이다. 그것은 인간 특유의 활동이며, 임금을 수령하는 이유로서는 가장 중요한 자질이다. 사업을 벌이는 기업의 안정성과 성공은 일반적으로 사람들을 그들의 자리에 배치하고, 그 자리를 메워주는 대가로 그들이 받아야 할 보수를 정하기 위해 이런 측면에서의 사람들의 능력을 추정할 가능성에 크게 의존한다. 한 사람의 가치에 대한 판단이나 추정은 사실 복잡한 성질을 가진 확률 판단이다. 그의 예측에 따른 결과에 대한 경험과 관찰에 다소 근거를 둔다고 해도 결국은 그것이 의심할 나위 없이 주로 하나의 직관적 판단인데, 이것은 '무의식적 귀납'이라는 표현이 낫다고 생각한다면 그렇게 불러도 된다.

  어떤 확률 판단에 도달하기 위한 경우들의 분류에 대한 또 다른 근거의 인식으로 이어질 추가적인 구분선이 그어질 수 있을 것 같다. 이 말은 예측을 하는 사람의 주관적인 확신의 느낌을 이야기하고자 하는 것이다. 나는 어떤 상황이 결국은 어떻게 될 것이라는 직관적인 느낌 또는 '감'을 가질 수 있고, 이런 느낌이 그 자체의 힘과 지속성에 의해 어느 정도 숙고된 확신을 촉발할 수 있다. 직관의 힘에 토대를 둔 예측에 대한 확신은 증폭되어 난센스의 지점에까지 이르는 것으로 보일 수 있지만, 무의식적으로 또는 숙고되지 않은 채 도달된 그러한 느낌이 존재하는 한, 그리고 그러한 느낌이 깊은 성찰의 대상이 될 수 있는 한 그 상황은 그렇다고 해서 덜 실제적이지 않다. 그러나 우리는 사람들이, 심지어 교육받은 사람들까지도 실제로 결정을 내릴 때 토대로 삼는 모든 근거를 다 다루기 위해 우리의 연구를 확장할 수는 없다. 그렇게 한다면 그것은 미신들의 목록으로 전락할 것이다. 그러니 이 장의 논증이 우리에게 가져다주는, 지금 우리의 목적을 위해 중요한 결론들을 요약해보도록 하자.

  순수한 이론의 법칙에 따른 경쟁의 완전한 작동에 간섭하는 요인으로서 불확실성이 지닌 중요성은 지식과 행동의 근거를 살펴보는 일을 필요하게 만들었다. 이런 검토의 가장 중요한 결과는 과학자와 과학논리학자가 용어로 사용하는 의미의 지식과 실험실의 실험 바깥에서 행동의 근거가 되는 신념이나 견해 사이의 단적인 대조다. 우리가 일상사에서 행동의 근거로 삼는 견해와 책임 있는 사업 경영자들 대부분의 결정을 지배하는 견해는 철저한 분석과 정확한 측정을 통해 도달한 결론과 유사성이 거의 없다. 두 경우의 정신적 과정은 완전히 상이하다. 일상의 삶에서는 그것이 대부분 잠재의식적이다. 우리는 잊어버린 이름을 우리가 어떤 기제로 기억해내는지를 알지 못하는 만큼이나 특정한 일이 일어날 것으로 우리가 왜 예상하는지를 잘 알지 못한다. '직관'의 잠재의식적 과정과 논리적 숙고의 구조 사이에 어느 정도의 유사성이 있는 것은 의심할 나위가 없다. 왜냐하면 그 둘의 기능은 미래를 예상하는 것이고 예측의 가능성은 자연의 균일성에 근거하는 것으로 보이기 때문이다. 그러므로 어느 경우에나 모종의 분석과 종합이 어느 정도 있는 것이 틀림없다. 그러나 판단하는 기능의 두드러진 특징은 오류를 저지르기 쉽다는 것이다.

일상적 행동의 진정한 논리나 심리는 다소 무시돼온 탐구분야이며, 논리학자들은 논증적 추리의 구조에 더 주목해왔다. 이는 어떤 측면에서는 불가피한 것이다. 왜냐하면 직관이나 판단의 과정은 무의식적이기 때문에 연구하기가 어렵기 때문이다. 직관적 추정이라는 문제에 대한 주목은 확률의 논리와의 혼동과 연결되면서 그런 혼동에 의해 크게 훼손됐다. 확률 판단에 대한 간단한 검토는 그것이 두 가지 유형으로 나뉨을 보여주는데, 우리는 그것을 선험적인 것과 통계적인 것이라고 불렀다. 후자 유형의 상황에서는 우리가 전자 유형의 상황에서와 같이 외부적 자료로부터 진정한 확률을 계산할 수가 없고, 대신 경우들의 대규모 집합에 대한 귀납적인 연구로부터 그것을 도출해야 한다. 이런 제약은 심각한 논리적 취약성을 수반하는데, 그 이유는 통계란 기껏해야 진정한 확률이 무엇인가에 관한 하나의 개연성 있는 숫자만을 제시해준다는 데 있다. 실제로는 우리가 선험적 확률에서의 시도들이 동질적이라는 의미에서 우리가 다루는 경우들의 집합에서 완전한 동질성을 얻는 것이 불가능함에 의해 더 많은 제약을 받는다. 다시 말해 괴리들이 사실상 결정되어 있지 않을 뿐만 아니라 쉽게 가늠할 수도 없다는 것이다.

　견해나 추정이 틀리기 쉽다는 것은 어느 유형이든 그 확률이나 가능성과는 확실하게 구분돼야 한다. 왜냐하면 진정한 확률에 대한 양적인 판정을 가능하게 하기에 충분한 정도로 동질성을 가진 경우들의 집합을 **어떻게든** 형성할 수 있을 가능성이 없기 때문이다. 예를 들어 사업상 결정은 일반적으로 말해 어떤 종류의 통계적 목록이든 지침이 될 만한 가치를 조금이라도 갖게 되기에는 너무나 독특한 상황을 다룬다. 객관적으로 측정할 수 있는 확률이나 가능성이라는 개념은 간단히 말해 적용하기가 불가능하다. 혼동은 우리의 견해나 추정의 가치나 타당성이나 신뢰도를 우리가 실제로 추정한다는 사실로부터 발생하며, 그러한 추정은 확률 판단과 같은 **형태**를 갖는다. 그것은 어떤 진분수로 표현된 하나의 비율이다. 그러나 사실 어떤 판단이 정확할 확률을 객관적인 의미에서 이야기하는 것은 무의미하며, 치명적인 오해를 불러일으키는 것으로 보인다. 뿌리 깊게 자리 잡은 언어용법으로부터는 그것이 옳지 못하다 해도 벗어나기를 기대하기가 어려우므로 우리는 추정의 가치를 제3의 확률 판단 유형이라고 부르고, 다른 유형들과 그것의 유사성보다는 그것들과의 차이를 주장한다.

　이 세 번째 유형의 확률 또는 불확실성이 바로 그동안 경제이론에서 무시돼온 것인데, 우리는 그것을 그 정당한 자리에 놓기를 제안한다. 우리가 거듭 지적해왔듯이 어떤 방법으로든 하나의 객관적이고 양적으로 결정적인 확률로 환원될 수 있는 불확실성은 경우들의 집합화를 통해 완전한 확실성으로 환원시킬 수 있다. 사업세계는 이런 통합을 달성하기 위한 몇 가지 조직수단들을 발선시켜왔고, 그 결과로 사업조직의 기법이 상당히 발전된 경우라면 측정할 수 있는 불확실성은 사업에 그 어떤 불확실성도 끌어들이지 않는다. 우리의 연구에서 나중에 우리는 확률의 의미로 본 불확실성의 유일한 경제적 효과인 이런 조직수단들 가운데 일부를 간략하게라도 보게 될 것이다. 그러나 지금의 보다 중요한 과제는 측정될 수 없고 따라서 제거될 수 없는 보다 높은 형태의 불확실성에 따른 결과들을 추적하는 것이다. 바로 이 **진정한 불확실성**이 경쟁의 경향들이 이론상 완전히 표출되는 것을 방해함으로써 경제조직 전체에 '기업'이라는 특색 있는 형태를 가져다주고 기업가의 특이한 소득을 설명해준다.

Ⅷ장 불확실성 대응의 구조와 방법

바로 앞 장에서 측정할 수 있는 불확실성과 측정할 수 없는 불확실성 사이에 그은 구분선을 보존하기 위해 우리는 전자를 지칭하는 데 '위험'이라는 용어, 후자를 지칭하는 데 '불확실성'이라는 용어를 각각 사용할 수 있다. '위험'이라는 용어는 불리한 우발사건의 관점에서 본 그 어떤 종류든 불확실성을 가리키기 위해 일상적으로 느슨하게 사용되고, '불확실성'이라는 용어는 유리한 결과와 관련해 비슷하게 사용된다. 다시 말해 우리는 어떤 손실의 '위험'과 어떤 이득의 '불확실성'을 이야기한다. 그러나 지금까지 우리가 전개한 추리가 올바르다면 이 두 용어에 치명적인 모호함이 있는데 이것은 제거돼야 하며, 측정할 수 있는 불확실성이나 보험의 확률과 관련해 '위험'이라는 용어가 사용된다는 것이 방금 제시한 대로 두 용어를 특화해 사용하는 데 어느 정도의 정당화 근거가 된다. 우리는 위험과 불확실성을 각각 지칭하기 위해 '객관적' 확률과 '주관적' 확률이라는 용어도 사용할 수 있는데, 이는 두 표현이 방금 제안한 것과 비슷한 의미로 일반적으로 사용되고 있기 때문이다.

위험과 불확실성이라는 두 범주의 실제적인 차이는 위험에서는 경우들의 집합에서 나타날 결과의 분포가 알려져 있지만(선험적인 계산을 통해서든 과거 경험의 통계자료로부터든) 불확실성에서는 다뤄지는 상황이 고도로 독특해서 경우들의 집합을 형성하기가 불가능한 탓에 그렇지 않다는 것이다. 불확실성의 가장 좋은 예는 미래의 사건 전개에 대한 판단 내리기나 그러한 견해의 형성과 관련이 있으며, 우리 행동의 대부분을 안내하는 것은 바로 그러한 견해다(과학적 지식이 아니라). 그런데 경우들의 집합에서 나타날 상이한 가능한 결과들의 분포가 알려져 있다면 경우들을 집합화하거나 '통합'하는 방책으로 그 어떤 실제의 불확실성도 제거하는 것이 가능하다. 그러나 그렇게 하는 것이 **가능하다**는 말이 반드시 **그렇게 될 것**이라는 의미는 아니며, 애초부터 개별 경우만이 문제라면 행동의 관점에서는 측정할 수 있는 위험과 측정할 수 없는 불확실성 사이에 차이가 없다는 데 우리는 주목해야 한다. 이미 관찰됐듯이 개인은 어떤 견해의 가치에 대한 자신의 추정을 'b번의 시도에서 a번의 성공'(a/b는 진분수)이라는 확률의 형태로 전환시키며, 다른 어떤 확률 상황에 대해서든 '느끼는' 대로 그것에 대해서도 느낀다.

 논리적 난점과 역설로 가득 찬 이 주제에서 흔히 그래야 하듯이 위의 진술에 대해 유보조건을 설정해야 한다. 첫째로, 진정한 확률이 계산될 수 있다면, 다시 말해 **만약** (예컨대) 100번의 시도가 이루어질 수 있다고 할 때 그 100번 가운데서 얼마나 많은 성공이 **있을지**를 우리가 확실하게 알 수 있다면 문제의 경우가 얼마나 독특한지는 중요하지 않다. 만약 우리에게 불리할 가능성의 정도를 안다면 우리가 어느 한 종류의 게임에 가진 돈 전부를 거는지, 아니면 가진 돈이 허용하는 범위 안에서 가능한 한 많은 상이한 게임들에 돈을 거는지는 조금도 중요하지 않으며, 확률의 법칙은 앞의 경우와 꼭 마찬가지로 뒤의 경우에도 성립한다. 그러나 사업의 상황에서는 단일의 독특한 경우에 대해 하나의 확률이 계산될 수 있다는 것이 매우 드물게만 일어나는 일이기 때문에 이런 유보조건 설정이 생각만큼 무게를 갖지는 않는다. 하지만 객관적인 확률이 계산에 들어가는 한 어느 한 지능적인 개인이 어떤 단일의 경우를 절대적으로 고립된 것으로 고려하는 모습을 상상하기는 어렵다. 유일한 예외는 한 사람의 전 재산(또는 그의 인생)이 걸린 결정일 것이다. '우발사건의 중요도'와 '관련된 문제들의 크기에서 비슷한 상황이 개인의 생애 중에 다시 일어날 개연성 있는 빈도'가 성공이나 실패의 수학적 확률에 대해서만이 아니라 어느 단일의 경우에 대해서도 그 개인이 취하는 태도에 차이를 만들어낼 것이다.

더 중요한 두 번째 유보조건은 앞의 장에서 언급한 가능성, 즉 어떤 주어진 한 사람의 결정들을 집합화하는 것을 통해 경우의 종류들을 형성할 가능성과 관련된다. 말하자면 우리가 그런 집합화 과정을 통해 양적인 확률을 얻지 않는다고 하더라도 변동들이 상쇄되어 결과가 어느 정도의 항상성에 접근하는 경향이 어느 정도 있다. 판단을 내리는 데에는 우리가 확률 상황 자체에서 발견하는 것과 똑같은 두 종류의 요소가 있는 것으로 보인다. 그것은 (a) 확정적인 요인들(판단하는 기능의 질. 이것은 다소 안정적이다)과 (b) 무차별의 원리에 따라 결정을 할 때마다 달라지는 진정으로 우발적인 요인들이다. 견해의 불확실성과 진정한 확률 사이에 차이가 있다는 것은 다시 말해 그 둘을 분리하고 선험적 분류를 통해서든 경험적 분류를 통해서든 그것들을 평가할 수단을 우리가 가지고 있지 않다는 것이다. 그러나 후자의 경우에는 차이가 절대적이지 않아서 분류하는 방법이 비록 좁은 범위의 한계 안에서이긴 하지만 어느 정도는 적용된다. 삶은 대부분 불확실성으로 이루어져 있고, 어느 한 경우의 오류나 손실이 다른 경우들에 의해 보상될 수 있게 하는 조건들이 곤혹스러울 정도로 복잡하다. 우리는 단지 불확실성이 내재하는 상황에 부닥쳐 그것을 하나의 고립된 경우로서 그 자체로만 다루는 '한에 있어서는' 불확실성을 측정할 수 있는지 그렇지 않은지가 실제적으로는 무차별한 문제라고만 말할 수 있을 뿐이다.

 불확실성(지금 우리 목적상 종류를 구별하지 않고)에 대한 인간의 태도라는 문제는 불확실성 그 자체라는 문제와 마찬가지로 난점들로 가득 차 있다. **이런** 성격의 상황에 대한 인간의 반응은 오락가락하기도 쉽고 사람에 따라 극도로 다양하기도 쉬울 뿐 아니라 '정상적인' 반응이 건전한 논리가 지시할 만한 행동으로부터 잘 알려진 편차를 보이기도 한다. 그래서 사람들이 이기기에 불리한 확률(알려져 있거나 추정된)이 두 가지 금액의 비율을 크게 초과할 때에는 큰 금액을 얻을 수 있으리라는 기대를 품고 작은 금액을 잃을 위험을 쉽게 감수하지만 작은 금액을 얻을 사실상의 확실성을 취하기 위해 큰 금액을 잃을 낮은 가능성을 부담하는 것은 심지어 그러한 가능성의 보험계리적 가치가 자기에게 유리하다고 하더라도 거부하는 것이 일반적인데, 이는 애덤 스미스에 의해 잘 논의됐던 것으로 우리에게 익숙한 사실이다. 이런 편향에 추가돼야 하는 것은 표준적인 개인의 입장에서 자신의 '행운'에 대해 갖는 뿌리 깊은 믿음인데, 이것은 불확실성의 토대가 자신이 내리는 판단의 질일 때 특히 강하다. 거리에서 만날 수 있는 보통사람은 자신의 견해에 토대가 된 '논리'(그렇게 불릴 수 있다면)에 대해 아는 정도에 비해 자신의 견해가 지닌 진정한 가치가 어떤 수준인지를 조금이라도 더 잘 알지 못한다. 게다가 우리는 미신의 거의 보편적인 만연을 고려해야 한다. 눈길을 끄는 그 어떤 우연의 일치도 자연의 법칙으로 승격되기 쉽고, 그러다 보면 어떤 틀리는 법이 없는 '징후'에 대한 믿음이 생겨난다. 개인 자신의 정신 속에 실제적 근거나 상상된 근거가 전혀 없는 상태에서 갖게 된 단순한 '예감'이나 '막연한 느낌'도 쉽게 행동에 대한 타당한 근거로 받아들여지고 의문의 여지가 없는 진실로 취급될 수 있다.

기나긴 역사를 놓고 보면 심지어 사람들의 변덕과 충동에도 합리성으로 나아가는 경향이 있다는 것은 의심할 나위가 없다. 그리고 그 밖의 다른 어떠한 가설 위에서도 행동을 지능적으로 다루기가 불가능하다는 이유만 가지고도 우리가 우리의 논의를 행동의 합리적 근거에만 한정하는 것이 정당화되는 것으로 보인다. 그렇다면 사람이 미래의 편익을 위해 어떤 희생을 치른다고 할 경우에 미래의 편익이 확실하기보다 우발적이라고 한다면 그런 희생을 끌어내기 위해서는 예상되는 보상이 더 커야 한다고, 적어도 예상 속에서 느껴진 불확실성의 정도에 대한 어떤 일반적인 비율만큼은 더 커야 한다고 우리는 가정해야 한다.[202] 그런 경우에 관건은 분명히 주관적 불확실성, 즉 그 사람이 가능성이 얼마나 된다고 믿는지, 그가 확신하는 정도가 상황 그 자체에서의 객관적 확률에 근거하는지 아니면 그 자신의 예측능력에 대한 추정에서의 객관적 확률에 근거하는지일 것이다. 우리는 또한 대부분의 사람들이 자신의 숙고를 그렇게까지 멀리 끌고 가

---

[202] 주된 제약은 실제로는 진술된 대로의 명제와 관련된다기보다는 '행동'의 이론, 다시 말해 전적으로 미래 보상을 얻기 위한 활동의 이론과 관련된다. 수단과 목적은 행태 그 자체의 실제 형식이라기보다 우리가 우리의 행동에 대해 생각을 하는 형식인 것 같다. 윤리학 문헌은 어떤 절대적인 목적을 알아내는 데서 실패해온 하나의 긴 기록이다. 삶에서는 모든 목적이 어떤 새롭고 더 멀리 있는 목표로 나아가는 수단이 된다. 인간의 행태를 합리화하려는 시도는 자신의 그림자를 영속적으로 뒤쫓는 추격으로 보이며, '지고한 선(善)' 또는 그 어떤 다른 객관적인 '선'도 도깨비불 같은 것이라고 우리는 결론을 내리지 않을 수 없다. 큰 비중의 경우들에서 우리는 행동의 결실이 확실할 때보다 단지 개연성만 있을 때 그 행동에 더 많은 관심을 갖는다고 믿을 수밖에 없다고 생각된다.

지는 않는다는 것이 의심할 나위가 없을 뿐이지 객관적인 유형과 주관적인 유형 둘 다가 동시에 관여될 수 있다고 생각한다. 그러므로 한 사람의 견해나 예측은 객관적인 확률에 대한 하나의 추정일 수 있고, 추정 그 자체는 어느 정도의 타당성을 가지고 있다고 인정되며, 따라서 느껴진 불확실성의 정도는 두 확률 비율의 곱이다. 실제 삶에서의 행동에 대한 사실상 모든 결정은 견해에 근거하며, 그 가운데 의심할 나위 없이 더 많은 경우를 살펴보면 쉽게 확률에 대한 견해로 귀착되는 견해에 근거한다—이미 지적했듯이 대부분의 경우에 판단을 하는 개인이 자신의 판단에 대해 이렇게 '따져보기'를 하지는 않을 테지만.

정상적인 경제적 상황은 다음과 같은 성격을 가지고 있다. 모험자는 결과에 대해 다소 좁은 한계 안에서 어떤 견해를 갖는다. 만약 그가 모험을 하는 경향이 있다면 그 견해는 특정한 확정적 이득에 대한 예상이거나 더 큰 이득의 진정한 확률에 대한 믿음일 것이다. 예상의 한계 바깥에서는 머리에 떠올려지는 금액이 어느 쪽으로든 괴리되면서 다른 어떤 결과든 그 개연성이 그의 마음속에서 점점 더 작아진다. 그러므로 경제적 불확실성의 모든 경우를 보다 작은 보수를 더 자신 있게 예상하는 것과 보다 큰 보수를 덜 자신 있게 예상하는 것 사이에서 선택을 하는 경우로 보고 다루는 것이 옳다.

경제학에서는 불확실성 문제의 밑바탕에 경제적 과정 그 자체의 전망적 성격이 깔려있다. 재화는 욕구를 만족시키기 위해 생산되고 재화의 생산은 시간을 필요로 하며, 그래서 실행해야 하는 예견의 상이한 두 종류에 대응하여 두 가지 불확실성의 요소가 도입된다. 첫째, 생산적 작업의 결말이 처음부터 추정돼야 한다. 생산적 활동에 들어갈 때에 물리적인 관점에서 그 결과가 어떠할지를 알아내는 것, 다시 말해 주어진 자원의 지출이 가져올 결과로서 재화의 (a) 양과 (b) 질이 어떠할지를 정확하게 알아내는 것은 유감스럽게도 불가능함은 누구나 알 것이다. 둘째, 그 재화가 만족시킬 욕구도 물론 똑같은 정도로 미래에 있고, 그것에 대한 예측도 마찬가지로 불확실성을 내포한다. 그렇다면 생산자는 (1) 자신이 만족시키려고 애쓰는 미래 수요와 (2) 그 수요를 만족시키려고 시도하는 과정에서 자신이 수행하는 작업의 미래 결과를 **추정**해야 한다.

합리적인 행동은 수단을 목적에 적응시키는 데 수반되는 불확실성을 최소한으로 축소시키려고 한다는 것은 말할 필요도 없다. 이것은 강조된다고는 하더라도 불확실성 그 자체가 인류에게 혐오스러운 것이라는 의미는 아니며, 아마도 실제로 그런 것도 아닐 것이다. 우리는 모든 것이 '판에 박힌' 세상에서 살기를 진정으로 선호하지는 않을 것이며, 이는 곧 우리는 우리의 활동이 모두 완전하게 합리적이기를 원하지는 않을 것이라고 말하는 것과 다르지 않다. 그러나 '지능적으로' 활동하기를 시도할 때에는 우리는 가능한 한 완전한 적응을 확보하려고 시도**하며**, 여기서 적응이란 예견을 의미한다. 이미 지적했듯이 행동에는 무시할 수 없는 역설의 요소가 있다. 우리는 '차분하고 냉정할 때'에는 원하지 않는다고, 적어도 전부를 완전하게는 원하지 않는다고 인정하는 것을 얻으려고 무리하게 애쓰도록 강요되는 자신을 발견한다. 어쩌면 목적에 도달하는 것이 명백히 불가능함이 바로 그것을 추구하는 것을 흥미롭게 만드는지도 모른다. 어쨌든 우리는 우리의 삶에서 불확실성이 제거되기를 원하지는 않더라도 그것을 축소시키려고 애쓰는 **것이 사실**이다.

불확실성을 축소시킬 가능성은 다시 두 가지 기본적인 상태를 이루는 조건들의 조합에 의존한다. 첫 번째로는, 단일의 경우에 비해 경우들의 집합에서 불확실성이 적다. 선험적 확률의 경우에는 집합의 포괄성이 증대함에 따라 불확실성이 전부 사라지는 방향으로 나아가는 경향이 있고, 통계적 확률에서는 분류의 결함이 제약을 가하기 때문에 그와 같은 경향이 덜 명백하다. 그리고 셋째 유형의 불확실성, 즉 진정한 불확실성조차도 거의 모든 유사성이나 공통요소에 근거하여 집합화되면 규칙성으로 나아가는 다소의 경향을 보인다. 불확실성을 축소시키는 두 번째 사실 또는 사실들의 집합을 들자면 불확실성과 관련된 인간 개인들 사이의 차이다. 이 차이는 종류가 다양하며, 그 열거는 곧 시도될 것이다. 우리는 여기서 그 차이가 인간들 자신의 차이일 수도 있고, 문제와 관련된 그들 간 입장의 차이일 수도 있다는 데 주목할 수 있다. 우리는 불확실성을 다루는 이 두 가지 기본적인 방법을 집합화에 의한 축소와 그것을 '부담'할 사람들의 선발로 보고 각각을 '통합(consolidation)'[203]과 '전문화'라고 부를 수 있다. 이 두 가지 방법에 더해 우리는 워낙 명백하여 논의를 거의 요구하지 않는 다른 두 가지도 이야기해야 한다. 그것은 (3) 미래에 대한 통제와 (4) 증가된 예측능력이다. 이 두 가지는 긴밀하게 연관된 것이다. 왜냐하면 지식의 주된 실제적 의미는 통제이고, 둘 다 문명의 일반적인 진보, 기술의 개선, 지식의 증가와 밀접하게 동일시되기 때문이다. 아마도 다섯째 방법이 거론돼야 할 텐데, 그것은 뜻밖의 우발사건이 가져오는 결과들을 '분산'시키는 것이다. 다른 것들이 동일하다면 어떤 하나의 사건이

---

203 어빙 피셔 교수의 용어(《자본과 소득의 본성》 288쪽). 나는 더 간단하기도 하고 더 묘사적인 '집합화(grouping)'라는 말을 단연코 선호한다.

한 사람에게 10만 달러의 손실을 초래하게 하기보다는 100명의 사람에게 각각 1천 달러의 손실을 초래하게 하는 것이 일종의 이득이다. 한 사람이 두 개의 눈을 잃기보다는 두 사람이 각각 하나의 눈을 잃는 것이 낫고, 더 많은 수의 노동자를 다치게 하지만 더 적은 수의 노동자만 죽게 하는 생산 시스템은 개선으로 간주돼야 한다. 실제로는 이런 분산이 아마도 항상 통합과 연관되겠지만, 그 둘 사이에는 논리적 구별이 있고 어떤 경우에는 그 둘이 실제로도 분리될 수 있다. 우리는 또한 통합과 전문화가 밀접하게 연관되어 있다는 것도 관찰해야 하는데, 이는 우리가 논의를 진행해 나가면서 거듭 강조해야 할 사실이다. 불확실성을 다루는 방법에는 이들 외에 (6) 최소량의 불확실성이 내포된 방면으로 어느 정도 산업활동의 방향을 잡고 더 많은 불확실성이 내포된 쪽은 회피할 가능성도 있다.

경제학에서 불확실성의 가장 직접적이고 가장 중요한 결과 가운데 하나는 자세한 기술적 논의의 준비 단계로서 처리될 수 있다. 조직된 경제활동의 핵심은 특정한 사람들이 다른 사람들의 욕구를 만족시키는 데 사용될 재화들을 생산하는 것이다. 그렇다면 생겨나는 첫째 문제는 어떤 특수한 경우에든 이런 두 집단, 즉 생산자나 소비자 가운데 어느 쪽이 만족돼야 하는 미래 욕구에 대한 예측을 해야 하는가다. 생산 그 자체의 기술적 방면에서는 예측의 기능이 생산자에게 맡겨진다는 것이 아마도 명백할 것이다. 첫눈에 보면 생산자가 소비자를 대신해 소비자의 욕구를 예상하는 경우에 비해 소비자가 그 자신의 욕구를 예상하기에 더 나은 입장에 있는 것처럼 보이겠지만, 우리는 곧바로 이것은 실제로 일어나는 일이 아님을 알아차리게 된다. 경제적 조직의 으뜸가는 측면은 소비자의 직접적 주문이 아닌 일반적인 시장을 겨냥한 재화생산이다. 불확실성이 부재하다면 재화의 교환이 실제 생산에 앞서는지 뒤지는지는 중요하지 않을 것이다. 불확실성(생산과 욕구라는 두 분야의)이 존재한다면 사람들이 생산물 대신 생산적 용역을 교환할 수 있겠다고 생각할 수는 있지만 불확실성이라는 사실의 작용이 다른 결과를 가져온다. 우선 주목해야 할 것은 근현대 사회는 결과가 다른 사람들에게 돌아갈 때에 비해 자신에게 돌아올 때에 사람들이 미래를 예측하고 그것에 자신들의 행동을 더 효율적으로 적응시킨다는 이론(사실이 어떻든 간에. 사실에 대해서는 다소의 의심이 표출될 수 있다)을 토대로 해서 조직되어 있다는 점이다. 따라서 생산을 통제하는 책임이 생산자에게 맡겨진다.

그러나 소비자는 일반적으로 말해 자신이 사용할 재화를 구하기 위해 미리 계약을 하지도 않는다. 그 이유 가운데 일부는 계약기간이 끝날 때 자신의 지출능력이 어떠할지에 대한 소비자의 불확실성일 수 있지만, 이것은 사실 중요해 보이지 않는다. 주된 이유는 그가 자신이 무엇을, 얼마나 많이, 얼마나 간절하게 원할지를 알지 못한다는 것이다. 그 결과로 그는 자신이 결정을 할 시간이 오면 자신이 결정을 할 수 있게끔 준비된 상태가 되도록 재화를 창출해서 보유하는 일을 생산자에게 맡긴다. 분명히 역설로 보이는 이것을 이해하는 실마리는 물론 '대수의 법칙', 즉 위험(또는 불확실성)의 통합에 있다. 소비자는 그 자신에게는 유일한 사람이지만 생산자에게는 개성이 소실된 다중의 일원일 뿐이다. 결과적으로 본다면 다중의 욕구를 예견하는 외부자는 어느 한 개인이 자신의 욕구를 예견할 때 달성할 수 있는 정도보다 더 쉽게, 그리고 더 정확하게 예견할 수 있다. 이런 현상은 우리에게 **시장을 향한 생산**이라는 경제체제의 가장 근본적인 특징을 가져다주고, 따라서 불확실성의 효과에 대한 추가적인 탐색을 하도록 하는 환경의 일반적인 특성도 가져다준다. 위험 통합의 다른 측면과 방법들로 넘어가 탐구를 계속하기에 앞서 우리는 측정할 수 있는 불확실성이나 측정할 수 없는 불확실성에 대한 태도와 반응에서 개인들 사이에 나타나는 차이를 간략하게 검토해야겠다.

이미 언급했듯이 행동에 수반되는 불확실성의 양이 어느 정도는 될 때—그 적절한 양은 개인과 상황에 따라 다르다— 삶이 더 흥미로운 것이 틀림없다고 해도 실제로는 사람들이 미래를 정확하게 예상하고 자신의 행동을 그에 적응시키려고 애쓴다고 우리는 가정한다. 이와 관련해 우리는 개인적 속성과 능력에서 적어도 5개의 가변적인 요소를 분간해낼 수 있다. (1) 사람들은 환경 속 사건의 미래 경로에 대해 지각과 추리로 **정확한 판단을 형성**하는 능력에서 서로 다르다. 게다가 이런 능력은 결코 동질적이지 않아서 어떤 한 종류의 문제상황들에서 예견을 하는 데 뛰어난 사람들이 있는가 하면 그것과 다른 종류의 문제상황들에서 그러한 사람들도 있고, 이런 차이는 그 종류가 거의 무한하다. 특별히 중요한 것은 인간의 본성을 읽고 다른 사람들의 행동을 예견하는 능력의 차이인데, 이런 능력은 자연현상과 관련된 과학적 판단과 대조되는 것이다. (2) 연관된 것이기는 하지만 또 다른 차이는 **수단을 판단**하고 예상된 미래 상황에 대응하는 데 필요한 단계적 조치와 조정을 파악하고 계획하는 사람들의 능력에서 발견된다. (3) 필요하고 바람직하다고 믿게 된 계획과 조정을 **실행**하는 능력에도 비슷한 차이가 존재한다. (4) 게다가 불확실성을 수반하는 상황에서 개인들이 자신의 판단이 형성됐을 때 그 판단과 자신의 실행능력에 대해 느끼는 **확신**이 어느 정도인가의 차이에 기인하는 행동의 다양성이 존재한다. 이 확신의 정도는 대체로 판단과 능력 그 자체의 '진정한 가치'와는 독립적이다. (5) 어떤 주어진 정도의 확신과 더불어 내려지는 판단의 대상인 상황에 대한 **능동적 태도**가 느껴진 확신과는 별도로 존재한다. 확신을 가지기를 원해서 '위험을 무릅쓰고 시도해보기'를 거의 하지 않으려고 하는 사람들이 있는 반면에 애초의 가설에 입각해 움직이기를 좋아해서 불확실성을 피하기보다 오히려 선호하는 것으로 보이는 사람들도 있다는 것은 우리에게 익숙한 사실이다. 사람들이 어떤 가정의 가치에 대한 자신의 견해가 보증하지 않는 방식으로 그 가정에 입각해 행동하는 것을 흔히 보게 된다. '자신의 운을 믿는' 성향이 있는 것이다.

어떤 하나의 행동 상황에서 유효한 불확실성의 양은 미래에 대한 올바른 적응으로 고려된 행동에 대해 느껴진 주관적 확신의 정도다—위의 (4)번. 우리가 어떤 의미에서는 판단과 행동능력의 '진정한 가치'를 이야기할 수 있는 것이 분명하지만, 사람의 활동을 통제하는 것은 이런 가치에 대한 그 자신의 견해다. 그러므로 당사자의 관점에서는 다섯 개의 변수가 (주관적이거나 느껴진) 불확실성과 이에 대한 그 자신의 능동적 느낌이라는 두 개로 압축된다. 완전을 기하기 위해 우리는 아마도 여섯 번째 불확실성 요인을 추가해야 할 것 같은데, 그것은 워낙 혁명적이고 그 누구에 의해서도 예상되지 않는 것이기 때문에 판단에서의 오류라는 범주로 분류하기가 어려운 사건이라는 형태로 나타난다.

다섯 개 또는 여섯 개로 구별되는 불확실성 상황 속 요소들을 위와 같이 열거한 데서 더 나아가 거론한 변수들 가운데 앞쪽 세 가지는 그 자체가 단순하지 않다는 점을 우리는 지적하지 않을 수 없다. 판단이나 예견, 그리고 계획하는 능력과 행동을 실행하는 능력은 그 각각이 적어도 서로 구별되는 네 가지 요인의 산물이며, 이와 관련하여 문제의 기능들은 독립적으로 달라질 수 있다. 그 요인은 능력이나 행동의 (a) 정확성, (b) 신속성 또는 속도, (c) 시간 범위, (d) 공간 범위다. 이 가운데 앞의 두 가지는 설명을 필요로 하지 않는다. 판단과 실행의 정확성과 신속성은 어느 정도 독립적으로 타고나는 소질이다. 세 번째는 행동이 적응하거나 적응할 수 있는 미래 시간의 길이를 가리키고, 네 번째는 예상된 상황과 계획한 활동의 범위나 크기를 가리킨다. 세밀한 것에 마음을 쓰는 개인들과 상황의 보다 큰 윤곽에 시선을 국한하는 개인들 사이의 차이도 역시 우리에게 익숙하다. 이런 다소 복잡한 개요조차도 이 문제에 대한 엄격하게 '정적인' 견해만을 포괄한다는 점에서 삶의 사실들과 비교하여 극도로 단순화된 것이다. 언급된 속성들과 관련해 개인들 사이에 그 어떤 시점에든 존재하는 차이와 똑같이 중요한 것이 다양한 방면으로 변화하거나 발전할 능력에서 개인들 사이에 나타나는 차이다. 지식은 절대적인 판단을 내리는 문제이기보다 학습의 문제다. 학습은 시간을 필요로 하며, 시간이 지나면 학습자뿐만 아니라 다뤄진 상황도 변화를 겪는다.

우리는 불확실성에 대한 가능한 반응들을 6개 정도의 항목으로 분류했고, 그 각각은 특수한 여러 가지 문제를 발생시킨다. 물론 이런 여러 가지 문제를 다루기 위한 사회적 구조들은 상당부분 겹친다. 우리의 관점에서 불확실성과 관련해 가장 기본적인 사실을 꼽으면 첫째는 경우들을 집합화하는 것을 통해 불확실성을 양적으로 줄일 가능성이다. 둘째는 불확실성과 관련된 개인들 사이의 차이인데, 이것은 불확실성에 대응하는 기능을 특정한 개인들이나 부류의 수중으로 전문화하는 경향을 발생시킨다. 불확실성이 사회경세적 조직에 미치는 가장 근본적인 효과—생산자의 책임으로 일반적 시장을 향해 이루어지는 생산—는 이미 다뤘다. 그것은 주로 경우들의 통합 또는 집합화를 통한 불확실성 축소의 경우다. 시장을 향한 생산이라는 사실만 보면 불확실성 부담의 전문화가 거의 없지만, 그래도 불확실성 부담의 전문화가 있다면 그것은 한 사람으로서 생산자가 지닌 특이한 성질에 근거한 것이 아니라 이 문제와 관련된 생산자의 지위에 근거한 것이다. 시장을 향한 생산이라는 현상을 다른 고려사항들로부터 분리하기 위해서는 우리가 사회 조직화의 순수한 '수공업 단계'를 머릿속에 그려봐야 한다. 그러한 체제에서는 모든 개인이 어떤 한 완성상품의 독립적인 생산자이고, 매우 다양한 생산물의 소비자일 것이다. 중세의 말기는 산업분야의 일부에 그러한 상태에 근접한 것이 있는 모습을 보여준다.

그러나 그 근접한 것도 굳이 말하자면 다소 먼 것이다. 수공업 조직은 충분히 자리 잡기도 전에 어떤 매우 다른 체제로 넘어가려고 하는 불가항력적인 경향을 보이며, 이런 추가적인 발전은 불확실성의 존재에 따른 결과이기도 하다. 두 번째 체제는 오늘날 지배적인 것으로 우리가 보게 된 '자유기업'의 그것이다. 자유기업과 단지 시장을 향한 생산의 차이는 불확실성의 집합화에 불확실성 부담의 전문화가 더해짐을 나타내고, 같은 문제의 압박 아래에서 미래와 관련된 욕구에 대한 예상과 생산에 대한 통제가 일어난다. 자유기업 아래에서는 이 문제의 해결이 소비자 그 자신으로부터 이미 떼어내진 데 이어 생산자 대다수의 수중에서도 빼내어져 '기업가' 또는 '사업가'로 불리는 제한된 부류의 책임이 된다. 생산을 하는 인구의 대부분은 생산에 대해 책임 있는 통제를 실행하기를 중단하고 기업가에게 생산적 자원(노동, 토지, 자본)을 제공하는 부차적인 역할을 맡아서 고정된 계약가격을 대가로 기업가가 생산적 자원을 단독으로 지휘할 수 있게 한다.

우리는 다음 장에서 이러한 자유기업 현상을 다시 끄집어내어 자세히 다룰 것이다. 여기에서는 다만 자유기업 현상과 관련된 두 가지 추가적인 사실에 주목할 수 있다. 첫째는 기업가들의 수중으로의 불확실성 부담 '전문화'는 추가적인 통합도 수반한다는 것이고, 둘째는 그것이 기술적 방법의 변화와 밀접히 연관된다는 것이다. 그리고 기술적 방법의 변화는 (a) 생산과정의 시간 길이를 증가시키고 그에 상응해 수반되는 불확실성을 증가시키며 (b) 생산자들을 단일의 설비나 생산기업에서 함께 일하는 큰 규모의 집단들이 되도록 해서 통제의 집중을 필연화한다. 이 장의 남은 부분은 불확실성을 다루기 위해 진화된 사회구조를 살펴보는 일에 바쳐질 것이다. 그리하여 그런 현상의 일부에 대해서는 이 논문에서는 논의를 최종적으로 매듭지을 것인데, 특히 직접 관련되는 문헌이 이미 있고 불확실성에 대한 체계적 취급에서 그 일반적 관련성과 위치만이 여기서 주목돼야 하는 부분에 대해서는 그렇게 할 것이다. 그 밖의 다른 문제들은 기업가 기능이라는 주제에 대해 방금 그렇게 했듯이 단지 개요만 약술하고 추가적인 취급은 이어지는 뒤의 장들로 넘길 것이다.

불확실성을 다루는 방법에 대한 이미 주어진 분류의 순서를 따른다면 논의의 첫 번째 주제는 **통합**을 통해 불확실성을 다루는 경향에서 생겨나는 제도들 또는 특수한 현상들이다. 이런 수단 가운데 가장 분명하고 잘 알려진 것은 물론 **보험**인데, 이것은 개별 경우들 대신 경우의 집합들을 다루는 것을 통해 불확실성을 제거하는 원리의 한 예시로 이미 거듭 사용돼 왔다. 바로 앞의 장과 이 연구의 다른 지점들에서 불확실성의 이론에 대해 논의하면서 우리는 측정할 수 있는 불확실성과 측정할 수 없는 불확실성 사이의 근본적인 차이를 강조해왔다. 그런데 측정의 가능성은 주어진 상황을 유사한 것들의 집합에 동화시킬 가능성과 다양한 가능한 결과들을 나타낼 것으로 예상할 수 있는 그 집합 구성요소의 비율들을 알아낼 가능성에 의존한다. 경우들을 이렇게 종류들로 동화시키는 것은 대단히 정확할 수 있고, 그래서 다양한 결과의 비율들은 **동등하게 개연성 있는** 대안들의 가능한 집합들을 결정하기 위한 순열과 조합 이론의 적용을 통해 선험적 근거 위에서 계산**될 수 있다**. 그러나 실제 사업의 상황에서는 이런 일이 일어난다고 하더라도 드물게만 일어난다. 분류는 정밀한 정도가 다양하겠지만, 비율들의 확인은 경험적일 것이 틀림없다. 큰 우발적 손실을 작은 고정비용으로 전환시키는 보험의 원리를 적용하는 것은 종류들로의 상당히 정확한 집합화를 토대로 한 확률의 측정에 의존한다. 다수 경우들의 '위험'을 인수하는 보험자가 자신의 사업을 유동성 있게 유지시켜줄 보험료를 책정하기에 충분한 정도로 정확하게 자신의 총 손실을 예측할 수 있다는 것, 그리고 그와 동시에 보험자의 우발적 손실 가운데 너무 크지 않은 일부에 해당하는 부담이 보험자에게 부과되는 것만으로는 일반적으로 충분하지 않다. 이에 더해 특정한 피보험자의 손실은 그 자신의 진정한 손실 확률에 상당히 잘 대응하는 양으로 발생하는데 그런 손실에 대한 지출의 원천인 총 기금에 해당 피보험자가 기여하고 있다는, 다시 말해 특정한 피보험자는 공정한 몫의 부담을 감당하고 있다는 꽤 그럴 듯한 주장을 보험자는 내세울 수 있어야 한다.

  우리가 다루고 있는 문제들에 대한 만족스러운 논리적 논의가 어려움은 그동안 거듭 강조돼왔는데, 이는 가장 큰 중요성을 갖는 차이들이 중간에 섞여서 흐릿해진다는 사실에 기인한다. 이는 경우들의 분류를 통한 불확실성 측정 가능성의 경우에 두드러지는 사실이다. 우리는 실제로는 진정으로 동질적인 분류(완전한 주사위를 연속적으로 투척하는 경우에서와 같이 수학적 확률이 함축하는 의미에서)를 발견하기 어려우며, 다른 쪽 극단에서는 집합으로 동화시킬 가능성을 어느 정도 허용하지 않고 그래서 측정도 허용하지 않는 경우를 발견하기 어렵다. 사실 우발사건이라는 개념 자체가 절대적 독특성을 배제하는 것으로 보인다(말이 나온 김에 부연한다면 우주에 절대적으로 독특한 것은 전혀 없다는 것은 의문의 여지가 없다). 왜냐하면 특정한 사건이 우발적이라거나 '가능하다'거나 '일어날 수 있다'고 말하는 것은 **그러한 것**'이 일어난다고 사전에 알려져 있다고 말하는 것과 같은 것으로 보이며, '그러한 것'들은 이런저런 근거 위에서 형성되는 경우들의 종류가 되는 것이 명백하다. 탐구할 주된 주제는 그러므로 동화 가능성의 **정도**, 또는 확보할 수 있는 종류별 동질성의 양, 또는 거꾸로 말해 사업상 우발사건의 다양한 종류가 지닌 **독특성의 정도**다. 보험은 분류가 '상당히' 가능하거나 독특성의 정도가 비교적 낮아 보이는 것들을 다루는데도 보험의 상이한 분야들은 그 각각이 확보하는 확률 측정의 정확성에서 폭넓은 차이를 보인다.

    보험의 다양한 유형을 다루기 전에 우리는 잠깐 이와 관련해 상세히 들여다볼 필요는 없는 점에 주목할 수 있는데, 그것은 곧 보험 분야 조직의 상이한 형태들은 모두 동일한 원리에 근거해 운영된다는 것이다. 어떤 주어진 우발사건을 당하기 쉬운 사람들이 그들 사이에 공제회나 상조회로 조직을 할지, 또는 그들이 입게 될 손실을 감당하기 위해 개별적으로 어떤 외부자와 계약을 체결할지는 전혀 중요하지 않다. 경쟁적인 조건들 아래에서는, 그리고 관련된 확률들이 정확히 알려져 있다고 가정한다면 외부의 보험자는 이익임이 분명한 것을 전혀 얻지 못할 것이고, 보험료는 어느 체제 아래에서든 사업을 계속 수행하기 위한 관리적 비용과 같을 것이다.

보험의 분야 가운데 그 분류가 가장 완벽하기 때문에 우발사건이 가장 정확하게 측정되며 그래서 '수학적'인 것에 가장 가까운 토대 위에 있다는 의미에서 가장 고도로 발전한 분야는 물론 '생명보험'이라고 불리는 것이다. (그것이 단지 투자제안이 아니라 '보험'이라면 죽음에 대한 보험이 아니라 소득능력의 '때 이른' 손실에 대한 보험인 것이 분명하다.) 의학적 검사의 토대 위에서는, 그리고 연령, 성별, 거주지, 직업, 생활습관을 고려한다면 기계적 확률의 이상에 가까이 근접하는 '위험'들을 선별하는 것이 가능하다. 이와 관련해 비슷한 상황에 놓인 두 명의 건강한 개인이 각각 사망할 가능성은 어떤 객관적인 동등함에 아주 가까울 것으로 보이며, 둘 중 어느 한 사람의 생존이나 죽음은 자연 속의 그 어떤 것이나 마찬가지로 진정으로 불확정적인 것에 가까울 것이다. 물론 우리가 '정상적'인 개인들로 이루어진 상대적으로 좁은 동류집단의 외부로 나가면 난점들을 만나게 되지만, 이런 동류집단의 외부로 생명보험이 확장되는 것도 제약되어 왔다. 기준 이하의 생명에 대한 고율의 보험에서 발전이 다소 이루어졌지만 그것은 양에서 제한되어 있고 예외적인 것으로 치부될 수 있다.[204]

---

[204] 여기서 생명보험의 사회적 측면을 파고드는 것은 부적절한 일이겠지만, 한 가지 고찰은 할 만한 가치가 있을 수 있다. 사회적 관점에서는 특수한 위험요소가 순전히 직업과 관련된 것이고 그것을 안고 가는 비용이 그 제품의 소비자에게 이전될 수 있는 것인 경우만을 제외하고는 모든 분류의 위험이 나쁜 것이라고 주장할 수 있다. 불운한 사람들이 그들의 불리한 조건 때문에 특별히 부담을 짊어져야 하는 그 어떤 타당한 이유도 발견하기 어렵다. 그러므로 모두가 획일적인 요율로 보험에 가입되게 한다면 그것이 더 나을 것이다. 사실 우리는 더 나아가서 그 요율이 위험(지적됐듯이 직업과 관련된 위험은 제외하고)과 반비례로 단계화되도록 해야 한다고 주장할 수 있다. 국가의 강제적인 보험제도만이 무엇이든 그러한 원리에 근거하여 운영될 수 있을 것이다. 사적 이윤의 유인 아래서는 경쟁이 어떠한 보험기관에도 그 위험의 분류를 실행할 수 있는 한 가장 정확하고 세밀하게 하도록 강제할 것이다.

생명보험과 정반대되는 상황은 질병과 사고에 대한 보험에서 발견된다. 여기에서는 경우들을 객관적으로 묘사하고 분류하는 것이 불가능하며, 그 사업은 커다란 난점들이 가득하고 단지 제한적으로만 발전할 수 있다. 그러한 보험계약은 그에 합당한 수준 이상으로 비용이 많이 들고, 사실 보험회사들은 손해사정에서 관대한 태도를 취하고는 말할 필요도 없지만 그에 따라 보험료율을 올리는 것이 이익이 됨을 알게 된다. 노동자에 대한 재해보상은 사회적 통제를 받고 있어서 다소 나은 기반 위에 있지만, 개인에게 초래된 실제 경제적 손실 가운데 그리 크지 않은 일부로 지급이 제한되는 동시에 불편함, 고통, 또는 성가심에 대해서는 아무런 지급도 이루어지지 않는다는 조건 위에서만 그렇다. 그러나 개인적, 신체적 우발사건의 전 분야에서는 이제는 다행히 사라져가는 현상인 상업적 사용자의 배상책임 보험이 아닌 한 엄격하게 '사업위험'의 성질을 가진 것은 아무것도 없다.

사업상 위험요소에 대한 보험의 전형적인 적용은 화재로 인한 손실에 대한 보장에 있으며, 화재보험 요율의 이론은 생명보험의 계리수학과 흥미로운 대조를 이룬다. 우리가 이미 관찰했듯이 후자는 객관적 확률에 꽤 가까이 근접하는 것이며, 사실 그것이 이런 이상에 워낙 가까워서 생명보험 문제는 역학적 확률의 문제들과 같은 방식으로 이항법칙에서 도출된 공식에 의해 다뤄진다. 화재보험 요율 정하기는 매우 다른 문제다. 비교적 최근에야 상당히 동질적인 위험의 종류 형성과 특정한 경우의 진정한 확률 측정에 대한 접근이 그나마 이루어졌다. 최대로 적극적으로 보아 말 그대로 수천 가지에 이르는 위험의 종류들이 어느 정도 정확하게 정의됐다고 해도 '판단'을 내려야 하는 넓은 영역이 남게 된다.[205] 보다 중요한 것은 그 결과로 보험이 화재로 인한 손실에 대해 위험 전부를 챙겨주지는 않는다는 사실이다. '도덕적 위험'과 실제적 난점들 때문에 보험의 금액을 '직접적인 손실이나 피해' 또는 심지어는 그것의 일부로 제한하는 것이 필요하며, 전혀 대비하지 못하는 사업의 중단과 사업계획의 차질에 기인하는 커다란 간접적 손실이 통상적으로 있음에도 그러함은 물론이다. 이리하여 객관적으로 동질적인 집합화와 손실 가능성의 정확한 측정이 불가능한 결과로 보험자와 피보험자 둘 다에게 불확실성의 큰 여지가 남아 있게 된다. 이러한 계산상 불확실성의 여지에 상응하여 화재의 위험요소와 관련해 어느 쪽에든 이익이나 손실의 가능성이 있다. 화재의 경우에는 물론 위험들이 완전히 독립적이지 않다는 사실에 의해 확률이 복잡해진다. 일단 시작된 불은 확산될 가능성이 있고, 손실이 집단적으로 일어나는 경향이 있다. 그러나 화재손실의 총계가 미리 계산될 수 있는 한 화재손실은 그러한 손실의 가능성에 노출된 모든 개인에 의해 고정비용으로 전환되거나 전환될 수 있고, 그러는 한 누구든 자신의 사업에 이러한 불확실성이 있다는 이유로 영보다 크게든 작게든 이윤을 실현할 수 없을 것이다.

보험의 원리는 화재 외에도 다른 매우 다양한 사업상 위험요소—바다에서의 선박과 화물의 손실, 폭풍에 의한 농작물의 파괴, 절도와 강도, 피고용자에 의한 횡령(간접적으로는 보증을 통해 피고용자가 보험을 제공한다), 부상당한 피고용자의 피해에 대한 지급, 신용연장을 통한 과도한 손실 등에 대비하기 위해서도 활용돼왔다. 로이즈 보험업자 가운데

---

205 휴브너의 《재산보험》 XVI장과 XVII장을 참조하라.

일부가 발행한 특이한 형태의 보험증권들은 대중적 호기심을 자극하는 것으로서 어느 정도 관심을 모았다. 이런 다양한 우발사건의 유형들은 한쪽 극단으로는 생명보험의 통계적 확실성과 같은 어떤 것으로부터 다른 한쪽 극단으로는 로이즈가 왕위 대관식이 예정된 대로 일어날 것인지와 관련된 사업상 이해관계에 대한 보험을 제공하거나 계산의 근거로 삼을 만한 기록이 전혀 없는 어떤 지역의 날씨에 대해 보증을 제공하는 것과 같이 거의 순전한 추측에 이르기까지 '과학적' 요율책정의 매우 다양한 가능성을 제공한다. 그러나 이런 극단적인 경우들에서조차 직관이나 판단을 토대로 한 경우들의 어떤 모호한 집합화가 있다. 이런 방식으로만 우리는 확률에 대한 그 어떤 추정에든 도달하게 되기를 상상할 수 있다.

그러므로 요율 계산을 위한 과학적 자료가 거의 완전히 부재할 때에도 보험의 원리는 적용될 수 있는 것으로 보인다. 추정이 보수적이고 적절하다면 가장 독특한 우발사건들에 대한 보험 제공의 대가로 받는 보험료가 손실을 보상할 수 있는 것으로 판명될 것이다. 따라서 모험사업들의 손실과 이득이 상쇄될 것이며, 모험사업들 그 자체 사이에 발견될 수 있는 관계가 전혀 없을 때에도 그럴 것이다. 요점은 이미 지적했듯이 판단이 상황들과 관련해 실행되고 있다는 사실 그 자체만으로도 상황들을 집합들로 동화시키는 데 상당히 타당한 기반이 되는 데 있는 것으로 보인다. 가장 이질적인 문제들과 관련해서도 판단(꽤 유능한) 내리기의 다양한 경우들은 집합들로 합쳐질 때에 결과적으로 항상성과 예측가능성에 접근하는 경향을 보인다.

사업위험에 대한 보험원리의 적용을 일반적으로 제약하는 사실은 따라서 사업위험에 내재하는 독특함만이 아닌데, 이 주제는 추가적인 검토를 요구한다. 이러한 과제는 기업가 기능을 다루는 다음 장에서 자세히 다뤄질 것이다. 지금으로서는 우리가 두 가지 관찰을 하는 정도까지 기대할 수 있다. 첫째, 전형적인 보험 불가능(측정 불가능 때문에. 그리고 측정 불가능은 분류 불가능 때문임) 사업위험은 사업가가 결정을 내리는 과정에서의 판단하기와 관련된다. 둘째, 그러한 추정들은 변동이 각각의 내부에서 상쇄되는 집합들로 나뉘는 경향이 있고 그래서 항상성과 측정 가능성에 근접하는 경향이 있기는 하지만, 이는 단지 **사후적**으로만 일어나고 특히 인간의 활동적인 삶이 짧음을 고려하면 단지 제한된 정도로만 예측의 토대가 될 수 있다. 게다가 분류나 집합화는 결정을 내리는 사람 자신이 아닌 어떤 외부 기관에 의해 단지 제한된 정도로만 수행될 수 있는데, 이는 **도덕적 위험**이 이런 종류의 위험과 특이하게 완고한 연관성을 갖기 때문이다. 이 경우의 결정적인 요인들은 워낙 대부분의 경우 결정을 내리는 사람의 내부에 있는 것이어서 그 '경우'들은 객관적으로 묘사하거나 외부적 통제를 가하기가 어렵다.

분명히 이런 난점들은 보험회사나 조합과 같은 외부 기관에 의해 '통합'이 수행돼야 할 때에는 극복되기 어렵지만, 단일한 개인의 활동규모 안에서 통합이 완수될 수 있는 한에는 사라지며, 책임이 적절히 집중되고 이해관계의 통일이 확보될 수 있다면 조직에 대해서도 같은 진술이 들어 맞을 것이다. 이렇게 집합화를 통해 불확실성을 측정할 수 있는 위험으로 전환시키는 것을 통해 불확실성을 줄일 가능성은 사업설비의 운영규모를 확장하도록 하는 강력한 유인이 된다. 이런 사실은 근현대 경제적 삶의 우리에게 익숙한 특징인 산업설비 평균 규모의 기록적인 성장에 중요한 원인 가운데 하나가 된 것이 틀림없다. 단일한 사업가가 자본 차입이나 그 밖의 다른 방식으로 더 많은 수의 결정이나 추정에 대해 그가 판단하는 범위를 확장할 수 있는 한 나쁜 추측이 좋은 추측에 의해 상쇄되어 총 결과에서 어느 정도의 항상성과 신뢰성이 달성될 가능성이 더 크게 존재한다. 그런 한에는 불확실성이 제거되고 합리적 활동이라는 절실한 요구가 실현된다.

도덕적 위험을 제거하거나 축소함으로써 범위가 워낙 넓어 단일 기업가에 의해 '휘둘리지' 않는 모험사업의 집합들에 통합의 보험 원리를 적용하는 것을 가능하게 하기 위해 보험을 보다 효율적이고 친밀한 형태의 조합으로 대체하게 하는 유인도 덜 중요하지 않다. 견해와 추정에 근거한 활동에서 특별히 위험에 처하는 것은 자본이기 때문에 조직의 형태는 자본과 관련된 대처에 중점을 둔다. 차입자본에 대한 위험의 축소는 으뜸가는 절실한 요구로서 개인기업이 동업(파트너십)에 의해 밀려나게 하며, 소유자본과 차입자본 둘 다와 관련해 그와 같은 사실이 성립하는 것이 동업이 법인기업 조직으로 대체됨을 설명해준다는 것은 의심할 바 없이 옳은 말이다. 이런 관점에서 낮은 형태의 조직에 비해 높은 형태의 조직이 가진 우월성은 다수의 개인적 결정들, 모험사업들, 또는 '경우'들을 포함하도록 활동범위가 확장되는 데에도 있고, 한 사람이 다른 사람이 내린 결정의 결과를 인수하는 것과 연관된 도덕적 위험이 축소되도록 이해관계가 보다 효과적으로 통일되는 데에도 있다.

이 두 가지 고려 사이의 밀접한 연관성은 명백하다. 단일 기업가에게 대부된 거액의 자본이 빠질 수 있는 특수한 '위험'이야말로 그런 형태의 사업단위가 필요로 하는 재산자원을 확보하는 것을 불가능하게 함으로써 그 운영의 범위를 제한하는 것이다. 다른 한편으로는 그 다음 단계에서 동업이 상당한 크기로 성장할 때 나타나는 조직의 비효율성, 유효한 이해관계 통일 확보의 실패, 그리고 그 결과인 도덕적 위험에 기인하는 큰 위험 이야말로 더 큰 규모로 동업이 확장되는 것을 제한하고 법인기업 형태의 조직으로 대체되도록 하는 것이다. 큰 재산의 성장과 더불어 제한된 수의 사람들이 점점 더 큰 크기의 기업을 운영하는 것이 가능해졌고, 그래서 오늘날 우리는 매우 큰 기업들이 동업으로 조직된 것을 보게 됐다. 통제 권한의 배분, 소득에 대한 참여의 배분, 해산 시 자산에 대한 권리의 배분과 관련해 이 형태에 더 많은 법인기업의 신축성을 부여하는 동업법 수정도 이런 변화에 기여했다.

위에서 언급한 우리의 두 가지 점 가운데 첫 번째 것, 즉 활동범위의 확장과 관련해 법인기업은 조직 문제를 해결했다고 말할 수 있다. 대중으로 하여금 증권을 사게 할 능력에 관한 한 이 형태로 조직할 수 있는 기업의 크기에는 한계가 거의 없는 것으로 보인다. 그러나 두 번째 점, 즉 이해관계의 효과적인 통일에 관한 한 법인기업은 다른 조직 형태들과 비교해 많은 것을 달성하긴 했지만 여전히 많이 부족하다. 의심할 나위 없이 이 과제는 그 어떤 절대적인 의미에서도 불가능하다. 인간의 본성 그 자체의 혁명적 전환을 제외하고는 그 무엇도 이 문제를 종국적으로 해결할 수 없는 것이 분명하며, 그러한 변화가 일어난다면 물론 그것은 조직 없이도 도덕적 위험을 곧바로 절멸시킬 것이다. 그런가 하면 법인기업의 내부적 문제들, 즉 다양한 유형의 구성원들과 소속원들을 서로의 약탈적 성향으로부터 보호하는 것이 하나의 단위로서 법인기업이 자행하는 착취에 대항해 대중의 이익을 보호하는 외부적 문제만큼이나 매

우 긴요하다.²⁰⁶

위험에 대해 법인기업 조직이 갖는 관계의 또 다른 중요한 측면은 통합 뿐만 아니라 우리가 '분산'이라고 불러온 것과도 관련된다. 소유권의 미세한 분할 가능성과 주식 양도의 용이함은 단일 기업의 크기를 증대시킬 뿐만 아니라 더 나아가 개별 투자자가 자신이 보유한 것을 다수의 기업들에 배분하는 것을 가능하게 한다. 이런 배분이 위험에 미치는 효과는 이중적임이 분명하다. 첫째, 그 투자자에게 통합을 통한 추가적인 상쇄가 있게 된다. 그가 주식을 소유한 상이한 기업들에서의 손실과 이득이 대거 상쇄되면서 그의 총 수익에 더 높은 정도의 규칙성과 예측가능성을 가져다주는 경향이 있는 것이 틀림없다. 또한 그의 총 자원 가운데 작은 일부를 잃을 가능성은 더 큰 부분을 잃을 가능성에 비해 비율상으로도 덜 중요하다.

이 개략적인 관찰에서는 무시돼야 할 문제의 다른 측면들이 있다. 법인기업은 국가의 창조물이라는 것과 법률적 안전장치로 인해 법인기업의 조직, 자원, 운영에 더 큰 공개성이 수반된다는 것은 중요한 사실임이 틀림없다. 이런 유형의 조직은 위험을 실제로 축소하지 처음 볼 때 그래 보일지 모르는 것처럼 어느 한 당사자로부터 다른 당사자로 옮기기만 하지는 않는다는 점이 강조돼야 한다. 유한책임에 대한 피상적인 논의들은 이것이 동업을 넘어서는 주된 이점이라는 인상을 주거나 적어도 그런 결론으로 가는 길을 열어놓는 경향이 있다. 그러나 유한책임이라는 사실만 놓고

---

206 여기에서 내가 '내부적 문제'와 '외부적 문제'로 부른 것을 헤이니(《사업조직과 결합》 XIII장)는 각각 '법인기업 문제'와 '기업결합 문제'로 지칭한다. 그는 대중의 마음속과 이 주제에 관한 다수의 문헌에서 독점 등의 해악이 법인기업 문제를 압도하는 경향에 비추어 볼 때 적절하게도 이 문제의 중요성을 강조했다.

보면 그것이 손실 가운데 투자된 자원을 넘는 부분을 회사의 소유자들로부터 채권자들에게 이전시키는 역할만 한다는 것이 명백하다. 그리고 만약 이것이 법인기업화의 유일한 효과라고 한다면 소유자들에게는 신용상 지위의 손실이 안전성의 이득을 상쇄할 것이다. 긴요한 사실은 더 큰 공개성과 더불어 나타나는 위험의 이중적 통합과 부차적 역할의 분산인데, 이런 분산은 통합이라는 사실로부터 진정으로 분리될 수는 없다.

대규모 조직은 노동분업이 없고 불확실성의 통합 또는 집합화가 주된 유인이 되는 분야에서 성장하는 경향을 보여온 점은 특별히 주목할 만하다. 일이 비정기적이거나 간헐적인 특성을 가진 직업들은 자본투자가 없거나 비교적 적으며 구성원들이 동일한 과업에서 독립적으로 일하는 동업으로, 더 나아가 그러한 법인기업으로 나아간다. 예로는 탐정, 속기사의 동업조합(신디케이팅)이 있고, 더 나아가 법률가, 의사의 동업조합도 있다.

불확실성을 다루는 두 가지 주된 원리 가운데 두 번째는 전문화다. 근현대 사회에서 불확실성의 전문화를 위한 가장 중요한 수단은 자유기업 제도 그 자체 다음으로는 **투기**다. 이 현상 또한 상이한 원리들을 결합하는데, 불확실성을 부담하는 기능을 가장 기꺼이 떠맡고자 하는 사람들의 수중에 그런 기능을 전문화하기만 하는 것은 아마도 이득의 큰 원천보다는 작은 원천에 속할 것이다. 지금으로서는 불확실성에 대한 관계가 개인마다 다른 다양한 방식의 관점에서 불확실성 부담 전문화의 요인들에 대해 자세한 이론적 분석을 하는 일은 뒤로 미루는 것이 최선인 것으로 보인다. 이런 논의는 기업과 기업가 기능에 대한 논의와 관련시켜 다음 장에서 다뤄질 것이다. 지금은 우리가 단지 전문화와 불확실성의 실제 축소 사이에 여러 가지 방식으로 이루어지는 연합을 강조하고자 할 뿐이다.

불확실성을 축소하는 데서 이런 효과들 가운데 가장 근본적인 것은 전문화라는 사실 그 자체에 내포된 집합화에 의해 불확실성이 측정된 위험으로 전환되거나 제거되는 것이다. 사업 일반에 대한 조직화된 투기의 이점을 보여주는 전형적인 예는 헤징 계약의 사용이다. 이런 간단한 방책으로 산업적 생산자가 재료를 원료로서 구매하는 시점과 그것을 완성된 제품으로서 처분하는 시점 사이의 기간 동안 그의 활동에 사용되는 재료의 가치 변화에 기인하는 손실이나 이득의 가능성을 제거할 수 있게 된다. 이런 위험을 전문적 투기자에게 '전가'하게 되는 것이다. 그러한 전문적 투기자가 가지고 있는 그 어떤 우월한 판단력이나 예견, 또는 더 나은 정보는 제쳐놓고 보더라도 그는 자신이 하는 활동의 순전한 크기와 폭으로부터 엄청난 이점을 얻는다는 점이 곧바로 분명히 드러난다. 단일의 제분업자나 방적업자가 일단 시장에 있게 되면 투기자가 그 시장에 수백 수천 번 들어가고, 그가 판단에서 저지르는 오류들은 그에 따라 더욱 강력한 상쇄의 경향을 보여주며, 그리하여 그의 활동에 대한 항상적이고 예측할 수 있는 '수익'을 그에게 남기는 것이 틀림없다.

불확실성 부담을 전문화하는 그 어떤 방법에도 같은 추리가 성립한다. 전문화는 집중을 내포하고, 집중은 통합을 수반한다. 그리고 '경우들'이 아무리 이질적이라고 해도 합쳐지는 경우들의 수가 커지면 그에 따라 증가하는 정도로 총합에서 이득과 손실이 서로 중화한다. 전문화 그 자체는 주로 보험 원리의 적용이지만, 대규모 기업과 마찬가지로 그것도 성장해서 결국은 개별적 모험사업이나 불확실성에 대한 객관적 정의와 외부적 통제가 불가능해지기 때문에 어떤 외부적 기관이나 이러한 단일 목적을 위한 모험사업 간 느슨한 조합에 의한 보험을 '도덕적 위험'이 가로막는 불확실성 상황에 직면할 정도에 이른다.

상품거래소나 증권거래소와 관련해 이루어지는 조직화된 투기를 제외하고 보면 전문화의 원리는 산업의 고도로 불확실하거나 투기적인 측면이 안정적이고 예측할 수 있는 측면과 분리되어 상이한 제도적 기관에 인수되는 경향으로 예시된다. 이것은 물론 이미 지적한 투기의 통상적인 형태로 실제로 발생해온 것, 즉 **판매**의 기능이 생산의 기술적 측면으로부터 분리되는 것인데, 전자는 후자보다 훨씬 더 투기적이다. 근현대의 경제적 삶에서 아마도 이와 동등하게 중요한 분리는 새로운 기업의 **설립** 또는 **창설**과 그것이 가동된 뒤의 **운영** 사이에 아주 흔하게 일어나는 분리일 것이다. 물론 **발기**한 사업 모두가 이에 해당하는 것은 결코 아니지만, 그래도 그런 경향이 있는 것은 분명하다. 발기 단계에 있는 기업의 투자자들 가운데 일부는 정규적 운영으로부터의 미래 소득에서 그들 자신의 보수가 나오기를 기대하지만, 대부분의 투자자들은 그 사업이 설립된 뒤에 이익을 남기면서 지분을 매각하고 자신의 자본을 같은 종류의 어떤 새로운 모험사업에 투입하게 되기를 기대한다. 상당히 많고 점점 더 증가하는 수의 개별 발기인들과 법인기업들이 새로운 기업을 출범시키는 데에만 주의를 집중하고 그 사업의 전망이 상당히 확정적이게 되면 곧바로 완전히 철수한다. 이런 종류의 처분으로부터의 이득은 대체로 불확실성들이 통합되는 데서, 다시 말해 불확실성들이 집합화되어 해당 경우들의 집합에 대해 전혀 불확실성이 아닌 측정된 위험들로 전환되는 데서 발생한다. 그러한 발기인은 자신의 모험사업 중 특정한 비율만큼이 실패하여 큰 손실을 내고 더 큰 비율만큼이 상대적으로 수익성이 없게 되는 것을 당연한 일로 받아들이며, 자신의 이득은 간혹 있게 되는 돋보이는 성공에서 얻게 되기를 바란다. 다시 말해 －그러한 계산에 실제로 내재된 그러한 역설적 요소를 솔직하게 대면하면서－ 그는 모든 경우에 자신의 '예상'이 결과에 의해 입증되기를 '기대'하지 않는다. 그가 정말로 의존하는 예상은 일종의 평균, 즉 자기가 형성한 '추정들'의 장기적 가치에 대한 '추정'에 근거를 둔다. 사업의 투기적 단계에서 이루어지는 전문화는 단일의 사람 또는 회사로 하여금 다수의 모험사업들을 다룰 수 있도록 해주므로 통상적인 보험을 뒷받침하는 것과 동일한 원리가 적용되는 한 가지 양태임이 분명하다.

　같은 현상의 다른 예들이 독자들의 마음속에 떠오를 것이다. 가치가 대체로 투기적으로 결정되는 토지를 사용하는 산업들은 사용의 성질이 임차하는 절차를 실행할 수 있게 해주는 곳에서는 언제나 자신의 입지를 소유하기보다 임차할 가능성이 높다. 값비싼 기계와 그 밖에 다른 종류의 설비품목도 그것을 소유하는 것이 소규모 기업에 중대한 위험을 수반한다면 그냥 매입되기보다 임차될 수 있다. 임대된 토지나 설비의 소유자는 아마도 그러한 종류의 사업에 대한 전문가일 것이고, 그의 위험은 다수 모험사업들의 집합화에 의해 축소된다.

　통합을 통한 불확실성 축소 외에 투기적 기능 전문화의 다른 이점들도 명백하며, 앞의 논의에서 통합을 통한 불확실성 축소의 측면을 거기에서 다룬 경우에서 분리해낸 것이 투기적 기능 전문화의 다른 이점들을 무시하거나 숨기려는 의도를 가지고 그렇게 한 것은 결코 아니다. 특히 어떤 방면의 위험부담에서든 그 전문가는 자신이 다루는 문제에 대해 그것을 가끔씩만 다뤄본 모험자보다 더 많이 아는 것이 분명하다. 그런데 이런 불확실성의 대부분은 주로 판단 내리기와 관련되기 때문에 불확실성 그 자체가 이와 같은 사실에 의해서도 축소된다. 이런 측면에서 투기자와 보험자의 사이, 또는 발기인과 보험자의 사이에 근본적인 차이가 있으며, 이 점은 분명히 염두에 두어야 한다. 보험자는 어떤 특수한 경우—이를테면 어떤 건물화재의 경우—의 위험에 대해 더 많이 알지만, 그 특수한 경우에 그가 그것을 인수한다고 해서 **진정한 위험**이 줄어들지는 않는다. 그의 위험은 단지 그가 다수의 위험들을 인수해야만 줄어든다. 그러나 판단에서 어떤 오류를 저지를 '위험'을 이전하는 것은 매우 다른 문제다. 이제는 '보험자'(기업가, 투기자, 또는 발기인)가 불확실성을 전문가에게 이전하는 것을 통해 제거하려는 사람의 판단을 그 자신의 판단으로 대체한다. 그가 전문가라는 사실만으로도 거의 분명히 그렇겠지만 그의 지식과 판단이 더 나은 한 집합화로부터 이득이 발생하는 데 더해 개별 위험이 손실로 귀결될 가능성도 줄어든다. 단지 불확실성이 확실성으로 전환되기만 하는 것이 아니라 더 나은 경영, 즉 경제적 자원 사용에서의 더 큰 경제성이 실현되는 것이다.

  불확실성에 대응하는 문제는 이리하여 필연적으로 경영, 즉 경제적 통제라는 일반적인 문제로 넘어간다. 경제적 삶의 근본적 불확실성들은 미래를 예측하는 데서, 그리고 미래의 조건들에 맞게 현재를 조정하는 데서의 오류다. 미래에 대한 무지가 자연 그 자체의 실제 불확정성에 기인하는 한 우리는 단지 손실들을 분산하기 위해 대수의 법칙에 호소할 수 있을 뿐이다. 우리는 그 손실들을 계산할 수 있는 것으로 만들 뿐 그것들의 양을 줄이지는 못하며, 이것은 오로지 다뤄야 하는 우발사건들이 동질적인 집합들로 동화되는 것을 허용하는 성질의 것이어야만, 즉 그것들이 반복되는 경우에만 가능하다. 미래에 대한 우리의 무지가 단지 부분적인 무지, 불완전한 지식, 완벽하지 않은 추리일 때에는 경우들을 객관적으로 분류하는 것이 불가능하게 되고, 어떤 한 견해의 형성을 둘러싼 조건들에 일어난 그 어떤 변화도 거의 확실하게 견해 그 자체의 내재적 가치에 영향을 미친다. 이것은 단일 기업가의 운영 규모를 확장하는 것을 통한 집합화의 방법에도 들어맞는 말인데, 왜냐하면 그가 하는 추정의 질은 그가 해야 하는 추정의 수와 독립적이지 않고 관련된 자료 전체와도 독립적이지 않을 것이기 때문이다. 그러나 그것은 우리가 보았듯이 특히 전문화를 통한 집합화에 들어맞는다. 기업가 기능은 근현대 경제적 조직의 특징적 현상인 동시에 본질적으로 불확실성 부담의 전문화 또는 경제적 통제의 개선을 위한 수단인데, 불확실성 문제와 경영상 문제의 분리가 불가능함은 특히 이런 기업가 기능에 대한 논의(다음 장에서의)에서 중요할 것이다. 결정을 하는 것으로 이루어지는 경영과 산업에서 위험부담이 이루어지는 가장 기본적인 형태인 결정의 결과 인수 사이의 관계는 밀접할 뿐 아니라 매우 복잡하기도 하다는 것을 우리는 알게 될 것이다. 일련의 통제가 끝까지 이행되고 나면 궁극적으로 책임 있는 경영자의 관점에서 그 두 개의 기능은 분리하기가 언제나 불가능함이 확인될 것이다.

    이리하여 우리는 자연스럽게 불확실성을 다루는 가장 철저한 방법들에 대한 논의로 이끌려왔다. 그것은 곧 미래에 대한 더 나은 지식과 통제를 확보하는 것을 통해 불확실성을 다루는 방법들이다. 그러나 앞에서 관찰했듯이 이런 방법들은 애초부터 모든 합리적 행동의 목적을 나타낼 뿐이며, 그것들이 사회경제적 구조의 일반적 윤곽에 영향을 미치는 한에만 이 논문과 같은 저작에서 논의되기를 요구한다. 따라서 기업가 체제가 위험들을 통합하고 그것들을 떠맡기에 가장 능숙한 사람들의 수중에 집어넣는 것에 더하여 더 나은 경영을 촉진하는 경향이 있다는 것이 바로 그 체제에 근본적인 것이다. 여기서 추가적인 언급을 요구하는 것은 단지 지식과 지침을 제공하는 기능을 수행하는 고도로 전문화된 산업적 구조들의 존재를 지적하는 것뿐이다.

조직화된 투기를 통한 주된 이득 가운데 하나는 사업의 조건들에 관한 정보의 제공이며, 이것은 시장의 변화에 대한 보다 지능적인 예측을 가능하게 한다. 시장의 조합이나 거래소들과 그 회원들이 스스로의 계산으로 이런 일에 관여하기만 하는 것이 아니다. 그러한 정보의 제공이 사회 전반에 대해 갖는 중요성은 워낙 잘 인정되어 아주 많은 금액의 공공자금이 매년 다양한 산업들의 산출, 농산물 작황 등에 관한 정보를 확보하고 전파하는 데 지출된다. 거대한 자본투자와 정교한 조직들도 사적 기업으로서 이윤추구의 기반 위에서 그러한 일에 투입되고, 이 분야에서 정부의 활동이 갖는 중요성이 커지는 것과 마찬가지로 업계 소식지와 통계를 작성하고 제공하는 기관의 중요성도 커지는 경향이 있다. 활용할 수 있는 형태로 경제적 정보를 수집하고 소화하고 전파하는 것은 우리의 근현대적 대규모 사회조직과 연관된 거대한 문제 가운데 하나다. 이 문제의 매우 만족스러운 해결은 전혀 달성된 바 없음은 말할 필요도 없고 가까운 미래에도 그러한 것은 아무것도 발견되지 않을 것이라고 예측해도 무방하다. 그러나 정보공급을 위한 이 모든 전문화된 기관은 개별 사업 경영자가 알고 있거나 자신의 자원을 사용해서 알아낼 수 있는 것과 완벽하게 지능적인 방식으로 자신의 사업을 수행하기 위해 알아야 할 것의 사이에 존재하는 넓은 격차를 메우는 데 도움이 된다. 그런 기관들의 산출물은 개별 사업 경영자의 결정이 최종적으로 내려지는 데 근거가 되는 직관적 '판단'의 가치를 증대시키고, 그가 다소간 지능적으로 반응할 수 있는 환경의 범위를 크게 확장시킨다.

앞의 이야기는 주로 경제적 정보라는 문제의 생산 측면에 관련된다. 소비자를 위한 정보 분야에서는 우리가 훨씬 더 거대한 광고의 발전을 눈앞에 보고 있다. 여기에서는 이 복잡한 현상이 무지라는 사실 및 행동을 안내하는 지식의 필요성과 연관된다는 점을 지적하는 것 이상으로 자세한 논의를 할 수 없다. 광고의 단지 일부만이 이 용어의 그 어떤 적절한 의미에서든 정보로서 유용하다. 더 많은 부분은 설득에 바쳐지는데, 이것은 확신을 주는 것과는 다른 것이며, 아마도 새로운 욕구의 자극이나 창출은 그 두 가지 가운데 어느 것과도 구별될 수 있는 기능일 것이다. 광고에 더해 교육에 대한 사회적 지출의 대부분이 대중에게 욕구를 충족할 수단에 관한 정보를 주는 것과 관련되며, 이는 곧 취향의 교육이다. 두드러지는 사실은 삶의 모든 관계에 스며든 불확실성의 편재로 인해 정보라는 것이 경제적 조직이 관여하여 공급하는 주된 상품 가운데 하나가 된 것이다. 이런 관점에서는 '정보'가 그른지 옳은지, 또는 정보가 단지 최면암시일 뿐인지 아닌지는 중요하지 않다. 경쟁적 경제활동의 다른 모든 영역에서 그렇듯이 소비자가 최종심판자다. 사람들이 시리얼과 비누를 살 때 '서니짐'과 '잇플로츠'를 사려고 기꺼이 돈을 지불하고자 한다면 이들 상품은 경제재다. 만년필이나 안전면도기에 적힌 특정한 이름이 그것이 적히지 않은 같은 품목이 팔리는 가격보다 50퍼센트 높은 가격에 팔리게 할 수 있다면 그 이름은 그 품목에 내재한 경제적 효용의 3분의 1을 나타내며, 그 품목의 색깔이나 디자인, 또는 펜촉이나 면도날의 품질, 또는 그것을 유용하게 만들거나 매력적으로 보이게 하는 다른 어떤 품질과도 경제적으로 아무런 차이가 없다. 도덕적으로 까다로운(그리고 순진한) 사람들은 '실질적' 효용과 '명목적' 효용 사이의 구별이 있다고 항의할 수 있지만, 그러한 구별을 매우 멀리까지 가져가려고 하는 것은 그들 자신의 낙관주의에 매우 위험하다는 것을 알게 될 것이다. 자세히 살펴보면 우리가 우리의 소득을 지출해서 얻으려고 하거나 얻지 못해 안달하는 것들의 대부분은, 그리고 특히 사실상 모든 고도의 '정신적' 가치들은 빠르게 두 번째 종류로 이끌려 간다는 점이 눈에 띌 것이다.

    정보의 생산 및 판매와 다소 다른 것으로 행동의 안내를 위한 실제적 지침의 직접적인 거래가 있다. 이런 종류의 산업이 빠르게 성장하는 것도 근현대 사회의 특징이다. 기본적으로 안내의 판매로 이루어지는 활동을 하는 소수의 전문직이 언제나 있어왔는데, 대표적인 것이 의학과 법률 분야의 전문직이고 설교와 교육 분야의 전문직도 다소 그렇다. 그러나 최근에는 산업적 삶의 거의 모든 부문에서 전문가와 컨설턴트들이 말 그대로 무리를 지으며 돌아다니는 것을 우리는 목격해왔다. 정보를 다루는 것과 다른 점은 이런 사람들은 진단에 그치지 않고 더 나아가 처방까지 한다는 것이다. 그들은 사업조직, 회계, 노동관리, 공장설계, 재료처리의 분야에서 동등하게 두드러진다. 그들은 사업 경영자들에 대한 과학적 경영자다. 그리고 그들이 사업이나 그 경영자들에게 도움이 전혀 안 되는 것은 결코 아니라고 하더라도, 그리고 돌팔이가 아주 많기는 하지만, 그들은 아마도 생산의 효율성을 증대시키는 데서 제몫을 해내며 전체적으로 보면 그 이상도 해낼 것이다. 분명히 그들은 맹목적인 전통 추종이나 어림짐작 방법 사용 대신에 사업 문제에 대한 지능적이고 비판적인 고찰을 강요하는 데

서 유용한 일을 하고 있다.[207]

불확실성에 대응하기 위한 대안들로 거론된 것 가운데 마지막 것은 보다 투기적인 활동보다 상대적으로 예측이 가능한 종류의 활동을 선호하는 경향이라는 문제와 관련된다. 사회는 생산에 불확실성이 수반되고 그래서 그 반대 성격의 재화와 비교해 공급이 부족한 상품들에 대한 더 높은 가격이라는 형태로 위험 인수에 대한 보상을 지급한다고 흔히 가정된다.[208] 이 주제는 이윤이 영(0)으로 가는 경향이라는 밀접히 연관된 문제와 관련하여 다시 거론될 것이고,[209] 따라서 현재로서는 그것에 대한 논의는 미루는 것이 최선인 듯하다. 우리는 어느 분야에서든 불확실성에 상응하는 고정비용이 가져올 수준 이하로 생산성을 하락시키는 그 어떤 불확실성 혐오의 실재성에 대해서도 매우 회의적이게 되는 이유를 발견하게 될 것이다.

---

[207] '안내(guidance)'의 생산과 판매에 대해서는 《정치경제학지》 26권 1호와 2호에 실린 J. M. 클라크의 글을 보라.

[208] 윌렛의 《위험과 보험의 경제이론》 Ⅲ장.

[209] XⅡ장을 참조하라.

IX장 기업과 이윤

우리는 이제 경제적 삶의 일반적 조직 형태에 대한 불확실성의 영향을 보다 구체적이고 자세하게 검토해야 한다. 가장 좋은 방법은 불확실성이 없는 사회를 상정하고 불확실성이 도입된다고 상상한 다음 그 구조에 어떤 변화가 일어날지를 확인해보는 것이라고 생각된다. 그러므로 우리는 불확실성이(그리고 진보가) 없다는 조건 아래 교환과 경쟁의 역학을 연구한 IV장의 논의로 돌아간다. 같은 방법으로 가능한 한 단순한 형태의 문제에서 시작해 상이한 요인들의 효과를 각각 별개로 연구하고, 실제 삶의 복잡성을 그 요소들에서 출발해 상상 속에서 구축하는 것을 통해 '종합적'으로 분석할 것이다.

최소한의 정도로만 불확실성을 확보하는 동시에 논의를 가능한 한 현실에 근접하게 유지하기 위해서는 우리의 논의에 전제할 가정들을 정의하는 데서 다소간 주의를 기울일 필요가 있다. 가장 명백한 최초 요건은 사회진보의 요인들을 고려에서 제거하고 우선 정적인 사회를 검토하는 것이다. 그러나 이러한 설정은 다룰 때 분별을 필요로 한다. **절대적으로** 불변하는 사회적 삶에서는 우리가 거듭 말했듯이 그 어떤 불확실성도 없을 것이고, IV장에서 우리의 분석은 이런 가정 위에서 전개됐다. 그러한 조건들은 우리가 사는 세계의 가장 기본적인 사실들과 양립하기가 전혀 불가능하지만, 그것들을 연구하는 것은 불확실성의 효과를 분리해낸다는 분석적 목적에 기여한다. 왜냐하면 변화의 상이한 종류들과 변화의 상이한 정도들은 실제의 사실이므로 변화가 가장 근본적이고 제거될 수 없는 종류와 양으로 제한되게 하는 가설적 조건들을 연구하는 것이 추상을 덜 수반하기 때문이다. 사회는 거의 **비진보적**일 수 있고 그동안 실제로 그랬던 사회도 있으며, 이를 고려해서도 분명한 단순화로서 해야 할 일은 진보적 변화를 제거하는 것이다.

V장에서 열거한 일반적인 진보적 변화의 모든 요소를 사상한 뒤에도 인간의 삶에는 많은 양의 불확실성이 남아있게 되는데, 이는 물질적 가능성을 훼손하지 않고는 우리의 사고 속에서 배제할 수 없는 **변동들**의 성격이 변화하는 데 기인한다. 현실적으로 최소한의 불확실성을 수반하는 조건들을 엄격하게 정확히 설정하는 일은 이루어질 수도 없지만 필요하지도 않다. 우리가 논의하기를 제안하는 상황을 대략적으로 제시하는 것으로 충분하다. 몇 가지 요인은 인식될 불확실성의 양에 영향을 미치므로 고려돼야 한다. 가장 먼저 주목해야 할 것은 생산과정의 시간길이인데, 왜냐하면 시간길이가 길수록 더 많은 불확실성이 당연히 수반될 것이기 때문이다. 이와 더불어 아주 크게 중요한 것이 경제적 삶의 일반적 수준이다. 인간의 욕구 가운데 낮은 수준의 것들, 즉 가장 고도로 필수적인 성격을 갖는 것들이 가장 안정적이고 예측 가능성이 높다. 우리가 더 높은 단계로 올라갈수록 심미적 요소의 비율과 동기부여에 관여하는 사회적 제안의 비율이 더 높아지고, 욕구를 예견하고 그것을 만족시키는 것과 연관된 불확실성이 더 커진다. 다른 한편으로 생산의 측면에서는 대부분의 제조업 과

정이 보통의 조건들 아래에서 이루어지는 농업 활동보다 결과와 관련해 더 통제와 계산이 가능하다. 우리는 또한 과학의 발전과 사회조직 기법의 발전에도 주목해야 한다. 미래를 예측하는 능력이 더 커지고 상황전개를 통제하는 힘이 더 커지는 것은 명백히 불확실성을 축소시키며, 더욱 중요한 것은 앞장에서 지적한 바 있지만 통합을 통해 불확실성을 감축하기 위한 다양한 수단들의 지위다.

이 모든 복잡성에 대해 어떤 다소 확정적인 가정이 설정돼야 하는데, 우리가 가능한 한 현실적이 되는 것을 통해 그러한 복잡성을 처리할 수 있다. 지금 우리는 20세기 초기의 미국에 대해 이야기하고자 하는 것인데, 다만 진보적 변화를 사상하고서 그렇게 하려는 것이다. 다시 말해 우리는 수와 구성에서 정적이고, 근현대 삶의 특징을 이루는 변화와 발전에 대한 열광이 없는 인구를 가정한다. 기술과 조직에서 발명과 개선이 제거되며, 그래서 우리가 오늘날 알고 있는 대로의 일반적인 상황이 정적으로 유지된다. 사람들 사이에서 이루어지는 새로운 자본의 저축, 새로운 자연자원의 개발, 대지 위의 인구 재분포, 재화 소유권의 재분배, 교육 등과 관련해서도 마찬가지로 가정된다. 그러나 우리는 인간이 개인으로서 전지하고 불멸하거나 완전하게 합리적이고 변덕으로부터 자유롭다고 가정해서는 안 된다. 우리는 자연적 재앙, 전염병 창궐, 전쟁 등은 무시해야겠지만, 유한한 삶의 '정상적'인 우여곡절 및 인간이 하는 선택의 불확실성과 더불어 날씨 등의 '통상적'인 불확실성은 당연한 것으로 받아들여야 한다.[210]

---

[210] 여기에서 우리가 그려보려고 애쓰는 상황은 A. H. 윌렛 박사가 '근사적으로 정적인 상태'라고 지칭하면서 마음속에 품고 있는 것과 같은 것으로 보인다. 《위험과 보험의 경

이제 Ⅳ장에서 묘사한 사회조직의 종류로 돌아가[211] 그 상황에 불확실성을 최소한의 정도로 도입하는 것의 효과가 무엇일지를 탐구해보자. 지금까지 구축한 가설적 사회의 핵심적인 특징들은 분명히 마음속에 담아 둘 필요가 있다. 사람들은 절대적 자유 아래 담합 없이 모두 개인으로 활동하면서 1차와 2차 노동분업과 자본사용 등이 있는 경제적 삶을 조직했고, 그런 삶이 오늘날 미국에서 우리에게 익숙한 정도까지 발전했다고 상정된다. 상상력의 실행을 요구하는 사실 가운데 주된 것은 생산적 집단들 또는 설비들의 내부 조직이다. 불확실성이 전혀 없고 모든 개인이 상황에 대한 완전한 지식을 가지고 있다면 생산적 활동에 대한 책임 있

제이론》 15쪽과 16쪽을 보라.
    이와 관련해 다시 말하지만 우리가 엄격하게 논리적이고 확정적이면 단지 세부적인 것들로 빠질 수밖에 없다. 우리는 물리적 본질에든 인간적 본질에든 궁극적으로 실재하는 불확실성과 변덕이 있는지 여부를 알지 못한다. 모든 변화는 언젠가는 스스로 원래의 방향으로 돌아가며, 진보가 제거되면 개별적인 경우에서는 아니라 하더라도 총합으로서의 현상들과 관련해 우리가 마침내 예언의 능력을 달성하게 되는 것 같다(통합의 원리를 적용하는 것을 통해). 그러나 예를 들어 날씨를 예측하는 데서 과학이 비극적으로 제한적인 성공만을 거둔 것을 고려하면 많은 양의 실제 불확실성을 가정하는 데는 믿기 어려운 점이 없는 것이 분명하다. 우리는 변화의 주기성, 즉 변동이 취소되는 데 요구되는 시간간격은 실제로는 인간 생명의 길이에 연관된다는 것을 잊지 말아야 한다. 그러한 취소가 **궁극적으로** 일어난다면 (일부 저작자들, 특히 니체가 대담하게 가정했듯이) 그 기간이 인간 생명과 관련해 워낙 길어서 우리가 그 이점을 전혀 취할 수 없을 것이다.

211 Ⅴ장에서는 우리가 불확실성이 없을 때 진보가 낳는 효과를 다루었음을 독자는 기억할 것이다. 여기에서는 우리가 진보가 없을 때의 불확실성을 검토하고, 그리하여 그 두 가지 요인을 각각 별도로 연구하는 계획을 완수하기 위해 우리의 지난 발자국을 어느 정도 되밟는다. 우리는 지금의 과제를 완수한 뒤에는 그 두 가지 요인을 결합해 연구할 것이다(ⅩⅠ장에서). 꼭 완전하게는 아니라고 하더라도 대체로는 서로 분리될 수 있는 두 가지 사실인 불확실성의 효과와 진보의 효과를 혼동하는 것이 '동적' 이익에 관한 이론의 추리에 바탕이 된 것 같다.

는 경영이나 통제의 성격을 가진 그 어떤 것도 생겨날 여지가 없을 것이다. 그 어떤 현실적 의미의 판매 활동도 발견되지 않을 것이다. 생산과정을 거쳐 소비자에게로 가는 원재료와 생산적 용역의 흐름은 완전히 자동적일 것이다.

우리는 사람들에게 초자연적인 선견지명의 능력이 있다고 가정함으로써 상상력을 긴장시킬 필요가 없다. 우리는 조정을 시행착오의 방법만으로 진행되는 긴 실험과정의 결과라고 생각할 수 있다. 삶의 조건들과 사람들 자신이 완전히 불변하다면 누구도 변화하도록 하는 유인 아래 있지 않다는 의미에서 완벽한 어떤 확정적인 조직이 초래될 것이다. 그러므로 생산적 집단들의 조직에서 모든 노동자가 다른 사람들의 노동과 일종의 '예정된 조화'를 이루는 가운데 정확하게 해야 할 일을 해야 할 시간에 한다고 상상할 필요가 없다. 개인들의 활동을 통합조정한다는 목적을 위한 경영자, 감독자 등이 있을 수 있다. 그러나 완전한 지식과 확실성이라는 조건 아래에서는 그러한 기능을 하는 사람들이 단지 노동자일 뿐이어서 기계적인 작업에 종사하는 사람들과 같은 수준에서 그 어떤 종류의 책임도 지지 않고 순전히 판에 박힌 기능을 수행한다.

이런 에덴동산 같은 상황에 불확실성-무지라는 사실, 그리고 지식보다 견해에 근거한 행동의 필요성-이 도입되면 그 성격이 완전히 바뀐다. 불확실성이 없다면 사람의 에너지는 전적으로 무언가를 하는 데 바쳐진다. 그러한 상황에서 지능 자체가 존재할 것인지 의문이다. 그렇게 구축되어 완전한 지식이 이론적으로 가능한 세계에서는 모든 유기적 재조정이 기계적인 것이 되고 모든 유기체가 자동기계가 될 것 같다. 불확실성이 있다면 무언가를 하는 것, 즉 활동의 실행은 실제적인 의미에서 삶의 2차적인 부분이 되고, 1차적인 문제나 기능은 무엇을 하고 그것을 어떻게 할지를 결정하는 것이 된다. 불확실성이라는 사실에 의해 초래된, 사회적 조직의 두 가지 가장 중요한 특징은 이미 주목됐다. 첫째, 재화가 생산자들 자신의 욕구를 만족시키기 위해서가 아니라 욕구에 대한 완전히 비인격적인 예측을 토대로 시장을 향해 생산된다. 생산자는 소비자들의 욕구를 예상하는 책임을 진다. 둘째, 예상을 하는 일과 함께 생산에 대한 기술적 지휘와 통제의 대부분이 매우 협소한 종류의 생산자들에게 더욱 더 집중되고, 우리는 새로운 경제적 기능자인 기업가를 만나게 된다.

불확실성이 있어서 무엇을 하고 그것을 어떻게 할지를 결정하는 과제가 실행을 하는 과제보다 우위를 차지한다면 생산적 집단들의 내부 조직은 더 이상 무차별한 문제이거나 기계적인 세부사항이 아니게 된다.[212] 이런 결정하고 통제하는 기능의 집중은 긴요한 것이어서 생물의 진화에서 일어난 것과 같은 '두화(頭化)'의 과정이 필연적인데, 그 이유도 생물학적 진화의 경우와 같다. 이런 과정과 그것에 조건이 되는 상황을 검토해보자. 이 문제를 다루는 순서는 사람에 따라 대체로 독립적으로 상이할 수 있는 불확실성의 요소들에 대해 Ⅶ장에서 설명한 분류에 의해 제시된다.

우선 직업들이 그 일상적 작업에 알맞은 능력과 취향의 종류에서만 상이한 것이 아니라 그 성공적인 지휘에 요구되는 지식과 판단의 종류 및 양과 관련해서도 상이하다. 이제 생산적인 집단이나 설비들이 숙련을 얻기 위해서만이 아니라 경영능력을 얻기 위해서도 경쟁하게 되고, 인력의 상당한 재조정이 그 자연적인 결과로 일어난다. 최종적인 조정은 각각의 생

---

[212] 위의 Ⅳ장, 140쪽 주석을 보라.

산자를 그의 특수한 그 두 가지 속성 간 결합이 가장 효율적인 것으로 여겨지는 곳에 위치하게 할 것이다.

그러나 더 중요한 변화는 집단들 자신이 필요한 종류의 경영능력을 가장 크게 가진 개인을 찾아내어 그로 하여금 집단의 일을 떠맡게 하고 다른 구성원들의 활동을 그의 지휘와 통제 아래에 둠으로써 스스로 전문화하는 경향이다. 산업의 조직은 어느 한 사람의 지능으로 하여금 다른 사람들의 틀에 박힌 육체적, 정신적 활동을 지휘하게 할 수 있다는 근본적인 사실에 의존한다는 점은 명시적으로 언급할 필요도 거의 없다. 또한 사람들은 무엇을 해야 하는지를 결정하는 지능적 능력에서만이 아니라 다른 사람들을 효과적으로 통제하는 능력에서도 상이하다는 점도 고려해야 할 것이다. 더 나아가 자신의 판단과 능력에 대한 자신감의 정도에서, 그리고 자신의 견해에 입각해 행동을 하는 성향, 다시 말해 '모험'을 하는 성향에서 사람들 사이에 다양성이 작동하는 것도 틀림없다. 이런 사실은 조직의 형태에 일어나는 가장 근본적인 변화, 즉 자신감과 모험심이 있는 사람들이 '위험을 인수'하거나 의심이 많고 소심한 사람들에게 실제 결과를 배정하고 그 대가로 특정한 소득을 보증함으로써 그런 사람들에 대해 '보험자'가 되는 체제가 실현되는 변화에 원인으로 작용한다.

이리하여 불확실성은 사람을 선발하고 기능을 전문화하는 4중의 경향을 나타낸다. (1) 사람을 지식과 판단력의 종류에 근거해 직업에 적응시킨다. (2) 예견력의 정도에 근거해 그와 유사한 선별을 한다. 왜냐하면 어떤 종류의 활동은 다른 종류의 활동들과 매우 다른 정도로 이런 자질을 요구하기 때문이다. (3) 생산적 집단 안에서 전문화가 이루어지게 한다. 우월한 경영능력(예견력과 다른 사람들을 지도하는 능력)을 지닌 개인은 집단을 통제하고, 자신의 지휘 아래 일하는 다른 사람들을 통제하는 위치에 놓인다. (4) 자신의 판단에 대해 자신감이 있고 행동에서 '뒷받침'하는 성향을 지닌 사람들은 위험부담에 전문화하게 한다. 이런 경향들 사이에 긴밀한 관계가 성립함은 분명할 것이다. 우리는 자신감과 모험심을 전혀 분리하지 않았는데, 이는 그 둘이 유사한 작용을 하며 동일한 기능의 양 측면이나 다름없기 때문이다—마치 용기와 위험최소화 경향이 사고 속에서는 분리될 수 있지만 모든 분야에서 으레 뒤섞이는 것과 같이—. 게다가 (3)번과 (4)번은 같이 작동한다. 우리가 아는 대로의 인간의 본성을 전제한다면 어느 한 사람이 다른 사람이 하는 일을 지휘할 권한을 부여받지 않은 상태에서 그 다른 사람에게 그가 하는 활동에 대해 어떤 특정한 결과를 보증하는 것은 실행될 수 없거나 매우 특이한 일일 것이다. 그리고 다른 한편으로 후자는 그러한 보증 없이는 전자의 지휘를 받는 위치에 있으려고 하지 않을 것이다. 그 결과는 고리금지법 회피의 역사에서 유명한 유형의 '이중계약'이다. 또한 우수한 판단력이 그 자신의 입장에서는 물론이고 다른 사람들의 입장에서도 그 판단력에 대한 확신과 일반적으로 연합되지 않는다면 그 체제는 전혀 작동하지 않을 것이다. 다시 말해 사람들이 자신의 판단력과 다른 사람들의 판단력에 대해 종류와 정도의 둘 다와 관련해 내리는 판단은 대체로 그르기보다는 옳을 것이 틀림없다.[213]

이런 다중적인 기능 전문화의 결과가 **기업이고 산업의 임금체계**다. 그

---

[213] 이 진술은 한 사람의 판단력은 유효한 의미에서 진정한 가치 또는 객관적인 가치를 갖는다는 뜻을 내포한다. 이 가정은 논의 과정이 더 진행되면서 정당화될 것이다.

것이 이 세상에 존재한다는 것은 불확실성이라는 사실의 직접적인 결과이며, 이 연구의 남은 부분에서 우리가 해야 할 과제는 이런 현상을 그 다양한 측면에서, 그리고 인간의 경제적 활동 및 사회구조와 갖는 그 다양한 관계 속에서 자세히 살펴보는 일이다. 그것은 필연적이거나 불가피한 것이 아니고, 유일하게 생각해볼 수 있는 조직형태도 아니다. 그것은 특정한 조건들 아래에서 특정한 이점을 갖는 것이고, 상이한 정도로 발전할 수 있는 것이다. 기업의 본질은 경제적 삶에 대한 **책임 있는 지휘** 기능의 전문화이며, 이 **두 가지** 요소, 즉 **책임과 통제**가 분리될 수 없다는 것은 이런 기능의 특징인데 그동안 무시돼왔다. 기업체제 아래에서는 사업가라는 특수한 사회적 부류가 경제적 활동을 지휘한다. 그들은 엄격한 의미에서 생산자이며, 인구 대중은 자신들의 인격과 자신들의 재산을 이 부류의 처분에 맡기면서 그들에게 생산적 용역을 제공하기만 한다. 그리고 기업가들은 생산적 용역을 제공하는 사람들에게 고정된 보수를 보증하는 **일도** 한다. 정확하게 이런 두 가지 기능을 정의하고 사회구조 속에서 추적하는 것은 전문화가 결코 완전하지 않으므로 어려운 과제일 테지만, 그런 시도를 하다보면 결국에는 우리가 자유로운 사회에서는 그 둘이 분리되는 것이 본질적으로 불가능하다는 점을 알게 된다. 어느 정도로든 유효하게 판단을 하는 것 또는 결정을 내리는 것은 자유로운 사회에서는 그에 상응하는 정도로 불확실성을 부담하는 것, 즉 그러한 결정에 대한 책임을 지는 것과 결합된다.

    기능의 전문화와 더불어 보수의 차별화가 진행된다. 사회의 생산물도 유사하게 두 종류의 소득으로, 오로지 **두 종류의 소득으로**만 나뉜다. 그 가운데 하나는 경제이론이 소득을 묘사해온 바에 따르면 본질적으로 **지대**

인 계약소득이고 다른 하나는 잔여소득 또는 **이윤**이다. 그런데 계약소득의 차별화는 이윤의 차별화와 마찬가지로 결코 완전하지 않아서 둘 중 어느 쪽의 종류도 순수한 형태로 나타날 수 없으며, 실제 소득은 모두 지대와 이윤이라는 두 요소를 포함한다. 그리고 불확실성이 있다면(차별화 그 자체의 조건) 어떤 소득에 대해서든 그 가운데 얼마만큼이 어느 한 종류이고 얼마만큼이 다른 한 종류인지를 판정하는 것조차 가능하지 않다. 하지만 부분적인 분리는 이루어질 수 있고, 두 종류 사이의 인과적 차이는 매우 분명하다.

우리는 불확실성이 없는 사회에 불확실성이 도입되면서 그 사회가 기업조직으로 변환되는 것을 상상해볼 수 있다. 그러한 재조정은 우리가 이미 서술한 동기들 아래에서, 다시 말해 각각의 개인이 자신의 입장을 개선하려는 노력을 기울이는 가운데 이미 서술한 시행착오의 방법에 의해 이루어질 것이다. 여전히 항상 유념해야 하는 이상적 조건 또는 제약하는 조건은 열려 있는 분야들 사이에 노력이 배분되고 노력에 따른 과실의 지출이 배분되는 것을 통해 개인별 행동의 모든 가능한 대안들이 동등해지는 것이다. 그 새로운 체제 아래에서 노동용역과 재산용역이 실제로 시장에 나와 상품이 되어 매매된다. 이리하여 그것들은 상대적 가치 척도에 맞춰지며, 욕구를 만족시키기 위한 직접적 수단들로 구성된 가치기금과 가격기준으로 볼 때 동질적인 것이 된다.

새로운 조정이 이루어진 그러한 상태의 또 다른 특징은 완전균형의 조건이 더 이상 가능하지 않다는 것이다. 생산을 위한 준비는 예상을 근거로 해서 이루어지지만 실제로 달성되는 결과는 일반적으로 그 예상과 일치하지 않으므로 진동 폭이 줄어들어 영(0)이 되지 않을 것이다. 왜냐하면 개인들에 의해 빚어지는 모든 변화는 이미 수립된 가치척도와 연관되는데 이러한 가격체계가 예상치 못한 원인에 따라 변동될 수 있기 때문이다. 따라서 생산을 위한 준비에서 개별적 변화가 무한히 계속해서 일어날 것이다. 인간의 판단이 지닌 가치를 측정하게 해주는 유일한 방법인 실험은 실패 또는 오류를 일정 부분 수반하고, 결코 완전하지 않으며, 인간의 생명이 유한함을 고려하면 끊임없이 처음부터 다시 시작돼야 한다.

우리는 이제 기업조직체제에 내포된 두 가지 유형의 개인적 소득, 즉 계약소득과 이윤[214]을 개괄적으로 검토하는 일로 넘어간다. 우리는 지금까지와 마찬가지로 통상적인 인간 동기의 관점에서 행동을 하고 결정을 내리고 자신들의 행동을 해석하는 사람들의 실제 입장에 우리 스스로를 놓는 것을 통해 사건들을 설명해보려고 한다. 문제 설정의 배경은 모든 사람과 물질적 요소가 서로 채용되기 위해 경쟁하는 자유경쟁 상황이다. 여기에는 그 시점에 기업가로 관여하고 있는 사람들도 모두 포함된다. 모든 기업가는 생산적 용역을 얻기 위해 경쟁하고, 이와 동시에 모든 사람은 기업가의 지위를 얻기 위해 경쟁한다. 이런 상황에 대한 반응을 이해하는 데서 기본적인 사실은 사람들은 자신이 **미래**에 대해 어떻게 **생각**하는지를 토대로 행동을 하고 경쟁을 한다는 것이다. 상상을 단순화하고 구체화하기 위해 우리는 앞에서와 마찬가지로 어떤 종류의 사람들과 사

---

[214] 이미 언급했듯이 계약소득의 이론적 특징들은 분배에 대한 전통적 분석에 나오는 지대와 연관된 것이다. 우리의 현재 가정, 즉 모든 생산적 재화는 양에서, 그리고 사회 구성원들 사이의 그 분배에서 고정돼 있다는 가정의 관점에서 보면 그러한 소득들은 당연히 임금으로 불릴 수 있다. 소득의 원천에서 중요한 인과적 또는 윤리적 차이는 없다고 우리가 주장해왔으므로 그것들이 무엇으로 불리는가는 특별히 중요하지 않다.

물들의 집합이 있는데(임의로 선택한 집합도 출발점으로는 괜찮을 것이다) 그들은 기업가인 다른 사람들의 통제를 받고 있고, 기업가들과 그 밖의 다른 사람들이 위에서 서술한 대로 경쟁관계에 있다고 가정하고자 한다.

생산-분배 체계는 두 종류의 예상을 토대로 해서 이루어지는 가격제시와 대응 가격제시를 통해 작동된다. 노동자는 기업가가 얼마나 지불할 수 있으리라고 자신이 생각하는지를 스스로에게 묻고, 다른 어떤 기업가에게서 얻을 수 있거나 자신이 기업가로 전환해서 얻을 수 있는 것보다 적은 것은 결코 받아들이지 않으려고 한다. 마찬가지로 기업가는 어떤 노동자에게든 그의 용역을 확보하기 위해 자신이 제시해야 하리라고 생각하는 것을 제시하고, 자신이 노동자로 전환해서 얻을 수 있는 것을 염두에 두면서 노동자가 자신에게 실제로 얼마나 가치가 있을지를 생각해보고 그 이상은 결코 제시하지 않으려고 한다. 계산은 전부 미래 시점에서 이루어지므로 과거의 조건들은 물론이고 현재의 조건들도 무엇을 예상할 수 있는지에 대한 예측의 근거로만 작용한다.[215]

자유시장에서는 그 어떤 상품에 대해서도 오직 하나의 가격만 있을 수 있기 때문에 일반적인 임금률은 위와 같은 경쟁적인 호가의 결과일 것이

---

[215] 실제의 사회에서는 고용자 지위와 피고용자 지위 사이에서 선택을 할 자유가 보통의 경우 자본의 최소량 소유에 의존한다. 그러한 자유를 가정하는 데 수반되는 추상의 정도는 그러나 심각하지 않다. 왜냐하면 과시된 능력은 언제나 사업활동을 위한 자금을 얻을 수 있기 때문이다. 재산이 없는 고용자는 계약지급이 손실을 수반할 수 있을 때에도 보험을 이용하면 계약지급을 보증할 수 있고, 고도로 발전한 조직과 사업상의 도덕률이 있다면 생산적 용역을 제공하는 기능으로부터 위험을 부담하고 통제를 하는 기능을 완전히 분리하는 것이 가능하다. 그러나 실제의 삶에서 유효한 보증을 제공하기 위해 일반적으로 필요한 조건들도 우리가 논의를 진행해 나가면서 고려돼야 한다.

틀림없다. '생산물'이라는 용어를 이미 설명한 대로 특정한 기여라는 의미로 사용한다면 수립된 임금률은 사회적 또는 경쟁적으로 예상된 노동자 생산물의 가치라고 표현할 수 있다. 임금률을 결정하는 것은 고용협상의 당사자 가운데 어느 한 쪽이 가진 미래에 대한 견해가 아니다. 이런 견해는 최고와 최저의 한계, 즉 그것을 벗어나서는 계약이 일어날 수 없는 한계를 설정할 뿐이다. 가격조정의 기제는 다른 어떤 시장에서와 똑같다. 언제나 어떤 수립된 획일적인 율이 있고, 이것은 공급과 수요를 일치시키는 지점에 부단히 유지된다. 어느 시점에든 수립된 율을 기꺼이 수용하려고 하는 피고용자들에 비해 더 높은 율에서 기꺼이 고용을 하려고 하는 호가자가 더 많다면 그에 따라 율이 상승할 것이고, 견해의 균형이 이와 반대 방향이라고 해도 마찬가지다. 어떤 개인이든 무엇을 해야 할지에 대한 그의 최종 결정은 일시적으로 존재하는 가격을 그 상품의 중요성에 대한 주관적 판단과 비교하는 것에 근거한다. 이 경우의 판단은 미래에 대한 기술적 불확실성과 가격의 불확실성 둘 다를 내포한 이중의 추정으로부터 도출된 간접적 중요성과 관련된다. 고용자는 현행 임금을 제시할지 여부를 결정할 때, 그리고 피고용자는 그것을 수용할지 여부를 결정할 때 기술적 또는 물리적으로 측정된 노동의 생산물(특정한 기여)과 그 생산물이 시장에 나올 때 그것의 예상되는 가격을 추정해야 한다. 그 추정은 확률에 대한 두 종류의 계산이나 추정을 수반할 수 있다. 모험사업 그 자체는 본래부터 예측할 수 없는 요인들을 다분히 내포하고 있어서 도박의 성질을 갖고 있다고 볼 수 있다. 그러한 경우에 결정은 성공의 '객관적 확률'에 대한 '추정'에 의존하거나, 성공이나 실패의 다양한 정도에 대응하는 일련의 그러한 확률들에 대한 '추정'에 의존한다. 그래서 통상적으로 지능적인 사람의 경우에는 모든 추정된 요인들과 관련해 그런 추정들의 개연성 있는 '진정한 가치'를 고려할 것이다.

'사회적' 또는 '경쟁적' 예상이라는 용어의 의미가 이제는 분명할 것이다. 고용계약의 양 당사자 가운데 어느 쪽이든 그의 마음속 문제는 간단히 말해 협상의 대상인 용역에 대한 현행 보수의 수준과 그 용역의 가치에 대한 그 자신의 추정 사이의 차이라는 사실과 연관되며, 이때 그 자신의 추정은 개연성의 정도에 따라 할인된 것이다. 그 차이의 크기는 전혀 중요하지 않다. 고용자가 되려는 사람은 그 용역이 자신이 지급하려고 한 가격보다 자신에게 훨씬 더 큰 가치를 가지고 있다는 것을 절대적으로 알고 있을 수도 있지만, 그렇더라도 그는 경쟁적으로 수립된 율만을 지급해야 할 것이고, 그의 구매는 그가 그 거래에 대해 주저했을 경우에 비해 더 많이 그 율에 영향을 주지 않으며, 그래서 그는 그렇게 거래를 한다. 실제의 현행 율을 결정하는 것은 '한계' 수요가격이라는 의미를 지닌 연관된 크기에 대한 일반적인 추정이다.

많은 측면에서 우리가 지금 다루고 있는 조직의 성질은 IV장에서 불확실성과 진보가 없는 경우의 조직에 대해 묘사한 것과 똑같다. 특정한 생산적 집단에 대해 한 사람의 노동자 또는 한 부분의 물질적 설비가 갖는 가치는 결합 속에서 그 종류에 속하는 요소의 비율이 증가함에 따라 체감하는 수확의 원리 아래에서의 산출에 대한 그 특정한 물리적 기여에 의해서 측정되고, 문제의 설비를 가지고 산출되는 특수한 생산물을 만드는 데 투입되는 생산적 에너지의 비율이 증가함에 따라 체감하는 효용의 원리 아래에서의 그 기여의 가격에 대해서 측정된다. 그러나 조직의 작동이 의존하는 사실들은 더 이상 실험을 통해 정확하게 객관적으로 측정할 수 없다. 이 경우의 모든 자료는 **추정**돼야 하고 그래서 크든 작든 어느 정도의 오류가 일어날 수밖에 없으며, 이런 사실은 두 상황의 유사성보다 더 근본적인 차이를 발생시키는 원인이 된다. 이러한 추정을 하고 집단에 참여하는 다른 구성원들에 대해 그 가치를 '보증'하는 기능은 각각의 설비에서 책임 있는 기업가의 몫이 되며, 이것이 불확실성이 없는 사회에서는 전혀 알려지지 않았던 새로운 유형의 활동과 새로운 유형의 소득을 만들어낸다.

    Ⅳ장에서 다룬 가설적 상황에서조차 특정한 통제와 통합조정 기능이 각 생산적 집단 속의 한 개인이나 사람들의 무리에 집중될 가능성이 있을 것이다. 그러나 그러한 사람들의 의무는 단지 판에 박힌 성격의 것일 테고, 중요한 측면에서는 결코 다른 어떤 작업자들의 의무와 다르지 않을 것이다. 그들은 노동자들 속의 노동자일 것이고, 그들의 소득은 다른 임금들과 같은 임금일 것이다. 그러나 경영기능이 **쉽게 오류에 빠질 가능성**을 수반하는 판단 내리기를 요구하게 될 때에는, 그리고 결과적으로 자기가 가진 견해의 올바름에 대한 **책임**을 지는 것이 집단의 다른 구성원들로 하여금 그 경영자의 지휘에 복종하게 하는 데 선결조건이 될 때에는 그 기능의 성질이 혁신되는데, 다시 말해 그 경영자는 기업가가 된다. 그는 종전의 기계적인 판에 박힌 기능들을 수행하고 종전의 임금을 받을 수 있고, 보통의 경우에는 확실히 그럴 것이다. 그러나 이에 더해 그는 책임 있는 결정들을 내리고, 그의 소득은 통상적으로 임금에 더해 경제이론가에 의해 '이윤'으로 명명된 순전히 **차별적**인 요소도 포함할 것이다. 이 이윤은 간단히 말해 그가 채용하는 생산적 요소들의 시장가격, 즉 다른 기업가들의 경쟁이 그로 하여금 그것들의 용역을 확보하는 조건으로 그것들에 보증하도록

강요하는 금액과 그의 지휘 아래 그것들이 만들어내는 생산물의 처분으로부터 그가 최종적으로 실현하는 금액 사이의 차이다.

 기업가의 소득이 지닌 성격은 분명히 복잡하고, 그 구성요소들의 관계는 미묘하다. 그것은 기업가가 몸소 사업을 위해 수행하는 판에 박힌 용역을 근거로 해서 수취되거나(임금) 그가 소유한 재산이 벌어준 통상적인 계약소득(지대 또는 자본수익)이라는 요소를 포함한다. 그리고 그 차별화 요소는 또 다시 복잡한데, 왜 그러냐면 그 안에 계산의 요소와 행운의 요소가 들어있는 게 분명하기 때문이다. 이런 현상에 대한 적절한 검토와 분석은 시간과 신중한 사고를 요구한다. 문제의 배경은 이제 분명할 것이다. 그것은 사업에서 판단 내리기를 요구하는 모든 삶과 행동의 불확실성, 사람들로 하여금 집단을 이루어 일하도록 강요하면서 다른 기능들이 전문화하는 것과 마찬가지로 통제의 기능이 위임되도록 강요하는 노동분업의 경제성, 다른 사람들의 활동을 지휘하는 사람이 작업의 결과에 대한 책임을 인수하는 것을 필요하게 만드는 인간의 본성과 관련된 사실들, 그리고 마지막으로 각 기업가가 자신을 위해 무엇이든 얻기 전에 지급해야 하는 계약소득들을 조정하는 데서 그의 판단을 현존하는 사업세계의 판단에 대항시키는 경쟁상황이다.

 이 문제를 공략하는 첫걸음은 기업가 능력의 의미 및 그 수요와 공급의 조건들을 탐구하는 것이다. 기업가의 소득에서 첫 번째로 주요한 부분, 즉 사업에 제공된 노동과 재산의 판에 박힌 용역에 대한 통상적인 임금과 관련해서는 이야기할 필요가 있는 것이 없다. 이 보수는 단지 우리가 이야기하고 있는 능력의 등급이나 재산의 종류에 대한 경쟁적인 지급률일 뿐이다. 이 율이 무엇인지를 정확하게 말하는 것이 사실상 가능하지 않을 수도 있는 게 분명하다. 실제 삶의 변동하는 조건들 아래에서는 사물과 용역의 완전한 표준화가 달성될 수 없을 뿐만 아니라, 더 나아가 조건들이 아주 비슷한 상황에서도 기업가가 전문화하는 조건에 따라서는 기업가와 비기업가가 하는 행동이 같지 않게 될 수도 있다. 그러므로 순수한 임금 또는 지대의 요소와 불확실성에서 생겨나는 요소 사이의 구분은 일반적으로 완전히 정확하게 이루어질 수 없다. 심각한 난점은 기업가의 소득 가운데 (a) 책임 있는 통제를 실행하고 (b) 생산적 용역의 소유자들을 그들의 소득에 존재하는 불확실성과 변동에도 불구하고 확보하는 기업가의 특이한 이중기능 수행 실적과 연관된 부분을 측정하는 과정에서 판단과 행운 사이의 관계를 다루려고 시도하는 데서 생겨난다. 이 특수한 소득은 일종의 노력이나 희생과도 연결되는 것이 분명하며, 이러한 노력이나 희생을 할 능력과 성향의 공급과 수요의 성질과 그 조건들에 대해 탐구를 하는 것은 틀림없이 적절할 것이다.

기업가의 활동이 사회에 막대한 절약을 가져다주어 경제적 생산의 효율성을 크게 증대시키는 것은 의심할 나위가 없다. 대규모 운영, 고도로 조직된 산업, 그리고 미세한 노동분업은 경영기능의 전문화 없이는 불가능할 것이고, 인간의 본성이 바뀌지 않는 한 보증기능은 통제기능과 병행하는 것이 틀림없으며, 사실 통제의 궁극적인 의미에서 그 둘은 이론적으로도 분리될 수 없다. 그러므로 특정한 개인들이 다른 개인들에 비해 이런 기능을 수행할 능력에서 우월하다는 점과 관련된 그 어떤 문제를 제외하고 보더라도 커다란 절약이 있을 것이다. 그리고 마찬가지로 기업가의 개인적 속성과 무관한 통합의 원리에 의한 불확실성 축소를 통해 또 다른 커다란 이득이 있다. 그러나 어떤 특수한 기능을 수행하는 개인들의 활동에 기인하지 않고 체제 그 자체에 기인하는 이런 경제성은 사회 차원에서 생겨나며, 이와 관련해서만으로는 특수한 분배몫을 발생시키는 원인을 발견할 수 없다.

　기업체제를 통해 확보되는 이득의 다양한 요소들이 실제로 갖는 상대적 크기에 대해서는 성급하게 추측하지 말아야겠지만, 해야 할 일에 대한 우월한 적합성을 지닌 경영자들을 선정하는 것을 통해 매우 큰 실제 이득이 확보되는 것은 분명하다. 그런데 그러한 선정은 각각의 특수한 경우에 그러한 적합성이 과시되기 전에 미리 식별되는 것만으로, 그리고 그런 한에서만 가능하다는 것이 대단히 중요하다. 기업가가 되려고 하는 사람 스스로가 자신의 예견과 정책의 진정한 가치에 대한 추정을 형성하는 한 자신의 적합성에 대한 어떤 견해를 갖게 된다. 그 자신에 대한 그의 견해에 다른 사람들은 동의할 수도 있고 그러지 않을 수도 있다. 어떤 한 사람이 실제로 기업가의 지위를 갖게 되는 데는 몇 가지 길이 있다. 그가 재산을 가지고 있거나 어떤 기술적 종류의 개인적인 생산적 능력을 알려진 상태로 가지고 있다면 그는 자신 이외의 그 누구에게도 기업가 기능을 실행하기 위한 그 어떤 특수한 적합성을 확신시키지 않고도 기업가 기능을 인수할 수 있다. 그가 계약소득을 지급하기로 동의한 상대방 사람들의 이익을 그 자신의 재산이 보호하는 한 그런 사람들은 기업가의 정책에 토대가 되는 판단의 올바름에 대해 걱정할 필요가 없다. 그가 그러한 보증을 하지 못한다면 물론 자신이 임금계약이나 지대계약을 맺는 사람들이나 자신을 위해 보증을 인수할 어떤 외부 당사자로 하여금 확신을 하게 만들어야 한다. 보증기능의 이런 이전이 기업가 기능의 성질에 미치는 영향은 얼른 파악되지 않는 미묘한 문제인데, 곧 다뤄질 것이다. 셋째로, 산업적 정책을 통제하기에 자신이 특별히 적합하다고 스스로 판단하지 않는 사람의 능력과 신뢰성에 대해 다른 사람들이 충분히 높은 견해를 가지고 있다면 그가 기업가의 지위를 갖게 되는 일이 일어날 수 있다는 점도 생각해볼 수 있다. 이 경우는 보다 더 복잡하며, 그것을 다루는 일도 뒤로 미루어야겠다. 분할된 기업가 기능에 대한 논의는 자연히 고용된 경영자라는 문제로 이어지게 되는데, 이것이 가장 다루기 어려운 문제다. 먼저 통제와 불확실성 부담이 모두 동일한 개인에게 집중되어 있어 그 기능이 독특하고 분할되지 않은 상태로 실행되는 단순한 경우를 검토하되, 외부자들은 그에게 고용돼있든 고용돼있지 않든 그의 능력이라는 문제에 대해 어떤 견해나 관심도 갖지 않는다는 가정 아래에서 그렇게 해보자. 이것이 우리 사회에서 기업가 기능의 유일한 유형이라고 가정하고 시작한다면 문제가 더욱 단순해질 것이다.

 우선 기업가의 소득이 정해지는 과정의 특성에 대해 한마디 추가하겠다. 기업가의 소득은 계약보수, 즉 판단하기를 수반하지 않는 용역의 대가로 수령되고 기업가에 의해 지급되는 보수와 구별되는데, 기업가 자신의 소득은 **잔여**이지만 뒤엣것은 **귀속된** 것임을 지적하는 것을 통해서 구별할 수 있다. 다시 말해 어떤 의미에서 기업가의 소득은 '결정된' 것이 결코 아니다. 그것은 다른 것들이 '결정된' 뒤에 '남는 것'이다. 사회 안에 존재하는 생산적 용역들을 얻기 위해 시장에서 호가를 하는 기업가들의 경쟁이 이것들에 대한 가격을 '고정한다'. 기업가의 소득은 고정되지 않고, 고정된 소득들이 지급된 뒤에 남는 것이 무엇이든 그것으로 이루어진다. 그러므로 우리는 기업가의 소득을 간접적으로, 즉 고정된 소득들을 결정하는 힘들을 하나의 기업이나 사회의 생산물 전부와 관련시켜 연구하는 것을 통해 살펴봐야 한다.

생산적 용역이 거래되는 시장의 완전경쟁을 가정한다면 계약소득들은 존재하는 요소의 종류 각각의 공급과 관련해 하나의 집단으로 본 기업가들의 경쟁적 예상 또는 한계적 예상에 의해 모든 기업가에게 고정된다. 어떤 특정한 개인이든 그가 기업가가 되느냐 그러지 않느냐는 다른 사람들이 생산적 용역들로 하여금 낳게 할 수 있다고 생각하는(그러한 믿음이 행동으로 이어져야 한다는 전제 아래) 것에 의해 고정된 생산적 용역들의 가격보다 더 많이 그가 생산적 용역들로 하여금 낳게 할 수 있다고 믿는(그러한 확신 위에서 행동하기에 충분할 정도로 강력하게) 데 의존한다. 어떤 개인이든 기업가가 된 뒤에는 그가 버는 소득의 양이 예상한 잉여를 생산하는 데서 그가 거두는 성공에 의존하며, 이런 의미에서 그가 내리는 판단의 정확성에 달린 문제다. 그러나 그의 성공은 그의 경쟁자들 쪽에서는 동등하게 (a) 판단의 실패나 (b) 능력의 열위와 관련된 문제인 것이 분명하다. (a) 능력과 (b) 능력에 대한 판단이라는 두 요인은 분리되지 못하도록 연결돼 있고, 사업능력은 다시 판단(판단을 하는 사람에게 외부적인 요인들에 대한)과 실행능력으로 구성된다.

게다가 최선의 판단과 최고의 능력을 실행하는 데에도 어떤 불가피한 오류의 여지가 있다. 어떤 특수한 경우에든 성공적인 결과가 전부 다 판단과 능력 덕분으로 치부될 수 없으며, 이는 판단과 능력을 합쳐서 본다 해도 마찬가지다. 최선의 사람들도 특정한 비율의 경우에는 실패할 것이고, 최악의 사람들도 특정한 비율의 경우에는 아마도 성공할 것이다. 한 번의 시도나 적은 수의 시도들이 낳은 결과는 기껏해야 능력이 증명됐다거나 증명되지 않았다고 하는 견해를 옹호해주는 특정한 가설을 수립하게 해줄 뿐이다.[216] 능력에 대한 믿을 만한 추정은 오로지 상당히 많은 수의 시도에서만 나올 수 있다. 그럴 때에도 능력의 정도뿐만 아니라 종류에 차이가 있다. 그리고 사업경영에서는 아마도 어떤 두 경우도 그 어떤 객관적이고 서술될 수 있는 의미에서 매우 밀접하게 같지는 않다. 우리가 어느 만큼이든 가치를 지닌 '일반적 능력'에 대해 추정을 할 수 있다는 것은 정신작용의 수수께끼 가운데 하나이지만, 우리가 그렇게 한다는 사실은 물론 논박할 여지가 없다.

더구나 모험사업 그 자체는 우리가 거듭 지적해왔지만 하나의 도박일 수 있다. 사업 또는 그 어떤 분야든 책임 있는 삶에서 판단 내리기를 요구하는 결정의 대부분에는 쉽게 추정되지 않고 누구도 추정하는 시늉조차 낼 수 없는 요인들이 수반된다. 판단 그 자체는 특정한 결과의 확률에 대한, 다시 말해 모험사업이 많은 횟수에 걸쳐 반복될 수 있다고 할 때 달성될 성공의 비율에 대한 판단이다. 그러므로 행운이 이중으로 감안된다. 어떤 주어진 종류의 경우에 판단을 내리는 데 준거가 되는 진정한 확률을 보이기 위해서는 물론이고 그러한 판단에 내재된 자질과 단순한 우연을 구별하기 위해서도 다수의 시도가 요구된다. 그리고 잘해야 경우들의 분류가 극히 조잡하다는 점을 염두에 둔다면 우리가 실제로 살아가는 것처럼 지능적으로 살아갈 수 있다는 사실의 경이로움이 커진다. 이제는 기업가

....

[216] 이는 숙련의 게임과 관련해 잘 관찰된 바와 같다. 골프에서 20피트의 퍼트를 한 번 성공시키거나 소총사격에서 100야드 거리에 있는 2인치 크기의 과녁을 한 번 맞힌 것이 반드시 고도의 숙련을 증명하는 것은 아니다. 3피트의 퍼트를 한 번 성공시키지 못하거나 8인치 크기의 원을 한 번 맞히지 못한 것이 숙련의 결여를 증명하는 것도 아니다. 잘하든 못하든 어느 쪽도 때로는 일어날 것이다. 꽤 많은 수의 시도에서 나타난 성공과 실패의 비율만이 그런 솜씨를 발휘할 실제 능력에 대해 조금이라도 시사해준다.

의 소득을 결정하는 원리를 보다 정확하게, 그리고 수요와 공급 법칙의 형태로 진술하는 일을 해보자.

생산적 용역에 대한 수요는 그것에 적용되는 다른 종류의 용역들이 양적으로 증가함에 따라 체감하는 수확의 곡선이 가파른 정도에 의존한다. 우리에게 익숙한 토지의 경우에는 어떤 주어진 한 조각의 토지에 적용되는 노동과 자본의 양이 증가함에 따라 수확이 더 빠르게 축소될수록 토지에 대한 지대는 더 높아진다. 그런데 생산적 용역들의 결합을 지배하는 체감하는 수확의 법칙이 기업가에게도 있는 것이 분명하다. 그것은 예측과 실행능력의 공간범위에 존재하는 한계라는 이미 진술된 사실에 근거한다. 어떤 단일의 개인이 지휘하고자 하는 작업의 크기가 커질수록 일반적으로 그는 덜 효율적이게 될 것이다 – 법칙의 다른 경우들에서와 마찬가지로 이 경우에도 '특정한 지점을 넘어서면' 그렇다는 얘기다. 기업가에 대한 수요도 그 어떤 생산적 요소에 대한 수요와도 비슷하게 다른 요소들의 공급에 직접적으로 의존한다.

기업가의 공급은 (a) 능력(거기에 포함된 다양한 요소들과 함께), (b) 의욕, (c) 만족스러운 보증을 제공할 힘, (d) 이런 요인들의 시간적 일치라는 요인들과 관련된다. 하나의 전체로서 사회가 그 사회 안의 기업들을 위한 고품질의 경영을 확보하게 된다면 그것은 요소들 각각의 풍부한 공급을 통해서뿐만 아니라 능력과 의욕의 시간적 일치나 세 요소 모두의 시간적 일치를 통해서일 것이다. 의욕에 보증을 제공할 힘이 더해졌지만 능력에 의해 뒷받침되지 못하면 자원의 탕진으로 이어질 것이 분명하고, 반면에 다른 두 요소가 수반되지 않는 능력은 단지 허비될 뿐일 것이다. 사업을 효율적으로 경영할 줄 아는 사람들을 찾아내고 그들에게 책임 있는 통제를 할 수 있는 지위를 확실하게 보장해주는 것은 아마도 효율성 측면에서 경제조직의 가장 중요한 단일의 문제일 것이다.

사회 내 기업가 자질의 공급은 그 사회의 생산적 단위의 수와 크기를 결정하는 주된 요인 가운데 하나다. 다른 요인들 대부분은 설비의 규모가 증대함에 따라 더 큰 경제성으로 나아가는 경향이 있고, 규모에 대한 주된 제약 요인은 지도자의 능력이라는 것이 일반적인 견해이고 아마도 정당화될 수 있는 견해일 것이다. 만약 이것이 옳다면 큰 규모의 기업을 성공적으로 다루는 능력은 실제로 존재하기만 한다면 매우 큰 보수를 확보하는 경향이 있을 것이 틀림없다. **어떤 특정한 기업가든 그의 소득은** 일반적으로 (1) 그 자신이 능력을 지니고 있고 행운도 따른다면 더 커지고, (2) 아마도 더 중요하게는, 피고용자들에게 유효한 보증을 제공할 힘과 결합된 자신감의 희소성이 사회 안에 존재한다면 더 커지는 경향이 있을 것이다. 단지 사업을 성공적으로 경영할 능력의 풍부함이나 희소함은 이윤에 비교적 작은 영향만을 끼친다. 중요한 것은 생산적 용역들의 가격을 올려 부르는 데서 기업가들(실제의, 또는 잠재적인)이 하나의 계급으로서 갖는 무모함이나 소심함이다. 기업가 소득은 잔여이므로 직접적인 의미의 기업가 용역에 대한 특정한 수요에 근거해 결정되기보다는 방금 말한 것과 같은 다른 용역들에 대한 수요에 의해 결정되고, 그 수요는 하나의 계급으로서 기업가들이 갖는 자신감의 문제다. 우리는 곧바로 하나의 계급으로서 기업가들이 순손실을 입는 것이 완전히 가능하다는 것을 알게 될 수밖에 없는데, 이 순손실은 어떤 다른 능력으로 그들이 번 것으로 메워져야 한다. 이는 낮은 능력과 높은 '용기'가 결합된 인구에서는 당연한 결과일 것이다. 다른 한편으로 만약 사람들이 일반적으로 그들 자신의 능력을 잘 판단한다면

일반적인 이윤율은 능력 그 자체가 낮건 높건 간에 아마도 낮을 테지만, 낮은 수준의 실제 능력에 대해서는 훨씬 더 가변적이고 변동이 클 것이다. 큰 이윤을 위한 조건은 능력뿐만 아니라 진취성의 일반적인 수준이 낮은 가운데 높은 등급에 해당하는 능력의 공급이 협소하게 제한되는 것이다.

전통적인 분배기 잔여소득이라는 개념을 그토록 (잘못) 강조했고 물론 특히 지대를 다루는 데서 그랬던 사실로 인해 정치경제학 연구자들의 입장에서 볼 때 이윤에 대한 분석이 크게 단순화됐다. 그러나 그러한 빗대기를 너무 멀리 끌고 가는 것은 도움이 되지 않을 것인데, 이는 다음과 같은 중요한 차이가 있기 때문이다. 지대는―그리고 이제는 모두가 이해하고 있겠지만 그 어떤 다른 몫도― 그 밖의 다른 몫들의 **생산물**이 차감된 뒤의 잔여다(여기서 생산물은 각 단위의 한계 기여에 단위의 수를 곱한 것이다). 그러나 이윤(우리가 지금 다루고 있는 단순화된 조건들 아래에서)은 총계로서의 각 요소들 모두에 대한 하나의 계급으로 본 기업가들의 **한계호가**에 의해 결정되는 다른 요소들에 대한 **지급**을 차감한 뒤의 잔여다. 뒤쪽 경우의 잔여는 생산물 잔여가 아니라 생산적 용역들에 대해 성공적인 기업가들이 **지급**하도록 강요될 수 있는 만큼 그들에게 지급하도록 강요하지 않은 비기업가와 기업가들 쪽의 계산상 오차다.

논의가 아주 복잡해졌으므로 개괄하여 다시 진술하는 것이 좋겠다. 우리는 이 첫 번째 접근에서 사회 내 각각의 사람은 기업가로서 자신이 가진 힘은 알지만 그 사람들이 서로 다른 사람의 능력에 대해서는 아무것도 모른다고 가정했다. 그렇다면 사회적 소득이 이윤과 계약소득으로 어떻게 분할되는지는 사회 내 기업가 능력의 공급과 그것으로부터의(그것에 적용된 다른 요인들로부터의) 수확이 체감하는 속도에 의존하며, 따라서 능력의 공급이 적을수록, 그리고 수확이 보다 빠르게 체감할수록 이윤 몫의 크기가 커진다. 만약 사람들이 다른 사람들의 능력에 대해 알지 못할 뿐만 아니라 각각 자신의 능력에 대해 올바른 판단을 하지 못한다면 이윤 몫의 크기는 그들이 전체적으로 사업활동의 전망을 과대추정하는 경향이 있는지 과소추정하는 경향이 있는지에 의존하며, 과소추정하는 경향이 있다면 이윤 몫의 크기가 커질 것이다. 이런 진술들은 그들이 지급하기로 계약한 고정소득을 보증할 수단의 소유라는 문제를 사상한 것이고, 이런 측면에서의 제약들은 기업가 능력의 공급에 대한 제약으로 작용한다. 만약 기업가 능력이 아주 질이 높아서 사실상 체감하는 수확에 종속되지 않는다면 그러한 사람들이 극소수라도 하더라도 그들이 자신의 힘을 아는 경우에는 그들 사이의 경쟁이 계약보수율을 높이고 잔여 몫을 낮출 것이다. 반면에 그들이 자신의 힘을 알지 못하는 경우에는 그들이 얻는 이윤의 크기가 다시 그들의 '낙관주의'에 반대방향으로 변동하는 방식으로 의존하게 될 것이다.

어느 한 사람이 자신의 힘에 대해 가진 지식은 그 자신의 판단을 신뢰할 때에 그가 다루는 불확실성의 양에 대한 지식을 내포하며, 이는 활동의 규모가 충분히 크다면 그 지식이 완전한 경우에 유효한 의미에서 불확실성이 없다는 뜻이다. 스스로 오류에 빠지기 쉬운 판단이 본질적으로 도박을 하는 상황에서의 진정한 확률과 관련해 내려진다고 하더라도 그 상황 전체의 불확실성에 대해 우리는 다수의 경우들에 대한 예측할 수 있는 결과를 수반하는 어떤 하나의 객관적 확률을 갖는다. 그러므로 진정한 이윤의 존재는 판단의 가치에 대한 추정에서의 절대적 불확실성에 의존하거나, 통합을 통해 확실성을 확보하기에 충분한 수의 경우들을 결합하는 데 필요한 조직의 부재에 의존한다. 사람들이 다른 사람들의 판단이 지닌 힘에 대해 완전히 무지한 경우에는 그러한 조직이 어떻게 이루어질 수 있을지를 알기 어렵다. 그러나 우리가 우리의 세계를 알게 되는 기제가 매우 파악하기 어렵고 확실성을 증대시키는 간접적 방법을 포착하는 데 필요한 정신의 능력이 매우 크기 때문에 폭넓은 유보조건이 추가로 설정돼야 한다. 만약 사람들이 다른 사람들의 힘을 알지 못하지만 그 다른 사람들은 그들 자신의 힘을 알고 있음을 안다면 모든 사람들의 힘에 대한 일반적 지식의 결과는 확보될 수 있으며, 이는 심지어 그러한 지식이 (사실이 그렇듯이) 매우 불완전하거나 전혀 소통될 수 없다고 하더라도 들어맞는 말이다. 만약 계약보수를 대가로 생산적 용역을 제공하는 사람들이 그 용역에 입찰하는 사람들이 그들 자신에게 그 용역이 어떤 가치가 있는지를 알고 있음을 안다면 그 입찰자들은 그들이 기꺼이 지급하고자 하는 것 전부를, 다시 말해 그들이 지급할 수 있는 것 전부를 지급하도록 강요받을 것이다. 또는 그러한 입찰자들 각각이 자신을 제외한 나머지 입찰자들 모두가 그들 자신에게 그 용역이 어떤 가치가 있는지를 알고 있음을 안다면 그 나머지 입찰자들도 마찬가지로 지급할 수 있는 것 전부를 지급하도록 강요받을 것이다. 물론 그러한 조건들 아래에서의 경쟁은 포커 게임, 즉 허세 부리기 시합의 특징을 띠게 될 가능성이 있을 것이다. 그러나 실제 임금협상은 조금도 이러한 특징을 갖지 않는다는 사실은 인정돼야 한다.

원시인들 속에 들어간 유럽인 착취자들의 경우는 그들이 무엇을 하고 있는지를 알지 못하는 다수의 사람들 속에서 그것을 아는 소수의 사람들이 많은 이윤을 만들어낼 가능성을 보여준다. 그러나 만약 그들이 자기들끼리 경쟁을 한다면 그들의 수가 증가한다고 가정할 때 착취를 당하는 대중 쪽에서 작은 제시물보다 큰 제시물을 선호해서 받아들이는 행동보다 더 명민한 행동을 하지 않는 한 그들이 가격들을 그 경쟁적 수준으로 끌어내리는 시점이 온다. 이런 결과를 초래하는 데 요구되는 경쟁자들의 수는 기업가 기능의 체감하는 수확을 보여주는 곡선의 가파르기에 의존하고, 한 사람이 효과적으로 다룰 수 있는 기업의 범위가 지닌 한계에도 의존한다. 그리고 이 범위라는 개념은 다뤄야 하는 상황들의 다양성을 포괄할 수 있도록 확장돼야 한다. 기업가 기능의 체감하는 수확이라는 문제는 실제로는 존재하는 불확실성의 양이 좌우하는 문제다.[217] 한 사람이 무한한 크기와 복잡성을 지닌 사업체를 적절하게 경영할 수 있으리라고 상상하는 것은 유효한 불확실성이 전혀 없는 상황을 상상하는 것과 같다.

앞의 논의 전체는 우리 사회의 구성원들이 각각 그 자신의 판단의 진정한 가치와 그에 따라 사건들을 통제할 능력의 진정한 가치에 대해서는 어느 정도 알지만 서로에 대해서는 다른 사람의 그 자신에 대한 견해가 그의 행동하는 성향에 드러나야만 그런 것을 안다고 가정한 단순한 상황을 다

---

[217] 경영의 체감하는 수확은 경제학 문헌에서 종종 언급되지만 이와 관련된 과학적 논의는 매우 드물다. 한 가지 흥미롭지만 지금 필자의 견해로는 근본적으로 건전하지 못한 논의는 H. C. 테일러의 《농업경제학》 VI장에서 볼 수 있다. 기업의 이론에 대한 우리의 논의가 모호하고 불만족스럽다는 것은 인정한다. 완전하고 논리적으로 엄격한 논의를 하는 것은 만만치 않은 과제다. 불확실성에 내포된 요소들은 대부분 독립변수일 수 있는데 그러한 요소들의 극단적인 복잡성을 고려할 때 추적해볼 수 있는 가능한 명제들의 수는 논의를 가로막을 정도다. 적어도 그것은 아주 많은 지면을 요구하고 추적하기가 아주 어렵지만 실제적인 의미는 별로 없어서 그것이 읽힐 개연성이 그러한 시도를 정당화하지 않는다. 위의 논의가 관심이 가는 주된 논점들을 망라하는 것이기를 기대한다. 기본적인 요소들은 예견과 실행의 능력을 포함한 기업가 영역에서의 사람들의 능력, 그리고 그들 자신의 힘과 성향이 작동할 때 그것들을 신뢰할 수 있기 위해 그것들을 아는 것이다. 무시되어도 좋은 요소들은 마지막 두 가지, 즉 자기에 대한 지식과 자기신뢰 또는 이니셔티브인데, 이 두 가지는 서로 밀접히 연관된 것이지만 똑같은 것은 아니다. 게다가 **다른 사람들**의 힘과 판단에 대한 지식과 그것을 기꺼이 신뢰하고자 하는 의사는 훨씬 더 중요한 고려사항이지만 아직 논의되지 않았다.

론 것이다. 사실 사람들은 다른 사람들에 대한 판단을 형성할 때 일정한 기간에 걸쳐 그들의 실적을 관찰하는 것을 토대로 해서 형성하고, 게다가 고작해야 개인적인 외모와 대화 등으로부터 어느 정도 타당성을 주장할 만한 인상을 형성한다. 다른 사람들에 대한 그러한 지식은 조직된 사회에서 함께 지능적으로 살아가려는 우리의 노력에서 가장 중요한 요인 가운데 하나다. 지식과 불확실성의 실제 연관성과 관련된 모든 자료를 무엇보다 과학적으로 논의하는 것은 매우 어려운 일이다.

다른 사람들의 견해와 능력의 가치에 대한 추정은 어느 개인이든 그가 자신의 삶에서 결정을 내리는 데, 적어도 고도로 조직된 경제적 활동의 영역에서 결정을 내리는 데 근거로 삼는 자료의 압도적으로 많은 부분을 이룬다. 그러한 추정은 우리가 어떤 조건들의 조합에서든 일어나리라고 예상할 수 있는 것에 대한 간접적인 시사로서 기능한다. 그래서 우리는 문제 그 자체에 관해서는 가치에 대해 아무것도 알지 못한다는 것을 알고 또 그러함을 스스로 인정하지만, 우리가 존중하고 우리 자신의 견해 대신으로 받아들이는 판단을 하는 다른 사람들의 믿음이 무엇인지는 안다. 우리 자신의 상황에 대해 우리가 느끼는 확신의 정도는 간단히 말해 우리가 그 경우의 진가에 관한 가용한 최선의 정보로 보고 수용할 만한 발언을 하는 '권위자'가 내리는 판단의 가치에 대해 우리가 느끼는 확신의 정도다. 이러한 다른 사람들의 견해에 대한 견해가 형성되는 양태는 복잡하고 모호하며, 그 경우 자체에 대해 독립적으로 판단하는 것과 전적으로 무관하기가 어려움에 틀림없다. 일종의 상호강화가 있다. 다시 말해 우리는 우리 자신의 **어떤** 관념을 전제들 속에 가지고 있는데 이것이 어떤 권위자의 견해에 부합하는 것이다. 우리는 일반적으로는 아니더라도 종종은 우리가 하는 것을 권위자가 믿기 때문에 우리가 그것을 믿지만, 어느 정도는 우리가 이미 어떤 견해로 기울어져 있을 때 권위자가 그런 견해를 갖고 있기 때문에 우리가 권위자를 믿는다. 대체로는 다른 사람들이 우리를 믿는다고 우리가 생각하기 때문에 그렇게 생각하는 정도만큼 우리가 우리 자신을 믿기도 한다. 그런데 한편으로는 또 다시……. 논리적 진술에서 이런 관계들을 모두 정렬하기를 시도하지 않으면서 우리 자신의 견해와 다른 사람들의 견해 사이의 관계들이 복잡함을 시사하는 것으로 충분하다. 다른 사람들의 지식에 대한 지식을 통해 얻는 사실에 대한 간접적 지식의 중요성이 우리가 강조하고 싶은 핵심이다.

따라서 우리가 행동하는 데 근거가 되는 지식의 불확실성은 대부분 우리가 따르려고 선별하는 권위자들에 대한 우리의 추정이 갖게 되는 오차다. 사업의 불확실성은 압도적으로 이런 특성을 가진 것이고, 이 유개념은 특별히 주의 깊은 연구를 요구한다. 지금까지 우리가 전개한 논의는 어느 한 사람이 다른 사람의 능력에 대한 지식을 갖기란 불가능하다는 데서 도출되는 순수하고 분할되지 않은 기업가 기능을 가정했다. 그러한 지식이 없다면 누구도 합의된 지급에 대한 타당한 보증 없이 자기 자원을 다른 사람의 지휘 아래 두지 않으려고 할 것이고 누구도 타인의 도움 없이 그러한 보증을 할 입장에 있지 않은 기업가가 될 수 없을 것이 분명하며,[218] 누

---

[218] 그가 재산을 소유하게 되는 것이 현실의 세계에서 실제로 나타나는 결과라고 하더라도 반드시 그래야 할 것이라는 결론이 도출되는 것은 아니다. 그러나 누군가가 그 자신의 소득력을 담보로 잡히는 것을 통해 자신의 채무에 대한 지급을 보증할 수 있다는 것은 쉽게 생각해볼 수 있다. 그러한 조치는 보다 어려운 조직의 솜씨를 반드시 요구하는 것이 아니며 현행 손해보험의 경우에 비해 인간의 본성에 반드시 더 큰 긴장을 초래하는 것도 아니다.

구도 다른 사람을 위해 그러한 보증을 대신 해주려고 하지 않을 것도 마찬가지로 분명하다. 다시 말해 기업가 기능이 순수한 형태로 완전히 전문화하면서 책임과 통제가 완전히 연관될 것이다. 사람들이 그러한 기업가 기능을 수행할 다른 사람들의 능력에 대한 지식이나 의견을 가지고 있고 그것에 근거해 기꺼이 행동을 하려고 할 때에는 이 모든 것이 달라진다. 기업가 기능은 더 이상 단순하고 뚜렷하게 고립된 기능이 아니게 된다. 물론 이것이 실제 삶의 일반적인 상태이며, 가장 신중하게 검토할 가치가 있는 것도 바로 이와 같은 부분적으로 전문화하고 어느 정도 분포된 기업가 기능이다. 조직의 몇 가지 형태와 그러한 기능의 분포 양태에 주목할 필요가 있다.

우리가 생각해볼 수 있는 기업가 기능의 가장 단순한 분해는 통제와 보증이라는 두 요소의 분리 및 상이한 개인들에 의한 그 수행이다. 이것이 자연스러운 설정이다. 왜냐하면 기업가 능력의 소유자가 약속된 계약소득을 만족스럽게 보증할 수 있도록 해주는 그의 상황과 기업가 능력이 결합되지 않는 일이 종종 일어날 것이 틀림없기 때문이다. 그러한 환경 아래에서는 그의 고용계약에 서명할 입장에는 있지만 스스로 기업에 대한 지휘를 떠맡을 능력이나 성향은 갖고 있지 않은 어떤 사람과 그가 계약을 체결하는 것이 상호간에 이익이 될 수 있다. 이런 동업의 형태와 이윤 배분의 조건은 매우 다양할 수 있다. 사실 우리는 그것이 통상 새로운 임금협상의 형태를 취한다는 것을 알고 있는데, 그 내용은 지휘자가 조직해서 통제할 생산적 용역들을 고용하는 것과 아주 똑같은 방식으로 보증자가 지휘자를 고용하는 것이다. 이러한 기능의 이전은 특성의 변환도 내포하는데, 이 점은 자세하게 검토돼야 하며 다음 장에서 취급될 것이다. 여기서는 보증하는 책임의 전부를 기업에 대한 통제와 분리하는 것이 일반적으로 실행하기가 불가능하다는 점에 주목하자. 고용된 기업가가 사업에 대한 그의 유일한 이해관계로서 계약소득을 받는다는 것은 드문 일이다. 그는 보통 부분적인 소유자이거나, 적어도 그가 자신의 지위를 계속 유지할 것인지가 그의 지휘 아래에서 사업이 번영하는지에 달려 있음이 분명해지도록 그의 봉급이 조정된다.

능력에 대한 평가의 결과로서 기업가 기능의 일부가 다른 개인에게 이전되는 것과 더불어 기업가 기능에 일어나는 변환과 거의 같은 정도로 중요한 한 가지는 기업 내부의 전문화가 매우 불완전하게 될 수 있다는 것이다. 이는 곧 합의된 고정급여에 대한 유효한 물질적 보증이 없다면 사람들이 사람이든 재산이든 그 생산적 용역을 어떤 외부자에게 맡기기를 필연적으로 꺼린다는 것이 더 이상 진실이 아니라는 것이다. 만약 그들이 경영자의 능력과 성실성에 대해 신뢰한다면 그들 자신의 보수에 대한 단지 부분적이거나 불완전한 안전성만 있어도 그들은 기꺼이 일할 수 있다. 이 말이 사실인 한 그러한 생산적 용역의 소유자들은 불확실성을 감당하거나 사업에 수반되는 '위험을 부담하는 것'에 참여하는 것이 분명하다. 그들이 유효한 통제에도 참여한다는 것은 실제 삶의 복잡하고 모호하고 변동하는 조건들(진보는 여전히 사상된다는 것을 제외하고) 아래에서의 기업가의 기능을 보다 주의 깊게 살펴보는 과정에서 드러날 것이며, 이는 우리의 탐구에서 다음 단계에 해당한다.

X장 기업과 이윤(계속), 유급경영자

근현대 세계에서 사업단위의 전형적인 형태는 법인기업이다. 그 가장 중요한 특성은 분산된 소유와 집중된 통제의 결합이다.[219] 이론상으로 이 조직은 간접적인 유형의 대의민주주의 제도다. 소유자들이 이사들을 선출하는데, 이사들의 주된 기능은 그 회사의 사업을 실제로 운영한다고 하는 간부들을 선발하는 것이다. 그러나 이사들 자신이 법인기업의 일반적 정책들에 대해 실질적인 지휘를 한다. 게다가 그것이 규모가 큰 기업이라면 이사들이 선발한 집행간부들은 사업정책에 대해 일반적인 감독권만을 갖는데, 집행간부들의 주된 기능은 다시 그 사업체에 대한 통제와 관련된 실제 결정들의 대부분을 내리는 하위자들을 선발하는 것이다. 그리고 물론 이 과정은 거기에서 그치지 않는다. 다시 말해 기능에 따른 인력의 위계구조 속에는 각각 더 하위 단계의 인력을 선발하는 것을 주된 의무로 하는 단계

---

[219] 말하자면 조직의 관점에서 가장 중요한 특성이 그렇다는 것이다. 아마도 이와 동등하게 중요한 것이 법인기업의 구성원인 소유자들과 분리된 하나의 실체로서 법인기업의 법률적 본질일 것이다. '유한책임'이라는 용어는 사실을 제대로 설명해주지 못한다. 엄격하게 말하면 법인기업의 구성원에게는 아무런 책임도 없다. 법인기업의 재산은 그 소유자들이 직접적으로 소유하고 있지 않은데, 그 재산만이 법인기업의 채무에 대해 책임을 질 수 있다.

들이 많이 있을 수 있다.

근현대 사업에서 이루어지는 통제와 책임의 배분을 이해하는 데 가장 먼저 필요한 일은 이런 사실, 즉 우리가 '통제'라고 부르는 것은 주로 '통제를 할' 어떤 다른 사람을 선발하는 것으로 이루어진다는 사실을 파악하는 것이다. 사업적 판단은 주로 사람들에 대한 판단이다. 우리가 사물을 아는 것은 그것을 아는 사람들을 아는 것을 통해서이고, 사물을 통제하는 것도 그와 같은 간접적인 방법에 의해서다. 이런 결론은 목적에 대한 판단과 수단에 대한 판단을 구별하는 것을 통해 회피될 수 있는 듯이 보이는 경향이 다소 있다고 해서 실제로 회피될 수 있는 것도 아니다. 우리가 조금이라도 관심을 갖는 유일한 문제는 모두 수단의 문제다. 사업활동에는 궁극적으로 오직 하나의 목적만 있으며, 이것은 사업체가 설립되기 전에 이미 결정된 것인데 곧 돈을 버는 것이다. 사업조직의 구성원들이 내리는 모든 결정은 어떠한 '일반성'의 상태로 취해지는 수단이든 수단과 관련된다. 일반적인 정책에 대한 결정과 운영상의 세부사항에 대한 결정의 차이는 정도의 차이일 뿐이며 그 차이에는 모든 정도가 다 존재하므로 그것은 일종의 임의적인 구별이다. 그 어떠한 타당한 의미에서든 목적에 대한 결정은 소비자들에 의해서만 내려지는데, 그들은 전적으로 생산조직의 바깥에 있는 사람들이다.

이런 진술들은 사실 사업뿐만 아니라 조직된 사회적 활동의 다른 모든 부문에도 들어맞는다. 그 진술들은 정치적 조직에는 훨씬 더 옳은 말이다. 정치적 공직자가 하는 일은 공직을 획득하고 그런 다음에 그 의무를 수행할 누군가 다른 사람을 찾는 것이라고 해도 과장이 거의 아니다. 조직의 영역에서는 우리가 책임 있는 통제라고 부르는 것이 의존하는 지식이 상황과 문제에 대한, 그리고 변화를 이루는 수단에 대한 지식이 아니라 이런 것들에 대한 다른 사람들의 지식에 대한 지식이다. 이런 사실은 우리의 문제에 매우 기본적인 것이어서 사물에 대한 인간의 판단력은 그것을 소유한 사람과 그 밖의 다른 사람들에 의해 다소간 정확하게 추정될 수 있는 유효한 의미의 '진정한 가치'를 갖는다. 다시 말해 그 사실은 조직된 활동에 대한 통제를 이해하는 데 매우 기본적이어서 사람들의 판단력을 판단하는 문제는 다뤄야 하는 상황의 사실들을 판단하는 문제를 압도한다. 그리고 이것이 지식에 대해 맞는 말이라면 불확실성에 대해서도 분명히 맞는 말이다. 우리의 환경을 조직적으로 다룬다고 한다면 주의와 관심이 사람들이 사물에 대해 갖는 견해의 오류에서 사람들에 대해 갖는 견해의 오류로 옮겨간다. 실제적인 의미에서 자연에 대한 조직적 통제는 자연에 대해 알 가능성에 의존하기보다는 자연에 대해 다른 사람들이 갖는 지식의 정확성과 그 지식을 사용할 그들의 힘을 알 가능성에 더 많이 의존한다.

조직적 활동의 밑바탕에 깔린 기본적인 원리는 따라서 특정한 개인의 결정들을 집합화해서 성공과 실패의 비율을 추정하거나 그가 내리는 판단들을 하나의 집합으로 보고 그 평균적인 질을 추정하는 것을 통해 개인의 판단과 결정에서 불확실성을 줄이는 것이다. 그것은 위험의 통합이라는 보다 폭넓은 원리의 한 응용이지만 관련되는 환경은 특이하다. 그 결과는 선험적인 자료를 가지고도, 관찰된 경우들의 목록 표를 가지고도 결코 계산할 수 없다. 그것은 가장 순수한 의미의 추정, 즉 이전의 관찰은 거의 끼어들지 못하는 추정이다. 우리는 인격을 판단하는 직관적 기능을 통해 사람들의 견해와 힘의 가치에 대한 우리의 견해를 형성하며,

우리가 그들로 하여금 직면하게 하려는 종류의 문제들을 그들이 다루면서 보여주는 실제 행위에 대한 관찰의 결과는 상대적으로 별로 참고하지 않는다. 물론 우리는 가능한 한 이런 종류의 직접적인 증거를 사용하지만 보통은 그렇게 많이 사용하지 않는다. 최종 결정은 우리가 충분히 상상할 수 있는 정도로 직관에 가까워진다. 그것은 관계들에 대한 직접적인 지각을 구성하는데, 이런 지각은 다른 사람의 얼굴표정에 나타나는 미묘한 변화에서 그 사람의 생각이나 감정을 읽어내는 것만큼이나 수수께끼 같다.

사업의 불확실성에 대한 분석 및 그것에 대응하는 일과 관련된 보수로 본 이윤에 대한 분석에서 가장 큰 복잡함과 어려움은 조직 안의 이러한 특이한 책임배분에서 발생한다. 결정을 내리는 기능과 결정상 오류의 '위험'을 부담하는 기능의 분리가 있는 것으로 보인다. 이 분리는 법인기업에서 볼 수 있는 것과 같은 고용된 경영자의 경우에 아주 뚜렷하게 나타난다. 법인기업에서는 결정을 내리는 사람은 아무런 '위험'도 부담하지 않으면서 고정된 봉급을 받고, 위험을 부담하고 이윤을 수취하는 사람(주주)들은 아무런 결정도 내리지 않고 아무런 통제도 실행하지 않는다. 그러나 간접적 지식과 간접적 책임에 대한 앞의 논의에 비추어 조금만 살펴보면 그런 분리는 환각임이 드러날 것이다. 다시 말해 통제가 정확하게 정의되고 그 위치가 확인되면 결정을 내리는 기능과 결정의 올바름에 대해 책임을 떠맡는 기능은 하나이며 분리될 수 없음을 알게 될 것이다.

그런 현상은 계층의 맨 '밑바닥'에서, 즉 보통의 비숙련 노동자가 수행하는 '판에 박힌' 직무에서 출발하는 것을 통해 가장 잘 설명할 수 있다.

생각해보면 가장 거칠고 가장 기계적인 노동조차도 **정확하게** 예견할 수 없는 우발사건을 다루므로 어떤 의미에서 불확실성에 대응하는 일을 수반할 것이 분명하다. '새로운 상황'을 다루는 것은 모든 의식 있는 생명의 기능인 것으로 보인다. 생물체의 환경이 완전히 획일적이고 단조로우며 기계적인 법칙에 들어맞는다면 의식은 결코 발전되지 않았을 것이다. 그러한 세계에서는 유기체들이 자동기계일 것이다. 의식을 절약하는 경향, 즉 무의식적 반사반응으로 모든 가능한 적응을 하려고 하는 경향이 분명히 있다. 인간의 삶에서 우리는 악기를 연주하는 것과 같은 복잡한 적응이 학습되고 나면 그런 임계선 밑으로 떨어지는 것을 본다. 필요한 동작이 세대를 이어가며 일정하다면 우리가 습득된 특성의 유전에 의한 보다 직접적인 방법을 배제한다고 해도 자연선택의 느린 과정을 통해 그런 동작이 생식질(生殖質)에 고정될 것이라는 데 의문의 여지가 거의 없다.

더 나아가 산업적 삶에서는 **순전히** 판에 박힌 작업은 필연적으로 기계로 대체된다. 기계공의 직무는 기계적이고 균일한 것으로 보일지 모르지만, 작업 전체를 놓고 보면 실제로는 그렇지 않다. 기계공의 기능은 작업 과정이 완전히 균일하게 되어 기계가 떠맡을 수 있게 되는 지점까지 그 과정을 완수하거나, 그렇지 않으면 기계의 균일한 산출물을 가지고 시작해서 그것을 다양화하는 것이다. 그 과업의 어떤 부분은 의식적인 판단, 다시 말해 불확실성에 대한 대응과 책임의 실행을 그런 용어들의 통상적인 의미에서 요구하는 것으로 사실상 언제나 확인될 것이다.

그러나 조직의 관점에서 보면 보통의 노동자가 하는 일은 앞에서 논의한 간접적 지식의 원리와 책임 이전의 원리로 인해 유효한 의미의 불확실성이나 책임을 내포하지 않는다. 일 그 자체를 기계가 다루기에 충분할 정도로 판에 박힌 것으로 만들기가 불가능할 때에도 — 보통은 일할 때 사용하는 재료의 균일성 결여(즉 불확실성) 때문에 — 그 직업에서 만나게 되는 종류의 불규칙성을 다루는 인간 개인의 능력을 높은 정도로 정확하게 판단하는 것은 가능하다. 불확실성 다루기를 판에 박힌 일로서 하는 것이 산업에서 작업자가 수행하는 기능이다! 그가 실행해야 하는 동작이 정확하게 어떤 것인지는 예측할 수 없지만 그 동작을 실행할 그의 능력은 예측할 수 있으며, 따라서 계산상의 한 요소로서의 그러한 불확실성은 제거된다. 다시 말해 환경적 상황에 대한 무지가 인간의 판단에 대한 지식에 자리를 내준다.

그런데 또 다시 이러한 대조도 가장 낮은 위치에 있는 작업자의 경우에도 절대적이지 않다. 그러한 사람들의 대부분은 때때로 그들 자신의 판단과 능력보다 우월한 판단과 능력에 호소하도록 하는 우발사건에 직면한다. 게다가 자신의 일을 다룰 작업자의 능력이 그보다 우월한 사람에게 완전히 정확하게 알려질 수도 없다. 작업자는 언제 독립적으로 일을 진행하고 언제 지도를 구해야 하는지를 알기 위해 자신의 능력에 대해 판단을 해야 한다. 그리고 작업자를 그가 해야 할 일에 배치하고 그 일을 수행하는 데 대한 보수를 정하는 관리자는 작업자의 능력을 추정하기 위해 보다 높은 질의 판단을 해야 한다. 그 순결과는 불확실성과 책임이 완전히 제거되지 않고 그 가운데 일부가 조직의 계층상 상급자에게 이전되는 것이다. 이 경우의 진정한 불확실성은 이 관리자가 자신의 지휘 아래에 있는 사람에 대해 물론 그 사람이 채울 자리와 연관시켜 내리는 판단과 관련된다. 계층의 가장 낮은 위치에 있는 사람이라면 상황이 요구하는 대로 그로서는 최선의 판단력을 사용할 ('판에 박힌') 의무를 넘어서는 모든 책임

에서 자유롭게 된다. 그의 상급자가 그에 대해 책임을 지고, 그래서 그는 고정된 임금을 받는다.[220]

이런 책임 이전의 과정은 맨 아래 계층에서 내딛는 첫걸음으로 끝나지 않음은 이미 분명해졌을 것이며, 이런 논의가 우리를 데려가는 목적지가 매우 환하게 보일 것이다. 작업자들의 능력에 대해 판단을 내리고 자신의 기대에 부합하도록 그들이 일을 수행하게 할 책임을 지는 (이를테면) 현장 감독자은 다시 조직에서 자신의 상급자에 대해 비슷한 관계에 있음을 알게 된다. 작업자들을 판단하는 그의 능력은 그들이 그들 자신의 일을 할 능력에 대해 그가 판단을 내리는 것과 똑같은 방식으로 판단을 받으면서 판에 박힌 기능이 되고, 작업자들이 그에게 지도를 호소할 가능성이 있는 보다 예외적인 우발사건을 다루는 그의 능력도 마찬가지다. 그래서 그의 책임은 다시 그를 선발하고 그에게 그의 일을 배정하며 그가 자신의 상급자에게 결정을 넘기는 더욱 드문 문제에 관해 지도의 호소를 받는 더 높은 지위의 관리자(감독자 등)에게 이전된다. 상급자의 통제에 근거가 되는 지식은 또 다시, 그리고 훨씬 더 어떤 문제 그 자체에 대한 구체적인 지식이 아니라 문제를 다루는 사람에 대한 지식이다. 상급 간부는 사실 문제를 직접 다루는 데 매우 유능할 수도 있지만 그렇게 하지 않는다. 그리고 이런 의미에서 그가 유능하지 않을 수도 있다는 것은 주목할 만하다. 어떤 총괄

---

[220] 위험 통합의 원리가 여기서 특정한 정도까지 작동한다는 것은 지적할 필요가 거의 없다. 고용자는 그가 고용한 사람들이 하기로 기대된 일을 할 그들의 '평균'적인 능력에 대한 판단을 내리는데, 여기서 평균은 각 개인의 경우에는 그만의 평균이지만 고용자가 다수의 피고용자를 선택한다면 오류의 추가적인 상쇄를 내포한 평균이다. 각각의 개인 피고용자별로 과업이 어떤 꽤 획일적인 능력의 등급에 맞도록 생산설비를 설계하고 세분화하는 데는 훨씬 더 높은 수준의 책임 있는 판단이 개입된다.

감독자는 현장감독자보다 더 나은 현장감독자가 될 것이 틀림없지만 현장감독자를 판단하고 다루는 능력의 희귀성과 가치가 훨씬 크기 때문에 상급자로서의 능력만을 제공한다. 그런데 훌륭한 현장감독자는 결코 될 수 없겠지만 총괄감독자로서는 매우 훌륭한 사람들이 아주 많다는 것은 의문의 여지가 없고, 아마도 이것이 보다 흔한 경우일 것이다.

계층을 올라가며 동일한 관계가 거듭 성립해가다가 결국에는 사업의 최상위 수장에 도달한다. 간명함을 기하기 위해 우리는 이 개인이 모든 경영적 기능을 그의 한 몸에 결합해 갖고 있는 사람으로 사장, 전무 등이며 그의 이사들이 그에게 자리와 봉급을 주고 완전하게 자유로운 재량권도 주는 것을 제외하고는 그 어떤 통제도 그에게 가하지 않는다고 가정한다. 그러한 개인조차도 본질적인 측면을 보면 조직의 문제에 관한 한 낮은 지위의 기계공과 비슷한 입장에 있다. 그가 다뤄야 하는 종류의 상황을 다루는 그의 능력은 평가의 대상이 될 수 있고 실제로 평가된다. 그가 하는 일도 그로서는 최선의 판단을 내리는 '판에 박힌' 과업이고, 그 결과는 다른 사람들에게 남는다. 그를 그의 위치에 놓은 판단에 유효한 불확실성이 있으므로 진정한 책임은 다시 이전된다. 책임 있는 결정은 정책을 구체적으로 지시하는 것이 아니라 '노동자'인 지시자에게 정책을 지시하라고 지시하는 것이다. 그리고 이 최종 책임은 필연적으로 그 결정의 결과를 인수한다. 통제와 부담된 위험 사이의 명백해 보이던 분리는 예상대로 환각적인 것으로 드러난다. 이윤에 대한 분석에서 끝없는 혼동을 불러일으켜온 고용된 경영자의 역설은 조직된 활동에서 **핵심적인** 결정은 결정을 할 사람들을 선발하는 것이며, 이것 외에는 그 어떤 종류의 결정하기와 판단하기도 자동적으로 판에 박힌 기능이 돼버린다는 기본적인 사실을 인식하는 데 실패하는 데서 비롯되는 것이다. 이 모든 것은 우리의 분석이 보여주듯이 사물에 대한 지식을 사람에 대한 지식으로 대체하는 것에 근거하는 대규모 통제의 본질 그 자체에서 도출된다.

우리는 고용된 경영자가 매일 하는 일과 사업가가 자기계산으로 하는 일 사이의 표면적인 유사성에 의해 오도되는 것을 거부해야 한다. 그 차이는 훨씬 더 근본적이다. 전자는 자신의 과업을 다른 사람으로부터 할당받고 그것을 수행하도록 배치되는 반면에 후자는 자신에 대한 자신의 척도에 맞도록 자신의 과업을 스스로 할당하고 그것을 한다. 고용된 경영자를 **위해** 독립적인 기업가에 **의해** 내려지는 진정으로 책임 있는 결정이 바로 여기에 있다. 우리가 통제와 불확실성 부담 사이의 외면상 명백한 듯한 분리를 보게 될 때에는 언제나 잘 살펴보면 우리가 본질적으로 판에 박힌 활동을 진정한 통제와 혼동하고 있음을 알게 된다.[221]

모든 삶에서 그렇겠지만 특히 사업적 삶에서는 그 실제적인 문제의 대부분과 마찬가지로 예측할 수 없는 상황을 다루는 인간의 능력을 선별하는 이 문제도 역설과 이론상 명백해 보이는 해결 불가능성을 내포한다. 그러나 삶 속의 수많은 불가능한 것들과 마찬가지로 그것도 부단히 이루어지고 있다. 비록 우리가 어떤 구체적인 상황을 바로 그 시점에 의식적인 판단을 개입시키지 않고도 대응하기에 충분할 정도로 정확하게 예상할 수는 없다고 하더라도, 특정한 상황 아래에서는 앞으로 나타나게 될 종류의 것들이 선발되고 평가될 수 있는 어떤 종류의 능력에 의해 다뤄질 수 있

---

[221] 고용된 경영자는 결정을 내리지만 기업가는 결정의 결과를 인수하며 따라서 전자는 기업가가 아니라는 홀리의 주장(《계간경제학지》 XV권 88쪽)을 참고하라.

는 특성을 갖게 되리라고 예측할 수는 있다. 대규모 조직이 성공적으로 형성되어 운영된다는 것은 이런 원리가 건전하다는 것, 다시 말해 이런 불가능한 문제들에 대해 틀리기보다 옳은 해법이 실제로 찾아진다는 것을 증명한다. 부분적으로는 통합을 통한 불확실성 축소라는 원리가 작용함으로써, 부분적으로는 인격을 해석하는 우리의 기능에 내재되어 있지만 불가해한 것으로 보이는 이유들로 인해 인간의 지식 능력에 대한 지식은 사물에 대한 직접적인 지식보다 더 정확한 것이 된다.

책임의 이전이라는 동일한 기본적 사실에 토대를 두는 기업가 기능의 또 다른 측면이면서 그것에 대한 분석을 더욱 복잡하게 만드는 것으로 전문화의 불완전성이 있다. 우리는 이 문제를 앞에서 전개한 논의의 연속으로 도입할 수 있는데, '사업체의 행위와 정책 전부가 고용된 경영자의 수중에 있을 때에는 책임이 궁극적으로 누구에게 이전되는가?'라는 질문을 탐구하는 것을 통해 그렇게 할 수 있다. 답변은 자명하다. 사업에 사용되는 생산적 용역의 소유자들에게다. 다시 말해 **독립적인** 기업가와 계약을 체결할 때 기능의 전문화가 수반되는데 이러한 경우에 책임을 내려놓았을 사람들에게 바로 그것과 동일한 책임이 이전된다. 후자의 경우에는 스스로 자신을 선발한 기업가가 사업에 대한 통제와 더불어 사업의 불확실성을 전부 인수한다. 그러나 대규모 사업의 경우에 어떤 단일의 개인이 자신이 체결한 계약의 실행에 대해 충분한 보증을 제공하기가 어려움을 고려하면 그러한 형태의 조직은 성장의 기회를 매우 제한적으로만 가질 것이다. 왜냐하면 이전될 수 있는 부(소비자재화나 생산자재화)로서 이미 생산된 것의 소유자나 어떤 형태든 미래 생산적 능력의 소유자만이 다른 사람들을 상대로 보증을 제공할 수 있거나 실제로 불확실성을 부담하거나 위험을 인수할 수 있는 게 분명하기 때문이다. 그리고 기업가로서 어떤 종류든 사업에 '뛰어든' 사람은 자신의 부나 생산적 힘의 일부를 그 사업에 투입하게 될 것이 거의 불가피하다. 그렇다면 어느 경우에든 자연스럽게 일어나는 현상은 기업에 대한 통제가 기업에서 사용되는 생산적 용역 가운데 **일부**에 대한 소유자(또는 소유자들)의 수중에 들어가는 것인데, 이때 기업의 자원은 그 사업에서 발생할 수 있는 손실과 관련해 노출된 입장에 놓이고 그럼으로써 나머지 '토지, 노동, 자본'에 대한 소유자들에게 그들이 완전한 계약보수를 받지 못할 가능성에 대비하는 보증을 제공하게 된다.

특정한 사업에서 아무것도 소유하지 않고 그 사업에 책임을 지는 것 말고는 아무것도 기여하지 않는 사람이라는 보기 드물고 있을 것 같지 않은 경우를 제외하고는 기업가 기능이 완전히 전문화하거나 순수한 형태로 존재하기란 불가능하다. 전적으로 차입한 자금과 고용한 노동만 가지고 사업을 벌이고 경영은 자신이 하는 사람도 순수한 기업가 기능의 예시가 되지 못한다. 왜냐하면 경영이라는 일의 대부분은 우리가 이미 보았듯이 판에 박힌 것이 될 수 있고, 그래서 고정된 임금이 지급될 수 있기 때문이다. 기업가이기만 한 사람에 가장 가까운 모습은 사업을 운영하기 위한 모든 자원을 차입하고 그런 다음 경영자를 고용해서 그에게 절대적으로 자유로운 재량권을 준 사람일 것이다. 그런데 그러한 사람은 어떤 다른 사업과 관련해서는 기업가 이상이 돼야 할 것이고, 그렇지 않다면 그는 문제의 사업에서 책임 있는 결정을 내리는 진정한 기업가가 될 수 없을 것이다.

그 자연적인 결과는 기업가 기능의 복잡한 분할 또는 분산이다. 즉 전형적인 근현대 사업조직에서는 기업가 기능이 통제에 대한 권리와 소득 및 투하된 자본에 관한 불확실성으로부터의 자유에 대한 권리라는 두 가지 권리의 생각할 수 있는 모든 점진적 차이와 결합을 수반하는 증권발행의 어떤 계층구조에 의해 배분된다. 간과되기 쉬운 이 체계의 특징은 실제의 통제라는 중대한 요소가 고정된 보수에 대한 명목적 계약으로 위장된다는 것이다. 주어진 보증이 절대적인 것으로 간주될 수 있다는 것은 거의 옳지 않다. 그것이 절대적이지 않다면 자원의 소유자는 명백히 책임 또는 위험의 특정한 몫을 인수한다. 그런 조건들 아래에서 그의 노동이나 재산을 사용하도록 허용하는 그의 결정이 사업 운영의 규모에 영향을 미친다는 것을 고려하면 그가 통제도 실행한다는 것이 명백해진다. 사업에 생산적 용역을 제공하는 기능에서 통제가 완전히 제거되는 것은 정확하게 측정된 그 용역의 경쟁적 가치가 유효하게 보증되어 화폐보수를 제외한 모든 것이 그 소유자들에게 완전히 무차별하게 된 경우에만 이루어진다.

사실 우리는 기업에 자원을 제공하는 사람들이 사업체의 행위와 관련해 직접적인 권고의 권한을 많이 보유하는 것이 일반적임을 알고 있다. 의결권 신탁은 이런 목적을 확보하기 위해 고안된 제도이며, 그 중요성은 증권 소유자들에게 그들의 이익에 대한 적절한 보호가 다른 방식으로는 달성될 수 없을 때에, 특히 재산의 가치가 그것이 투입된 특정한 용도에 그것이 지능적으로 사용되는 데 크게 의존할 때에 유능한 통제에 대한 확약을 제공해야 할 필요성에 기인한다. 산업의 전문화가 진전됨과 더불어 그러한 상태는 점점 더 일반화하고, 유효한 보증을 하기는 점점 더 어려워지며, 투자자들은 점점 더 사업에 대한 통제에 참여하기를 주장해야 할 필요성을 느끼게 된다. 주식과 채권의 구별은 희미해지는 경향이 있다.²²² 소유권의 명시적인 이전 없이 금전적인 고려만으로 생산적 자원이 사업에 사용되도록 조건 없이 이전됨을 보여주는 사례는 찾기 어렵다. 제한적으로 발행된 제일순위 담보 채권의 소유자들은 자신의 이익이 위험에 처하게 되면 사업체의 성실한 경영진을 압박하기 위해 최종적으로는 법원에 호소하는 수단을 가지고 있다. 파괴될 수 없고 사용에 의해 어떻게든 변화되지 않는 순수한 입지가치 임대와 같은 경우에만 우리는 책임 있는 통제라는 요소로부터 완전히 자유로운 소득의 예를 찾을 수 있다.

소득뿐만 아니라 생명과 신체도 걸고 무모하게 도박을 하는 노동자들의 성향으로 인해 노동의 경우는 다소 특이하다. 자유경쟁 아래에서는 기업의 손실 가운데 상당부분이 노동에 돌아갈 것임은 거의 의심할 나위가 없다. 왜냐하면 노동자들이 운을 걸고 하는 일에 대한 적절한 보상 가운데 일부에 불과한 임금인상을 위해 위험요소가 있는 기업에 스스로 위험을 무릅쓰면서 기꺼이 참여하려는 태도를 보이기 때문이다. 그러나 손실을 감당할 여유가 없는 사람에 대한 사회적 관심이 우선청구권법, 기계공의 선취유치권 등을 가지고 구조하러 오며, 그래서 사실상 일반적으로 보면 노동자의 임금은 보증된 계약보수에 꽤 근접하다. 이에 비추어보면 노동자들이 자기가 참여할 모험사업을 스스로 선택하는 데 사업체가 의존한

---

222 물론 통제가 실행되는 기제는 더욱 간접적인 것이 되고, 통제 그 자체는 더욱 원격적인 것이 된다. 주식은 채권의 실제 위상에 가까워지고, 동시에 채권은 주식의 실제 위상에 가까워진다. 변화의 한 형태는 이전보다 (채권에 비해) 주식의 발행으로 투자 가운데 더 큰 비중을 충당하는 경향이다. 은행으로부터의 차입에 더 많이 기대는 것도 동일한 경향을 보여주는데, 이는 은행들은 자신이 투자하는 사업의 경영진과 연락을 취하기 때문이다.

다고 해서 거기에 내포될 통제의 요소는 없으며, 이는 계약을 통한 효과적인 위험 외부화가 상이한 종류의 고용들을 고정된 임금에서 어떤 무차별 평면 위에 놓기 때문이다.[223]

이윤과 계약된 분배몫들의 관계에 대해서는 몇 가지 더 해야 할 말이 있다. 역사적인 내용이 담긴 우리의 도입부(Ⅱ장)에서 언급했듯이 옛 영국 경제학자들은 자신들이 본질적으로는 투자자라고 본 사업체 소유자의 소득을 지칭하는 데 '이윤'이라는 용어를 사용했다. 게다가 고전 경제학이 기본적으로 장기이론상 논의였음을 고려하면 이윤과 이자가 거의 구별되지 않았다. 소득 속에 임금 요소가 있고 위험 요인도 있는 것으로 인식됐다. 통상적인 계약이자가 그토록 자명하게 위험에 대한 지급이라는 요소도 포함하기 때문에 위험 요인이 이윤과 이자의 구별을 만들어내는 것으로 이해되는 일이 거의 없었다. 그리고 이런 맥락에서 위험 인수는 같은 정도의 유효한 통제 실행을 수반한다고 우리가 위에서 전개한 논의가 고려된다면 이 요인을 뒤로 밀쳐두는 것이 더욱 정당화된다.

---

[223] 사물보다는 사람을 다루고 잘 아는 궁극적인 기업가의 경우는 다시 유사한 정치적 문제를 제기한다. 지능적 효율성을 향한 민주주의의 진보는 궁극적인 주권자인 유권자들이 유능한 대리인들을 선발해서 그들에게 정책의 형성과 행정의 수행을 맡기는 데 주의를 집중하는 경향에 의존하는 것으로 보인다. 위원회 정부가 적절한 예이고, 도시행정의 전문경영인 위탁 계획은 더욱 그렇다. 정치의 영역에는 궁극적인 목적이라는 실질적인 문제가 있는데, 체제가 민주적인 것으로 유지된다면 이것은 물론 유권자들에 의해 다뤄져야 한다. 그리고 아마도 사업의 경우에서보다도 더 후보자에 대한 투표자의 판단은 쟁점들에 대한 판단을 내리는 것과 관련되는 것이 틀림없는데, 그 부분적인 이유는 주된 쟁점들은 어느 정도는 궁극적인 사회적 이상의 문제를 내포한다는 데 있다. 쿨리 교수(《사회조직》 129쪽과 XIII장)는 정치적 쟁점과 정부운영의 기법에 대해서는 무지하다고 할 수 있는 대중이 인격적 우월성에 대한 일종의 직관적 인식을 토대로 사람들을 현명하게 선택할 줄 아는 능력을 민주주의에 대한 낙관적인 견해의 근거로 삼았다.

미국의 경제학 논의는 기본적으로 가치평가 문제에 대한 단기적 견해인 한계효용이론의 영향을 받으면서 발전했다. 이런 사실은 이 나라에서 '경영자의 임금'을 보다 더 강조하고 이 요소를 기업가의 소득에서 분리함으로써 '이윤'과 '순수이윤'에 옛 저작자들이 부여한 의미보다 더 좁은 의미만 부여하고 있는 것과 어느 정도 관계가 있다. 왜 그러냐면 미국의 산업에서는 경영이 보다 더 두드러지기 때문이고, 이는 이 나라의 보다 '동적인' 상태에 기인한다. 장기적인 관점으로 보거나 '정적상태'에서라면 그것이 상대적으로 훨씬 덜 중요할 것이다. 미국의 논의에서(독일의 논의에서와 같이) 위험 요인이 더 크게 강조되는 것도 마찬가지로 더 동적인 배경과 단기 변화에 대한 더 큰 관심에 따른 것으로 설명된다.

최근에 회계이론이 발전하면서 투자에 대한 이자가 이윤에 포함되는 것으로 계산해야 하는지 여부의 문제가 또 다른 관점에서 첨예하게 부각되어 회계사들과 경제이론가들 사이의 쟁점이 되는 경향을 보여왔다. 이는 물론 전적으로 불필요한 것인데, 왜냐하면 그런 입장의 차이는 명백하게 관점의 차이에 따른 문제이기 때문이다. 경제이론은 재화의 가격을 결정하는 힘들과 공급의 한 조건인 생산비용에 관심을 갖는다. 다시 장기에서는 자본에 대한 수익이 경쟁적 이자율과 같다는 것이 생산의 한 조건이고, 그러므로 이런 관점에서 하나의 비용임은 말할 나위도 없다. (단기의 관점에서는 사정이 다를 수 있다는 것이 혼동을 키우는 데 기여한다.) 회계사는 재산소유권, 사업체와 그 소유자의 관계, 그리고 소유자의 소득에서 차감되는 비용에 관심을 갖는다. 더구나 과학적 회계는 법인기업 문제에서 자라나온 것이고, 법인기업에서 책임 있는 소유자는 일종의 투자자로, 그의 이자는 자본이자로 여겨지는데, 그가 그 사업체에 돈을 투입했는지 안 했는지, 그리고 그 사업체가 부채 이상의 가치를 갖는지 아닌지와 상관없이 그렇다. 그리고 이윤은 투자에 대한 수익이므로 당연히 일종의 수익**률**로 간주된다.

대부분의 경우에 이윤을 이자로부터 정확하게 분리하려고 시도하는 것은 유익하지 않을 것이다.[224] 왜냐하면 그 관계의 이면을 들여다볼 때 순수한 이자는 순수한 이윤과 거의 마찬가지로 드문 현상이자 모호한 개념이기 때문이다. 기업가 기능의 전문화는 사업조직에서 기본적인 사실이지만, 이미 분명해졌을 이유들로 인해 그것을 이론상 완전한 것으로 끌고 갈 수는 없다. 기업가는 거의 필연적으로 어떤 재산을 소유하는 것이 틀림없고, 사업에 사용된 재산의 소유자는 모든 위험과 책임에서 자유롭게 되기가 거의 불가능하다. 그러나 기업가에 의해 실제로 실현된 수익을 위험과 책임 요인이 무시될 수 있을 만큼 높은 등급의 '금테 두른' 증권에 붙는 '경쟁적' 이자율과 구별하는 것은 유용하다. 그 차이가 이윤, 즉 경제이론에서 사용하는 의미대로의 '순수한 이윤'일 것이다.

최종적으로 봐도 기업가의 투자에 대한 이자를 상품 생산의 비용이라고 부르는 데는 다소의 유보조건을 달아야 한다. 만약 이 수익률이 평균적으로, 그리고 장기적으로 실현되지 않는다면 문제의 사업에 대한 투자가 유지되지 않으리라는 것은 일반적으로 인정된다. 그러나 정확하게 진술된 진리는 소유자는 **자유롭게** 다른 용도로 **이전할 수 있는 투자**에 대해 그

---

[224] '이자'라는 말로 여기서 의미하는 것은 단지 재산소득이다. 이자와 지대의 관계는 근본적으로 '동적'인 문제이고, 다음 장에서 다뤄질 것이다. 진보하지 않는 사회에서는 이자를 만나게 될 것인지 의문이며, 이자와 지대의 구별은 중요성이 작을 것임이 분명하다. 위의 V장도 참고하라.

가 다른 곳에서 확신할 수 있는 것과 동등한 수익을 **미래에** 받기를 **기대하지 않으면 안 된다**는 것임이 분명하다. 그리고 물론 기술적 유동성뿐만 아니라 투자의 상이한 요소들 사이의 관계도 감안돼야 할 것이다. 만약 어느 한 기업에 대한 투자의 절반이 다른 종류의 사업으로 이전될 수 있는 기계, 운전자본, 토지 등에 해당하고 다른 절반은 그 특정한 사업의 바깥에서는 가치가 없는 영구적 투입에 해당한다면 그 사업의 산출물을 생산하는 비용(투입이 이루어진 뒤에)은 제거될 수 있는 절반의 자본 만에 대한 경쟁적 보수(에 대한 예상)일 뿐이다. 물론 이 절반은 나머지를 무가치하게 만들지 않고는 제거될 수 없을 것이다.

이윤을 재산에 대한 소득과 연관시키는 것은 논의된 한계 안에서 사업체 대부분에 대해 타당하지만 중요한 예외들이 있다. 독립적인 기업가가 아직은 결코 멸종된 종족이 아니다. 그러한 사람은 **일반적으로** 사업에 재산용역과 노동용역을 제공하는데, 여기서 노동용역이란 고정된 임금을 대가로 사용되거나 지출되는 개인적 활동을 의미한다. 이런 종류의 경우에 기업가 소득은 이자의 요소뿐만 아니라 임금의 요소도 포함한다. 소유자가 하는 일에 대한 봉급이 감안돼야 하고 그 나머지가 그의 투자에 대한 수익으로 간주돼야 한다는 일부 회계사들의 주장은 충분한 근거가 있는 것으로 보이지 않는다. 그것은 책임 있는 소유자가 재산용역만을 제공하는 법인기업 내 관습적인(그리고 정당한) 절차에서 유래한 편견에 근거하고 있다. 소유자의 소득에서 경쟁적 이자율을 빼고 그 나머지를 임금 또는 경영자의 임금으로 부르는 것도 마찬가지로 논리적일 것이다. 유일하게 의미 있는 구별은 소유자가 제공한 노동에 대한 경쟁적 임금과 투자에 대한 경쟁적 이자 둘 다를 빼고 확보되는 '순수한 이윤'과 총소득의 구별이다. 정당한 임금률의 결정은 순수한 이자의 경우에 언급됐던 것들과 같은 종류의, 그러나 훨씬 더 심각한 형태의 난점들로 가득 차 있다. 그러므로 노동을 평가하고 경쟁적인 영역에서 비교의 기준이 될 유사한 용역을 찾아내는 것은 재산의 경우에 비해 훨씬 더 어렵다.[225]

어떤 경우들에는 실제 기업들 가운데 아마도 상대적으로 적은 일부이고 어쩌면 평균 규모도 작겠지만 독립적인 기업가가 그의 사업에 아무런 재산투자도 하지 않고 노동용역만 제공할 수도 있다. 이윤과 경영진의 임금에 대한 전통적인 (미국의) 논의방식이 가장 큰 중요성을 갖는 것은 바로 그러한 상황과 관련해서다. 어떤 사람이 그 자신의 노동에 더하여 얼마간의 재산을 투입하지 않고 다른 사람들의 노동과 재산을 사용하는 것은 이미 지적된 이유로 매우 비상례적인 것이 틀림없다. 그러한 사람이 만약 그 자신의 소득능력이 높다고 한다면 외부 요소들에 대한 고정된 보수를 지급하는 데 대해 적절한 보증을 제공하는 것이 일정한 한계 안에서 가능할 것이다.[226]

그러나 실제로는 이런 일이 아마도 어떤 상당한 정도로는, 또는 큰 규모의 기업들에는 일어나지 않을 것이다. 그렇지만 다른 기업들에서 사용되는 재산에 대한 소유권은 감안돼야 하고, 부유한 친지나 친구의 '정신적

---

[225] 우리는 또다시 '이자'라는 용어를 재산소득만을 의미하는 것으로 사용했음을, 비록 피상적으로 보면 이렇게 하는 것이 그것을 하나의 '율'로 취급하는 것과 완전히 일관성 있는 것은 아니지만, 주목해야 한다. 순수한 이자는 실제 재산에 대한 순수 경쟁적 보수보다는 훨씬 더 쉽게 정의되지만, 후자도 독립적 기업가의 용역이 지닌 경쟁적 가치에 대한 평가보다는 어려움이 덜하다.

[226] 그가 적절한 보증을 제공하지 않는 한에서는 손실에 노출된 생산적 용역의 소유자들이 진정한 기업가다.

후원'도 그렇다. 그리고 그러한 '정신적 후원'은 기업가의 책임을 구성하는 한 부분이 될 수도 있고 그렇지 않을 수도 있다. 유일한 궁극적 보증이 여전히 기업가 자신의 잠재적 소득능력일 수 있는데, 이것은 그러나 재산소유 관계를 통해 인수된 것이 아니라면 도덕적 위험 때문에 매매되지 못하는 것일 수도 있다.

전반적으로 보아 우리는 경영진의 임금과 관련해 이윤에 대한 논의가 너무 남용됐다고 말할 수밖에 없다. 재산소득과의 연관성이 훨씬 더 흔하고 직접적이며 긴밀하다. 소득 가운데 잔여 몫은 필연적으로 사업에 대해 **책임 있는** 통제를 하는 사람에게, 따라서 대부분의 경우 재산소득도 받는 사람에게 돌아간다. 그는 노동소득도 받을 수도 있고 그러지 않을 수도 있다. 이론적 분석이라는 목적에 중요한 구분은 순수한 잔여소득 또는 순수한 이윤과 재산소득의 구분이다. 노동소득과의 관계는 상대적으로 보아 중요성 면에서 부수적이고 어쨌든 같은 성격의 것이므로 이윤에 대한 논의에서 많은 지면을 요구하지 않는다. 토지와 자본 사이에 구별이 이루어진다면 이윤의 수취자는 이자나 임금 또는 둘 다에 더해 지대의 수령자일 수도 있음이 인정됨에 틀림없다. 그리고 예를 들어 자신의 토지를 소유하고 있지만 자신의 모든 운전자본을 차입하고 자신의 모든 일을 돈을 주고 남에게 시키는 농장주와 같이 예외적인 경우에는 지대만 받을 수 있다. 그러한 경우에 실제적인 문제는 순수한 이윤을 지대와 구별하는 일일 것이다. 그러나 그러한 상황은 다소 인위적이고, 토지와 다른 재산 사이의 구별은 이런 관점에서 보면 더욱 그럴 것이다.

이윤과 관련한 재산소유권의 중요성은 '영업권', 거래처 관계, 그리고 수립된 평판 등이 재산으로 간주된다면 훨씬 더 크고 분명할 것이다. 이런 범주들이 자본화되고 투자에 포함된다면 다른 사람들의 노동과 자본을 사용하는 사람이 사업에서 그 자신이 투자한 것은 갖고 있지 않은 경우가 드물 것이다. 이런 항목들을 다루는 적절한 절차, 즉 그것들을 재산으로 간주해야 하는지 아닌지에 대한 답은 판매할 수 있는 것인지 여부에 달려 있다. 영업권이 사업에서 다른 요소들과 분리될 수 있는지에 대한 시금석은 다른 요소들의 가치에 영향을 주지 않으면서 영업권을 그것들로부터 떼어내어 매각할 수 있는지인데, 만약 그럴 수 있다면 그것은 그 자체로 재산이고 그 판매가치에 대한 경쟁적 보수율을 그 소유자의 소득에서 차감한 뒤에야 순수한 이윤이 계산될 수 있다. 만약 영업권이 입지와 같은 어떤 다른 재산 요소로부터 분리될 수 없다면 그것은 그 재산 부분의 가치에 들어 있는 한 요인이며, 그 총가치에 대한 소득은 마찬가지로 순수한 이윤이 아니라 일종의 재산소득으로 간주돼야 한다. 그러나 만약 영업권이 소유자의 인격에 내재하는 것이라면 그것은 재산이 아니라 그 소유자의 개인적 용역 속의 한 요소이며, 그것의 정당한 소득은 임금이지 이윤이 아니다. 그 가치(자본 또는 수익의 의미에서)가 평가될 수 있는 한 그것은 계약 보수를 받을 자격이 있는 것으로 간주돼야 하고, 좁은 의미의 이윤을 발생시키지 않는다.

    이윤의 의미에 대한 우리의 논의는 이제 몇 개의 간략한 진술로 요약될 수 있을 것이다. 조직은 다수 개인들의 것인 자원을 집중된 통제 아래에 두는 책임의 집중을 수반한다. 잘 살펴보면 생산에서 인간의 기능은 결정을 내리는 것과 통제를 실행하는 것을 내포하지만 이때의 통제는 결정의 결과를 인수하는 것과 결합되지 않는 한 최종적인 것이 아니다. 책임 있는 결정은 사물에 관련되기보다 사람과 관련된다. 즉 궁극적인 경영자는 조직을 계획하고 기능들을 배치하고 그 기능들에 맞는 사람들을 선발하고 조직 전체에 대한 그들의 가치를 평가하되 이런 일들을 시장에서 다른 모든 입찰자와의 경쟁 속에서 하는 사람이다. 이런 궁극적인 경영에 대해서는 가능한 보수가 오직 하나뿐인데 그것은 수요경쟁이 존재하는 모든 사람이나 사물의 용역[227]에 대한 모든 구매희망자와의 경쟁 속에서 수립된 율로 지급이 이루어진 뒤에 남는 생산물의 잔여다. 이 잔여가 이윤이다. 다시 말해 그것은 가치가 평가될 수 있는 모든 생산적 요인들의 가치를 차감한 뒤에, 또는 경쟁적 기제에 의해 생산적 요소들에 귀속될 수 있는 생산물이 모두 귀속된 뒤에 생산물의 판매로부터 실현된 가치에서 남은 것이다. 이윤은 귀속될 수 없는 소득으로 사업체 소유자의 총소득과 구별되는 것이다. 보통은 이 총소득에는 사업체에 의해 지출되지 않기 때문에 귀속되지 않는다고 말할 수 있는, 또는 '잔여적으로 귀속된다'고 표현할 수 있는 다른 요소들이 들어 있다.

이론적으로 말하면 순수한 이윤은 산업조직의 경쟁적 체제가 생산의 관련 요소들에 생산물 가치를 귀속시킨다는 의미에서 귀속시키는 것이 불가능하다. 이런 경쟁적 과정에서는 어떤 요소든 그것에 연관시킬 수 있는 생산물 가치는 모두 그 요소에 돌아갈 것이다. 그 과정의 핵심은 기업가 또는 기업가가 되고자 하는 사람들이 미래의 생산적 용역 사용을 놓고 입찰을 하는 것이고, 그 보수율은 시장에서 용역들의 가치에 대해 현재 이루어지는 일반적인 경쟁적 추정에 의해 결정된다. 하지만 그것들이 사용됨으로써 최종적으로 수취되는 보수는, 불확실성이라는 사실 또는 인간의

---

[227] 물론 그 상황 속의 독점 요소들도 포함한다. 위의 VI장을 참고하라.

모든 예측은 오류에 빠지기 쉽다는 사실을 고려하면, 그런 추정과 차이가 날 수 있다. 소득 가운데 어느 만큼이든 일부가 우월한 판단 내리기와 연관된다는 것이 미리 알려질 수 있다면 곧바로 그 일부는 그러한 특출한 능력을 소유한 사람에게 귀속될 것이고, 그래서 (경영에 대한) 임금이 되어 더 이상 이윤이 아니게 될 것이다. 경영에 대한 임금은 판에 박힌 일에 대한 임금과 원리상 다르지 않다. 이는 곧 경영이라는 용어를 지금 우리가 논의하고 있는 맥락에서 적절히 이해하고 보면 경영은 판에 박힌 일이라는 것이다. 조직된 삶에서의 진정한 불확실성은 인간의 능력에 대한 추정에서의 불확실성이며, 이때 인간의 능력이란 언제나 불확실성에 대응하는 능력이다.

일반적인 관행에서는 진정한 책임을 지는 데 재산의 소유가 필요하고, 전형적인 근현대 사업 조직에서는 책임 있는 소유자가 사업에 노동용역을 전혀 제공하지 않고 재산용역만을 제공한다. 그러한 경우에 우리가 말하는 이윤은 소유자의 투자에 대한 수익률과 일반적인 투자에 대한 경쟁적 수익률의 차이로 나타난다. 그러므로 '이윤'이라는 말의 과학적 용법은 사업에서 이 말이 다양하게 사용되는 느슨한 용법과 구별돼야 하고, 특히 소유자의 순수입과 구별돼야 한다. 따라서 정확하게 잔여인 몫을 가려내기 위해 '순수한 이윤'과 같은 특별한 표현을 사용하는 것이 좋다. 이 잔여 몫은 판에 박힌 기능에서 나오는 수익과 이론상 다른데, 그런 수익은 그것을 버는 요소들에 경쟁을 통해 귀속된다. 우리는 그러나 소유자의 소득 가운데 귀속된 요소 또는 경쟁적 요소가 생산물의 가격에 대해 갖는 관계는 실제로 이루어진 지출이 생산물의 가격에 대해 갖는 관계와 완전히 똑같지는 않음을 명심해야 한다. 일반적인 경쟁적 율에서 그러한 수익이 예상된다는 것은 특정한 상품의 총공급에 대한 그 사업의 기여분이 생산되는 데 하나의 조건이 되기는 하지만 그 실현이 필수적이라고 말할 수는 없다.

이윤과 임금을 구별하는 것이 필요하다고 한다면 그 어떤 보통의 용어법으로든 이윤을 위험 인수에 대한 지급과 대비하는 것도 그와 꼭 마찬가지로 긴요하다. 보험자는 그의 사업이 과학으로 환원되는 한 위험을 전혀 부담하지 않는다. 다시 말해 피보험자의 개별적 경우에 존재하는 위험은 보험자의 수많은 경우들에 섞여 들어가면서 소멸한다. 그리고 진정한 확률이 확인될 수 있다면 '경우들'이 유사한 것들의 동질적 집합인지, 또는 그 각각이 객관적으로 보아 서로 다른 종류에 속하는지는 중요하지 않다. 이윤을 발생시키는 '위험'은 평가될 수 없고 그 어떤 객관적인 근거 위에서도 집합화의 가능성이 없는 상황과 연관된 불확실성이다. 왜냐하면 한 개인이 내리는 결정들은 하나의 집합으로 고려된다면 어떤 객관적인 가치에 근접하는 경향이 있는 것이 사실이지만 이런 성격의 결정들은 판에 박힌 일이 되어 궁극적인 책임을 수반하지 않기 때문이다. 즉 기업가의 힘이 평가된다면 그의 활동에 특정한 수익이 귀속되는데 이 수익은 더 이상 이윤이 아니라 임금이다.[228]

---

[228] 불확실성에 대응하기 위해 사람들을 고용하는 일은 상이한 분야들에서 얻을 수 있는 다수의 사례에 의해 설명될 수 있다. 법인기업은 정해진 고정된 임금을 주면서 발명가, 실험가, 광물탐사가, 기후와 수확 예측가, 시장예측가. 투기가 등을 고용한다. 도박장은 고객들과 포커 상대가 돼주는 사람들에게 주급을 지급한다. 그러한 피고용자들은 고용된 경영자와 마찬가지로 책임은 지지 않으면서 정형화된 일로서 결정을 내린다. 책임 있는 결정은 그들을 그들의 과업에 맞게 선택한 고용자에 의해 내려지고, 불확실성 통합의 원리가 작동하는 것도 분명하다. 방금 말한 점이 그렇게 분명하지 않은 경우도 있다. 예를 들어 의사들이 결정을 내리지만 그의 환자들이 그 정확성에 대한 책임을 진다!

이윤을 낳는 유일한 '위험'은 그 본질상 보험에 들 수도, 자본화할 수도, 봉급을 지급할 수도 없는 궁극적인 책임의 실행에서 초래되는 독특한 불확실성이다. 이윤은 사물의 내재적이고 절대적인 예측불가능성에서, 즉 인간 활동의 결과는 예측할 수 없고 더 나아가 그 결과에 관한 확률 계산도 불가능하고 무의미하다는 순전한 사실로부터 생겨난다. 어떤 특수한 경우의 이윤 수취는 우월한 판단의 결과라고 주장될 수 있다. 그러나 그것은 판단에 대한 판단, 특히 자기 자신의 판단에 대한 판단인데, 개별적인 경우에 훌륭한 판단을 행운과 분간할 방법은 없고, 판단을 평가하거나 그 개연성 있는 가치를 측정하기에 충분할 정도로 이어지는 일련의 경우들은 이윤을 임금으로 변환시킨다.

조직된 활동의 기본적인 사실은 사람 하나하나의 판단과 능력에 대한 근사적 평가를 형성함으로써 모든 인간의 견해와 행동에 내포된 불확실성을 측정할 수 있는 확률로 변환시키는 경향이다. 사람들을 그들이 다뤄야 하는 문제와 관련시켜 판단하는 능력과 사람들을 '정신적으로 자극해서' 다른 사람과 사물을 판단하는 데 능률적이게 만드는 능력은 경영을 맡는 간부에게 긴요한 특성이다.

이런 능력이 알려져 있다면 그것을 실행하는 데 대한 보상은 완전하게 귀속될 수 있으므로 임금이다. 그것이 알려져 있지 않거나 그 소유자 자신에게만 알려져 있는 한에만 그것이 이윤을 발생시킨다. 특성과 관계를 지각하고 연합하는 능력은 우리가 추리라고 부르는 것의 진정한 본질인데, 통솔기능(리더십)의 능력과 속성은 그런 능력도 넘어서는 것으로서 인류를 문명화하고 조직화한 삶에 적응시키는 가장 수수께끼 같으면서도 가장 긴요한 자질을 이룬다. 기능들을 판단하는 이런 가장 궁극적인 기능의 실행이 책임 있는 통제의 핵심인데, 그 기능에서의 오류범위가 경쟁적 조직의 작동에서(다른 어떤 조직의 작동에서도 그렇지만) 유일하게 진정한 불확실성을 이루는 것이다. 그리고 이윤이라는 용어를 적절하게 사용한다면 바로 이런 의미의 불확실성이야말로 이윤을 설명해주는 것이며, 경제학의 용어법은 이런 의미를 더듬어 찾아왔다. 그렇다면 이윤은 그 창출에 관여된 그 어떤 요소에도 경쟁의 기제에 의해 귀속될 수 없는 순수한 잔여 소득이다.

조직의 측면에서 현재 경제적 삶의 현상 가운데 얼마나 많은 부분이 불확실성이라는 사실과 그에 대응하는 이런 기본적인 방법의 자연스러운 결과인지를 보이기 위해 이런 방면의 추리를 세밀하게 진전시키는 일이 아직 남아 있다. 그러나 이런 추가적인 논의는 우리가 경제적 삶에 내포된 불확실성의 양과 종류에 진보적 변화가 미치는 영향을 살펴본 뒤로 미루는 것이 가장 좋을 것 같다. 지금까지의 두 장은 물리적 가능성이 허용하는 한도만큼 정적이면서 불확실성이 최소한의 정도로만 존재하는 사회에서도 만나게 될 자유기업의 가장 기본적인 특징들만을 다루었다. 우리는 진보라는 사실 또는 진보의 조건들의 존재와 관련된 기업가 기능의 많은 중요한 특징들을 사상했는데, 이는 진보가 높은 정도의, 그리고 매우 특수한 형태의 불확실성을 수반하기 때문이다. 우리는 이제 진보의 다양한 동적 요인이나 요소들[229]이 경제적 조직에 미치는 영향, 그리고 그런 것들과 관련된 불확실성을 고찰하는 일로 넘어간다.

---

[229] V장을 보라.

XI장 불확실성과 사회적 진보

진보와 불확실성 간 연관성의 일반적 성격은 우리가 진행해온 탐구 과정의 다양한 지점에서 다뤄졌다. 어떤 종류의 변화는 불확실성의 존재에 전제조건이다. 절대적으로 불변하는 세계에서는 미래가 과거와 똑같을 것이니 정확하게 예견될 것이기 때문이다. 변화는 어떤 의미에서 삶이나 행위와 관련된 그 어떤 문제든 그것이 존재하기 위한 조건이고, 순수한 사고의 문제도 결국은 실제적 요건과 많게든 적게든 연관되므로 그 대부분의 현실적 조건이다. 우리는 모순과 역설이 가득 찬 세계 속에서 살고 있는데, 이런 사실에 대해 아마도 가장 기본적인 예증이 되는 것은 바로 이런 것, 즉 지식의 문제가 존재하는 것은 미래가 과거와 다르다는 데 의존하지만 그 문제가 해결될 가능성은 미래가 과거와 유사하다는 데 의존한다는 것이다. 이러한 역설에 대한 열쇠는 우리가 위(VII장)에서 논의한 대로 두 가지 사실에서 찾아야 한다. 첫째로 우리는 우리의 세계를 분석해 어느 정도 일관성 있는 행태를 보이는 객체들로 나눈다. 다시 말해 우리는 사물들 속에서 특정한 방식으로 **변화한다는 불변의 성질**을 인식한다. 이런 과정이 완전하게 수행된다면 우리는 완전하게 알 수 있는 세계를 갖게 될 것이다. 그러나 그것은 실제적인 의미에서 변화하지 않는 세계이기도 할 것이다.

우리가 이렇게 변화를 설명해서 치워버리는 것을 통해 변화를 설명한다는 것은 우리의 사고과정을 연구하는 사람들에게는 익숙한 사실이다. 역사적으로 중요한 사고의 문제는 **진정한** 변화의 문제다. 여기에서 우리에게 중요한 점은 알려진 법칙에 따른 변화(우리가 그것을 변화라고 부르든 말든)는 불확실성을 발생시키지 않는다는 것이다. 우리가 정적인 세계라는 말로 실제적으로 의미하는 것은 모든 변화가 이런 성격을 지닌 세계다.

그러나 변화하지 않는 '법칙'('사물들'의 성질이나 행태양식)의 관점에서 변화를 정식화하는 과정은 완전함에 이르도록 수행될 수가 없고, 이런 점에서 우리의 정신은 알 수 없는 세계에서 달아날 두 번째 도피처를 순열과 조합의 법칙이라는 형태로 만들어낸다. 변화의 법칙은 **주어진 조건들 아래**에서의 주어진 행태를 의미한다. 그러나 어떤 객체든 그 행태의 '주어진 조건들'은 다른 객체들의 일시적인 상태와 변화다. 그래서 생겨난 것이 과학의 도그마, 즉 변화하지 않을 뿐만 아니라 행태의 법칙이 단순하고 이해되는 단위들(원자, 아원자입자, 에테르 등)로 세계가 '실제로' 구성돼 있다는 도그마다. 그러나 이런 단위들은 매우 **많아서** 그것들이 겪는 단순한 변화(이상적으로는 공간에서의 운동만)가 우리의 정신은 자세히 파악할 수 없는 다양한 **조합**을 발생시킨다고 주장된다. 우리는 이 도그마를 검토해보았고, 우리가 철학적 목적을 위해 무엇을 가정하는 것이 좋겠다고 생각하든 간에 우리 **행위**의 논리는 진정한 불확정성, 진정한 변화, 불연속성을 가정한다는 결론에 이르지 않을 수 없었다.

그러나 진정한 불확정성의 가정조차도 현상을 종류들로 집합화해서 **확률추리**를 적용하는 것을 통한 새로운 예측의 수단을 정신에 가져다준다. 이런 도구는 우리가 개별적인 경우들에 들어맞는 법칙을 도출하기가 불가능함을 알게 된 때에 경우의 집합들에 어떤 일이 일어날지를 예측할 수 있게 해준다. 불확실성의 두 번째 기본적인 사실은 이런 방법도 그 나름의 한계를 갖고 있다는 것이다. 사실 두 가지 방법 다가, 다시 말해 개별 경우들에서 법칙에 따라 예측하는 것과 경우의 집합들에서 확률추리를 통해 예측하는 것의 둘 다가 그 적용에 따르는 유기적 비용과 필요한 자료를 구하는 데 요구되는 시간으로 인해 일상의 삶에서는 꽤 좁은 한계를 갖고 있다. 그러한 지출비용과 시간 둘 다가 우리가 어떤 행동경로를 결정할 때 상황이 우리에게 사용하도록 허용하는 정도보다 보통은 훨씬 더 많이 요구된다. 현실의 삶에서 결정을 내리는 실제 절차는 오히려 불가해하거나 '직관적'인 방식으로 '추정'을 형성하는 쪽인데, 이런 절차는 오류 또는 불확실성의 범위를 넓게 가지기 쉽다.

변화의 중요한 의미는 그것이 행동에 대한 통제라는 문제를 발생시킨다는 것이고, 이런 측면에서는 예측할 수 있는 변화와 예측할 수 없는 변화의 차이가 뚜렷하다. 낮과 밤의 연속이나 계절의 순환, 우리 자신의 삶에 필수적인 과정과 변화, 깨어나기와 잠들기, 업무시간과 식사시간과 휴식시간, 유년기와 성년기와 노년기—이러한 사건들은 행동을 요구하지만 행동의 문제를 발생시키지는 않는다. 그것들은 예측할 수 있기 때문이다. 행동의 문제는 모든 종류의 변화에서 판에 박힌 틀을 벗어나는 데서 생겨난다. 사회적 진보가 없으면 불규칙성이 그 크기와 결과로 보아 훨씬 작게 된다는 것이 일반적인 관찰이며, 그래서 '정적'인 위험과 '동적'인 위험을 구별하는 것이 통상적인 관행이다. 그 기본적인 차이는 우리가 이미 보았듯이 정도의 차이일 뿐이고, 실제의 진보적 변화 가운데 어떤 것들은 예측 불가능성이 더 크다는 데 있다. 가장 먼저 말해야 할 것은 진보적 변화와 변동을 확실하고 유의미하게 구별하기란 불가능하다는 것이다. 모든 것은 변화의 주기성에 의존한다. 인간 생명의 길이와 비교해 짧은 시간간격 안에 스스로 되돌려지는 것이라면 그것은 불확실성을 내포하지 않으며, 통합을 확보하기 위해 설계된 조직 장치의 완성도가 점점 더 높아지면 유효한 자기보정이 일어나는 기간이 그에 따라 부단히 늘어난다. 다른 한편으로 우리의 진보적 변화는 모두 우리가 아는 한 결국은 주기적이라고 할 수 있다.

다시 말하면 진보적 변화가 필연적으로 예측불가능성을 수반하지는 않는다. 사실 진보적**이기만 한** 변화는 예측불가능성을 수반하지 않는다. 만약 변화가 균일하게, 또는 어떤 것이든 알려진 시간의 수학적 함수에 따라 일어난다면 미래는 마치 아무런 변화가 없는 것처럼 정확하게 예지될 수 있다. 불확실성의 진정한 원인은 결국 변동, 즉 진보 속의 변동이다. 실제로 어떤 변화들은 그 작동에서 상당히 '항상적이고', 경쟁의 작용을 교란시키는 종류의 불확실성을 발생시키지 않는다. 인구 증가와 자본 축적은 바로 이런 종류다. 다른 것들은 그 작동에서 매우 변덕스럽고, 생산적 용역에 대한 기업가들의 입찰이 이루어지는 데 근거가 되는 계산을 끊임없이 뒤흔든다.

경제학의 연구에서 중요하다고 우리가 인정한(V장) 진보적 변화들의 성격을 살펴보면 그것들 사이에 흥미로운 유사점과 상이점이 드러난다. 우리가 자연적인 변화와 인간의 행동에 기인하는 변화를 구별하는 것에서 시작한다면 전자의 항목에서는 그 어떤 진보적 변화도 고려할 필요가 없다. 자연적인 변화는 어떤 항상적인 상태로부터의 변동이라는 성질을 가진 것이거나 이른바 태양계의 냉각과 같이 워낙 속도가 느려 인간의 계산에는 아무런 차이도 없는 것이다. 하지만 인간의 행동에 기인하는 변화에는 상이한 두 가지 종류가 있다. 어떤 것들은 계획적 의도에 의해 일으켜지고, 그 밖의 다른 것들은 다른 목적을 겨냥한 행동의 결과로 다소 우발적으로 생겨난다. 행동의 '진정한' 동기들에 대한 연구는 너무 멀리 나아가게 될 것이고 아마도 결과적으로 아주 명백하고 만족스러운 결과를 낳아주지 못하겠지만, 우리가 대략적인 구분을 할 수는 있다. 기술 개선과 대부분의 자연자원 발견은 직접적으로 의도된 것인데, 다만 후자는 보다 상당한 정도로 우연적이다. 자본의 축적은 의도적으로 이루어진 것으로 다루어도 되지만 다소의 유보조건 아래에서 그러하며, 사람들에 대한 사물의 다양한 재분배도 유사하게 다루어도 되지만 좀 더 많은 유보조건 아래에서 그러하다. 욕구의 개선은 부분적으로는 의도적인 문제이고, 부분적으로는 다른 노력에 부수하는 문제이며, 부분적으로는 '그냥 일어난다'. 인구 증가는 의도된 것이 거의 아니며, 인구의 타고난 자질이라는 문제는 의지의 개입이 미치는 영향을 훨씬 덜 받는다(그리고 사실 근현대의 산업적 조건들 아래에서는 급속한 퇴화를 보인다는 데 의문의 여지가 없다). 그런가 하면 개인의 교육과 훈련은 계획된 행동과 우연의 어림짐작할 수 없는 혼합에 의해 통제된다.

불확실성을 연구하는 데 기본적인 중요성을 갖는 또 하나의 이분구조는 부의 소비와 대조되는 부의 생산과 관련된다. 이런 구별도 기술적 '위험'이 시장의 변화와 연관된 '위험'과 분리되는 것을 보면 불확실성에 대한 논의에서 잘 인정되고 있다. 근현대 산업조직이 진화하는 과정에서 판매 기능이 고유한 생산 기능을 얼마나 일관되게 지배해왔는지를 관찰하는 것은 흥미롭다. 우리는 조직과 관련해 가장 근본적인 결정적 사실은 불확실성 대응임을 이미 지적했다. 조직된 경제적 삶에서 책임 있는 결정들은 가격 결정이며, 그 밖의 다른 결정들은 판에 박힌 것이 될 수 있어서 그런 결정들을 내릴 사람들이 고용될 수 있다. 시장의 불확실성은 기술적 과정과 관련된 불확실성보다 더 완강하게 제거나 집합화를 통한 축소에 저항한다. 중세 시대와 근현대 시대 사이의 이행기에도 다름 아닌 판매길드가 통제의 지위로 이끌려가서 '동업조합'이 되어 생산자들을 고용해 그들의 과업에 배치했는데, 그때 그들이 가지고 일한 원재료와 완성된 후의 생산물은 판매길드의 소유였다.

기업가에게 영향을 미치는 주된 불확실성은 그의 생산물이 판매되는 가격과 연관된 불확실성임이 관찰될 것이다. 가격체계 속에서 그가 갖는 지위는 전형적으로는[230] 작업이 끝났을 때 지배적인 가격으로 판매할 완성 재화로 전환시킬 목적으로 생산적 용역들을 현재의 가격으로 구매하는 사람이다. 그가 구매하는 것들의 가격과 관련해서는 불확실성이 전혀 없다. 그는 자신이 확보하게 될 물리적 생산물의 양과 관련된 기술적 불확실성을 부담하지만, 이런 종류의 계산에서 있을 수 있는 오류는 일반적으로 크지 않다. 그러므로 도박의 대상은 생산물과 관련된 가격 요인이다. 하지만 생산자 재화의 가격 변화가 그에게 간접적으로 영향을 미치는데, 왜냐하면 그 변화가 생산물의 가격 변화와 연관될 가능성이 있기 때문이다. 따라서 그 변화는 판매시장을 예측할 때 고려해야 요인들 가운데 하나가 된다. 이것은 그러나 자본가치가 관여되는 경우만을 제외하고는 아마도 2차적

---

[230] 물론 많은 경우에 이런 상황이 거꾸로 된다. 즉 계약에 따라 판매 가격이 미리 알려지고, 비용 지출이 불확실한 것이 된다.

인 고려사항일 텐데, 자본가치가 관여되는 경우는 물론 근본적인 예외이므로 곧 충분히 논의해야 할 것이다. 불확실성의 주된 직접적 원천은 다른 생산자들로부터 예상되는 공급의 양 및 소비자들의 욕구와 구매력이다.

가장 근본적이며 돌이킬 수 없는 불확실성을 지닌 진보의 측면 또는 진보의 요인은 본질적으로 지식 그 자체의 증가로 이어지는 것들이다. 이런 서술은 분명히 기술적 과정과 사업조직 형태의 개선에도 들어맞고 새로운 자연자원의 발견에도 들어맞는다. 이와 관련해 정확하고 상세한 의미의 예상을 이야기한다면 그것은 용어상의 모순인데, 왜 그러냐면 그러한 진전을 예상한다는 것은 곧바로 그렇게 한다는 것과 같기 때문이다. 그러나 여기에서도 우리가 이미 보았듯이 변화와 변화의 불확실성은 어느 정도 서로 분리될 수 있는 요인이다. 우리가 새로운 발명을 하지 않은 상태에서 미리 그것을 묘사할 수도 없고 어떤 양과 질의 새로운 자연적 생산능력이 어디에서 개발될지를 말할 수도 없다고 하더라도 대체로 보아 지식으로 무지를 상쇄해서 미래와 관련해 지능적으로 행동하는 것은 가능하다. 이러한 변화는 대부분 그것을 발생시키기 위해 자원을 의도적으로 적용한 결과이며, 특정한 경우에는 그렇지 않더라도 대체로는 그러한 활동의 결과가 멀리까지 예견될 수 있으므로 그 활동을 계속해나갈 목적으로 고정된 보수를 주면서 사람들을 고용하고 자본을 차입하는 것도 가능하다.

우리가 진보와 관련된 불확실성이 경쟁적 경제조직의 형태와 작동에 미치는 영향을 자세히 다룰 수 있으려면 그 전에 두 개의 추가적인 일반적 관찰이 요구된다. 경제적 과정은 욕구를 만족시키기 위한 재화의 생산이라고 생각하는 것이 보통이다. 이런 견해는 두 가지 중요한 측면에서 미흡하다. 첫째로, 경제적 과정은 현존하는 욕구를 만족시키기 위한 재화뿐만 아니라 욕구도 만들어내고, 후자에 해당하는 간과된 활동의 측면에 투입되는 사회적 에너지의 양은 매우 크고 부단히 커진다. 둘째로 주목할 점은 욕구를 만족시키기 위한 간접적 수단을 생산하는 것은 그 어떤 직접적인 의미에서든 욕구의 궁극적인 만족만을 전적으로 겨냥한 것이 결코 아니라는 것이다. 부의 증가는 소득을 증가시키는 하나의 수단일 뿐만 아니라 상당한 정도로 그 자체로서 하나의 목적이며, 또한 삶의 수준이 향상됨에 따라 급속하게 증가하는 정도로 그렇다. 사람들은 상당히 많은 경우에 더 많은 양의 재화를 소비하는 것에 더해서뿐만 아니라 더 나아가 그러는 대신으로도 '부자가 되기 위해' 일한다. 근현대 산업국가에서 생산이 단지 소비를 위해서만 일어난다고 가정하는 것은 중대한 오류다. 소비가 증가하는 생산에 희생되는 것은 이미 많은 정도로, 그리고 점점 더 많은 정도로 사실이다. 사람들은 "더 많은 토지를 살 목적으로 더 많은 돼지를 기르기 위해 더 많은 곡물을 재배하려고 더 많은 토지를 사며, 다시 그렇게 할 목적으로 더 많은 돼지를 기르기 위해 더 많은 곡물을 재배하는" 행동을 **실제로 하며**, 일반적으로 말해 사업에서는 부 그 자체를 증가시키는 것을 넘어서는 그 어떤 용도도 염두에 두지 않은 채 더 많은 부를 산출하는 데 사용될 부를 산출한다는 사실을 우리는 인간의 동기에 대한 우리의 철학이 무엇이든 간에 외면하지 말아야 한다.

우리는 조직에 대한 영향의 관점에서는 이미 열거한(V장에서) 진보의 다양한 측면들, 즉 인구 증가, 교육과 훈련, 자본 축적, 기술과 사업조직 개선, 새로운 자연자원 발견, 그리고 인간 욕구의 성격 변화를 구별해야 한다. 이들 가운데 우리의 관점에서 가장 중요한 것인 동시에 지능적으로 논의하기에 가장 쉬운 것은 자본 축적이다.

물질적 재화라는 의미의 자본이 사회의 기본적 구조에 대해 갖는 관계에서부터 논의를 시작해보자. 진보의 사실들은 사유재산 제도 그 자체와 긴밀한 연관성을 갖는 것으로 보일 것이다. 진보하지 않는 사회에는 근현대적 의미의 사유재산이 존재하지 않아도 된다. 사적 소유에 대한 사회적 정당화의 근거는 자원에 대한 통제가 그 사용에 따른 과실의 향유와 연계되는 것이 생산에서 재화를 효율적으로 사용하게 하는 유인을 제공한다고 여겨진다는 것이다. 노예제나 인간에 대한 재산권의 폐지는 노예는 자유인만큼 효율적으로 일하지 않는다는 사실에 근거한 것이며, 사람들을 부양해주면서 그들에게 일하도록 강요하는 것보다 사람들에게 그들의 용역에 대한 대가를 지급하면서 그들의 사적인 삶은 그들 자신의 통제 아래 놔두는 것이 더 저렴한 것으로 드러난다.

똑같은 추리가 물질적인 것에 대한 재산권에도 적용되지만, 진보하지 않는 상태에서는 그러한 논증의 힘이 상대적으로 약하다. 생산의 방법이 중세 때와 같이 판에 박힌 일의 문제이고 진보의 사고가 없는 상태에서는 토지와 도구에 대한 공동소유가 규칙이다. 방법이 변화하고 방법 변화의 유인이 주로 재산가치를 증가시키려는, 즉 '부자가 되려는' 욕구일 때에는 통제의 문제가 예민해진다. 근현대 경제적 삶의 배후에서 작용하는 역동적 충동은 재화를 소비하려는 욕구이기보다 부를 증가시키려는 욕구라는 사실은 우리가 아무리 강조해도 지나치다고 말하기 어려운데, 다만 그 두 가지 고려사항 사이에 어떤 비합리적인 종류의 심리적 연관성은 있다. 심지어는 생활수준의 개선이 부의 증가에 따른 결과인 경우에도 이것이 동기였다고 가정할 수는 없다. 왜냐하면 우리가 앞에서 강조했듯이 부의 영구적인 순증가는 개인들의 입장에서 볼 때 잉여생산에서 나온 것이 틀림없는데, 그 잉여생산은 그들이 소비할 계획이 전혀 없고 오히려 죽을 때 남기려고 한 것이기 때문이다.[231]

진보의 불확실성과 전통적인 의미의 경제이론 사이의 가장 직접적인 연관성은 이자에 대한 설명과 관련된다. 이자는 사회의 물질적 설비가 증가하는 것과 연관된 현상이고 그 과정에 내포된 불확실성에 의존한다. 그것은 '정적'인 사회에는 존재한다고 할 수도 있고 존재하지 않는다고 할 수도 있는데, 어느 쪽인지는 대체로 '정적'이라는 용어가 얼마나 엄격하게 해석되느냐에 따라 좌우된다. 만약 생산적 재화가 형태나 양이나 분배의 측면에서 변화할 수 없다면 자유자본의 대부가 이루어질 이유가 없고 이자가 존재하지 않을 것이다. 만약 모든 설비가 형태와 양의 측면에서는 고정돼 있지만 한 개인에서 다른 개인으로 이전될 수 있다면 이자가 존재할 수 있다. 생산적 재화가 양의 측면에서는 고정돼 있지만('자본'의 순저축 또는 소비가 전혀 일어나지 않음) 형태의 측면에서는 변화할 수 있다면 이자가 틀림없이 발견되겠지만, 그것은 지대와 이름을 빼고는 다를 게 거의 없을 것이므로 소득의 분배에 눈에 띄는 차이를 전혀 만들어내지 않을 것

---

[231] 적은 양의 자본 부는 물론 저축의 일시적인 투자에서 초래된 것일 테고, 그것은 나중에 인출되어 소비될 것이다. 그러한 잉여 부의 생산에 관여하는 동기들에 대한 적절한 논의는 이 저작의 범위를 넘을 것이다. 그러나 획득과 축적의 '본능'에 대한 이론은 유명한 아편의 '최면효과'에 대한 과학적 사고의 수준에도 미달하는 것으로 필자에게는 보인다는 말은 해야겠다. 후자는 적어도 어떤 것의 실제 속성 또는 행태양식이지만 축적이라는 인간의 행동은 특이한 반응이 아니라 일반적인 인간행위에서 발견되는 동일한 경향의 표출이다. '창조적' 또는 '건설적' 충동도 똑같은 반론에 부닥치기 쉽다. 이를테면 그로스, 프레이어, 쿨리 등이 사용한 표현인 '원인이 되는 것의 즐거움'이 생명 있는 기계로서의 유기체의 직접적이고 의식적인 필요를 충족시키는 데로 향하지 않는 행동에 대한 최선의 묘사인 것으로 보인다. 일반적인 의미의 행동으로 나가는 비차별적이고 비정향적인 경향을 '본능'이라고 부르는 것은 혼란스러운 용어 오용일 뿐이다.

이다.[232]

이자를 이해하기 위해서는 저축과 투자의 과정을 통해 자본설비가 창출되는 기제를 분명하게 염두에 둘 필요가 있다. '노동자들에 대한 선급'이라는 자본의 고전적 개념[233]은 기본적으로는 적어도 하나의 출발점으로는 건전하지만, 두 가지 특정한 점에서 수정되거나 제약돼야 한다. 그러한 설명은 첫째로, **새로운** 자본 또는 '자유로운' 자본, 즉 형성 과정에 있는 자본에만 적용된다. 그것은 자본재가 소비재의 '선급'을 통해 존재하게 된다는 의미에서 옳다. 둘째로, 선급은 노동자에게만 이루어지지 않고 기존 자본재의 소유자에게도(그리고 자연자원이 자본재와 분리돼 있다면 자연자원의 소유자에게도) 이루어진다. 이자이론을 따라다니는 난점과 혼동은 대부분 용어사용에서 생겨나는데, 특히 '자본'이라는 용어의 모호함이 악명 높은 문제다. 아래에 이어지는 논의에서 우리는 '추가적인 생산을 위해 사용된 과거 산업의 생산물', 즉 구체적인 장비와 도구를 가리킬 때 '자본재'라는 표현을 사용하고, '자본'이라는 용어는 훨씬 더 좁은 의미로 국한해서 자본재 창출에서의 이런 선행 단계에 연관시키거나 자본재 그 자체와 구별되는 자본재 **가치**에 연관시킬 것이다.

자본 창출의 본질은 많은 저작자들에 의해 규명됐다. 원시인은 자신이

---

[232] 위의 V장을 보라. 그 장에서 위의 가정들 가운데 두 번째 것 아래에서 재산의 판매가치를 결정하는 '자본화율', 또는 오히려 재산의 판매가치에서 생겨난다고 할 수 있는 '자본화율'은 고유한 의미의 이자가 아니며, 그 율은 현존 세계의 이자율을 결정하는 힘들과는 전혀 다른, '시간선호'에 대한 '심리적' 고려에 의해 결정됨을 보였다. 우리는 이 힘들을 이제 보다 자세히 분석하고자 한다.

[233] 타우시그는 이런 개념을 상당히 따랐고, 그것은 올바른 태도였다. 《임금과 자본》을 보라. 아울러 《경제학의 원리》 38-40장도 참조하라.

하는 노동의 효율성을 높이기 위해 자신의 설비를 스스로 만들며, 그가 죽을 때 소유하고 있는 것은 그와 함께 매장될 가능성이 높다. 조직된 문명인의 삶에서는 그 과정이 두 가지 측면에서 다르다. 전문화의 결과로 어떤 사람들은 자신의 에너지를 전적으로 설비재 생산에 투입하지만, 다른 사람들은 전혀 그렇게 하지 않는다. 그리고 두 번째로, 거대한 영속적 재화 기금이 쌓이고 유지되며 세대를 이어가면서 증대된다. 그러나 전반적으로 일어나는 일은 근본적으로는 같은데, 다만 노동분업이 그것을 바라보는 것을 다소 더 어렵게 만들 뿐이다. 설비재를 만드는 데 종사하는 사람들은 그와 동시에 그들 자신의 생활수단을 스스로 만들지는 못하는 것이 당연하다. 다시 말해 그들은 미리 비축됐거나 같은 시기에 소비재를 생산하는 사람들의 사용에서 빼내어진 소비재의 **잉여**를 가지고 살아야 한다. 어느 쪽의 경우에든 자본 창출을 위해 가장 먼저 요구되는 것은 그 자본재가 존재하게 되기 전의 어떤 시점에 누군가에 의해 잉여의 창출, 즉 소비되는 것보다 더 많은 재화의 생산이 이루어져야 한다는 것이다. 이것이 '저축'의 본질적인 의미다.

문명화된 사회에서는 노동자뿐만 아니라 지주와 자본재 소유자도 자본재를 만드는 사람들에 포함된다. 자본재를 생산하는 작업에 어떤 종류든 생산적 용역을 제공하는 사람들은 모두 이전의 생산물에서 지급을 받거나 다른 사람들과 설비에 의해 창출된 당시의 잉여 소비재에서 지급을 받는 것이 분명하다. 그 과정의 핵심은 '저축'됨으로써 따로 쌓인 소비재의 잉여 덕분에 생산적 자원이 소비재 창출에서 생산자 재화 창출로 **전용**되는 것이 가능해지는 데 있다. 이것이 바로 '선불'이라는 말의 의미다.

일련의 연쇄관계가 화폐의 개입으로 더욱 복잡해진다. 왜냐하면 경제학 연구자들 가운데 비교적 적은 일부만이 화폐가 지닌 교환기능의 배후를 고찰해서 그것에 의해 매개되는 실물의 이전까지 들여다보기를 배운 적이 있기 때문이다. 저축은 화폐저축으로, 자본재 생산자의 소득은 화폐소득으로 잘못 여겨진다. 물론 화폐는 단지 교환의 매개체일 뿐이다. 그것은 저축자가 그때그때의 가격으로 그가 원하는 어떤 형태로든 '인출'하거나 '현금화'할 수 있는 특정한 양의 사회적 부에 대한 소유권을 나타낸다. 만약 저축이 '투자'되어 자본 창출을 위해 사용된다면 그 부는 이런 작업에 종사하는 사람들에게 이전되고 그들이 원하는 형태의 것으로, 주로 소비재의 형태로 '현금화'된다. 이런 것에 대한 권리가 곧 저축이 의미하는 것이고 이전된 것이다. 이전된 재화는 노동자, 지주, 자본재 소유자를 포함한 자본재 생산자들의 삶을 유지시키고 떠받친다. 이전된 재화가 없다면 그들은 자신이 사용하거나 교환에 돌리기 위한 소비재를 만드는 일을 해야 할 것이다. 이자는 저축된 부가 저축자에 의해 투자되지 않고 저축자에게서 투자자에게로 직접으로, 또는 중간매개자인 은행이나 금융기관에 의해 중개되는 방식으로 대부되면서 다른 사람에게 이전될 때 발생한다.

이자가 붙는 대부는 이렇듯 기능의 전문화를 확보하는 수단이 되어 한 집합의 사람들로 하여금 잉여 부를 저축할 수 있게 하고, 또 다른 한 집합의 사람들로 하여금 그것을 생산적 용역의 소유자들에게 선급하는 것을 통해 저축을 자본재로 전환시킬 수 있게 한다. 그렇게 되면 그 생산적 용역의 소유자들은 그 생산적 용역을 사용해서 아무런 저축이 일어나지 않았다면 생산했을 소비재 대신 자본재를 창출한다. 이런 작업은 전문화가 없어도 수행될 수 있을 것이다. 다시 말해 다른 경우와 마찬가지로 이 경우에도 노동분업은 단지 절약만을 의미할 뿐이며 일이 이루어지게 하는 유일한 방법은 아니다. 저축자들이 그들 자신의 잉여를 생산적 용역의 소유자들에게 선급해서 그들 자신의 계산으로 자본재를 창출하고, 그들 스스로 그 새로운 생산적 재화를 활용하거나 그것을 다른 기업가들에게 **임대로** 이전할 수도 있을 것이다. 그들로 하여금 투자를 자기 사업으로 하는 다른 사람들에게 이런 기능을 이전하게 하는 데서 얻어지는 이득은 다른 어떤 연관관계 속의 전문화든 거기에서 얻어지는 이득과 성격이 똑같다.

특히 주목할 점은 그 이득이 기업가 기능, 즉 통제와 책임을 합한 기능의 전문화에서 생겨나는 이득과 똑같다는 것인데, 왜 그러냐면 바로 이런 전문화가 대부에 진정으로 내포된 것이기 때문이다. 저축자가 스스로 선급을 해서 그의 저축이 낳은 결과인 자본설비의 소유자가 된다고 가정해 보자. 그러면 그는 그것을 가지고 무엇을 하겠는가? 그는 이 새로운 설비가 적용되는 종류의 재화를 생산하는 데 그것을 스스로 사용하는 동시에 다른 한편으로 그로 하여금 그전에 저축한 잉여를 만들어내게 해준 애초의 사업이나 직업에도 계속 종사할 수 있다. 그러나 우리는 그가 설비를 고정된 요율로 실제 작업을 할 기업가에게 임대하는 것이 일반적으로 훨씬 더 낫고 훨씬 더 일어날 가능성이 높음을 안다. 그가 재화의 잉여 그 자체를 어떤 기업가에게 고정된 보수를 대가로 이전하고 새로운 설비의 운용뿐만 아니라 구축도 그 기업가에게 맡기는 것(또는 구축과 운용을 두 명의 상이한 외부 기업가에게 맡기는 것)을 통해서도 정확하게 똑같은 종류의 이득이 실현된다는 것을 가능한 한 분명히 해두자.

잉여를 저축하는 것은 분명히 하나의 기능 또는 활동이고 새로운 설비의 창출을 가능하게 하기 위해 그것을 사용하는 것은 또 하나의 완전히 다른 기능 또는 활동이며, 이는 생산적 용역을 제공하는 것은 하나의 기능이고 재화를 생산하기 위해 그것을 사용하는 것은 또 하나의 기능인 것과 마찬가지다. 사실 조금만 성찰해보아도 잉여 재화를 자본재로 전환시키는 활동은 일반적인 생산적 활동의 영역에서 기업가 기능의 전문화를 가져오는 특성들을 특이한 정도로 갖고 있다. 즉 그것은 미래의 조건들에 대한 특별한 지식과 예견을 내포한다. 소비재의 잉여는 **유동자본**이다. 다시 말해 그것은 물리적인 가능성과 임의적인 사회적 통제의 범위 안에서 **어떤 종류의** 무엇이든 구체적인 생산적 도구를 창출하기 위해 사용될 수 있다. 그것은 노예노동이 공급되게 하거나 더 많이 공급되게 하는 데 사용하는 것을 허용하는 사회에서는 그렇게 사용될 수 있다. 그것은 물론 자연적 요소의 공급을 증가시키기 위해, 일을 하는 새로운 방식을 창안하고 발견하기 위해, 심지어는 재화에 대한 새로운 욕구를 창출하고 전통적으로 자본 창출로 간주되지 않는 많은 것들을 하기 위해 사용될 수 있다.

실제적으로 핵심을 찌르는 질문은 새로운 자본재의 창출이 어떤 형태로 이루어지고, 어디에서 이루어지며, 어떤 방법에 의해서 이루어지느냐 등이다. 그 해결책은 사업세계에서 요구되는 고도의 유형에 해당하는 **판단** 내리기다. 이런 유형의 질문에 대답하는 기능은 정적인 조건들 아래에서의 기업에 대한 통제와 같은 방식으로, 그리고 같은 이유로 전문화하는 게 불가피한 것이 분명하다. 저축된 잉여가 자본재로 전환되는 것을 통제하는 개인들은 그들의 결정에 대해 책임을 져야 하는데, 다만 앞의 경우에서와 같이 그러한 '통제'가 결과에 대해서는 책임을 지지 않으면서 수행되는 판에 박힌 과업으로서의 직접적인 통제를 실행하는 누군가 다른 사람을 선발하는 형태를 취할 수도 있다. 판단 내리기에 대한 요구는 진보의 불확실성이 판에 박힌 활동의 불확실성보다 더 큰 만큼 크고, 판단−상황에 대한 판단이나 상황을 판단하는 인간의 능력에 대한 판단-을 하는 사람이 부담하는 책임도 그만큼 크다.

　계약의 자유 아래에서 자연스럽게 생겨나서 이런 전문화를 이루어내는 기제는 시장의 기제인데, 이것은 기업가들이 생산적 용역의 소유자들과 벌이는 협상의 경우에서와 같은 방식으로 작동한다. 잉여 소비재 또는 잉여 소비재에 대한 화폐나 은행예금 형태의 권리는 거래하기에 가장 이상적인 종류의 완전히 표준화한 상품이 된다. 그러한 상품은 또한 대단히 이동성이 좋아서 범위가 가장 넓은 시장의 작동에도 더욱 더 적응해간다. 은행과 금융기관들은 이런 시장을 고도로 조직화해왔다. 이 시장의 실제 작동은 다른 어느 시장의 작동과도 같다. 어느 시점에든 가격이 수립되고, 이 경우에 그 가격이 특이하게 확정적이고 균일하다. 그것은 사실 단일의 동질적 상품으로 거래되는 것이 아닌데, 왜 그러냐면 다양한 종류의 투자를 위한 자금들이 폭넓게 상이한 정도로 기업가 기능의 전문화를 허용하기 때문이다. 그러나 어쨌든 대부시장은 거명할 수 있는 거의 모든 다른 시장에 비해 재화의 등급과 종류에 따른 가격의 범위가 더 좁게 나타나게 한다. 수립된 가격에서 기꺼이 구매하려고 하는 사람들은 그 가격에서 기꺼이 팔려고 하는 사람들을 만난다. 그 밖의 다른 사람들은 시장에 들어가지 않는다. 만약 기존의 가격에서 사람들이 가져갈 양보다 더 많은 양의 상품이 공급된다면 가격이 떨어지고 그 역도 성립하므로 가격은 공급과 수요가 일치하는 지점으로 부단히 조정된다.

　시장에 들어가기로 한 구매자의 결정은 **이윤**을 낳아줄 투자기회에 대한 판단을 (그 특수한 종류의 대부에 대한 요율이 고려되는 가운데 요구된 담보를 제공할 능력과 함께) 나타낸다. 이런 경우의 기업가는 매우 복잡한 일련의 요인들을 내포한 미래에 대한 추정을 해야 한다. 판에 박힌 생산적 활동을 위한 자금 차입자는 (다른 요소들의 사용자와 마찬가지로) 그것의 사용에 의해 산출될 물리적 생산물과 이 생산물의 판매가격을 추정한다. 새로운 자본설비 창출을 목적으로 한 자금 차입자[234]는 물리적인 기준으로 자신이 벌일 설비구축 활동의 결과, 자신의 설비가 사용된 뒤의 그 물리적 산출, 그리고 그 생산물의 비용과 판매가능성 둘 다를 추정해야 하는데, 이 모든 것은 해당 산업에서 생산을 하는 데 소요되는 시간에 설비를 구축하는 데 요구되는 시간을 더한 만큼 멀리 있는 미래에 속하는 것이다. 이 모든 것 외에 새로운 생산공장 건설은 그것을 가동하고 그 사업체가 파는 것뿐만 아니라 구매해야 하는 것 모두에 대한 시장에서 사업상 거래관계를 형성하는 것을 포함하는데, 이런 일은 통상적으로 공장의 단순한 기계적 건설보다 훨씬 더 긴 시간을 필요로 함을 염두에 둬야 한다.

기업가 활동의 전문화는 다양한 측면에서 위에서 언급한 것보다 훨씬 더 나아간다. 특히 새로운 생산재를 구축하는 과정에서 화폐자금으로 대표되는 잉여재화의 사용은 새로운 설비가 구축되고 나면 그 설비의 운영과 분리될 수 있다. 그러나 명백한 이유에서 이 또한 실제로는 그렇게 되지 않을 수 있다. 건설은 우리가 보았듯이 좁은 의미의 건설기간 그 자체보다 더 긴 초기 가동기간을 포함하는데, 시간상 중첩이 그 두 가지를 분리하는 것을 어렵게 만든다. 사실 공장을 짓는 일의 기계적인 부분은 고정

---

[234] 이미 존재하는 생산적 설비(토지나 기타 재화)를 구매하기 위한 차입은 자본의 수요나 공급 어느 쪽에도 아무런 차이도 만들어내지 않는 것이 분명하며, 그래서 이자율에 아무런 영향도 미치지 않는다.

된 보수를 대가로 또 다른 기업가인 도급업자에게 넘겨지는 일이 흔하게 일어난다. 물론 새로운 기업을 시작할 때 계속기업으로 자리 잡게 한 뒤에 매각하거나 다른 사람에게 임대해서 운영하게 할 목적으로 시작하는 것도 결코 특이한 일이 아니지만, 이런 경우가 대부분의 사업 분야에서 전형적인 절차라고 말하기는 어렵다.

자본과 자본재를 구별하는 것의 중요성은 이제 분명해졌을 것이다. 사업세계는 자본을 화폐자금으로 생각한다. 화폐는 그러나 단지 교환의 매개체일 뿐이며, 투자 기능에서는 부의 잉여, 실제적으로는 소비재의 잉여에 대한 권리를 나타낸다. 이것이 자본재의 발전에서 한 단계인 **자유자본**의 진정한 의미다. 이자이론에서 현재 보이는 혼동의 핵심은 우리가 진보하는 사회에 살고 있다는 사실, 즉 새로운 순잉여 생산은 부단히 대부시장을 통해 투자 영역으로 흘러가서 물질적 설비로 변환된다[235]는 사실의 중요성을 알아차리는 데 실패하는 데 있다. 다시 말해 저축하는 개인과 계급의 입장에서는 그것이 잉여 생산이지만, 사회 전체의 관점에서는 소비재의 잉여 생산이 존재하지 않으며, 잉여는 자본설비에 추가된 것이라는 형태로 나타난다. 새로운 저축이 새로운 자원을 창출하는 데 사용되고 있지 않아서 진보하지 않는 사회에는 소비대부의 대가로 이자가 지급될 수는 있더라도 경제이론가들이 중요시하는 의미의 ─ 즉 분배몫으로서의 ─ 이자는 존재할 수 없을 것이다. 현재로서는 새로운 생산재로 전환되는 대부와

---

[235] 이자이론의 궁극적인 장기 논의의 관점에서는 이 변환이 보통은 완전히 되돌릴 수 없지는 않다는 것이 중요하다. 그 과정은 일반적으로 역전될 수 있어서, 자본이 철수되고 자본의 저수준 유지에 의해 부가 소비재의 형태로 ─ 다소 신속하고 효과적으로 ─ 복구될 수 있다.

비교해볼 때 소비대부는 무시할 수 있을 정도다. 물론 소비대부가 이루어진다면 그것은 동일한 이자율을 취할 것이며, 다만 이자와 원금의 손실에 대비하는 데 필요한 보증의 정도는 감안될 것이다.[236]

이자는 자유자본 사용에 대한 지급이고, 자본재를 그 소유자가 아닌 다른 사람이 사용하는 경우의 자본재 사용에 대한 지급은 **지대**다. 이자는 대부에 의해 취득된 자원으로 창출된 재산의 생산물에서 지급되는 게 분명하다. 그것은 차입자에게 **자본**이 의미하는 대부가 이루어질 때 그의 마음속에 있었던 **자본재**의 생산물 가운데 일부다. 이 **재산의 수익**은 다시 **지대**와 구별돼야 한다. 재산의 수익은 물리적인 사물의 이용으로부터 실현된 실제 수입이지만, 지대는 그 용도의 경쟁적 시장가치다. 만약 재산이 실제로 임대된다면 재산수익**으로부터** 지대가 지급되지만, 만약 그것이 소유자에 의해 관리된다면 그것의 공정한 임대가치를 근거로 하여 소득이 여전히 그것에 귀속될 것이다. 만약 기업가가 그의 특별한 기능 수행에 대해 그 어떤 보수든 받게 되려면[237] 수익이 지대**에 더해 이윤도** 포함해야 한다.

이들 세 가지 종류의 소득은 이리하여 두 가지 형태의 이윤에 의해 연결된 일종의 연쇄계열을 이룬다. 재산의 실제 수익은 경쟁적 지대와 그것을 이용하는 책임 있는 기업가에게 지급되는 이윤을 포함한다. 지대는 다

---

[236] 정적인 상태에서 재산의 사용과 관련해 이자가 나타날 가능성에 대한 논의에 대해서는 Ⅳ장을 보고, 불확실성이 없는 가운데 진보하는 사회와 관련된 유사한 논의에 대해서는 Ⅴ장을 보라.

[237] 하나의 계급으로서, 또는 평균적으로 기업가들이 엄격한 의미에서의 기업가들로서 그들의 서비스에 대한 보상―즉 그들의 노동에 대한 지급과 그들의 재산의 사용에 대한 지급을 제외하고―을 확보하는지의 여부에 대해서는 다음 장에서 질문이 제기될 것이다.

시 투자(그것을 창출하기 위해 희생된 애초의 가치)에 대한 경쟁적 이자에 더해 투자를 구체적인 재화로 변환하는 기업가 기능에 대한 보수인 이윤을 포함한다.

지대와 이자의 두드러진 차이 하나가 이론에서 혼동을 특히 많이 발생시킨 원천이었다. 둘 다 **율**, 즉 1년에 1달러당 얼마로 표현되지만, 두 경우에 설명은 매우 다르다. 이자는 **당연히** 율, 즉 두 개의 가치 사이의 비율이다. 저축자로부터 기업가에게로 이전된 객체는 가치로, 다시 말해 특정한 **가치**에 해당하는 잉여 소비자재화를 나타내는 특정한 양의 화폐로 표현되고, 자본가에 대한 보수도 역시 가치로 진술된다. 그러나 만약 지대가 투자에 대한 보수의 율로 진술된다면 관계가 거꾸로 된 것이며, 이 경우에는 투자가 애초 가치의 크기를 의미하는 게 아니라 현행 이자율로 자본화한 결과로 나타나는 재산의 판매가치를 의미한다. 왜냐하면 사람들이 부단히 가치를 지닌 자금을 이자를 붙여 대부하는 진보하는 사회에서는 분명히 가치를 지닌 자금과 생산적 재화 간 교환의 자유가 후자에 대해 동등한 보수를 창출하는 데 필요한 투자와 같은 가치를 부여할 것이기 때문이다. 이런 자본화 현상이 바로 이자를 붙인 대부에서 이전되는 것은 가치를 지닌 자금인데 그 가치는 자본화 과정의 결과가 아니라 직접적인 효용으로서 평가된 것이라는 사실을 '심리학파'[238]의 특정한 저작자들은 보지 못

---

[238] 시간선호 또는 미래할인은 다른 곳에서 보다 완전하게 설명됐듯이 새로운 자본의 공급(저축률)을 결정할 때를 제외하고는 이자율과 아무런 관계도 없다. 이런 간접적인 효과는 장기간에 걸쳐서만 눈에 띌 만하게 되는데, 그 이유는 어떤 단기에 이루어진 저축은 이전에 이루어진 총투자, 또는 보다 엄격하게 말해 이 총투자 가운데 어느 정도의 유동성을 보유한 부분에 비교하면 기껏해야 무시할 수 있는 정도이고, 그것 역시 시장에서의 자본에 대한 총수요에 비교하면 무시할 수 있는 정도라는 데 있다.

하도록 가려온 것이다.

자본화와 재산가치는 진보하는 사회에 존재하는 불확실성에서 생겨나는 현상들을 이해하는 데 근본적인 것이며, 그 자체로 어느 정도의 추가적인 논의를 요구한다. 새로운 생산적 기업이 일단 설립되고 그것에 투입된 자원들과 그 운영에 필요한 자원들에 대한 경쟁적 보수율을 넘어 이윤을 낳아줄 것으로 보이면 이 미래수익 전체를 현행 이자율로 할인해 구한 그 현재가치는 재산의 매각을 통해 곧바로 인출되거나 현금화될 수 있다.[239] 이러한 자본화에 의한 미래소득이 예상된다는 사실은, 생산적 부를 소유하려는 욕구가 단지 그 수입을 소비하려는 직접적인 욕구만이 결코 아니라는 위에서 언급한 사실과 결합시켜 볼 때, 새로운 모험사업에 뛰어들게 하는 유인을 여러 배로 증대시킨다. 기업의 소유자가 그 재산을 매각하려는 의도를 가지고 있지 않고 단지 소득을 확보하기 위해 그것을 운영하기를 고려하는 경우에도 자본가치에 대한 장부상 이윤은 그의 마음속에서 투자에 대한 경쟁적 수익을 초과하는 소득이라는 형태의 이윤과 어느 정도 분리될 수 있는 그의 보수 가운데 일부로 간주돼야 할 것이다.

재화를 소비하려는 욕구만으로 경제적 동기에 대한 심리적 해석을 하는 데 내포된 오류는 아무리 강조해 지적해도 지나침이 없을 것이다. 소득에 대한 욕구도 단지 소비하려는 욕구만이 아니다. 생계의 한계에 근접한 사회에는, 또는 어떤 사회든 그곳의 그러한 사회계급에게는 더욱 이 말이 진실에 가깝다. 하지만 이른바 '생계의 한계'조차도 미국과

---

[239] 소득의 영속성에 관한 불확실성은 감안돼야 한다.

같은 진보한 그 어떤 사회에서도 동물적 욕구를 충족시키고 건강과 신체적 효율성을 유지하기에 정말로 필요한 것의 아마도 몇 배는 포함할 것이다. 이 말은 소득이 가장 낮은 사람들이 실제로 소비하는 것의 일부만을 가지고 개인이 실제로 살아갈 수 있다는 의미가 아니다. 왜냐하면 **문명화된 사회**에서는 관습적 필수품들이 사실상 동물적 필수품들만큼이나 불가결할 수 있기 때문이다. 그럼에도 불구하고 심지어 관습적 필수품의 소비에 대한 동기는 동물적 필수 요구와 다르다. 관습에 순응하려는 욕구(또는 그래야 할 필요)는 식량과 보호에 대한 요구와 같은 것이 아니다. 쉽게 저질러지는 오류는 **관습적인 종류**의 식량, 의복, 주거에 대한 요구를 생리적 필수품으로서의 식량, 의복, 주거에 대한 요구와 혼동하는 것이다. 사람들이 하는 소비의 대부분은 심지어 저소득 계층에서도 **소비로서** 만족을 낳는 것이 아니다. 동기와 열망은 그 원천과 본질에서 사회적이다. 오늘날의 필수품 가운데 다수는 불과 몇 세기 전의 우리 선조에게는 그들의 부와 무관하게 존재하지 않았거나 구할 수 없는 것이었다.

  재화를 소비하려는 욕구로부터 자신의 소유물을 늘리려는 욕구를 분리하면서 우리가 우리의 분석을 '궁극적인' 동기들로 다시 끌고 가야 한다고 주장하는 것은 물론 아니지만, 이와 관련된 하나의 관찰은 맥락에서 벗어나는 것이 아닐 것이다. 경제학에서 본능 심리학을 이용하는 것에 대해 부정적인 언급이 이루어져왔다. 필자의 견해로는 파커 등이 제시한 본능의 목록은 대단히 피상적이긴 하지만, 그럼에도 이런 문헌이 전통적 경제학의 순진한 심리학적 설명과 비교하면 발전을 보여준다는 점은 인정돼야 한다. 본능에 대한 관심은 올바른 방향으로의 한걸음으로 보다 일반적인 동기와 충동들로 나아가려는 직접적인 종류의 노력을 되살린다. 그 절차에서의 결함은 그것이 보다 명백한 목적지로 가는 길의 중간에서 멈춘다는 것이다. 사람은 특정한 상황에서 특정한 방식으로 행동하는 경향이라는 의미의 본능은 갖고 있지 않으며, 적어도 반사 행동으로 해석하는 것이 적당할 정도로 낮은 수준을 넘어서는 그러한 본능은 갖고 있지 않다. 사람은 물론 몇 가지 **필수적 요구**를 가지고 있지만, 그것을 만족시키는 방식에 대한 지식은 타고나는 것이 아니다. 특정한 반사행동을 자극하는 것을 통한 가르침으로 얻어진 지식이 없어도 우리가 배고픔의 고통을 먹는 행위와 실제로 연결시킨다고 하지만, 만약 가르쳐지지 않는다면 우리는 **무엇을** 먹어야 할지를 결코 알지 못할 것이다. 그리고 아마도 성행동에 대해서도 비슷한 진술이 들어맞을 것이다. 식량과 성과 원시적인 쾌락-고통 반응의 수준을 넘어서는 우리의 보다 차원 높은 삶 전체에서는 우리의 활동이 **목적의식적으로 행동**하려는 단일의 불특정하고 비정향적인 경향에 따른 결과이며, 욕구와 활동의 특정한 방향은 환경으로부터의 제시와 그러한 외부의 제시에 대한 비판적 성찰에 의해 결정되는 것이 분명해 보인다. 자기보존과 직접적인 관계가 없는 본능들(우리가 보아온 대로 이런 본능들의 구체적인 내용은 대부분 가르쳐진다)은 모두 서로 넘나드는 것으로 쉽게 분석된다. 그래서 그것들 가운데 어느 것이든 하나는—또는 그것들은 대체로 상반되는 두 개씩 쌍으로 움직이므로 더 낮게는 어느 것이든 하나의 쌍은—폭넓게 해석된다면 우리가 하는 행동의 대부분을 설명해줄 것이다. 조금이라도 의미가 있을 만한 유일한 차별화는 휴식의 본능을 활동의 본능으로부터 분리하는 것인데, 휴식은 일종의 부정일 뿐이다.

어쩌면 사고는 때때로 근육활동과 충분히 달라서 분리를 정당화하는 것 같지만 이는 예외적인 개인들에게만 해당하는 것이 틀림없고, 본능이론가들은 진정한 본능을 가려내는 기준으로 보편성을 내세우기를 고집한다.[240]

여기에서 우리가 관심을 갖는 결론은, 어떻게 인간의 본성으로 해석되든 간에, 물질적 측면의 사회적 진보는 대체로 부를 소유하려는 욕구가 동기가 되어 일어나고, 자본화와 연관된 불확실성의 역할은 개인이 우월한 판단이나 행운을 통해 단기간에 자신의 부를 크게 증가시키는 것을 가능하게 하는 데 있다는 것이다. 더 나아가 자본화는 통합을 통해 불확실성의 감축을 가져오는데, 그 방식은 앞의 한 장에서 지적했다. 새로운 모험사업에 나서는 데 적성이 있고 그렇게 하기를 즐기는 사람들은 그런 유형의 경제적 활동에 전문화해서 새로운 기업을 수립한 뒤에 매각할 수 있다. 이렇게 해서 단일한 개인(또는 사업단위)의 행동범위 안에 많은 모험사업들이 들어오게 되면 오류들이 어느 정도 상쇄된다. 그리고 본보기가 되는 기업가 능력의 객관적인 가치에 대한 추정이 형성될 수 있고, 이렇게 되면 그 어떤 특정한 모험사업에서도 불확실성의 여지가 더욱 감축된다.

---

[240] 인간의 행태에 대한 과학적 해석을 위해서 올바른 노선은 필자의 견해로는 토머스와 츠나니에츠키가 쓴 《유럽과 미국의 폴란드인 농민》의 '방법론에 관한 서문'(토머스 교수 집필)에 잘 제시돼 있다. 토머스 교수의 분석은 '가치(사회관습, 상규, 풍습)'와 '태도'의 관점에서 전개되고, 여기서 태도는 기성의 가치에 대한 개인적 비판의 결과로서 끊임없이 기성의 가치를 수정하고 재구축하는 것으로 돼있다. 이 견해는 또한 《창조적 지능》이라는 책에 들어있는 '도덕적 삶'에 관한 글에 보다 일반적인 관점에서 정식화돼 있는 터프츠 교수의 견해와 조화를 이룬다.

자본화 현상이 새로운 기업에만이 아니라 이미 수립된 기업에도 적용된다는 것은 말할 필요도 없다. 어떤 재산이든 그 현재 수익에 조금이라도 변화가 있고 그 변화가 영구적인 것으로 여겨진다면 곧바로 그 재산의 자본가치 변화라는 형태로 누적된다. 이런 자본가치 변화는 종종 소득 변화를 중요성에서 압도한다. 그러한 자본가치 변화는 재산의 예상 미래소득에 의존하는 것으로, 반드시 현재 수익 그 자체의 변화를 기다리거나 시간적으로 일치하는 것이 아니다. 따라서 매각이 가능한 생산적 재화의 수익을 예상해보고 자본화에 의해 증대된 현재가치의 결과적 변화를 구매하고 판매하는 것을 통해 이득을 취하려는 노력으로부터 투기 현상이 초래된다. 물론 소득 그 자체에 대한 욕구는 계속 작용하지만, 사업가들이라는 중요한 계급에게 이런 고려사항은 자본가치 변화에서 이득을 취하는 것에 대한 기대에 밀려 빛을 잃게 된다. 근현대 경제적 삶의 중요하고도 불건전한 현상 가운데 다수가 이런 사실로부터 초래된다. 사업체의 정책을 통제하는 사람들은 거의 필연적으로 외부자들에 비해 그 미래 소득을 예견하는 데서 더 나은 지위에 있고, 생산적 활동의 경영자로서 그들이 발휘하는 효율성을 훼손하면서까지 그들이 이런 지위를 활용해 이득을 취하는 것을 막기는 어렵다. '법인기업 문제'는 대체로 이런 상황에서 생겨난다.

생산적 재산의 경영자가 외부자보다 먼저 알 수밖에 없고 그만큼 쉽게 활용할 수 있는 자본가치 변화를 **만들어낼** 목적으로 자신의 산업정책과 재무정책을 조작하기 시작하면 문제가 더욱 심각해진다. 내부자가 그러한 행동으로 엄청난 이득을 거둔 사례는 근현대 법인기업 역사를 조금이라도 아는 사람이라면 누구나 익히 알고 있다. 사업의 도덕률 강화와 형법의 엄격한 적용 없이 어떻게 그런 일이 예방될 수 있을지 알기 어렵다.[241] 모든 종류의 사기 활동에 따른 이득을 자본화할 가능성, 그럼으로써 그 문제를 겉으로 드러나게 해서 피해자와 '무고한 소유자' 간 다툼의 대상이 되게 할 가능성은 사실 사유재산과 자유계약의 원리 위에 조직된 생산적 기제의 효율적인 작동에 심각한 위협이다. 아마도 증권시장에서 신속한 이득을 위해 정책을 조작하는 것만큼이나 나쁜 것이 그와 같은 목적을 위한 정보 원천의 부패일 것이다. 불확실성이 우리의 진보적 사유재산 사회에서와 같은 정도로 큰 역할을 하는 세계에서는 정직함이라는 덕목이 가장 소중한 성격이 된다.

이 장에서 지금까지 논의한 불확실성은 자유자본(유통매개체로 표시된 잉여 소비재)이 이미 익숙한 종류의 새로운 생산적 설비로 변환되는 데서 생겨나는 것에 한정됐다. 자유자본의 창출 그 자체가 불확실성에 휩싸이기 쉬운데, 이 점은 다소 주목을 요한다. 우리는 저축자(동시에 투자자이지는 않은)에 대한 불확실성의 영향에는 관심을 두지 않는데, 왜 그러냐면 그것은 그의 내적 의식에 관한 문제이고 사회적 조직의 수정에 객관적인 영향을 초래하지 않기 때문이다. 그러나 생산적 사업이 그 자체의 계산에서 하나의 자료로서 이자율에 의존한다는 사실에는 관심이 있다. 웬만큼 안정적인 인간적 본성을 가지고 있으면서 진보적이거나 변덕스러운 변

---

241 베블런(《기업의 이론》)은 이런 형태의 사업활동을 중요하게 취급해왔다. 아마도 그것은 경제학자들에 의해 부당하게 무시됐던 것 같지만, 사업질서에서의 교란 창출을 통한 그러한 도적질은 현대 경제적 삶의 통상적이고 특징적인 활동이라는 베블런의 주장은 물론 익살맞은 풍자일 뿐이다. 대번포트도 베블런을 따라서 현대 경제적 사회의 구성원들은 상호약탈을 통해 부자가 된다는 견해로 기울어진 모습을 보여준다.

화를 우리의 환경만큼이나 별로 겪지 않는 환경 속에서 살아가는 사람들로 구성된 사회에서는 새로운 저축의 공급과 그에 대한 수요가 거의 불변이어서 시장이 같은 크기로 유지되고 이자율이 극단적인 변동으로부터 자유로울 것으로 여겨질 것이다. 우리는 그러한 상태는 현실과 매우 다르다는 것을 안다. 이자율의 변화는 자본가치 변화를 만들어내는 데서 재산수익의 변화와 마찬가지로 유효함이 분명하다.

    이자율의 변동에 대한 설명은 우리를 업황에 대한 일반적 이론과 경기순환으로 이끌고 갈 텐데, 이는 지면의 제약으로 인해 애초부터 배제된 일탈이다. 그러나 우리는 근현대 산업적 조건들 아래에서 성장이 파동을 그리며 일어나는 경향이 그동안 명백하게 드러났으며 이런 경향이 균일적으로 진보하는 사회를 상정한 이론을 크게 수정하게 한다는 점을 지적하지 않을 수 없다. 그것은 종종 인용되는 해변 위로 밀려오는 조수와 같다. 조수는 전진과 후퇴를 번갈아 반복하는데 그러한 전진과 후퇴는 가끔씩 파도가 조금 더 높아지는 것이 순전진을 이룬다는 사실조차 보이지 않게 가린다. 실제 조건들 아래에서의 경제적 진보는 이와 유사한 전진과 후퇴를 하면서 이제는 꽤 잘 이해된 성격을 가진 순환을 이루며 진행되지만, 그 순환의 길이가 불확실해서 전환점에서의 결과는 종종 파국적이다. 그런 현상의 대부분은 새로운 자본의 창출이 상업은행에 의한 유통매개체 발행과 매우 긴밀하게 얽혀 있다는 사실에 기인한다. 가격 수준과 이윤 마진이 이 불안정한 교환매개체에 더욱 의존하면서 고유한 사업 활동이 사적 통제 아래에서 불안정해질 정도로 팽창하고 조그만 충격에도 붕괴하는 신용통화의 경향들과 엮이게 된다. 이런 현상들은 사업 활동의 불확실성을 엄청나게 증대시키고, 우월한 예견의 실행을 통해서나 행운에 의해서 큰 이

익을 거둘 기회들을 만들어낸다.[242]

  사회적 진보의 요소들 가운데 하나의 불확실성 관계에 대한 위의 설명은 간략하고 불충분하기는 하지만 지금 우리가 하는 개략적 묘사를 위해서는 충분할 것이 틀림없다. 더욱이 다른 진보 요인들은 더 복잡하고 다루기 어렵기는 하지만 자본의 성장과 유사한 점들과 대조되는 점들 가운데 일부를 단순히 지적하는 것으로 매우 간략하게 처리돼야 할 것이다. 인구의 증가는 간략하게 다뤄질 수 있다. 총계로 보면 그것은 사회의 조직에 조금이라도 눈에 띌 만한 영향을 끼치기에 충분한 불확실성을 띠지 않는다. 산업혁명 이래로 그래왔듯이 인구의 증가가 새로운 토지의 개척보다 빠르게 진행된다면 장기간에 걸쳐 인구의 일반적인 증가가 '토지'의 가치를 등귀시키는 결과를 초래할 것이다. 그러나 이런 변화는 총계로 보면 상이한 장소들에서 일어나는 변화의 차이에 의해 크게 압도되므로 이에 대한 논의는 생략하고 넘어가도 된다. 사실 토지 투기자들은 전체적으로 보아 그들의 투자에서 경쟁적 보수보다 적은 수익만을 올린다는 것은 종결적으로 증명하기는 어렵지만 의심할 나위가 거의 없다. 두드러지는 현상은 커다란 이득과 손실, 특히 여러 세대에 걸치는 기간에 같은 가문에 의해 보유돼온 부동산에 대해 이루어졌던 극소수의 운이 좋은 투자에서 나오는 커다란 이득이다. 우리는 다음 장에서 이 주제로 돌아올 것이다. 가치 증가율 차별화의 주된 원인은 우리의 진보 요인들 가운데 또 하나인 대

---

242 대번포트(《기업의 경제학》)는 이자율의 단기 변화는 은행자금의 공급 변화에 기인한다고 강조해왔다. 그는 장기적인 문제들은 전적으로 다른 방향으로 다뤄져야 한다는 점을 분명히 하지 못한 것 때문에 비판돼야 한다. 또한 몰틴, '상업금융과 자본형성', 《정치경제학지》, 1918, 484쪽 이후, 638쪽 이후, 705쪽 이후, 849쪽 이후도 참조하라.

지 위의 인구 재분포임이 분명하다. 그러한 불확실성들로부터 이득이 만들어지는 데 작용하는 예견과 순전한 행운의 혼합은 흥미로운 문제이지만, 이에 대해서는 할 만한 논평이 거의 없어 보인다. 장기간에 걸친 인구의 증가와 연관된 또 다른 현상은 개인 간 부의 재배분과 아마도 능력의 재배분일 것이다. 우리는 더 부유한 가문이 덜 부유한 가문에 비해 훨씬 더 천천히 구성원 수가 증가한다는 것을 알며, 더 적은 능력을 가진 가문에 비해 더 많은 능력을 가진 가문에 대해서도 같은 말을 할 수 있다고 믿을 만한 이유가 얼마든지 있다. 부와 능력 둘 다가 다양한 정도로 계승되므로 그러한 결과들은 돌출적으로 눈에 띄는데, 적어도 그러한 결과들의 일반적인 성격을 보면 그렇다. 이런 사실들은 경쟁적 조직의 형태나 그에 대한 이론에 영향을 미치지는 않지만, 그 기제가 작동하는 물리적 근거를 수정하므로 그에 따른 결과는 그럼에도 변화하게 된다.

또 다른 진보 요인, 즉 자연자원의 가용한 공급의 증가는 위에서 부수적으로 언급됐고, '자본'에 대한 '토지'의 관계가 앞의 한 장에서 논의됐으므로 이 주제가 우리를 오래 붙들고 있게 할 필요가 없다. 새로운 자연적 부의 발견은 순전한 우연에서 초래될 수 있고, 이런 경우에는 그 가치가 모두 순수한 이윤이며, 그 이윤은 자본화의 원리에 따른 결과로 그 발견자에 의해 곧바로 현금화될 수 있다. 그러나 이것이 통상적으로 일어나는 일은 아니다. 경작지의 경우에는 개척의 조건들과 그에 따른 보상이 상당한 정도로 확인된다. 이런 활동에서 조금이라도 이윤이 발생한다면 그것은 예외적인 경우이거나, 그렇지 않다면 그 이윤은 어떤 특별한 희생을 치른 데 대한 보상이므로 고쳐 말하면 결코 이윤이 아니다. 광물자원의 경우에는 사정이 다르다. 이 경우에는 엄청난 양의 완전한 예측불가능성이 있다. 구식의 방법 아래에서는 귀금속 탐사가 전체적으로 보아 엄청난 손실을 수반했다는 데 의문의 여지가 없다. 석탄, 석유, 철, 구리 등과 같은 다른 광물에 대해서는 필자가 어떤 견해를 형성할 근거를 전혀 가지고 있지 않지만, 이런 것들에 대한 탐사는 덜 열광적이므로 우연한 이득이 손실에 못 미치는 정도가 훨씬 덜하다는 '추측'은 할 수 있겠다. 최근에는 귀금속 탐사가 훨씬 더 과학적인 근거 위에서 이루어지게 됐고, 그래서 투자된 자원에 대한 실현된 보수와 정상적인 경쟁적 보수 사이의 편차가 전체적으로 보아 이전보다 작아졌다는 데 의심할 여지가 없다.

강조돼야 할 점은 자연자원의 발견으로 부를 확보할 가능성이 알려져 있고 그러는 데 요구되는 활동과 지출도 어느 정도 알려져 있는 곳에서는 실제로 초래될 지출에 대비한 성공의 가능성에 대한 사람들의 추정에 따라 그것을 탐사하는 분야로 자원이 유인되리라는 것이다. 그리하여 이런 과정으로 부를 추구하는 것이 거기에 종사하게 된 사람들에게 통상적인 사업 활동이 되는데, 이런 활동은 직접적인 소비를 위한 재화의 판에 박힌 생산과 다르다. 하지만 이는 원리의 문제와는 무관하며, 다만 보다 큰 **정도의 불확실성**이 아마도 여기에 영향을 미칠 것이다. 그리고 그러한 존재하는 불확실성을 다루기 위해 똑같은 조직화 수단들이 생겨나게 될 것인데, 그것은 대규모 활동, 가능한 경우에 계산의 기반을 더욱 확장하기 위한 보험의 이용, 결과에 대한 예측과 통제의 조건들에 대한 과학적 연구 등이다. 탐사와 개발 작업에 종사하는 기업가들은 정적인 산업 분야의 기업가들을 상대로 같은 시장에서 같은 기본적인 생산적 자원을 놓고 입찰 경쟁을 벌이고, 그러면 경쟁이 양쪽 모두의 자원 용도에 대해 균일한 가격이 정해지게 해서 투자의 전 분야에 걸쳐 산출이 확보되면서 초래되는 비용이 동등해지는 동일한 경향을 불러올 것이 틀림없다.

대단히 복잡한 불확실성 관계를 가진 진보의 또 다른 요인은 인간 욕구의 변화다. 이런 변화도 또한 우연하게 그냥 일어날 수도 있지만, 어느 정도 법칙에 따라서, 그러므로 예측할 수 있게 일어날 수도 있고, 그러한 변화를 일으킨다는 명시적인 목표를 겨냥한 자원 지출에 의해 의도적으로 일으켜질 수도 있다. 만약 그것이 예상치 못한 상태에서 일어난다면 그 결과로 생겨나는 소득과 자본가치의 교란은 순수한 이윤이나 손실로 분류돼야 한다. 그것이 예측된다면 실현되는 이윤은 전혀 없을 것이다. 의도적인 자원 지출로부터 초래되는 결과라면 그것은 다른 모든 경제적 활동의 경우와 같게 된다. 그렇다면 실현되는 이윤의 양은 활동의 결과에 대한 예지에 근거한 경쟁의 유효성에 의존할 것이다. 이런 점에서 욕구의 '생산'은 재화의 생산과 유사하다. 사실 우리가 앞에서 관찰했듯이 어떤 하나의 상품에 대한 수요를 창출하는 데 필요한 광고, 선전, 또는 판매기법은 상품 그 자체에 내재한 효용과 인과관계를 따져 구별할 수 없다.

주목해야 할 마지막 진보 요인은 지식의 요인, 다시 말해 넓은 의미로 이해된 '발명'이라는 용어로 지칭할 수 있는 것이다. 사업가의 삶에서 불확실성의 주된 원천 가운데 하나는 기술적 과정, 조직화 방법 등의 개선임은 누구나 아는 사실이다. 새로운 사실을 발견하는 것과 지식의 대상인 사실 그 자체의 변화를 만들어내는 것 사이에 원리상 엄격한 구별을 하기는 어렵다. 새로운 자연자원의 발견은 그것의 창출과 동등하며, 인간 욕구의 경우에도 그러한 차이가 상당히 모호하고 형이상학적임이 분명하다. 발견과 창출 사이의 중요한 실제적 차이는 앞의 장에서 언급했던 사물 대비 생각의 재생산 비용 문제와 관련된다. 사실에 대한 지식은 경쟁적 사회의 구성원 전체로 거의 비용 없이 확산**될 수 있다**. 물론-그리고 이것은 그러한 현상을 연구하는 사람들이 소홀히 한 관찰인데- 그것이 그런 성격을 갖지 않을 수도 있다. 다시 말해 어떤 생각을 머릿속에 집어넣는 것은 물질을 하나의 형태에서 다른 형태로 바꾸는 것만큼이나 비용이 들 수 있고, 언제나 어딘가에서 어느 정도의 에너지 지출이라는 비용이 따른다. 그러나 일반적으로 어떤 경쟁자가 새로운 방법이나 공정에 관한 생각을 얻는 것을 방해하는 데 에너지가 지출되지 않는 한 그 경쟁자는 새로운 물질적 설비를 얻는 경우보다 비용을 덜 들이고 그런 생각을 얻을 수 있다. 게다가 호기심의 충족만으로도 어떤 생각을 얻는 데 요구되는 노력에 대한 충분한 보상이 될 수 있고, 그래서 이런 비용이 완전히 무시될 수 있거나 심지어는 마이너스가 될 수도 있다.

 우리의 목적에 비추어 보면 새로운 지식에 관한 긴요한 사실들은 그것을 실행에 옮기기 위해 필요한 노동자를 포함한 생산적 설비의 질과 주로 관련된다. 새로운 공정은 일반적으로 생산적 요소들의 형태와 속성의 변화를 요구하고, 이것들 사이의 새로운 결합을 필연적으로 수반한다. 그러나 매우 단순한 경우에는 기존의 것들의 새로운 운영을 넘어서는 것은 거의 수반하지 않는다고 볼 수 있다. 진보의 다른 모든 측면들과 마찬가지로 이것도 우연이나 기존 자원의 계획적인 지출의 결과로 초래될 수 있다. 우연의 경우에도 우리는 변화에 대한 예상과 감안이 완전히 배제된다고 말할 수 없다. 왜냐하면 우리의 지식이나 통제를 넘어서는 것 중에서도 어떤 것들이 다른 것들보다 일어날 가능성이 더 높다고 주장하는 것이 의미가 없지 않기 때문이다. 우리는 그러한 판단을 실제로 하며, 그 판단의 가치가 근거하는 토대가 아무리 모호하다고 해도 대체적으로 보면 아마도 그 판단이 틀리기보다 옳은 경우가 더 많을 것이다. 어떤 발견의 확률이 추정될 수 있는 한 앞에서 논의한 진보적 변화의 경우처럼 기업가들은 그것의 영향을 감안할 것이고, 그러는 한 그것은 전체적으로 보아 경쟁적 오조정을 일으키지 않으며, 기업가들이 생산적 용역의 대가로 지급하는 가격과 그들의 생산물에 대해 수취하는 가격 사이에 괴리를 만들어내지 않을 것임이 자명하다. 그러한 추정의 가치는 당연히 매우 작고, 그래서 우리는 우연한 발견에 기인한 교란이 초래하는 이득과 손실의 상쇄는 대부분 그 자체로 우연적이지 계산의 결과는 아니라고 가정해도 된다.

 의도적인 생각, 연구, 실험의 결과인 새로운 지식의 경우에는 예측가능성이라는 요소가 물론 더 크다. 우리가 그러한 활동에서 성공할 가능성에 대한 추정을 형성하기 위해서 하는 활동은 우연한 발견의 경우와 거의 마찬가지로 이해하기가 어렵지만, 우리가 그러한 추정을 실제로 형성하며 그것이 상당한 가치를 갖는다는 사실은 피해 갈 수 없다. 많은 과학적 연구와 사업상 연구가 이제는 대규모 방법을 사용함으로써 경쟁적인 상태에 어느 정도 근접한 조건들 아래에서 수행된다. 다시 말해 자원의 사용이 그 분야에서 그에 따른 수익을 일반적인 경쟁적 시장에서 같은 자원으로부터 얻어질 수익과 근접하게 같은 정도에 이르게 하기에 충분할 정도로 정확하게 활동의 평균적인 장기적 결과를 예견하는 것이 가능하다. 어느 경우에든 결과가 예측될 수 **있는 한** 새로운 지식 획득에 대한 자원 투자는 그 수익이 일반적인 경쟁적 수준과 동등하게 되도록 조정될 것인데, 이는 곧 실현된 가치를 비용에 일치시켜서 이윤을 제거한다는 뜻이다.

 이 문제는 늘 그런 것은 아니더라도 종종은 어떤 생각이 일단 확보되면 그것을 무한히 증식하는 데 비용이 매우 적게 든다는 사실에 의해 복잡해진다. 이러한 사실의 결과로 발명자나 발견자는 보통은 자신이 얻은 결과의 사용을 자신의 사업활동에 국한하기 위한 어떤 특별한 조치를 취해야 한다. 어떤 분야에서는 국가가 사회에 대한 그 기여의 가치를 인정해서 부여하는 법률적 보호를 통해 그렇게 국한될 수 있다. 그 밖의 다른 분야에서는 비밀유지를 위한 인위적인 조치가 취해져야 한다. 많은 경우에 이용할 수 있는 직접적인 보호장치가 없어서 생각의 경제적 수익성이 새로운 방법을 경쟁자들이 복제하는 데 요구되는 기간으로만 한정된다. 이 분야에서는 정규적인 상업적 연구가 드물다는 데 의문의 여지가 없다. 법률적 보호조차도 제한된 기간 동안에만 유효해서 비밀이 영구적으로 지켜질 수 없는 경우가 흔하다. 생각이 공동재산이 되면 생산에서 다른 어떠한 매우 풍부한 요소와도 같은 자유재가 되어 더 이상 유효한 경제적 의미의 생산적 요인이 아니게 된다.

그러나 새로운 시도의 결과 가운데 하나가 어떤 제한된 종류의 물질적이거나 인적인 생산적 용역의 가치를 크게 증대시키는 일이 종종 일어날 수 있다. 만약 이런 용역이 재생산될 수 없는 자연적 요소의 용역이라면 발명자는 그러한 재산을 구매함으로써 자신의 생각이 지닌 가치 가운데 그 부분을 영속적으로 확보할 수 있다. 만약 이득이 재생산될 수 있는 재산과 결부된 것이라면 그는 그 공급을 늘리는 데 요구되는 기간만큼 더 오래 자신의 차별적 이득을 누릴 수 있고, 전문화된 인적 용역의 경우에도 우월한 방법의 결과가 확산되는 것을 늦추기 위해 때로는 장기계약이 활용될 수 있다. 독점에 대한 우리의 논의에서 언급됐듯이 우리가 이런 경우들을 생각이나 방법 그 자체의 독점화로 간주하는지, 아니면 그것의 활용에 필요한 제한된 자원의 독점화로 간주하는지는 중요하지 않다. 손실도 발명으로부터 똑같이 초래될 가능성이 있는데, 이런 손실은 전문화된 인간적 자질의 소유자나 설비재의 소유자에게 돌아간다.

개선된 생산방법으로부터의 이득이 영구적일 조건들에 대한 논의는 자연스럽게 경제적 **마찰**과 그 반대인 이동성이라는 일반적 주제에 대한 고찰로 이어진다. 이윤에 대한 '동적'인 이론, 다시 말해 이윤은 진보적 변화의 결과라는 이론의 주창자들이 그들의 분석에서 마찰이라는 현상에 과도하게 중요한 자리를 내준다는 것을 우리는 이미 관찰했다.[243] 이런 견해에서는 사실 마찰이 이윤의 발생에 하나의 필요조건인데, 이는 마찰이 없으면 이윤이 생겨나기가 무섭게 사라질 것이라고, 그리고 이윤이 기업가의 손가락 사이로 부단히 새어 나가서 마찰이 극복될 수 있게 되기가 무섭게 사회 전체로 확산된다고 명시적으로 진술된 데서 알 수 있다.

이런 주장은 '마찰'을 용납할 수 없을 정도의 포괄적인 의미로 사용한다는 점은 지적됨과 동시에 곧바로 명백할 것이다. 이윤을 이렇게 마찰의 관점에서 설명하기 위해서는 그 용어가 생산적 활동에서의 변화와 재조정에 대한 모든 형태의 저항을 포괄하는 것이 돼야 한다. 다시 말해 마찰을 배제함으로써 이윤을 제거하기 위해서는 완전한 시장, 완전한 경쟁, 무비용의 이동성을 전제하는 것만 필요한 게 아닐 것이고, 이에 더해 자연적 요소들과 현존하는 노동력은 말할 것도 없고 자본설비와 재공재화의 형태를 변화시키는 것이 시간이나 노력을 들이지 않고 가능하기도 해야 할 것이다. 이것이 이루어질 수 있는 세계에서는 그 어떤 종류의 생산적 노력도 필요 없을 것이 분명하다. 아마도 우리는 모든 종류의 생산적 요소들을 이

---

[243] 앞의 34쪽과 그 다음 쪽을 참조하라.

리저리 옮기고 재결합하는 것만을 수반하는 재조정과 그러는 데 더해 사물들의 형태를 상당히 변경하는 것을 필요로 하는 재조정을 구별할 수 있을 것이다. 후자를 '마찰'의 극복이라는 항목으로 분류하는 것은 분명히 용납할 수 없다. 그런데 사물이 단지 이동만 하는 것에 대해서도 같은 말을 할 수 있다. 이것도 일종의 생산적 변환이며, 통상적인 생산적 활동의 대부분은 넓은 의미의 수송이라는 항목에 들어간다는 데 의문의 여지가 없다.

이 문제를 생산비용을 상이한 유형들로 분류한 항목별로 검토해서 지급을 받는 요소의 생산적 기여가 지닌 가치에 상응하도록 각 유형이 재조정되는 것을 지연시키는 힘들을 살펴볼 필요가 있다. 가장 먼저 일어나고 가장 단순하기도 한 재조정은 새로운 방법의 도입에 따른 결과로서의 형태나 위치의 변화를 전혀 겪지 않는 용역들의 가치에 일어나는 재조정이다. 새로운 발견은 이미 지적됐듯이 어떤 요소들을 사용함으로써 얻을 수 있는 가치 기여를 증가시키고, 그 밖의 다른 요소들을 사용함으로써 얻을 수 있는 가치 기여를 감소시킬 것이다. 이런 용역들의 시장가격 변화는 기업가에 대한 그것들의 이론적 가치 변화에 상당히 뒤처져 일어난다고 보는 것이 통상적으로는 옳을 것이다. 그것들 가운데 다수는 그것들의 보수율이 갑자기 변화하는 것을 방지하는 계약 아래 채용되는데 계약의 기간은 길 수도 있고 짧을 수도 있다. 그러한 기간이 얼마나 되든 그 동안에는 그것들을 채용하는 기업이 그것들을 사용함으로써 이득을 보거나 손실을 볼 것이 틀림없다.

그리고 기간계약이라는 요인이 개입하지 않는 경우에도 상품의 가격과 비교해 생산적 용역의 가격에, 다시 말해 생산의 비용에 아마도 시간적 지체가 있을 것이다. 생산적 용역의 가격은 물론 전체적으로 보아 상품 가격의 변화에 기인하고 그것을 반영하며, 생산이 의존하는 생산적 용역에 상품 가격을 귀속시키는 경쟁의 힘들은 즉각적으로 작용하지 않는다. 이러한 시간적 지체의 주된 원인은 사실을 인식하는 것과 관련된 난점과 불확실성이고, 따라서 생산적 용역의 소유자와 기업가가 사실을 알게 되는 데는 어느 정도 시간이 걸린다. 이러한 사실 인식의 대부분은 어설프고 상당히 속도가 느린 시행착오 방법에 의해 이루어져야 하며, 결과를 미리 계산하는 것은 일반적으로 가능하지 않다. 모든 사람이 생산물 가치와 각 자원 채용 사이의 정확한 의존관계를 알아내고 이상적인 조정을 하는 데 필요한 기간 동안에는 기업가의 지출과 수입 사이에 괴리가 있는 경우가 많을 것이 분명한데, 이는 곧 플러스든 마이너스든 이윤이 생겨나는 경우가 많을 것이라는 얘기다.

다소 특수한 경우는 새로운 방법이 도입됐을 때의 재공재화에 의해 제시된다. 일반적인 경향은 반드시 재공재화 전부는 아니라고 하더라도 그 대부분의 가치를 감소시키는 것임이 틀림없다. 손실은 가격 변화가 일어날 때 수중에 재공재화가 있는 그 소유자에게 돌아갈 것이지만, 이런 가격 변화 또한 다소간 시간적 지체가 있을 것이므로 새로운 공정이 창안된 시점의 소유자는 손실을 입지 않을 수 있다. 가치의 손실은 몇 가지 요인에 의존하게 되는데, 그것은 기존 공정에 비해 새로운 공정이 우월한 정도, 기존 중간재들과 그에 상응하는 새로운 중간재들이 다른 정도, 그리고 새로운 공정으로 제조를 완수하기 위해 기존 중간재들을 변경할 수 있을 가능성과 그에 따르는 비용이다.

물질적인 생산적 재화들은 재생산이 가능한지, 수명이 짧은지, 형태 변경이 쉬운지의 여부를 살펴볼 때 일부는 재공재화와 같은 것으로 분류될 것이다. 자본과 토지의 차이는 각 요소에 내재된 이런 성질들에 의존하는 정도의 차이임을 우리는 앞에서 보았다. 한쪽 극단에서 자본은 재공재화에 의해 전형적으로 대표된다. 다른 쪽 극단에서 '토지'는 공급이 가장 경직적으로 고정된 물질적 요소들로 구성되는데, 그 이론적인 한계에 가장 근접한 것은 입지가치라는 요소다. 이 극단을 먼저 살펴보면, 한 조각의 순수한 토지는 그 소득 변화의 자본화한 가치가 정확하게 조정되면 곧바로 그만큼의 가치를 얻거나 잃을 것이다. 보통의 자본설비의 경우에는 그 요소의 수명이 감안돼야 하고, 아울러 그것을 새로운 조건들에 적응시킬 수 있을 가능성과 그러는 데 소요되는 시간을 포함한 비용도 감안돼야 한다. 적응은 하나의 상황에서 다른 상황으로의 이동과 형태의 변경 둘 다를 내포할 수 있다. 건물과 기계를 그 현재 형태대로 사용하기에는 무가치한 것으로 만들어버리는 혁신적인 발명조차도 일반적으로 그것들의 가치 전부를 파괴하지는 않는다. 최악의 경우에도 그것들에 투자된 애초의 자유자본 가운데 물질적 재료의 잔존가치만큼은 복구될 수 있다.

  노동자들은 또 다른 경우를 보여준다. 여기에서 경제적 조직의 관점에서 유일하게 검토돼야 하는 것은 노동의 진정한 가치가 변화할 때 그 새로운 가치에 맞게 임금이 재조정되기까지의 시간적 지연이다. 전문화된 숙련기술이 지닌 가치의 변화는 개인으로서의 노동자에게만 발생하며 자본화될 수 없다. 물질적 설비재화의 경우와 마찬가지로 재적응의 가능성과 관련된 동일한 사실들이 성립하지만, 이것 역시 각자의 개인적 경제에 해당하는 문제이고 기업가들에게는 영향을 미치지 않는다. 재조정과 관련된 노동의 특이성은 개인주의 경제에서 나타나는 불공정과 고난의 주된 원천 가운데 하나가 된다. 획득된 지식과 훈련의 가치에 손실이 발생할 위험은 부단히 임박하는 곤궁의 위협을 의미한다. 노동자들은 정서적 유대관계를 통해 그들의 가정에는 물론 그들의 일에도 밀착되어 있지만, 시장의 사실들은 이런 정서적 유대관계에 대해서는 인정사정을 봐주지 않는다. 이런 문제들은 지금 우리가 하고 있는 것과 같은 종류의 연구에서는 자세한 논의를 거의 요구하지 않는다.

XII장 불확실성과 이윤의 사회적 측면

불확실성은 삶의 기본적 사실들 가운데 하나다. 그것은 다른 어떤 분야의 의사결정에서도 근절될 수 없지만 사업 의사결정에서도 근절될 수 없다. 불확실성의 양은 그러나 우리가 보아왔듯이 몇 가지 방법으로 줄일 수 있다. 첫째로, 우리는 과학적 연구 및 필요한 자료의 축적과 그에 대한 연구를 통해 미래에 대한 우리의 지식을 증가시킬 수 있다. 이렇게 하는 데는 비용, 즉 다른 용도에서 빼내야만 가능한 자원 지출이 수반된다. 또 다른 방법은 다양한 형태의 대규모 조직을 통해 불확실성들을 모아주는 것이다. 이런 작업 또한 비용을 수반하는데, 자원 지출이라는 의미의 비용만 수반하는 것이 아니다. 조직의 그 어떤 가능한 계획에도 수반되는 개인적 자유의 손실도 고려돼야 하는데, 이런 손실은 영향을 받는 다수 대중에 속하는 사람들이 입게 되며, 다만 권위의 집중에 따라 보다 폭넓은 권한과 보다 큰 활동범위를 확보할 수 있는 극소수는 이익을 볼 수도 있다.

셋째로, 역시 비용을 치르면서 미래에 대한 통제를 증대시키는 것이 가능하다. 여기에서도 두 가지 종류의 비용 모두에 직면하게 될 것이 틀림없는데, 그것은 조직을 통한 실질적 지출과 인간적 손실이다. 마지막으로,

진보의 행진을 늦추는 것을 통해 불확실성이 거의 무한정하게 추가로 감축될 수 있는데, 이는 물론 이미 지적된 두 가지 형태의 비용에 더해 직접적인 희생도 수반한다.

이런 제안들은 모두 불확실성의 본질적인 해악과 관련해 근본적인 쟁점을 제기한다. 그것은 그 해악이 얼마나 크냐와 그에 따라 그것을 줄이기 위해 우리가 다른 방면에서 얼마나 많이 희생할 수 있느냐다. 모든 경제적 문제에서와 마찬가지로 이런 종류의 계산에서 우리는 체감하는 상대적 중요성의 원리에 따른 대안들의 비례배분이라는 문제를 다루게 된다. 사회의 모든 자원을 사용해 불확실성을 줄이는 데 어느 정도 효과를 거두고 그 밖의 다른 용도들에는 아무것도 남기지 않는 것이 가능하리라는 데는 의심할 여지가 없다. 그것은 어느 정도까지 그렇게 해야 하느냐의 문제다. 이 문제는 불확실성을 줄이는 데 자원을 사용하는 것이 가장 큰 불확실성을 수반하는 활동이라는 사실에 의해 복잡해진다. 우리가 통상적인 사업활동이 가져올 결과에 대해 불확실하다고 느낀다면, 지식과 통제의 증대를 지향하는 그 어떤 열거된 방면에서든 지출이 가져올 결과에 대해서는 두 배로 불확실하다고 느낄 것이다.

불확실성을 줄이는 문제와 꼭 마찬가지로 중요한 것이 그것의 배분이라는 문제다. 이 문제도 불확실성 감축 그 자체가 본질적으로 바람직한가와 관련해 동일한 근본적 쟁점을 제기하지만, 이번에는 사회적인 관점 대신 개인적인 관점에서 볼 때 그렇다. 부담이 얼마나 균등화돼야 하느냐, 또는 얼마나 집중되거나 전문화돼야 하느냐는 불확실성에 대한 개인적 태도에 의존하고, 특히 한 개인이 직면하는 불확실성의 양이 증가하면 성가심이 증가하고 그 역도 성립하는 경향에 의존한다. 체증하는 비효용의 곡선이 가파를수록 우리는 부담의 상대적 분산을 더 선호할 것이 틀림없다. 높은 정도의 '위험'은 더 많은 성가심임은 아마도 자명할 것인데, 왜 그러냐면 우리 대부분은 자신의 삶이나 삶의 기본적 필수요소들을 위험에 빠뜨리기를 꺼리기 때문이다. 그러나 이것이 옳다고 보는 정도에서는 개인들 사이에 폭넓은 차이가 있다는 것도 자명하다. 지능적인 행동이라는 관념 자체가 불확실성을 줄이려는 노력을 내포하지만, 그럼에도 불구하고 우리는 이 문제에 대한 차분하고 냉정한 그 어떤 고찰에 의거하더라도 불확실성이 제거된 삶도 우리에게 매력이 없겠지만 어쩌면 불확실성이 매우 크게 줄어든 삶도 역시 그럴 것임을 인정한다는 다소 역설적인 사실에 이미 주목했다.

전체적으로 불확실성의 절대적인 양을 줄이기와 그것을 배분하기라는 두 개의 개념 사이에는 밀접한 연관성이 있는데, 그 이유는 그것을 줄이는 대부분의 방법이 집중이나 배분을 가져온다는 데 있다. 이 점에 대해서는 그 어떤 일반화도 자신감을 가지고 할 수 없고, 할 가치도 없는 것으로 보인다.

자유기업의 핵심은 책임의 두 가지 측면인 결정을 내리기와 결정이 실행됐을 때 그 결과를 부담하기에서의 책임의 집중이라고 말해도 지나치지 않다. 그러므로 모든 가능한 대안들과 비교하면서 그러한 집중의 결과에 관한 사실들을 비판적으로, 그리고 주의 깊게 탐구하는 것이 대단히 중요하다. 처음에는 우리가 대규모 산업에 대해서는 아무런 질문도 제기하지 않겠지만, 우리가 효율성의 이점이 있는 대규모 조직을 갖게 된다면 행정적 지휘라는 직접적 의미의 통제가 상응하는 정도로 집중된다고 상정해야 한다. 이것은 그러나 우리가 특별히 관심을 두고 강조해온 바와 같이 반드시 책임의 집중을 의미하지는 않는다. 실제적으로 모든 인간 활동은, 심지어는 가장 순수하게 판에 박힌 성격의 활동도 어느 정도는 전망적이고, 예상치 못한 상황에 대응하기와 결정을 내리기를 포함함을 우리는 보았다. 그러나 이런 결정이 반드시 책임을 수반하지는 않는다. 자유기업 조직의 두드러진 특징은 자신의 통제 아래 있는 자리들에 앉힐 사람들을 선발하고 예외적인 우발사건과 관련된 간헐적인 질문에 대답하는 것과 연관된 결정을 내리는 사람들에게 낮은 수준의 책임을 이전하는 것이다. 그 두 가지 기능은 사실 결코 완전히 분리되지 않는다. 궁극적인 책임은 주로 사업체를 '조직할' 한 사람 또는 극소수 사람들을 선발하는 데 있다. 그러나 궁극적인 권위는 항상 그런 것은 아니더라도 일반적으로는 사업 정책에 대해 어떤 직접적인 통제를 실행한다. 대부분의 경우에는 또한 기업의 고위 간부들이 그들의 고정된 급여를 넘어 그 사업에 직접적인 지분을 갖는다. 그리고 조직의 밑으로 내려가면서 하위 직급자들은 자신이 확보한 결과가 상급자의 기대에 부응해야 하며 그렇지 못하면 자신의 지위를 잃게 된다는 의미에서 책임을 갖고 있다고 말할 수 있다.

현존하는 체제에서는 궁극적인 책임이 사업에서 '위험에 노출된' 재산의 소유에 거의 전적으로 집중된다. '위험'과 통제의 배분에는 무한한 변이와 복잡성이 있지만, 일반적인 경향은 분명하다. 하위 등급의 노동은 사실상 위험을 전혀 부담하지 않고 따라서 통제를 거의 실행하지 않으며, 상위 등급의 노동과 차입된 자본에 대해서도 같은 말을 할 수 있지만 사실에 덜 부합할 뿐이다. 우리는 그 두 가지, 즉 불확실성 부담과 책임 있는 통제는 분리하기가 불가능함을 기억해야 한다. 따라서 어떤 용역이든 그 보수가 떠맡은 일의 성공을 조건으로 하는 한 그 용역의 소유자는 조건부 보수를 대가로 한 그 용역의 사용에 동의해주는 과정에서 판단을 내리고 기업에 대해 힘을 발휘한다. 그러나 불확실성과 힘의 더 많은 부분은 특정한 재산, 즉 사업에 사용되는 다른 재산의 계약소득과 노동의 계약소득을 보증하는 지위에 있는 **재산**의 소유에 집중된다.[244]

우리는 책임과 통제와 관련하여 가능하거나 실제로 존재하는 제도들을 모두 다 취급하려고 해서는 안 되고, 불확실성의 집중이라는 일반적인 문제에 논의를 한정해야 한다. 유효한 책임 인수의 토대는 필연적으로 재산의 소유이거나 미래의 인간 생산력에 대한 선취권 설정이며, 사실상은 거의 전적으로 전자임을 명심해야 한다. 또 하나의 예비적 단서는 어떤 의미에서 궁극적인 통제는 소비자의 몫이라는 것이다. 그러나 경제적 조직이

....

244 일부 나라들에서 필요한 자본 일체를 차입하고 고정된 보수율로 감독자를 고용하면서 독립적으로 기업에 관여하는 노동자 조직의 발전에서 제한적인 진보가 이루어졌다. 통상적인 의미의 협동적 생산도 언급될 수 있다. 그러나 노동자들은 매우 적은 양의 자본만을 차입하므로 이런 경우들 가운데 어느 경우도 위의 일반화에 주목할 만한 예외가 되지 않는다. 인간의 능력이 그 자신의 지휘와 책임 아래 그 자신의 생산력이 효력을 발휘하도록 하기 위해 자원을 조달하는 데서 그 생산력을 저당할 수 있게 해주는 기제가 도입되지 않았다는 것은 우리 문명의 결함 가운데 하나다.
근현대 사업의 발전에서 주목할 만한 경향은 불확실성과 통제를 모든 가능한 정도로 전문화하고 분할하는 것이다. 법인기업은 한쪽 극단으로는 완전히 안전하고 기업행위에 완전히 무관심한 순수한 채권자의 지위에서부터 다른 쪽 극단으로는 위험과 통제가 고도로 집중되어 약간의 기업이익 변동도 고배당과 평가의 차이를 만들어내는 경우까지 모든 생각가능한 점진적 차이를 나타내는 증권들을 많이 발행한다. 상업적 사업에서는, 심지어는 산업적 기업에서도 신용수단이 기나긴 일련의 중개지들 손을 거쳐 가는데, 그들은 건전성에 대한 자신의 보증을 추가해서 그것을 조금 더 높은 가격이나 낮은 수익의 신용수단으로 만들어 넘긴다. 채권회사, 어음중매인, 어음인수은행은 이 분야의 흥미로운 한 발전이다. 노동 분야에서도 같은 경향이 분명하다. 중간 고용자들은 파드로네(이주노동자 공급업자-옮긴이)라는 익숙한 경우와 일부 전문직 분야에서와 같이 노동을 고용해 실제 사용자들에게 재고용되게 할 수 있다. 이윤 나누기의 모든 발전은 마찬가지로 위험과 통제의 재배분이다.

자유기업의 형태를 띠는 한 이런 통제는 오직 사후적으로만 실행되고, 우리가 관심을 가지고 있는 책임은 생산 과정의 끝에서 소비자의 수요에 부응할 책임이다. 그러므로 우리는 기업가 조직 체제가 개인적 관계와 무관하게 시장을 향해 이루어지는 생산 및 지휘의 집중과 더불어 생겨나는 이유는 그것이 다른 어떤 **자유계약** 체제에 비해서도 우월하거나 두루 더 만족스럽다는 데 있다고 가정한다. 그래서 우리의 탐구에서 첫걸음은 자유계약의 의미를 간략하게 살펴보는 일이 될 것이다.

'원인'이라는 단어와 그 동의어들만 예외가 될 수 있을까 그 밖에는 '자유'보다 더 남용되는 단어가 과연 있는지 의문이다. 그리고 혼란스러운 정치학 전체에서 '자유'와 '계약의 자유'의 혼동보다 더 터무니없는 혼동은 없는 것이 확실하다.[245] 자유는 개인에게 열려 있는 선택의 범위를 가리키는 것이거나 가리켜야 하고, 그 넓은 의미에서는 '힘'과 거의 동의어다. 다른 한편으로 계약의 자유는 단지 '**자기 것**'을 처분하는 데 공식적 제약이 없음을 의미한다. 그것은 사실 자신의 욕구와 이상에 부합하게 자신의 삶을 꾸려나갈 힘이라는 의미의 자유와 완전히 정반대되는 것을 의미할 수 있다. 계약의 자유가 실제로 갖는 내용은 전적으로 개인이 **소유하고 있는 것**에 의존한다.

소유권은 우리가 앞에서 보았듯이 본질적으로 **통제권**과 **사용수익권**의 결합으로 성립된다. 여기에서 강조해야 할 점은 **순수한** 계약의 자유를 토대로 한 사회체제에서는 소유와 통제가 교환해 사용할 수 있는 용어라는

---

[245] 특히 H. S. 메인 경과 허버트 스펜서가 이런 험악하고 논점회피적인 사고 왜곡에 책임이 있다.

것이다.²⁴⁶ 이와 다른 형태의 통제는 없다. 그러한 체제를 유지하기 위해서는 어떤 종류든 '국가', 즉 권위적 조직이 있어야 하리라는 것은 확실하지만, 그것의 기능은 오로지 계약 이행의 강제와 비계약적 관계의 방지뿐일 것이다. 그 필요성은 계약이 양쪽에서 동시에 실행되지 않는 경우가 흔히 있다는 사실과 더 나아가 사람들이 서로를 약탈할 수도 있다는 사실에서 생겨난다. 다시 말해 그러한 체제에서 국가의 역할은 단지 인간관계를 **상호 자발적인 것** 또는 계약된 것으로 제한하는 데 있을 것이다. 되풀이 말하자면 그러한 체제에서는 아무것도 소유하지 않은 사람들은 무언가를 소유한 사람들의 관용과 아량에 의해서가 아니고는 생존할 수 없을 것이고, 누구든 개인이 갖는 자유의 양은 그가 소유한 것의 양과 같을 것이다.

그런데 개인이 소유한 것은 이상적으로 단순한 조건들 아래에서는 3가지 요인의 결과다. 가장 먼저 꼽아야 하고 단연코 가장 중요하기도 한 요인은 그가 '애초부터' 가진 것, 즉 그가 과거로부터 물려받은 것이라는 역사적인 '엄연한 사실'이다. 이것은 순전히 **신분**의 문제이며, 따라서 메인이 개인의 지위와 상태에 대한 묘사로 신분과 계약을 대조시킨 것은 근본적으로 터무니없다. 자유계약이 의미할 수 있는 것은 신분은 다른 사람과의 자발적 계약에 의해 **변화될** 수 있지만 당사자의 동의가 없으면 **변화될** 수 없다는 것이 전부다. 따라서 이전 계약들의 결과가 소유의 두 번째 요

---

246 어린이와 노인, 그리고 그 밖에도 많은 사람이 아무것도 통제할 수 없기 때문에 연속적인 사회에서는 **순수한** 계약의 자유가 불가능함은 자명하다. 그 개념을 순수한 형태로 다루기 위해 우리는 남에게 의존하는 사람들은 절대적으로 의존한다고, 다시 말해 자유로이 계약을 하는 사회구성원들에게 사실상 '소유돼 있다'고 가정하지 않을 수 없다 (Ⅳ장을 보라).

인이 된다. 그리고 상호간 자발적인 계약에 의한 신분 변화의 가능성은 계약의 시점에 당사자가 지닌 신분—다시 말해 그 자신이 소유하고 있는 것—에 의존하며, 그래서 결국은 애초에 소유하고 있었던 것에 의존한다. 소유하고 있는 것, 즉 현재 신분의 세 번째 요인은 과거에 자기가 소유한 것의 자발적이고 독립적인 사용에서 초래됐거나 활용에 의한 변환에서 초래된 변화다. 이 요소 또한 최초의 신분 또는 애초에 소유했던 것으로까지 소급되는 변화의 문제일 뿐인 것이 분명하다. 순수한 자유계약 체제에는 소유를 제외하고는 아무런 힘(통제)도 존재하지 않는다. 그래서 오직 소유의 **변화**(말하자면 실제로는 신분의 변화)만이 자유로운 선택의 실행과 연관성이 있을 수 있고, 선택의 범위는 종전의 신분에 절대적으로 의존하며, 따라서 궁극적으로는 개인별로 볼 때 각자가 계약을 하는 개인들의 체제에 처음으로 진입할 때 알게 되는 그 자신의 최초 신분에 의존한다.

그러나 위의 모든 것은 이미 자신이 소유하고 있는 것의 '생산적' 변환을 통해 소유를 증가시킬 것을 겨냥한 계약과 활동은 **지능적으로** 수행된다고 가정한다. 인간의 모든 계획과 행동이 불확실성에 휩싸인 실제 그대로의 세계에서는 **운**의 결과라는 네 번째 요인이 추가로 지적돼야 한다. 게다가 우리는 여전히 상이한 개인들의 계약과 활동에서 완전한 독립성과 비간섭이 성립한다고 가정하고 있다. 실제의 세계에서는 계약의 영향을 받는 모든 이해관계가 계약서에 표시되지 않는다. 이 점은 순수한 계약의 자유라는 가정에 진정으로 하나의 제약이 되어 인간관계를 상호간 자발적인 영역에 한정하지 못하게 하는 것이지만, 의도적인 약탈과 마찬가지로 고려돼야 하는 사실이다.

이런 사실들은 워낙 눈에 띄게 두드러지기 때문에 그동안 실제로는 순수한 계약의 자유를 주창한 사람이 없었다. 다시 말해 하나의 전체로서 사회가 취하는 행동을 비계약적 관계의 방지라는 소극적인 기능으로 제한해야 한다고 주창한 사람이 아무도 없었다. 다방면으로 계약의 자유를 제한하고 그것과 다른 종류의 약정을 권장하는 국가에 대해 실제로 의문이 제기된 적도 없다. 국가는 또한 필연적으로 조세를 통해 사적으로 '소유된' 것에 대한 사용수익권의 상당한 부분을 가져가며, 그렇게 해서 소유를 그 두 가지 측면 모두에서 수정한다. 그리고 사유재산에 대해 이렇게 수정을 가하는 국가의 작용은 근현대 세계에서 자유방임주의 국가 이론이 입지를 잃음에 따라 급속하게 그 범위가 확장됐다.

소유권의 객체가 될 수 있는 것들은 두 가지 주된 종류, 즉 각자에게 내재된 개인적 힘과 물질적인 것으로 나뉜다는 것은 하나의 근본적 사실이다. 만약 개인이 전자에 대한 소유권을 어떤 형태와 정도로든 가지고 있지 않다면 그는 노예, 즉 어떤 외부자의 재산이고, 완전히 체제 바깥에 있게 된다. 물론 근현대 세계는 위험할 정도로 비정상이거나 무능하지 않은 성인들 모두에게 자신의 개인적 힘에 대한 사유재산권을 오직 일반적인 제약만 적용되도록 하면서 아주 잘 보장한다. 이런 개인적 힘의 유효한 활용은 그 밖의 다른 어떤 체제에서도 확보되기 어려우며, 따라서 남은 문제들은 오로지 물질적인 것에 대한 소유권과만 관련된다.[247] 우리는

---

[247] 앞에서 우리가 경쟁 아래에서는 선점과 생산 사이에 최종적인 구분선이 그어질 수 없음을 보였듯이(IV, V, XI장의 토지와 자본에 대한 논의를 보라), 여기에서 우리는 자연적 요소와 생산된 설비재를 구분하지 않는다. 이런 맥락에서 여기에서 우리는 마셜이 취한 관점(《경제학의 원리》 IV권 I장)에서 토지를 자본에서 분리하는 데 반드시 동의하지 않는 것은 아니라고 이야기할 수 있다. 자연자원이 철저히 탐사된 지구상 제한된 지역을 차지하고 있는 단일 정치적 단위의 입장에서 보면 세계 경제에서 그들이 점령

다른 맥락에서 이 두 종류 간 차이의 중요성이 적어도 크게 과장됐고, 일반적인 자연적 차이는 가격이론과 경제적 조직에 대한 그 인과적 영향과 관련해서나 도덕적 고려 대상으로서의 그 위상과 관련해 발견하기가 불가능하지는 않더라도 어렵다는 것을 보았다. 그 수요의 조건들과 공급의 조건들은, 그리고 소유자 개인에 대한 관계는 잘 살펴보면 매우 유사한 것으로 나타나고, 존재하는 차이가 있다면 그것은 대부분 인위적이고 관습적인 것이다. 그러나 재화의 생산과 소비 이외의 인간적 이해관계의 관점에서는 자기 자신에 대한 소유권이 외부적 객체에 대한 소유권보다 다소 더 높은 지위에 있음을 우리가 인정해야 한다. 그러나 인간이 그의 삶 자체를 위해 물질적인 것에 대한 접근과 그 사용에 고도로 의존하고 있을 뿐 아니라 점점 더 많이 의존하는 문명에서는 이런 구별이 흐릿해지는 경향이 있으며, 이런 사실을 인정하면 '재산'(사물 형태의 재산이라는 협소한 의미의)에 대한 사회적 태도에 현재 나타나고 있는 동요와 변화의 많은 부분이 설명된다.

자기 자신의 힘에 대한 소유권과 물질적인 것에 대한 소유권의 관계라는 문제에 대한 또 다른 종류의 논의는 반대되는 관점에서 출발하지만 다소 유사하게 전개되어 다소 유사하게 불확실하거나 부정적인 결론에 이른다. 우리의 탐구에서 출발점은 기업에 대한 우리의 연구를 통해 분명하게 드러났듯이 비간섭 상태에서는 추세의 방향이 궁극적 기업가 기능인 산업에 대한 통제를 재산 소유자들의 수중에 두는 쪽이지 인적 용역의 소유

한 지역으로부터나 미국과 같이 광대하면서 상대적으로 새로운 나라로부터의 새로운 공급에 대해서는 그들이 어떤 다른 관계에 있게 된다.

자인 노동자들의 수중에 두는 쪽이 아니라는 사실이다. 이렇게 되는 표면적인 이유는 사업상 모험은 단지 크거나 작은 이득의 기회만 되는 것이 아니라 절대적 실제 손실의 기회가 되기도 하는데, 이런 경우의 성질상 오직 재산만이 이런 순손실에 대응하는 보증을 해줄 수 있다는 것이다. 이런 사실은 얼핏 보기에 노동용역과 재산용역 사이의 또 다른 구별, 즉 산업에서 노동자는 단지 **사용될** 뿐이지만 물질적 재화는 **사용되면서 없어진다**는, 그래서 앞의 경우에는 **용역**이 소비되지만 뒤의 경우에는 사물 그 자체가 파괴될 수 있다는 구별에 근거를 제공하는 것처럼 보인다.

조금이라도 비판적인 성찰을 한다면 이 역시 결코 사실에 부합하지 않음이 드러날 것이다. 그것은 어쩌면 그래야 마땅한 것이겠지만, 실제로는 그렇지 않고 그럴 수도 없다. 첫째로 파괴와 전부손실의 위험은 노동자의 경우에도 재산소유자의 경우와 아마도 사실상 같은 정도로 클 것이고, 후자의 경우에 소유자가 생산력만을 잃을 때 전자의 경우에는 소유자가 건강이나 신체의 일부나 그의 생명을 잃게 되는데 이것이 훨씬 더 큰 손실이다. 이런 상황의 진정한 장단점 역시 사회에 의해 인정되고 있고, 그래서 우리는 하나의 생산적 요소로서 노동자가 지닌 경제적 가치가 손실을 입을 위험의 부담(그리고 아직은 이것만)을 사업체로 이전하고, 그리고 이를 통해 생산물의 소비자에게로 이전하기 위한 입법의 증가를 보고 있다. 이 문제의 또 다른 측면이 전문화된 숙련기술과 훈련이 손실을 입을 위험의 부담에 있다. 이런 것들은 특정한 사업체와 관련해, 그리고 거기에서 사용되도록 습득된 것이다. 습득의 비용은 주로 노동자가 부담하게 되며, 만약 그 사업체가 수익성이 없는 것으로 판명되면 그 손실이 일반적으로 노동자에게 돌아간다. 그럼에도 겉보기에 재산소유자가 부담하는 위험보다 훨씬 큰 이런 '위험'들은 사업에 대한 통제를 동반하지 않을 뿐더러 그런 위험의 부담자들은 경쟁적 자유계약(완전하게 잘 알려진 그대로의) 아래에서는 보다 높은 계약보수라는 형태의 공정한 보상과 같은 것을 전혀 확보하지 못한다. 그리고 노동자가 부담하는 위험의 보험계리적 가치는 물질적 재산의 소유자가 부담하는 위험의 경우와 꼭 같은 정도로 경영의 질에 의존한다는 말을 덧붙여야겠다.

이런 실태에 대한 설명으로 유일하게 눈에 띄는 것은 한 가지 '인간 심리의 사실'에 호소하는 것인데, 그것은 자기 자신만을 소유한 사람들이 경제적 손실에 대비한 보증이라는 빈약한 안전장치조차도 없이 다른 사람의 통제를 무릅쓰려고 하는 정도에 비하면 '사물'의 소유자들이 그 사물을 적절한 현물보증 없이 그러한 외부적 통제에 맡기려고 하는 정도가 덜하다는 것이다.[248]

결과와 관련된 불확실성과 사용되는 인적, 물적 생산수단의 손상 없는 보존과 관련된 불확실성이라는 두 종류의 불확실성을 전혀 떠안지 않으면서 생산을 계속 수행한다는 것은 명백히 불가능하다. 생산은 소비에 선행할 수밖에 없고 시간을 필요로 하기 때문에 그것에 관여된 모든 것은 이전 생산의 과실에 의존하면서 생산기간 동안 유지돼야 한다. 그리고 이런 생산물은 그것을 소유한 사람들에 의해 선급돼야 한다. 그것이 영속적으로 소유자들의 위험부담 아래 선급되거나, 실제 생산자들이 그런 과정이 완성되기 전에 그들의 임금 전부를 받아야 할 물리적인 필연성은 없으나, 이

---

[248] 보상법에 의해 초래된 노동자들의 개인적 안전에 대한 경영자들의 염려, 특히 사고를 줄이는 데서 '안전제일' 운동이 거두는 주목할 만한 결과를 관찰하는 것은 흥미롭다.

것이 자유계약 아래에서 일이 전개되는 방식이다. 이런 생산물이 그 어떤 개인에 의해서든 소유돼 있어야 하는 것도 필연이 아니지만, 이 점은 우리가 다음 차례로 취급해야 할 문제다. 이와 동시에 설비에 손실을 입을 가능성은 설비가 사적으로 소유돼 있다면 손실을 입는 설비를 소유한 사람들이 일시적으로 부담해야 한다. 순수하게 경제적인 측면에서 물질적인 것이나 인적 능력을 소유한 사람의 경우에 개별 소유자가 입은 손실이 영구적임은 물리적으로 사전에 규정되지 않는다. 그러나 이것도 또한 '명백하고 단순한 자연적 자유계약 체제' 아래에서 일이 전개되는 방식이다. 우리는 이제 자유계약의 사회적 영향을 보다 근본적인 의미의 차원에서 간략하게 살펴봐야 한다.

계약의 자유가 그 어떤 상당한 정도로든 사회가 이성적인 조직화 정책을 의도적으로 채택한 결과라고 암시하려는 의도는 당연히 없다. 그러나 그러한 체제를 계속 유지하는 것은 그 자체의 공과를 근거로 많이 논의돼 온 문제이고, 궁극적으로 논의를 토대로 결정될 수도 있는 문제다. 이 쟁점을 체계적으로 논의하기 위해 우리는 먼저 개인의 자기소유와 관련된 논점을 제거하여 나중에 주목할 사항으로 미루는 대신 잠정적으로 물질적인 생산적 재화의 소유에 관심을 국한해야 하는데, 이는 생산적 재화에 대한 개인적 재산권과 사회적 재산권 간의 문제로 다소 활발하게 제기되고 있다. 그리고 우리는 더 나아가 사회적 조직에 내포된 서로 다르면서 대부분 상반되는 두 가지 이해관계상 관심사의 집합을 애초부터 구별해야 한다. 경제학의 전통적인 견해는 고정된 의식적 욕구와 행동하려는 경향이라고 가정된 '욕구'를 체감하는 상대적 효용의 원리 아래 만족시키는 기제로 사회적 조직을 다룬다. 이런 견해의 한계는 우리의 연구에서 줄곧 강조돼왔지만, 만약 우리가 과학적인 분석방법을 사용하고자 한다면 경제적 삶의 이런 측면을 순수하고 격리된 상태로 검토해야 한다. 또 다른 이해관계상 관심사의 집합도 꼭 마찬가지로 근본적인데, 특히 자유와 힘 그 자체에 대한 욕구와 인간관계의 특정한 특성에 대한 선호가 그렇다. 직간접적으로 작용해 노예제를 마침내 폐지하고 자기소유를 확립한 것은 대체로 이런 두 번째 이해관계상 관심사의 집합이다.

그렇다면 사회를 욕구만족 기계로 보고 효율성이라는 단일의 잣대를 적용할 때에는 사람들이 자신이 내리는 결정의 정확함 또는 그 반대라는 결과에 대해 스스로 책임을 지도록 할 경우에 그들이 보다 효율적으로 결정을 내리고 통제를 실행한다는 점을 근거로 해서 자유기업이 정당화되더라도 돼야 할 것이다. 재산이 사회화된다고 해도 우리는 여전히 실제로 결정을 내리는 기능을 집중시켜야 하겠지만, 그 경우에는 그 기능이 지금보다 훨씬 더한 정도로 판에 박힌 일이 되고 그에 대한 보수는 결과와 무관하게 될 것이다. 우리가 앞에서 펼친 논의에 비추어보면 여기에 하나의 난점이 있는데, 우리는 그 의미를 명확히 하는 데 주의해야 한다. 특히 두 가지 일이 일어날 것이다. 사람들이 현재 직접 그들 자신의 자원을 가지고 일하고 있는 사업체들은 고용된 간부들의 경영 아래 공기업으로 변모할 것이다. 이 경우에는 변화의 성격이 충분히 명백하다. 보다 모호한 것은 현재 한 사람의 고용된 경영자에 의해 통제되는 법인기업의 경우다. 여기에서는 주주들이 어떤 정치적인 방식으로 조직된 일반 대중으로 대체되는 변화가 일어나고, 직접적인 의사결정자의 지위는 겉으로 보기에 그다지 변화하지 않는다.

그러나 단지 겉보기에만 그렇다. 대규모 사업체가 정치적 민주주의 체제와 점점 더 유사해지는 것이 사적소유를 공적소유로 바꿀 경우에 일어날 수 있는 효율성의 손실에 대해 사회주의자들이 그런 일은 일어나지 않는다고 반박하는 데 사용하는 가장 강력한 논거 가운데 하나인 것은 사실이다. 그러나 우리는 유사성이 많이 과장됐다는-사실상 논쟁의 양쪽 당사자들에 의해, 다만 서로 다른 동기에서 그러는 것은 물론이지만- 사실을 강조해야 한다. 우리의 거대한 법인기업들 가운데 일부에서 많은 수의 주주를 고집하는 것은 분명히 사람들을 오도하는 것이다. 주주들의 대부분은 자기가 사업체의 소유자라고 스스로 생각하지도 않고, 그렇게 간주되지도 않는다. 그들은 형식상으로는 그렇지만 실질적으로는 채권자일 뿐이고, 그들과 내부자들의 양쪽 다 그러한 사실을 받아들인다. 거대한 기업은 실제로는 서로의 개성, 동기, 그리고 정책을 일반적으로 꽤 잘 아는 사람들의 작은 집단에 의해 소유되고 경영된다. 그러므로 우선적으로 지적해둘 점은 사회주의 정부 아래에서 봉급을 받는 경영자는 정치적 상급자에 의해 임명되든 모종의 방식으로 민주적 유권자들에 의해 선출되든 오늘날 법인기업의 사장이나 경영자와 실제로 매우 다른 지위에 있으리라는 것이다. 그때에도 그가 현재 궁극적인 기업가, 즉 사업체의 실제 소유자인 '내부자들'의 작은 집단에 책임을 지는 것과 마찬가지로 그렇게 직접적으로 궁극적인 기업가, 즉 사회에 책임을 질 수는 없을 것으로 생각된다.

그러나 더 큰 변화는 소유자들의 작은 집단이 일반 대중으로 대체되는 데 있을 것이다. 이 주된 차이는 집단의 순전한 크기에 불가피하게 수반되는 것이다. 그동안 협동적 생산의 극복할 수 없는 난점은 개인으로 하여금 결과가 그 자신의 활동에 의존한다고 **느끼게** 하는 것이었다. 개인이 대중

속에 파묻혀 스스로 무기력하고 무의미하다고 느낀다. 정치적 민주주의도 물론 똑같은 난점에 봉착한다. 아마도 우리는 선택의 대상인 대안들이 덜 긴요한 문제와 연관된다는 점에서 어떤 결정을 내리느냐가 실제로 훨씬 덜 중요한 정치적 영역에서는 그러한 문제를 푸는 데서 다소의 진보가 이루어지고 있다고 믿어도 될 것이다. 만약 그렇다면 몇 세대에 걸친 정치적 민주주의가 산업 민주주의를 보다 실현 가능하게 만들 개인적 책임감을 개인에게 훈련시키는 것이 가능할 수 있다.

그러나 이는 기껏해야 그러한 문제에 대한 과도하게 피상적인 견해다. 근본적으로 보면 그것은 산업으로부터 필요한 것들을 공급받는 대중에게만이 아니라 대규모 재산 소유자에게도 **느낌**의 문제다. **이제는 그가 실제로 사회적 직능 수행자다.** 사유재산은 하나의 사회적 제도다. 따라서 사회는 그것을 마음대로 변경하거나 폐지할 반박 불가능한 권리를 가지고 있고, 재산 소유자들이 다른 형태의 사회적 활동주체가 약속하는 정도보다 더 잘 사회적 이익에 기여하는 경우에만 그 제도를 유지할 것이다. 물론 자연권, 신성한 과거의 제도 등에 관한 도덕적 허풍이 많이 있고, 그런 것들은 사회적 변화를 저지할 힘을 어느 정도 가지고 있다. 그러나 결국에는, 그리고 그리 멀지 않은 장래에 이 문제가 대다수 사람들이 어느 정도 냉정한 태도로 그 쟁점들에 대해 생각한 것을 토대로 해서 결정될 것이다. 만약 우리가 어떤 민주적 기제를 통해 얻는 정도보다 더 효율적인 경영을 집중된 사적소유 체제를 통해 얻는다면 그 이유는 사람들이 다른 사람들을 위해 일하는 정부 공무원이 된 것처럼 **느끼지** 않을 때, 다시 말해 자신의 일을 자신의 것으로 느끼고 자기 개성을 그 일과 동일시할 때 계획을 더 잘 한다는 데 있을 것이다.

그리고 이는 같은 사람들이 스스로 민주주의의 주체**이며** 그것에 대한 자신들의 신뢰를 지켜나갈 책임을 지고 있음을 의식적으로는 아니더라도 잠재의식적으로는 '마음속으로' 알고 있다고 해도 그렇다. 왜냐하면 우리의 부유하고 힘이 있는 사업가들이 그렇게 열심히 일해 증진하려고 하는 자신의 '개인적' 이익은 상품을 소비하려는 욕구라는 전통적인 경제적 의미에서는 전혀 개인적 이익이 아님이 분명하기 때문이다. 그들은 소비와 생산 둘 다를 한다면 소비하기 위해 생산하기보다 생산하기 위해 소비한다. 진정한 동기는 탁월해지려는 욕구, 즉 국가운영과 전쟁까지도 제외하지 않고 그동안 고안된 게임 가운데 가장 크고 가장 흥분되는 게임에서 이기려는 욕구다.

불가피하게 머릿속에 떠오르는 제안은 민주적 경제질서가 동일한 기본적 동기들에 마찬가지로 유효한 호소력을 발휘할지도 모르겠다는 것이다. 필요한 것은 책임 있는 지위에 있는 사람들이 자신의 임기가 안전하며 그 지위의 직무를 잘 수행하는 데 성공하는 것에만 의존한다고 실제로 느끼게 되는 정도까지 정치적 기제와 민주주의 체제 그 자체 내 정치적 지능이 발전하는 것이다. 그것이 주로 봉급의 문제인 것은 아니며, 이 점은 그런 사람들이 경제적인 의미에서도 두드러지게 잘살아야 하는 것이 틀림없다고—우리의 정치적 민주주의 체제에서 공무원들이 그렇게 되리라고, 심지어는 애국적이고 공복의 정신을 가지고 있더라도 그렇게 되리라고 기대하는 그대로— 하더라도 그렇다. 핵심적인 문제는 현명하게 그러한 책임 있는 공무원들을 선발하고, 엄격하게 그들이 이루어낸 것에 근거하여 그들을 승진시키며, 그들 자신의 경력을 잘 쌓아갈 것인지 망칠 것인지에 대한 '재량권'을 그들에게 주는 것이다. 이는 산업의 민주화가 실제적인 가능성이 되려면 그 전에 학습돼야 하는 교훈이다. 만약 우리가 사업경쟁이 나쁘다고 해서 그것을 공직의 순환과 '전리품의 승자 귀속'을 주된 원리로 하여 관습적으로 실행돼온 정치적 선동의 게임으로 대체한다면 그 결과는 재앙적일 수밖에 없을 것이다.

우리가 이 주제에서 벗어나기 전에 공직자와 관련된 또 하나의 흥미로운 오해가 지적돼야 한다. 고용된 경영자는 다른 사람들의 소유물인 자원을 다루게 되므로 그 사용에서 소유자에 비해 덜 신중하리라고 흔히, 그리고 자연스럽게 가정된다. 이런 견해는 인간 본성에 대한 통찰을 거의 보여주지 않으며, 관찰되는 사실들과도 아귀가 맞지 않는다. 관료집단의 경우에 진정으로 문제가 되는 것은 그들이 경솔하다는 것이 아니라 오히려 그 반대다. 실제로 부정과 부패에 물들지 않았을 때에는 그들이 일반적으로 '안전을 기하는' 경향을 보이고, 구제불능이라고 할 정도로 보수적이 된다. 통상적인 조건들 아래에서의 경제적 삶에 대한 정치적 통제에서 초래되는 큰 위험으로서 우리가 두려워해야 할 것은 사회적 자원의 무분별한 낭비라기보다 진보의 저지와 허송세월하는 삶이다.

이 점은 자연스럽게 위험과 이익에 대한 논의에서 많이 다뤄져온 질문으로 이어진다. 사적인 사업가는 실제로 위험과 불확실성을 혐오하고, 또한 '안전을 기하는' 경향이 있는가? 같은 질문과의 밀접한 관계가 언제나 인식되지는 않지만 결국은 같은 쟁점을 내포한 것으로 드러나는 그 질문의 다른 측면들은 위험부담의 사회적 비용과 이윤의 최소화 경향과 관련된다.

전통적인 견해는 물론 위험부담을 혐오스럽고 성가신 것으로 간주하고 이윤을 '부담' 인수에 대한 '보상'으로 다루는 것이다. 이것은 물론 이 문제에 대해 사업가 자신이 갖는 관념이고,[249] 이 문제를 연구하는 사람들도 종종 같은 견해를 가져왔다. 그래서 윌렛[250]은 위험 인수라는 희생에 대해 사회는 그것을 하나의 요인으로 해서 생산되는 상품들의 더 높은 가격을 통해 대가를 지급하며, 그 이유는 사람들이 위험을 인수하기를 꺼려하기 때문에 이런 직업들에 발을 들여놓기를 주저하고 그 결과로 그러한 상품들의 공급이 줄어든다는 데 있다고 주장한다. 로스[251]도 위험은 혐오스럽다고 가정하고 같은 결론을 끌어내며, 헤인스[252]는 생산을 저지하는 것으로서 위험이 끼치는 영향을 취지가 같은 앤드루스[253]의 글을 인용하면서 훨씬 더 강조한다. 그 밖의 다른 집필자들은 일반화를 하는 데 더 주저하거나 차별화를 하기도 했고, 이런 견해에 적극적으로 반대하기도 했다. 그러자 만골트[254]는 대다수 형태의 투기적 활동에서 버는 돈보다 잃는 돈이 더 많다는 것은 널리 알려진 사실이라고 말하고, 형편이 넉넉한 상태이고 모험적인 사업시도에 나서는 데 사용할 수 있는 잉여가 어느 정도 있는 공동체에서는 이런 사실이 사업기업에 적용된다는 소신을 주장한다. F. M. 테일러 교수도 기업가들의 이윤은 실제 손실에 대비하기 위한 보험기금

---

249 《미국 농축산물 가격 및 거래 소식지》, 1915년 9월 29일, 26-27쪽에 게재된 '투기'에 관한 J. C. F. 메릴의 글을 보라. "어떤 방면의 사업이든 거기에 내포된 위험이 클수록 거기에 관여한 사람들에게 돌아가는 이익이 클 것이 틀림없다. …… 즉 이익은 위험에 비례한다는 것은 사업에 관한 보편적인 공리다."

250 《위험과 보험의 경세이론》 55-56쪽.

251 앞에서 든 글(《미국학술원 연보》, 1896), 119쪽.

252 《계간경제학지》 IX권 4호 414쪽.

253 《경제학의 법칙》 54쪽.

254 《기업가이득》 85쪽.

을 쌓는 데 필요한 금액보다 클 수도 있고 작을 수도 있다고 주장하면서 이 문제를 다소 신중하게 분석한다.[255] 그는 기업가들의 이윤은 필요한 보험기금에 비해 작은 위험의 경우에 더 크고 큰 위험의 경우에 더 작을 가능성이 있다고 보면서도 사회는 하나하나의 특정한 상품이나 용역에 대해 위험이 제거됐을 경우에 지급해야 했을 금액보다 더 높은 가격을 지급해야 한다고 결론을 내린다.

이 문제를 논의할 때 피해야 할 사고의 혼동이 몇 가지 있다. 먼저 이윤을 위험부담에 대한 보수나 위험을 부담하게 하는 유인으로 이야기하는 것은 부정확하다. 이윤은 미래에 있게 되는 것이고 결정이 내려진 때에는 불확실하며, 따라서 '사람들의 의지를 움직이는'(테일러) 것은 이윤의 **전망** 또는 이윤의 **추정된 확률**[256]이라는 것이 상황의 본질에 해당한다. 그러므로 우리는 개별적인 경우에 실제 이윤과 위험의 성가심 사이에 연관성이 있다고 주장할 수 없다. 그리고 하나의 전체로 본 사회 안의 총이윤이라는 관점에서는 뭐든 그러한 몫이 있는지 없는지, 하나의 계급으로 본 기업가들이 이윤을 내는지 손실을 입는지(물론 여기에서 이윤은 **모든** 생산적 용역에 대한 보수가 차감된 뒤의 순이윤 또는 '순수한' 이윤을 가리킨다)가 문제가 된다.

분명한 이해를 위해 이윤을 추구하는 사업가의 정확한 상황을 돌이켜보자. 그는 생산적 용역들을 사용해 만들어낼 수 있다고 **예상**하는 것을 근

---

[255] 《경제학의 원리》(1915) 366-367쪽, 383-384쪽.
[256] J. S. 밀은 이윤의 가능성(chances)은 동등해지는 경향이 있다고 진술했지만, 5판에서는 이 '가능성'을 '예상(expectations)'으로 바꾸었다. 《원리》(애슐리 판) 412쪽.

거로 하여 미리 생산적 용역들을 확보하기 위한 계약을 맺는다. 그 어떤 상품의 구매자와도 같이 그는 한 개인으로서 가격이 고정된 것을 보고 수립돼 있는 가격 언저리에서 구입을 하지만, 전체적으로 보면 모든 구매자들의 경쟁이 현존하는 공급 전부가 시장에서 다 반출될 수 있을 정도까지 가격을 조정한다. 기업가들의 생산비용이 되는 생산적 용역들의 가격은 어느 시점에든 완전경쟁 아래에서는 기업가들이 그들의 생산물이 판매될 때 얼마의 가치를 갖게 되리라고 **예상**하는지를 대변하지만, 기업가들의 소득은 그들이 시간상 앞서 한 예상과 대조되는 나중의 사실을 대변한다는 것을 우리는 알게 된다. 그렇다면 기업가들이 하나의 집단으로서 플러스 이윤을 실현하게 되는 조건은 그들이 모험을 하려는 자신들의 성향에 비해 상대적으로 자신들이 하는 사업의 전망을 **과소하게 추정**하는 것이다. 만약 반대로 그들이 사업의 전망을 **과대하게 추정**한다면 (그들의 의지를 움직이는 데 필요한 확신의 정도를 고려할 때) 그들은 전체적으로 손실을 입게 될 것이고, 만약 그들이 전반적으로 정확하게 추정한다면 어느 쪽의 일도 벌어지지 않을 것이다. 만약 추정이 순전한 운의 문제라면 그들의 추정은 두 방향의 편차가 같고, 평균으로 보면 정확하며, 순수한 이윤의 일반적인 수준은 영일 것이다. 특히 홀리[257]를 포함해 많은 집필자가 그러한 오류의 분포가 필연적으로 존재한다고 가정해왔는데, 이윤에 대한 정확한 이론이 없어서 적절한 결론이 도출되지는 않았다.[258]

---

257 위의 II장 42쪽을 보라.

258 홀리는 어떤 때에는 이윤이 마이너스라고 간주하고(《계간경제학지》XV권 609쪽), 다른 어떤 때에는 이윤이 플러스라고 간주한다(같은 학술지 79쪽).

기업이 전체적으로 순손실을 입게 되는 것은 불가능하다는 반박이 있을 수 있지만, 조금만 검토해보면 이것은 사실이 아님을 알 수 있다. 사회가 지금 조직돼 있는 그대로의 상황에서는 기업가는 거의 언제나 재산소유자이고, 필연적으로 어떤 형태든 생산력의 소유자임이 틀림없다. 그렇다면 기업가들은 이익을 내기보다 손실을 입는 경우가 많으며, 그 차액은 그들이 기업가로서의 자격이 아닌 다른 어떤 자격으로 받게 되는 수입으로 메워진다고 봐도 좋을 것이다. 그러므로 실제적인 문제는 하나의 계급으로서 기업가들이 사업에 제공하는 인신이나 재산의 생산적 용역에 대해서 정상적인 경쟁적 보수율과 비교해 평균적으로 보수를 더 많이 받느냐 더 적게 받느냐다.

이 질문은 귀납적인 근거에 입각해서는 그 어떤 확정적인 해답도 허용하지 않는다. 통계의 형태로 구할 수 있는 그러한 증거는 순결과는 손실이라는 결론을 가리키지만,[259] 그것이 결정적인 결론이 되는 것은 아니다. 취할 수 있는 최선의 방책은 아마도 선험적인 근거 위에서 논증을 하고, 개

---

[259] M. 포르트의 《기업가와 산업이윤》(파리, 1905)은 매사추세츠에서 일어난 사업도산에 관한 특정한 수치들로부터 이런 결론이 도출된다고 주장한다. 농장 계정에 대한 뉴욕 주립농업대학의 연구 결과는 농장주들이 보통은 공정한 임금과 투자에 대한 공정한 보수보다 벌이가 적음을 시사하며, 공공기반시설 분야의 모험사업들에 대한 조사연구도 비슷한 결과를 낳았다. 미국의 소득분배에 대한 가장 훌륭한 연구는 W. I. 킹 박사가 수행한 것인데, 이 연구는 미국에서 기업가 1인당 평균 이윤이 노동자 1인당 평균 임금의 대략 1.4배라는 결론에 이른다(《미국인의 부와 소득》 165쪽을 보라). 기업가들은 노동자들에 비해 이보다는 더 높은 비율로 더 큰 능력을 갖고 있으며, 특히 인구조사에 의해 보고된 임금소득자 가운데 여성, 청소년, 어린이가 큰 비중을 차지하기 때문에 더욱 그렇다고 가정하는 것이 안전해 보인다. 그러나 킹 박사가 다수의 분배몫으로 소득을 구분한 것과 각 유형의 소득 수취자 수에 대해 추정한 것은 둘 다 워낙 많은 오류의 여지를 남기는 장기적 차감과 가정들로 가득하여 그 결과를 별로 신뢰하기가 어렵다.

연성 있는 사실에 관한 의견 제시를 넘어서는 것은 아무것도 시도하지 않는 것일 게다. 필자는 사업은 전반적으로 보면 손실을 입는다는 의견을 강하게 갖고 있다. 이 경우의 심리에서 관찰되는 주된 사실들은 우리에게 익숙하고, 그 가운데 일부는 위에서 진술됐다. 복권이나 도박 게임에서 사람들이 보이는 행태가 가장 뚜렷한 사실이다. 애덤 스미스는 큰 당첨금의 작은 가능성이 지닌 가치를 과장하려는 인간 본성의 경향을 지적했다. 시니어[260]는 이득과 손실 가운데 어느 한 쪽의 큰 가능성을 상상력이 과장한다고 생각했다. 캐넌[261]은 이례적으로 위험한 투자와 이례적으로 안전한 투자는 광범한 부류의 사람들에게 특별한 매력을 발휘해서 너무나 적은 보수만을 낳아주는 반면에 통상적인 위험요소는 무시되고 그래서 더 많은 보수를 낳아준다고 본다. 카버 교수는 성공의 가능성이 크지 않은 가운데 가능한 손실이 개연적인 이득보다 크다는 것이 사업위험이 압도적으로 지닌 특성이고, 그래서 사업위험은 도박의 본능에 부정적인 호소력을 발휘하며 이윤은 플러스의 양이라는 의견을 제시한다.[262] 그러나 개별 모험사업의 미래수익 전부를 현재의 부로 자본화하는 것이 가능함을 고려할 때 사업위험의 성질에 대한 이러한 견해는 매우 의문스러운 것으로 보인다. 우리가 강조하고 싶은 점은 이런 '위험들'이 객관적인 외부적 가능성과 연관되는 게 아니라 모험적 선택을 하는 개인의 판단과 실행력의 가치와 연관된다는 것이다. 스미스와 만골트 둘 다 관찰했듯이 대부분의 사람들은

---

[260] 캐넌의 《생산과 분배 이론의 역사》 369쪽에서 재인용.
[261] 《팰그레이브 정치경제학 사전》에 실린 '이윤'에 관한 글.
[262] 《부의 분배》 283쪽.

자신의 행운에 대해 비합리적으로 높은 확신을 가지며 자신의 개인적 위신이 고려대상이 되는 때에는, 그래서 자기 자신을 걸어야 하는 때에는 두 배로 그렇다는 것이 분명한 사실이다. 더욱이 사업가들은 주로 이런 것들이 가장 두드러지게 들어맞는 부류의 사람들을 대표한다는 데 의문의 여지가 거의 없다. 즉 그들은 비판적이고 주저하는 개인들이 아니라 오히려 가만있지 못하는 에너지, 들뜬 낙관주의, 그리고 사물 전반에 대한, 특히 자기 자신에 대한 커다란 믿음을 갖고 있는 사람들이다.

이러한 고려사항들 외에 경매에서와 같이 경쟁자들을 제칠 수 있는 호가를 내도록 부단히 압력을 가하는 경쟁적 상황의 자극을 추가로 언급해야 하는데, 경매에서는 물건이 어느 누가 생각하는 가치보다도 높은 가격에 팔리곤 한다. 또 하나의 큰 요인은 부르주아 심리에서 역시 두드러지는 집요함이라는 인간적 특징이다. 사람들은 새로운 모험사업에 처음으로 뛰어들었을 때에는 소극적이고 비판적일 가능성이 있지만, 일단 몰입하게 되면 일반적인 규칙은 끝까지 밀고 가는 것이고 그래서 생산적 용역에 대한 입찰자들이 대부분 이미 설립된 사업체의 소유자라는 데 의문의 여지가 없어 보인다. 기업가 신분의 위신과 스스로 자신의 주인이 됐다는 만족감도 고려해야 한다. 그러므로 생산적 용역의 가격은 현실에서 사실들이 보장하는 가격보다 낮은 수준보다는 높은 수준으로 정해진다고 가정하는 것이 가장 합리적이라고 여겨지며, 우리가 주목했듯이 통계도 미흡한 수준이긴 하지만 같은 결론을 가리키고 있다.

기업가의 순수이윤에 대해서는 이 정도에서 논의를 그친다. 우리는 이윤과 귀속된 소득은 구분선의 양쪽 어디를 봐도 결코 정확하게 분리되지 않는다는 사실을 이미 강조했다. 순수이윤만의 소득이 존재하지 않듯이 이윤의 요소를 포함하지 않는 소득도 존재하지 않는다. 이는 아마도 이자와 관련시켜 볼 때에 가장 두드러지거나 적어도 가장 익숙할 것이다. '순수이자'는 식별하기가 불가능하고 통상적인 이자는 '위험할증'이라는 요소를 포함한다는 것은 인정되고 있다. 임금이 보수의 불확실성에 의해 설명돼야 하는 가변적 요소를 포함한다는 것도 마찬가지로 사실이다. 전문직 종사자들의 소득이 악명 높은 경우가 된다. 사람들은 위계질서 속에서 장삼이사가 달성하는 지위에 의해서보다는 두드러진 성공의 작은 가능성에서 받는 유혹에 의해서 그런 직업들로 이끌린다. 높은 지위와 많은 소득을 얻게 될 작은 가능성을 제시하는 직업은 소득이 보다 균일적인 직업과 비교할 때 같은 능력에 대해 더 낮은 평균적 보수를 가져다줄 것이라고 애덤 스미스는 장담했고, 그러한 의견은 지금도 여전히 일반적인 관찰에 의해 입증된다. 말하자면 이런 경우들에서도 위험부담에 대한 마이너스 할증이 있다.

노동의 대다수 종류에서는 그 보수 가운데 우연의 요소가 비교적 적을 가능성이 매우 높지만, 어떤 경우에도 그것은 직접적으로 노력에 대한 보수로 간주하기보다는 특별한 지식과 숙련기술에 관련된 투자에 대한 보수로 간주하는 것이 아마도 가장 나을 것이다. 어쨌든 스미스의 추리가 건전하다면 위험부담은 성가심과 상반되는 것이고, 사람들은 고정된 대가를 위해서보다 불확실한 대가를 위해서 평균적으로 더 저렴한 임금을 받으며 일하는(또는 일할 자격을 획득하기 위해 일하는) 것으로 보인다. 지주에게는 토지를 임대하는 것과 관련된 실제 손실의 위험이 사실상 전혀 없고, 계약 임대료를 받지 못할 가능성이 보통은 매우 작거나 전혀 없다. 자본의 대부에서는 우리가 이자뿐만 아니라 원금에도 손실을 입을 위험이 있음을 알고 있고, 그래서 보수율을 정할 때 위험 요소에 대단히 많은 주의를 기울인다. 순수이자율은 어떤 구체적인 의미를 부여하기가 매우 어려운 개념이고, 따라서 계약이자 가운데 이 수준을 넘는 부분이 손실에 대비한 보험기금으로 되기에 충분한지에 대해 추측하는 것은 쓸모없는 일로 보인다. 문제는 앞에서와 마찬가지로 계약이자와 원금상환에서 나오는 실제 수취액이 각각 순수이자와 애초 원금에 비해 평균적으로 같은 금액이 되는지, 적은 금액이 되는지, 많은 금액이 되는지다. 필자는 이 주제에 대해 어떤 하나의 견해를 정리해 제시할 방법을 알지 못한다.

사회적 정책의 관점에서는 두 가지 문제가 제기된다. 하나의 관점에서는 '사회'는 그 자신의 일이 가능한 한 잘 되고 저렴하게 되도록 하는 데 관심을 가진 살림꾼 또는 '경제인'이다. 앞에서의 고찰은 이런 순수한 생산적 효율성의 관점에서 보면, 그리고 모든 요인을 경쟁적인 금전적 기준으로 측정하고 보면 개인이 위험을 부담하게 하는 것이 나음을 시사하는 것으로 여겨진다. 사회와 인간의 본성이 지금과 같다면 개인이 이런 기여에 대해 아무런 대가도 요구하지 않을 뿐만 아니라 더 나아가 그렇게 할 특권에 대해 뭔가를 지불하는-평균적으로- 것이 가능해 보이기도 한다. 그러나 재산의 경우에는 개인이 진정으로는 위험을 부담하지 않으며, 핵심은 개인으로 하여금 자기가 위험을 부담한다고 느끼게 만드는 문제일 뿐임을 우리는 기억해야 한다. 왜냐하면 재산은 언제나 '진정으로는' 사회적이었고 소유는 하나의 사회적 기능이었으며, 이는 지금도 마찬가지이기 때문이다. 엄청난 낭비와 탕진의 가능성과 현실성을 내포한 소유의 환상이 실제로 사회가 그 물질적 부의 경영에 대해 보상을 하는 저렴한 방식인지는 분명하지 않다. 그러나 인간의 동기들과 관련된 모든 문제에서 그렇듯이 이 주제에 대해서는 사람들이 개인들로서, 그리고 사회로서 진정으로 원하는 것에 대해 우리가 무엇이든 제대로 알기 시작할 때까지는 단지 부정적인 진술만 할 수 있다. 물론 확보된 경영의 질은 그것을 확보하는 데 드는 비용과 더불어 고려돼야 하지만, 지금의 맥락에서는 이 항목에 대해 말할 가치가 있어 보이는 것은 우리가 이미 전부 다 말했다.

제기되는 두 번째 문제는 개인이 산업의 위험을 떠안으면 평균적으로 보아 그 자신이 손실을 입게 되는데도 기꺼이 그렇게 하려고 한다고 해서 그렇게 하게 하는 것이 진정으로 개인에게 좋고 따라서 개인의 총합인 사회에도 좋으냐다. 적절한 답변에 대한 어느 정도의 실마리는 일반적으로 복권과 도박에 대해 우리가 실제로 취하는 태도를 검토해봄으로써 얻을 수 있다. 사회의 구성원들이 자기 운수를 시험해보는 행위를 하도록 허용되는 조건에는 분명히 제한이 있고, 특히 사회가 특별히 관심을 가진 구성원들이 독립적인 구성원들에게 의존해 살고 있는 경우에 그렇다. 노동자들이 현명하지 못하게 위험요소를 떠안는 계약을 하지 못하게 하는 방향으로 현재 빠른 진보가 이루어지고 있으며, 품위 있고 자존감 있는 생존의 기본여건이 위태로운 곳에서는 그러한 원리를 재산 위험으로 확장하는 것에 대해 누구도 이론적인 반대를 할 수 없다.

삶의 최저수준을 보장하는 것은 위험과 통제의 배분과 관련된 다수의 인간적 관심사 가운데 단지 하나일 뿐이지만, 여기서는 우리가 인간적 관심사의 목록을 검토할 수도 없고 그것을 분류하거나 열거해보려고 할 수도 없다. 우리는 이 주제에 대한 논의를 마무리하면서 어떤 정적이고 그래서 과학적으로 묘사할 수 있는 의미의 인간 욕구를 만족시키기 위한 하나의 기제로 사회조직을 바라보는 경제적 관점의 한계를 다시 주장할 뿐이다. 삶에 대한 인간의 주된 관심은 결국은 삶을 흥미롭게 느끼는 것인데, 이는 단지 최대량의 부를 소비하는 것과는 매우 다른 것이다. 변화, 신선함, 그리고 놀라움은 그 자체로 가치로서 크게 고려돼야 하며, 우리 대부분은 아무래도 부를 소비하는 데보다 생산하는 데 더 많은 시간을 지출하는 것이 의심할 나위 없이 틀림없으므로 경제적 행동의 생산 측면에서 동적이고 개인적인 요인들이 고려되고 효율성이라는 요소에 견주어 검토돼야 한다. 우리가 분명히 원하는 것 가운데 하나는 서로 간의 친절, 존중, 애정을 토대로 한 다른 사람들과의 어울림이며, 이는 삶의 문제에 관한 그 어떤 진지한 성찰에서도 그 자체로 피해갈 수 없는 질문, 즉 인격이 모종의 우주적 가치를 갖는지 여부에 관한 질문과는 무관하게 그렇다. 그러므로 각 개인에게 책임, 선택의 자유, 자기표현의 영역이 주어져야 하는데, 여기서 자기표현의 영역은 통제가 최고도로 전문화하고 집중된 조직체계 속에서 개인이 가질 수 있는 그러한 영역보다 더 넓어야 한다. 이것이 실행될 수 있는지와 어떻게 실행해야 하는지는 산업 민주주의 주창자들이 직면한 가장 큰 문제다.

  우리의 연구를 마무리하기 위해 불확실성과 통제라는 문제의 특정한 장기적 측면에 주목해야 한다. '정적인 위험'과 '동적인 위험'의 구별은 많이 다루어진 논점이지만 우리의 주제와 관련해 근본적인 논점이기도 하다. 우리는 이 연구에서 불확실성은 변화에 의존하고, 사실상 진보적 변화에 크게 의존한다는 것도 강조했다. 경영이나 통제의 문제는 불확실성과 상관관계가 있는 것이거나 거기에 함축된 것이므로 그런 만큼이나 다분히 진보의 문제다. 진보하지 않는 사회에서는 미래에 대한 지식이 실제의 예측과 통제를 통해 고도로 완전해질 수 있거나 확실성의 효과가 경우들의 집합화와 확률 추리의 적용을 통해 확보될 수 있을 것이다. 그러한 조건들 아래에서는 활동이 주로 기존의 판에 박힌 길을 따라가게 되고 **진정한** 결정이 요구되는 일은 드물 것이므로 경영의 문제가 무한히 단순해질 것이다. 경제적 통제, 자유계약, 그리고 특히 물질적 재화에 대한 사유재산권의 실제 형태는 우리가 살고 있는 사회의 고도로 '동적인' 성격 및 변화와 연관된 극도의 불확실성에서 생겨나는 예민한 형태의 경영 문제와 밀접하게 관련된다. 근현대 산업시대가 시작되기 전에는 우리가 알고 있듯이 유럽의 경제적 삶이 진보적이지 않았고, 그 통제의 조직은 집단주의적이었다. 개인주의의 수립은 개선에 대한 욕구의 결과였다. 다만 개인주의가 이런 측면에서 집단주의보다 우월하다는 사회적 신념에서 직접적으로 생겨났다고 말한다면 그것은 오해를 초래할 것이다.

그렇다면 사유재산에 대한 사회적 이론은 소비를 위한 재화의 창출에 생산적 자원이 더 효율적으로 사용될 것이라는 전제에 근거한다기보다는, 사람들로 하여금 위험을 무릅쓰고 물리적인 사물 및 기술적인 지식이나 숙련기술 둘 다를 포함한 생산적 자원 그 자체의 공급을 증가시키도록 유도하는 것을 통해 진보를 향한 더 큰 자극이 있게 한다는 믿음에 근거한다. 우리는 이자에 대한 우리의 논의에서 축적과 미래를 내다보고 하는 희생은 소비에서의 시간선호를 토대로 설명될 수 있다는 견해에 들어있는 오류를 지적했다. 미래 소비를 위해 현재 소비를 희생시키는 것이 그렇게 하는 개인의 소비 총량을 일반적으로 증가시키지는 않으며, 더 나아가 소비를 단지 늦추기만 하는 것이 사회적 설비의 상당한 순증가를 가져오는 것도 아니다. '절제'는 영속적이지 않으면 안 되고, 단지 기다림의 문제인 것만이 아니다. 이로부터 얻게 되는 결론은 더 많은 양의 재화를 소비하려는 욕구보다는 순전한 소유에 대한 욕구가 이 분야에서 희생과 효율적 통제를 가져오는 더 강력한 동기라는 점이 사유재산 정당화의 전제가 되는 게 틀림없다는 것이다. 사유재산에 대한 사회적 정책이 건전하다고 말하려면 그 이유는 부를 소유하려는 갈망이 사람들로 하여금 자신의 재산을 증가시키기 위해 소비를 희생시키고 완전한 손실의 위험을 부담하도록 유도하리라는 데서 찾아야 할 것이다.[263] 이런 전제가 옳은지 그른지는 우리의 현재 관심사가 아니지만, 그 적용과 연관된 몇 가지 사실을 지적하는 것은 가치가 있을 것 같다.

실제적으로 모든 형태의 사회경제적 진보는 이미 지적했듯이 현재 소비의 희생 또는 '투자'를 통해 사회의 생산력을 증대시키는 상이한 방식들로 나타난다. 이런 상이한 방식들은 열린 채로 서로 경합하는 대안들이며, 일반적으로 말해 양적인 기준으로 비교하는 것이 얼마든지 가능하다. 누구든 자신의 현재 재화를 빼내어 새로운 설비재를 창출하는 데 투자할 수 있고(이것은 무엇보다 전통적인 길이자 유형이다), 이뿐만 아니라 새로운 자연자원을 발견하고 개발하는 데, 자신의 개인적 능력을(또는 어느 정도는 다른 사람들의 능력도) 발전시키는 데, 발명을 하는 데, 사업조직을 개선하는 데, 새로운 사회적 취미와 욕구를 창출하는 데 등에도 투자할 수 있다. 처음 두 방식의 투자는 새로운 재산을 발생시키며, 이 사회는 일반적으로 말해 성공한 투자자에게 조건 없는 완전한 재산권을 부여하고 그의 상속자와 지명양수인에게도 영구히 그 재산권을 인정한다.

---

[263] 이 점에 대한 정확하고 철저한 논의는 기업가의 동기와 고정된 보수를 대가로 자기 재산의 사용을 기업가에게 이전하는 소유자의 동기를 구별하게 될 것이다.

자기 자신에 대한 투자도 마찬가지로 새로운 능력이라는 반박할 수 없는 소유물을 발생시키지만, 이런 능력은 영구적이지 않아서 개인 자신의 활동적 삶이 종료되면 더 이상 존재하지 않게 된다. 이 두 가지 형태의 투자가 지닌 매력도를 비교하는 것이 가능하다면 그렇게 해보는 것도 흥미로울 것이다. 왜냐하면 투자의 유인으로서 통제의 유효성이 본인의 수명이 끝난 뒤에도 유지돼야 하는지는 기업의 이론에서 주된 쟁점 가운데 하나이기 때문이다. 우리는 곧 이 주제로 다시 돌아올 것이다.

발명에 대한 투자의 경우는 또 다르다. 여기서는 생각을 무한히 증식시키는 데 비용이 적게 들기 때문에 생산력의 증가를 자본화하기가 보통은 어렵다. 사회는 일반적으로 발명자 또는 그의 지명양수인에게 그의 생각을 가능한 한 오래 비밀로 유지하거나 그것을 어떤 방식으로든 보호하는 것을 허용한다. 그러나 이것은 보통은 워낙 실행되기 어렵지만 새로운 발명의 사회적 가치는 워낙 명백하므로 특허제도가 일반적으로 사용되게 되면서 법률로써 그러한 개선에 대한 **일시적**이고 다소 수명이 짧은 재산권을 설정하고 보호하게 됐다. 이것은 발명에 대한 보상으로서는 매우 조잡한 방식인 것이 분명하다. 생산물의 소비자들이 대가를 지급하며 이렇게 하는 것이 의심할 나위 없이 공정한 일이기는 하지만, 인위적으로 높여진 가격으로 인해 상품의 사용을 방해받은 다수의 다른 사람들은 피해를 입는다. 그리고 이런 경우에 흔히 그렇듯이 진정으로 보상을 받을 자격이 있는 발명자가 공정한 보상과 비슷한 것이라도 받는 일은 매우 드물고 예외적인 경우임은 의심할 나위가 없다. 이득을 취하는 사람이 있다면 그는 발명의 어떤 구매자이거나, 기껏해야 실제로 개척하고 탐험하는 일은 다른 사람들이 이미 해놓은 상태에서 어떤 생각을 실행되도록 만드는 세부 작업이나 마무리 손질만 추가로 한 발명자다. 연구를 자극하고 보상하는 어떤 직접적인 방법으로 인위적인 독점을 대체하는 일은 정치적 지능과 행정적 능력의 문제인 것 같다.

사업 조직과 방법의 개선은 그 결과가 보통은 특허를 설정받을 수도 없고 비밀로 유지될 수도 없기 때문에 어떤 영구적인 이득을 확보할 가능성을 훨씬 덜 가져다준다. 그러나 이런 형태의 진보도 영구적인 재산권을 낳아주는 분야들에 투입될 수도 있었던 현재 부의 투자를 나타낸다. 이런 형태의 개선에 지출을 하는 데 대한 그 어떤 꺼려함의 증거도 없는 것이 분명하며, 이런 사실은 경제적 진보를 촉진하는 현재의 희생을 하도록 사람들을 유도하는 데서 실제로 작동하는 동기들에 대한 흥미로운 질문들을 제기한다. 새로운 욕구를 창출하기 위한 지출은 독특한 브랜드의 사용 및 상표와 상품명에 대한 법률적 보호를 통해 보다 영구적인 이득을 낳는 것이 되도록 할 수 있다. 이런 것들 가운데 일부는 물론 큰 가치와 바로 판매될 수 있는 성질을 지닌 하나하나의 재산이 된다.

이제 마지막으로, 재산권이 있고 그러한 권리를 다른 개인에게 넘기거나 통제를 자신의 수명 너머에까지 미치게 할 권리가 있다고 할 때 저축과 투자를 하게 하는 자극으로서 이 두 가지 권리가 갖는 상대적 중요성이라는 문제가 남아 있다. 우리는 여기서 상속이라는 문제에 깊이 들어갈 수 없다. 상속은 엄격한 의미의 소유를 넘어서는 것이며, 소유의 본질적인 부분인 것도 아니다. 상속은 그 어떤 의식적인 이론에도 근거하지 않은 것으로서 그냥 저절로 발생한 것이다. 상속의 속성은 가족제도가 존재하는 곳에서는 가재도구에 어느 정도 자연스럽게 내재하는 것인데 생산적 재화의 중요성이 증대함에 따라 생산적 재화로 옮겨가게 되며, 그러면서 생산적 재화에 대한 재산권이 사적 가족주의 심리를 강화하고 부각시키기도 한다. 가족이 아닌 사람에 대한 자발적인 유증은 나중에 발전된 것이며, 어떤 의미에서 역행의 경향을 나타낸다.

승계와 유증의 권리에 대한 '이론'은 물론 그런 권리가 부를 보존하고 축적하게 하는 유인의 한 중요한 요소가 된다는 것이다. 필자는 이런 견해의 건전성에 대해 극도로 회의적이지만, 근본적인 변화의 그 어떤 성급한 주창도 주저하게 만들 것이 틀림없는 고려사항들이 있다. 난점은 역시 작동이 가능해 보이는 대안의 계획을 제시하는 데 있다. 소유자가 죽을 때 그의 부에 대한 공적 몰수는 그것을 어떻게 처리할 것인가 하는 문제를 제기한다. 공적 대리자가 생산적 기업을 직접적으로 경영하게 하는 것에 대해 미심쩍어 하는 사람들에게는 채권 등의 형태로 소득권을 제공하는 것을 대가로 하는 대여제도나 경매가 아마도 가능한 해법으로 보일 것이다. 이것은 생시몽파 사회주의들의 여러 제안 가운데 일부와 매우 유사하다.[264] 그런데 그렇게 한다고 해도 사람들 사이의 소득 분배 또는 그 소득의 공적인 활용이라는 실제적인 문제가 의혹을 불러일으킨다.

우리가 보았듯이 개인들의 개인적 힘은 물질적 재화로부터 경제적 연관성 측면에서 일반적으로 분리되는 것에 완강하게 저항하는데, 이러한 개인적 힘과 관련해서도 다소 유사한 문제가 발생한다. 타고난 능력은 그러한 것이 실제로 존재한다면 필연적으로 유전되는 것이고, 그것에 대해서는 자기 힘에 대한 개인의 재산권이라는 관념을 수정하는 것을 제외하고는 할 수 있는 것이 아무것도 없다. 그러나 문화는 그것의 모든 정교한

---

[264] 앨빈 S. 존슨, '상속세의 공적 자본화', 《정치경제학지》, 1914년 2월도 보라.

의미에서, 그리고 교육과 훈련도 그것의 보다 조야한 형태에서는 역시 어느 정도 승계될 수 있고 어느 정도 자발적인 증여의 대상도 되며, 개인적인 영향력 또는 '유인력'이라는 요인도 결코 고려에서 배제될 수 없다. 이러한 것들에 대한 통제의 중요성은 매우 크고, 물질적인 것에 대한 재산권을 폐지한 사회에서는 줄어들기보다는 아마도 커질 개연성이 높다. 진정한 기회의 평등, 즉 진정한 실력주의 체제는 거의 상정하기 어렵고, 그러한 완전한 경지에 매우 가까이 접근하는 것도 사적 가족과 관련해서는 전혀 기대할 수 없는 것으로 보인다. 플라톤은 물론 이런 사실을 인정했는데, 그의 근현대 후계자들은 대부분 그것을 외면하는 경향이 있다.

사회의 그 어떤 임의적, 인위적, 도덕적, 또는 합리적 재구축도 그 궁극적인 난점들은 개인들이 벌거벗고, 아무것도 가진 게 없고, 무기력하고, 무지하고, 그리고 훈련되지 않은 상태로 태어나서 삶의 3분의 1을 자유계약적 생존의 필수 요건들을 획득하는 데 써야 하는 세계에서의 사회적 연속성이라는 문제와 관련이 있다. 통제, 개인적 힘과 지위와 기회, 노동과 불확실성 부담, 사회적 산업의 물질적 생산물 등의 분배는 우리가 이상적으로는 어떻게 돼야 한다고 생각하든 간에 쉽게 급격히 변경될 수 없다. 계속되는 실체로서의 사회에 관한 근본적인 사실은 그것이 태어났다가 죽으면서 다른 사람에게 자리를 넘겨주는 개인들로 구성돼 있다는 것이고, 근현대 문명에 관한 근본적인 사실은 그것이 과거로부터 물려받은 거대하고 계속 축적되어가는 세 가지 유산, 즉 물질적 재화 및 기기와 장비, 지식과 숙련기술, 그리고 집단정신의 활용에 의존한다는 것이다. 생명의 횃불 그 자체를 제외하고 말한다면 세계의 물질적 부, 대단히 복잡하고 갈수록 더 복잡해지는 기술체계, 그리고 사람들을 사회적 삶에 적응시키는 습관은 나이든 개인들이 세상을 떠날 때 이런 모든 것 없이 태어나는 새로운 개인들에게 어떤 식으로든 승계돼야 한다. 사적 가족과 사적 소유(재화뿐만 아니라 자기 자신도 대상으로 한), 상속과 유증, 그리고 부모의 책임과 관련된 제도를 지닌 현존 질서는 이 문제와 씨름하는 데서 어느 정도 받아들일 만한 결과를 확보하는 하나의 방도를 보여준다. 그 결과는 이상적인 것이 아니고 선한 것도 아니다. 하지만 급격한 변환의 난점들을 솔직하게 고려한다면 특히 우리가 무엇을 원하는지에 대한 우리의 무지와 의견불일치를 감안할 때 재구축 제안들을 다루는 데는 신중함과 겸손함이 필요하다는 생각을 하게 된다. (끝)

지은이 소개를 겸한 옮긴이 후기

프랭크 하이너먼 나이트(Frank Hyneman Knight, 1885-1972)는 경제학 이론과 사회사상에 폭넓은 영향을 끼친 미국의 경제학자다. 경제학에 대한 전래의 도덕철학적 관점과 앨프레드 마셜의 경제이론을 계승하고 보완하는 가운데 인간의 지능과 행태에 대한 철학적 사유를 기반으로 자유주의와 자유기업 체제의 강점과 한계를 동시에 분명하게 분석해 제시함으로써 합리적인 경제적 사고를 촉진하는 노력을 기울였다. 특히 불확정적인 미래상황과 관련해 측정할 수 있는 위험(risk)과 측정할 수 없는 불확실성(uncertainty)을 명확히 구별하는 것을 통해 금융시장과 기업가기능에 관한 현대 경제이론의 토대를 놓았다.

나이트는 20세기 경제학계에서 케인스학파와 쌍벽을 이룬 시카고학파의 창시자 가운데 한 사람으로도 유명하다. 나이트를 포함해 헨리 사이먼스, 폴 더글러스, 제이컵 바이너, 아론 디렉터 등이 제1세대 시카고학파로 불린다. 나이트는 1917-19년 시카고대학 경제학부 전임강사로 교편을 잡으면서 이 대학과 처음으로 인연을 맺었고, 1919-27년 아이오와주립대학 경제학부 부교수와 교수를 거쳐 1928년 시카고대학 경제학부로 돌아와 이후 1952년까지 24년간 교수로 재직하면서 제2세대 시카고학파의 주축이 되는 밀턴 프리드먼, 조지 스티글러, 제임스 뷰캐넌 등을 가르쳤다.

베스트셀러 교과서 《경제학》의 저자인 폴 새뮤얼슨은 시카고학파에 속하지는 않지만 하버드대학 석사과정으로 진학하기 전에 시카고대학 경제학부 학사과정에서 공부하면서 나이트의 영향을 받았다. 넓은 범위의 시카고학파에 속하는 로널드 코스도 자신이 나이트의 영향을 크게 받았음을 인정한 바 있다. 나이트는 1952년 시카고대학 교수직에서 물러났으나 그 뒤에도 명예교수 등으로 1972년 타계할 때까지 이 대학과 관계를 이어가며 강의와 집필 활동을 계속했다.

나이트는 1885년 미국 일리노이 주 매클레인 카운티의 농가에 태어나 테네시대학에서 자연과학 학사학위와 독문학 석사학위, 코넬대학에서 경제학 박사학위를 취득했다. 시카고대학에 재직 중이던 1928년부터 동료교수인 제이컵 바이너와 함께 《정치경제학지(Journal of Political Economy)》의 편집을 맡아 이것이 경제학 분야의 대표적인 학술지의 하나로 자리 잡게 하는 데 기여했고, 1941년에는 당시 총장인 교육철학자 로버트 허친스, 역사학자 존 네프, 인류학자 로버트 레드필드 등과 함께 시카고대학이 선구적으로 시도한 학제간 연구 목적의 학술조직인 '사회사상위원회(Committee on Social Thought)'를 창설하는 일에 참여했다.

나이트는 1916년 코넬대학에 제출해 승인받은 박사학위 논문 《사업이윤의 이론(A Theory of Business Profits)》을 1917년 시카고에 본부를 둔 미국 의류기업 '하트, 샤프너 앤드 마르크스'가 후원하는 논문경연대회에 출품해 2등상을 받았고, 1921년 이 논문을 보완해 《위험과 불확실성 및 이윤(Risk, Uncertainty, and Profit)》이라는 표제의 단행본으로 출판했다. 나이트는 1950년 미국경제학회(American Economic Association) 회장으로 선출된 바 있고, 1957년에는 이 학회의 '프랜시스 워커 메달'을 수상했다.

나이트는 생전에 논문에서부터 비평과 강연문에 이르기까지 모두 1천 건에 이르는 글을 쓴 것으로 알려져 있을 만큼 다작의 학자였다. 단행본으로 출판된 저서로는 《위험과 불확실성 및 이윤》 외에 《경제조직(The Economic Organization)》(1933), 《경쟁의 윤리학(The Ethics of Competition)》(1935), 《경제질서와 종교(The Economic Order and Religion)》(1945, 공저), 《자유와 개혁(Freedom & Reform)》(1947), 《경제학의 역사와 방법에 대해(On the History & Method of Economics)》(1947), 《지능과 민주적 행동(Intelligence & Democratic Action)》(1960) 등이 있다.

나이트는 《위험과 불확실성 및 이윤》에서 예측할 수 없는 불확실성에 따른 손실 가능성의 부담을 책임지고 인수하면서 사업상의 판단을 내리는 것을 기업가기능(entrepreneurship)의 핵심으로 파악하고 이것이 기업가의 특이한 소득인 이윤의 원천이라고 주장했다. 반면에 예측할 수 있는 위험과 관련된 판단은 '판에 박힌' 기능일 뿐 진정한 기업가기능에 속하지 않으며 그에 따른 손실의 가능성은 기업의 입장에서 보험 등을 통해 고정비용으로 돌릴 수 있다고 했다. 나이트는 이 밖에 모든 투자의 한계수익률이 동등해질 때까지 투자가 계속되는 순환경제 모형을 제시하고, 생산기간을 가지고 자본을 측정할 수 있다는 오이겐 폰 뵘바베르크의 주장에 반론을 제기하는 등 경제학자로서 다양한 논의를 펼쳤다.

나이트의 학문적 관심은 그러나 경제학에 머물지 않았다. 나이트는 오히려 사회철학자의 면모를 더 강하게 지니고 있었고, 그가 남긴 저작도 경제이론에 관한 것보다 사회철학에 관한 것이 더 많다. 나이트는 기본적으로 시장의 경쟁과 자유주의 체제의 장점을 신뢰했지만 독점과 소득불평등의 폐해를 깊이 우려했고, 그러면서도 인간의 집단적 의지로 사회를 개선하려는 사회공학적 기획이나 정책에 대해서는 철저하게 비판적이었다. 그렇기에 사회주의에 대해 부정적인 입장이었지만, 그가 보기에 그보다는 과학주의와 도덕주의가 자유주의에 더 큰 위협이었다. 과학이나 도덕을 앞세워 설익은 독단적 진리를 절대시하고 강요하는 태도가 자유주의 질서의 원활한 작동을 위한 개방적인 토론을 무력화할 수 있다는 우려에서였다.

나이트는 불황을 극복하는 길을 제시한 존 메이너드 케인스와 달리 정책을 처방하는 일보다는 사람들의 경제적 사고에 끼어들어 자리 잡은 비합리적인 요소들을 가려내어 제거하는 일에 관심을 집중했다. 또한 나이트는 시카고학파의 주된 창시자였음에도 불구하고 시장의 효율성을 극단적으로 신뢰한 밀턴 프리드먼 등 제2세대 시카고학파의 주류와는 달리 시장경쟁의 불완전성과 한계를 끊임없이 지적했다. 이런 학문적 태도로 일관한 그는 1930년대와 같이 자본주의가 불황에 시달리던 시기에는 구체적인 정책처방을 들고 나온 케인스처럼 주목받기 어려웠고, 2차대전 이후 수십 년간 자본주의가 사회주의와 체제경쟁을 벌이던 시기에는 경제적 자유의 복음을 전파한 프리드먼처럼 환영받기 어려웠다.

그러나 이제는 동서냉전 시대가 마감된 지도 오래됐고, 경제적 세계화로 인해 세계경제의 통합화가 급진전되어 개별국가 단위로 시행되는 경제정책의 위력도 예전에 비해서는 크게 위축됐다. 그렇다고 자유주의 시장경제가 그 신봉자들이 주장하듯이 경제적으로 효율적인 자원배분, 사회적 기여와 보상의 일치, 정치적 민주주의와의 상승작용 등을 통해 이상적인 사회를 보편적으로 실현하고 있다고 보기도 어렵다. 이런 환경에서는 인간 본연의 유한한 지능과 비합리적 행태를 충분히 고려하면서 현실의 삶에 질곡으로 작용하는 장해물을 걷어내기 위해 개방적인 토론을 할 자유가 보장돼야 함을 그런 자유의 부작용과 한계에 대한 경계의 필요성과 함께 강조한 나이트의 경제학과 사회사상에서 의미 있는 조명의 빛줄기를 발견할 수 있다고 본다.

경제학 문헌창고의 한구석에서 오랜 세월 잠자고 있던 나이트의 저서 《위험과 불확실성 및 이윤》을 끄집어내어 먼지를 털어내고 처음으로 우리말로 번역해 출판하기를 시도한 것은 바로 이런 맥락에서다. 경제학을 웬만큼 배운 사람들도 나이트라면 '위험과 불확실성을 명확히 구별한 경제학자'와 '시카고학파의 창시자 가운데 한 사람'이라는 두 가지 단편적인 브랜드로만 그를 기억하고 있다. 앞으로 나이트의 저서와 글이 더 많이 번역되고 출판되어 자본주의 경제체제와 그 속에서 경제활동을 하며 살아가는 인간의 삶에 대한 그의 사유와 통찰이 보다 세밀한 부분까지 우리 사회에 더 많이, 그리고 널리 알려지게 되기를 바란다.

주석에서 언급된 인용출처와 참고문헌

1차 문헌을 직접 찾아보고자 하는 독자를 위해 주석에서 언급된 인용출처와 참고문헌만을 원문 그대로 발췌해 정리한 것이다. 다만 몇 군데 [ ] 표시가 된 부분은 옮긴이가 추가한 것이다. — 옮긴이.

1 Mackenzie, *Introduction to Social Philosophy*, p. 58.
  Bagehot, *Economic Studies*, no. 1: "The Presuppositions of English Political Economy."
3 *Logic*, book VI, chaps. IX and X.
6 Mill, *Essays on Unsettled Questions*.
  Cairnes, *Character and Logical Method of Political Economy*.
  Keynes, *Scope and Logical Method of Political Economy*.
13 Mangoldt, H. v., *Die Lehre vom Unternehmergewinn*, Leipsic, 1855.
  Pierstorff, J., *Die Lehre vom Unternehmergewinn*, Berlin, 1875.
  Mataja, V., *Der Unternehmergewinn*, Vienna, 1884.
  Gross, G., *Die Lehre vom Unternehmergewinn*, Leipsic, 1884.
  Porte, M., *Entrepreneurs et profits industriels*, Paris, 1901.

15 Cannan, *Theories of Production and Distribution*, chap. VI, sec. 2.
   Palgrave's *Dictionary of Political Economy*.

16 *Op. cit.*, p. 19, note.

17 Coquelin & Guillaumin, *Dictionnaire de l'économie politique*, Paris, 1852.
   Courcelle, *Traité de l'économie politique*, 2d ed. 1867.
   Kleinwächter, *Das Einkommen und seine Verteilung*, p. 278.

18 Samuel Read, *Political Economy*, Edinburgh, 1829, pp. 263 and 269, note.

19 *Neue Grundlage der Staatswissenschaft*, vol. I. Giessen, 1807.

20 *National Ökonomie*, 1839.

21 [Thünen, *Der Isolierte Staat*,] 3d ed., 1876, vol. II, pp. 83 ff.

22 Pierstorff, "Unternehmergewinn", in Conrad, *Handwörterbuch der Staatswissenschaften*.

25 G. Schönberg, *Handbuch der Politischen Ökonomie*, 2d ed., Tübingen, 1885, pp. 670 ff.

26 *Ibid.*, pp. 220 ff.
   E. Aug. Schroeder, *Das Unternehmen und der Unternehmergewinn*, Vienna, 1884.
   A. Wirminghaus, *Das Unternehmergewinn und die Beteiligung der Arbeiter am Unternehmergewinn*, Jena, 1886.
   J. Zuns, *Zwei Fragen des Unternehmer-Einkommens*, Berlin, 1881.
   A. Körner, *Unternehmen und Unternehmergewinn*, Vienna, 1893.

27 M. B. Lavergne, *Théorie des marchées économiques*, Paris, 1910.

Review by A. A. Young, *American Economic Review*, vol. I, pp. 549 ff.

28 *Political Economy*, part IV, chap. IV.

"The Source of Business Profits and Reply to Mr. Macvane," *Quarterly Journal of Economics*, vol. I, pp. 265 ff., and vol. II, pp. 263 ff.

Quarterly Journal of Economics, vol. II, pp. 1 ff., and 453 ff.

Mémories de l'Academie des sciences morales et politiques, vol. I, pp. 717 ff.

Traité d'economie politique, part IV, chap. IX.

29 Clark, "Distribution as Determined by a Law of Rent," *Quarterly Journal of Economics*, vol. V. pp. 289 ff.

30 Hobson, "The Law of the Three Rents," *ibid.*, vol. V, pp. 263 ff.

Wicksteed, *The Coordination of the Laws of Distribution*, London, 1894.

31 T. N. Carver, *Distribution of Wealth*.

F. M. Taylor, *Principles of Economics*.

32 *The Distribution of Wealth*, 1900, and *Essentials of Economic Theory*, 1907.

33 *The Distribution of Wealth*, pp. 30, 31.

34 *Ibid.*, p. 29.

35 *Ibid.*, p. 56.

36 *Ibid.*, pp. 68-69.

37 Joseph Schumpeter, *Theorie der Wirtschaftliche Entwickelung*.

38 *The Distribution of Wealth*, p. 404.

39 *Ibid.*, p. 405.

40 *Ibid.*, p. 406.

41 *Ibid.*, p. 410.

42 *Ibid.*, p. 411.

45 *Quarterly Journal of Economics*, vol. VII, pp. 40-54.

46 *Ibid.*, p. 41.

47 *Ibid.*, p. 46.

48 pp. 122-23, footnote.

49 *The Economic Theory of Risk and Insurance*, Columbia University Studies in Political Science, vol. XIV, no. 2.

50 *Rent in Modern Economic Theory*, Publications of the American Economic Association, 3d Series, vol. III, no. 4. See chapter VI: "Rent, Profit, and Monopoly Return."

51 Willett, *op. cit.*, pp. 13-14.

52 *Ibid.*, p. 72.

53 Hawley, *Enterprise and the Productive Process*, 1907.

54 *Quarterly Journal of Economics*, vol. XV, pp. 603-20.

55 *Op. cit.*, pp. 106-07.

56 "Enterprise and Profit," *Quarterly Journal of Economics*, vol. XV, p. 86.

57 *Quarterly Journal of Economics.* vol. VII, p. 464.

58 *Enterprise and the Productive Process*, p. 111.

59 *Op. cit.*, pp. 27 ff.

61 *Op. cit.*, p. 112.

63 "The Risk Theory of Profit," *Quarterly Journal of Economics*, vol. VII, p. 468.

64 *Enterprise and the Productive Process*, p. 108.

Carver, "Risk Theory of Profits," *Quarterly Journal of Economics*, vol. XV, pp. 456 ff.

The Distribution of Wealth, chap. VII.

Ely, *Outlines of Economics*, 3d ed., chap. XXV.

65 "Enterprise and Profit," *Quarterly Journal of Economics*, vol. XV, p. 88.

70 Patrick Geddes, *John Ruskin as an Economist*, The Round Table Series.

H. W. Stuart, "The Phases of the Economic Interest," [in Dewey et al.,] *Creative Intelligence*.

Wesley C. Mitchell, "Human Behavior and Economics," *Quarterly Journal of Economics*, vol. XXIX, pp. 1 ff.

76 J. M. Clark, "Economics and Modern Psychology," *Journal of Political Economy*, vol. 26, nos. 1 and 2.

78 Wicksteed, *Common Sense of Political Economy*.

Fetter, *Economic Principles*.

Mitchell, "The Role of Money in Economic Theory," *Proceedings*, Twenty-Eighth Annual Meeting of the American Economic Association.

B. M. Anderson, Jr., *Social Value*, and *Value of Money*, chap. Ⅰ.

Davenport, *Economics of Enterprise*, chap. Ⅶ.

80 *Principles of Economics*, book V, chap. Ⅱ, sec. 1.

82 *Annals*, Amer. Acad. 1892-93, pp. 726-28.

Edgeworth, *Mathematical Psychics*, p. 68.

85 *Principles*, 6th ed., pp. 125-33, esp. p. 129, note.

90 Davenport, *Economics of Enterprise*, chap. V, pp. 48 ff.

91 Edgeworth, *Mathematical Psychics*, pp. 40 ff.

Marshall, *Principles*, Appendix F, and Mathematical Appendix, note Ⅻ *bis*.

96 Seligman, *Principles of Economics*, pp. 179 ff. and 192 ff.

B. M. Anderson, Jr., *Social Value*.

103 *Quarterly Journal of Economics*, vol. ⅩⅥ, pp. 473 ff.

Davenport, *Economics of Enterprise*, chap. ⅩⅩⅣ.

104 F. M. Taylor, *Principles of Economics*. chap. Ⅳ.

109 Taylor, *loc cit.*, especially pp. 101, 102.

110 Taylor, *loc. cit.*

112 Davenport, *Economics of Enterprise*, chap. ⅩⅫ.

115 Wicksteed, *Common Sense of Political Economy*, book Ⅱ, chap. Ⅵ, and *The Coordination of the Laws of Distribution*, *passim*.

J. B. Clark, *The Distribution of Wealth*, chap. XII .

116 [J. B. Clark, *The Distribution of Wealth*,] pp. 8, 9.

117 *Quarterly Journal of Economics*, August, 1901.

118 *Political Science Quarterly*, June, 1915.

119 *The Economics of Enterprise*, chap. X.

120 "Specific Productivity," *Quarterly Journal of Economics*, vol. XXIX, pp. 149 ff, esp. pp. 159 and 160.

121 *Der Natürliche Werth*, 3. Abschnitt, "Die Natürliche Zurenchnung des Productiven Ertrages," § 22.

122 *The Industrial System*, chap. V, appendix, pp. 112-20.

R. S. Padan, *Journal of Political Economy*, March, 1901, vol. IX, pp. 161 ff.

125 *Quarterly Journal of Economics*, vol. XXIII, pp. 557 ff.

126 *Proceedings*, Twenty-Second Annual Meeting of the American Economic Association, p. 143.

127 *Work and Wealth*, chap. XXII.

128 *The Industrial System*.

133 Taussig, *Principles of Economics*, chaps. 12, 13, 14.

135 *The Distribution of Wealth*, p. 85.

Davenport, *Economics of Enterprise*, chaps. XI and XXII.

136 J. B. Clark, *The Distribution of Wealth*, p. 374, note.

Davenport, *Economics of Enterprise*, chaps XI and XXII.

A. S. Johnson, *Rent in Modern Economic Theory*, especially 35 ff.

141 H. Sidgwick, *History of Ethics*, p. 241, note.

Jevons, *Theory of Political Economy*, pp. 72 ff.

142 Spencer, *First Principles*, chap. X, "The Rhythm of Motion."

146 Wicksteed, *Common Sense of Political Economy*, chap. VII.

149 *Principles of Economics*, 6th ed., p. 379.

150 *The Distribution of Wealth*, chap. V.

152 *Theories of Production and Distribution*, chap. VII.

153 Mills, *Principles of Political Economy*, book IV, chap. IV, sec 4.

155 Godwin, *Political Justice*.

162 J. B. Clark, "Distribution as Determined by a Law of Rent," *Quarterly Journal of Economics*, vol. V.

J. A. Hobson, "The Law of the Three Rents," *Quarterly Journal of Economics*, vol. V.

R. T. Ely, *Outlines of Economics*, 3d. ed., pp. 415-16.

163 A. S. Johnson, *Rent in Modern Economic Theory*, p. 120.

168 *Principles*, 6th ed., p. 536.

169 H. G. Moulton and Myron W. Watkins, A Series of Articles on Commercial Banking and Capital Formation, *Journal of Political Economy*, 1918 and 1919.

175 "Outlines of a Theory of Wages," The 22th Annual Meeting of American Economic Association, *Proceedings*, pp. 143-44, note.

177 Davenport, *Economics of Enterprise*, chap. IX, especially p. 127.

L. H. Haney, "The Social Point of View," *Quarterly Journal of Economics*, vol. XXIII, pp. 319-21.

178 Bertrand Lavergne, *Théorie des marchés Économiques*, Paris, 1910.

179 *Rent in Modern Economic Theory*, p. 120, note.

182 R. T. Ely and others, ed., *Outlines of Economics*, 1908, pp. 555-56.
Articles on the "Nature of Capital," *Quarterly Journal of Economics*, vol. XXII, pp. 917 ff., and vol. XXIII, pp. 104 ff.

183 Willett.

184 Johnson, pp. 106, 107.

188 Ross, "Uncertainty as a Factor in Production," *Annals*, American Academy, vol. VIII, pp. 304 ff.

Leslie, T. E. Cliffe, "The Known and the Unknown in the Economic World," *Essays in Political Economy*, pp. 221-42.

Lavington, F., "Uncertainty in its Relation to the Rate of Interest," in *Economic Journal*, vol. XXII pp. 398-409, and "The Social Interest in Speculation," *ibid.*, vol. XXIII, pp. 36-52.

Pigou, A. C., *Wealth and Welfare*, part V.

Haynes. John, "Risk as an Economic Factor," *Quarterly Journal of Economics*, July, 1895.

189 E. DuBois-Raymond, "Über die Grenzen des Naturerkennens," and "Die sieben Welträtsel."

190 Comte, *Classification of the Sciences*.

191 Cooley, *Social Organisation*, chap. I.

192 James, *Psychology*, chap. XXII, on "Association by Similarity."

193 Marshall, *Principles*, 6th ed., p. 406.

194 A. L. Bowley, *Measurement of Groups and Series*.

Elderton, *Primer of Statistics*.

Pearson, *Grammar of Science*, chaps. IV and V.

196 Irving Fisher, *The Nature of Capital and Income*, chap. XVI, sec. 1.

197 E. Borel, *Le Hasard*, pp. 196-97.

198 Karl Pearson, "The Scientific Aspects of Monte Carlo Roulette," in *The Chances of Death and Other Studies in Evolution*.

Poincaré, *Science and Hypothesis*, chap. XI, and *Science and Method*, chap. IV, in The Foundations of Science.

Balfour, *Theism and Humanism*, lecture VII, on "Probability, Calculable and Intuitive."

199 Arne Fisher, *The Mathematical Theory of Probability*, chap. I: "General Principles and Philosophic Aspects."

La Place, *Essay on the Philosophical Theory of Probability*.

200 "The Philosophy of Chance," *Mind*, vol. 9, 1884.

201 *The Nature of Capital and Income*, p. 266.

203 *The Nature of Capital and Income*, p. 288.

205 Huebner, *Property Insurance*, chaps XVI, XVII.

206 Haney, *Business Organization and Combination*, chap. XXIII.

207 *Journal of Political Economy*, vol. 26, Nos. 1 and 2.

208 Willett, *Economic Theory of Risk and Insurance*, chap. III.

210 A. H. Willett, *Economic Theory of Risk and Insurance*, pp. 15, 16.

217 H. C. Taylor, *Agricultural Economics*, chap. VI.

221 *Quarterly Journal of Economics*, vol. XV, p. 88.

223 Cooley, *Social Organization*, p. 129 and chap. XIII.

233 Taussig, *Wages and Capital*, also *Principles of Economics*, chaps. 38-40.

240 Thomas and Czaniecki, *The Polish Peasant in Europe and America*, Methodological Introduction.

Tufts, Essay on The Moral Life, in *Creative Intelligence*.

241 Veblen, *The Theory of Business Enterprise*.

242 Davenport, *Economics of Enterprises*.

Moulton, "Commercial Banking and Capital Formation," *Journal of Political Economy*, 1918, pp. 484 ff., 638 ff., 705 ff., 849 ff.

247 Marshall, *Principles of Economics*, book IV, chap. I.

249 Merril, J. C. F., Article on "Speculation," *Price Current Grain Reporter*, September 29, 1915, pp. 26-27.

250 *Economic Theory of Risk and Insurances*, pp. 55-56.

251 *Annals*, Am. Acad., 1896, p. 119.

252 *Quarterly Journal of Economics*, vol. IX, no. 4, p. 414.

253 *Institutes of Economics*, p. 54.

254 *Unternehmergewinn*, p. 85.

255 *Principles of Economics* (1915), pp. 366-67, 383-84.

256 J. S. Mill, *Principles*, Ashly edition, p. 412.

258 *Quarterly Journal of Economics*, vol. XV, p. 609. *Ibid.*, p. 79.

259 M. Porte, *Entrepreneurs et Profits induatriels*, Paris, 1905.

W. I. King, *Wealth and Income of the People of the United States*, p. 165.

260 Cannan, *History of Theories of Production and Distribution*, p. 369.

261 Article on "Profit" in Palgrave's *Dictionary of Political Economy*.

262 *Distribution of Wealth*, p. 283.

264 Alvin S. Johnson, "The Public Capitalization of the Inheritance Tax," *Journal of Political Economy*, February, 1914.

사람 이름 찾아보기

게데스, Patrick Geddes · 80
고드윈, William Godwin · 194
그로스, Gustav Gross · 40, 47-49, 386
기요맹, Gilbert-Urbain Guillaumin · 44
나이트, Frank Hyneman Knight · 9, 451-455
네프, John Ulric Nef - 452
대번포트, Herbert Joseph Davenport · 51, 92, 112, 131, 139, 143, 146, 160-161, 227-228, 402, 404
더글러스, Paul Howard Douglas · 451
데카르트, René Descartes · 96, 249
뒤부아레몽, Emil du Bois-Reymond · 248
듀이, John Dewey · 33, 80
디렉터, Aaron Director · 451
라베르뉴, Bertrand Lavergne · 50, 232
라살레, Ferdinand Lassalle · 46, 194
라우, Karl Heinrich Rau · 45

라플라스, Pierre-Simon de Laplace · 274
래빙턴, Frederick Lavington · 247
랜드리, Adolphe Landry · 146
레드필드, Robert Redfield · 452
레슬리, Thomas Edward Cliffe Leslie · 247
로셔, Wilhelm Georg Friedrich Roscher · 44
로스, Edward Alsworth Ross · 247, 434
로시, Pellegrino Rossi · 44
로크, John Locke · 252
로트베르투스, Johann Karl Rodbertus · 46, 47
르루아-볼리외, Pierre Paul Leroy-Beaulieu · 50
리델, Adolph Friedrich Riedel · 45
리드, Samuel Read · 44
리버흄, William Lever, 1st Viscount Leverhulme · 164

리카도, David Ricardo · 46, 52, 191, 222, 227, 235, 402
마르크스, Karl Marx · 46, 194, 236
마셜, Alfred Marshall · 32-33, 42-43, 51, 77, 94, 100, 112, 156, 170, 181-183, 191, 207, 209, 213, 261, 424, 451
마타야, Viktor Mataja · 40, 47-48
만골트, Hans Karl Emil von Mangoldt · 40, 43, 45, 68, 262, 434, 438
매컬럭, John Ramsey McCulloch · 43
매켄지, John Stuart Mackenzie · 21
맥베인, Silas Marcus MacVane · 50, 229
맬서스, Thomas Robert Malthus · 43, 193-196
메릴, J. C. F. Merrill · 434
메인, Henry James Sumner Maine · 421-422
멩거, Carl Menger · 47-48, 144
몰턴, Harold Glen Moulton · 209, 404
미첼, Wesley Clair Mitchell · 80, 92
미트호프, Theodor Mithoff · 47-48
밀, John Stuart Mill · 22, 24, 26, 43, 77, 192, 195, 229, 258, 435
바이너, Jacob Viner · 9, 451-452
발라스, Léon Walras · 21
배저트, Walter Bagehot · 21, 43
밸푸어 Arthur James Balfour · 273
베르그송, Henri Bergson · 258
베블런, Thorstein Bunde Veblen · 47,

베이컨, Francis Bacon · 23
벤, John Venn · 258, 276
벤섬, Jeremy Bentham · 169
보렐, Émile Borel · 272
볼리, Arthur Lyon Bowley · 262
뵘바베르크, Eugen von Böhm-Bawerk · 453
불록, Charles Jesse Bullock · 131
뷰캐넌, James McGill Buchanan · 452
비르밍하우스, Alexander Wirminghaus · 47
비저, Friedrich von Wieser · 138, 144, 163, 220
사이먼스, Henry Calvert Simons · 451
새뮤얼슨, Paul Anthony Samuelson · 452
새커리, William Makepeace Thackeray · 226
섀플레, Albert Schäffle · 44
세, Jean-Baptiste Say · 43-44
셀리그먼, Edwin Robert Anderson Seligman · 51, 116
쇤베르크, Gustav Friedrich von Schönberg · 47
슈뢰더, Eduard August Schroeder · 47
슘페터, Joseph Schumpeter · 21, 32, 42, 54

스미스, Adam Smith · 42-43, 46, 222, 289, 438, 440
스튜어트, Henry Waldgrave Stuart · 80
스티글러, George Joseph Stigler · 452
스펜서, Herbert Spencer · 77, 170, 421
시거, Henry Rogers Seager · 51, 184
시니어, Nassau William Senior · 438
시지윅, Henry Sidgwick · 169
시크리스트, Horace Secrist · 268
애드리언스, Walter Maxwell Adriance · 143, 146
앤더슨, Benjamin McAlester Anderson Jr · 92, 116
앤드루스, Elisha Benjamin Andrews · 434
에머슨, Ralph Waldo Emerson · 99
에지워스, Francis Ysidro Edgeworth · 92, 97, 112, 262, 276
엘더턴, William Palin Elderton · 262
엘리, Richard Theodore Ely · 51, 68, 201, 234
엥겔스, Friedrich Engels · 46
영, Allyn Abbott Young · 8, 50, 68, 201, 234
왓킨스, Myron Webster Watkins · 209
워커, Francis Amasa Walker · 43, 50-51, 201, 453
윅스티드, Philip Henry Wicksteed · 21, 31, 51, 92, 141, 144, 174

윌렛, Allan Herbert Willett · 61-62, 67, 235, 320, 323, 434
제번스, William Stanley Jevons · 21, 92, 169, 180
제임스, William James · 259
존슨, Alvin Saunders Johnson · 8, 51, 61-62, 67, 161, 203, 233, 235, 448
준스, Julius Zuns · 47
츠나니에츠키, Florian Witold Znaniecki · 400
카버, Thomas Nixon Carver · 51, 68, 80, 143, 146, 160, 438
캐넌, Edwin Cannan · 43, 190, 438
케언스, John Elliott Cairnes · 26, 160, 196
케인스, John Maynard Keynes · 26, 451, 454
코스, Ronald Harry Coase · 452
코클랭, Charles Coquelin · 44
콘라트, Johannes Ernst Conrad · 47
콩트, Auguste Comte · 24, 256
쾨르너, Alois Körner · 47, 48
쿠르노, Antoine Augustin Cournot · 21, 271
쿠르셀-스뇌유, Jean-Gustave Courcelle-Seneuil · 44
쿨리, Charles Horton Cooley · 257, 365, 386
클라인베흐터, Friedrich von Kleinwächter

· 44, 47, 49

클라크, John Bates Clark · 32-33, 40, 42, 51-65, 72, 142-145, 152, 161, 182, 184, 201, 224, 229, 237

클라크, John Maurice Clark · 9, 89, 224, 320

킹, Willford Isbell King · 437

타우시그, Frank William Taussig · 51, 146, 157, 222, 387

터프츠, James Hayden Tufts · 400

테일러, Fred Manville Taylor · 51, 131, 134, 137, 138, 144, 163, 434, 435

테일러, Henry Charles Taylor · 347

토머스, William Isaac Thomas · 400

튀넨, Johann Heinrich von Thünen · 45, 67, 68

파레토, Vilfredo Pareto · 21, 31

파커, Carleton Hubbell Parker · 398

판탈레오니, Maffeo Pantaleoni · 21

패던, R. S. Padan · 144-146

패튼, Simon Nelson Patten · 97

페터, Frank Albert Fetter · 51, 92, 209

포르트, Marcel Porte · 40, 437

푸앵카레, Jules Henri Poincaré · 273

프레이어, William Thierry Preyer · 386

프리드먼, Milton Friedman · 452, 454

플라톤, Plato · 108, 449

피구, Arthur Cecil Pigou · 247

피셔, Arne Fisher · 274

피셔, Irving Fisher · 51, 271, 274, 279, 293

피어슨, Karl Pearson · 262, 273

피에르슈토르프, Julius Pierstorff · 40, 47

하디, Charles Oscar Hardy · 9

허친스, Robert Maynard Hutchins · 452

헤르만, Friedrich von Hermann · 45

헤이니, Lewis Henry Haney · 228, 310

헤인스, John Haynes · 247, 434

홀리, Frederick B. Hawley · 51, 60, 64-69, 229, 360, 436

홉슨, John Atkinson Hobson · 51, 144, 147, 148, 201, 220, 241

후펠란트, Gottlieb Hufeland · 45

휴브너, Solomon Stephen Huebner · 305